버마 Burma

공식명칭 : 미얀마연방공화국(Republic of the Union of Myanmar)
수도 : 네삐도(Nay Pyi Taw)
면적 : 676,578㎢
인구 : 50,020,000명(2009년 UN 추정)
인종 : 버마족 68%, 샨족 10%, 기타 135개 소수민족
종교 : 불교 89%
공용어 : 미얀마어
화폐단위 : 짜트(Kyat)
1인당 GDP : 1,156달러(2008년 IMF 추정. 구매력평가 기준)

타이 Thailand

공식명칭 : 타일랜드 왕국(Kingdom of Thailand)
수도 : 방콕(Bangkok)
면적 : 513,115㎢
인구 : 63,389,730명(2009년 UN 추정)
인종 : 타이족 75%, 화교 14%
종교 : 불교 94.6%, 회교 4.6%
공용어 : 타이어
화폐단위 : 바트(Baht)
1인당 GDP : 8,239달러(2008년 IMF 추정. 구매력평가 기준)

캄보디아 Cambodia

공식명칭 : 캄보디아 왕국(Kingdom of Cambodia)
수도 : 프놈펜(Phnom Penh)
면적 : 181,035㎢
인구 : 13,388,910명(2008년 인구조사)
인종 : 크메르족 90%, 베트남족 5%, 한족 1%, 기타 4%
종교 : 불교 95%, 기타 5%
공용어 : 크메르어
화폐단위 : 리엘(Riel)
1인당 GDP : 2,082달러(2008년 IMF 추정. 구매력평가 기준)

아쩨 Aceh

수도 : 반다아쩨(Banda Aceh)
면적 : 57,365㎢
인구 : 3,930,000명(2000년)
인종 : 아쩨족 50%, 자와족 16%
종교 : 회교 98.6%
공용어 : 인도네시아어

말레이시아 Malaysia

수도 : 꾸알라룸뿌르(Kuala Lumpur)
면적 : 329,845㎢
인구 : 28,310,000명(2009년 UN 추정)
인종 : 말레이족 54%, 화교 25%, 인디아계 7.5%
종교 : 회교 60%, 불교 19%, 개신교 9%
공용어 : 말레이어, 영어
화폐단위 : 링깃(Ringgit)
1인당 GDP : 14,081달러(2008년 IMF 추정. 구매력평가 기준)

인도네시아 Indonesia

공식명칭 : 인도네시아 공화국(Republic of Indonesia)
수도 : 자까르따(Jakarta)
면적 : 1,919,440㎢
인구 : 229,965,000명(2009년 UN 추정)
인종 : 자와족 40.6%, 순다족 15%, 마두라족 3.3% 등
종교 : 회교 86.1%, 개신교 5.7%, 천주교 3%
공용어 : 인도네시아어
화폐단위 : 루피아(Rupiah)
1인당 GDP : 3,980달러(2009년 IMF 추정. 구매력평가 기준)

동티모르 East Timor

공식명칭 : 동티모르 공화국(Democratic Republic of Timor-Leste)
수도 : 딜리(Dili)
면적 : 14,874㎢
인구 : 1,134,000명(2009년 UN 추정)
인종 : 테툼족 40%, 말레이족, 파푸아족 외 32개 인종
종교 : 천주교 80.3%, 개신교 18.0%
공용어 : 포르투갈어, 테툼어
화폐단위 : 미국 달러
1인당 GDP : 2,368달러(2009년 IMF 추정. 구매력평가 기준)

현장은
역사다

현장은 역사다

전선기자
정문태가 기록한
아시아 현대사

indoNeSia 시딘
aceh 식민지
독립east timor
bUrma 혁명
국제사회Cambodia
malaYsia개혁
자본thailand

asia 푸른숲
network

이 책을 아시아를 생각하고, 역사를 사랑하는 모든 이들에게 바칩니다.

어리석은 고민 끝에,

'뉴스'와 '역사'는 뭐가 다른가?

20년 동안 외신을 뛰면서 물고 다녔던 화두다.

근데, 그 답은 뻔했다.

'현장' 있고 없는 차이일 뿐. 뉴스는 역사였다.

우리가 현장의 역사를 가져본 적이 없었을 뿐.

우리한테는 그런 '현대사'가 없었다는 뜻이다.

오늘을 책임지지 않겠다는 태도, 반역이었다.

그게 아시아 현대사로 넘어가면 더 절망적이다.

기록자도 연구자도 없다. 현장은 남의 일이다.

'아시아' '뉴스' '현장' '기록'을 묶어내는 고민,

기자의 몫이라 여겼다.

'오늘'이 실종될 낌새를 붙들어 매고 버팅기기,

기자 숙명이라 여겼다.

그걸, '역사'라 믿으며.

뒤척이다. 〈한겨레21〉에 썼던 기사들을 떠올렸다.
'아시아 현대정치 10년사'를 그리며 현장을 모았다.
턱도 없이 모자라지만, 천리 길도 한걸음부터라고.
글을 다듬고 보태 다시 줄 세웠다. 현재 시점에서.
허나, 오판한 정세, 실패한 분석은 손대지 않았다.
그 모두가 현장사(現場史)의 한 부분이라 믿으며.
마땅히, 잘못 짚은 모든 책임은 기록자에게 있다.

아시아의 슬픔과 기쁨, 아시아의 분노와 용서,
아시아의 절망과 희망, 아시아의 어제와 오늘,
그 아시아 현대사의 현장으로 되돌아가고 싶다.
아시아와 역사를 두루 고민해온 이들과 함께.
그렇게,
아시아를 안고 가자고.
아시아 시민사회의 한 울로.

2009년 12월 10일
카렌민족해방군 6사단 지역에서
정문태

일러두기_

* 이 책에 나오는 인명과 지명은 현지어 발음에 가깝게 표기하고 영문을 병기했다.
* 언론사 이름과 영화 제목은 〈 〉로 표시했고 언론사 이름은 이탤릭체를 써서 구분했다.
  단행본 제목은 《 》로 표기했다.
* 본문 가운데 일부 내용은 저자가 쓴 《전선기자 정문태 전쟁취재 16년의 기록》과 겹친다.

고마운 이름들을 기억합니다

현장 취재 때마다 괴롭혔던 아흐마드 따우픽(Ahmad Taufik. 《*Tempo*》 인도네시아), 자이날 바크리(Zainal Bakri. 《*Metro TV*》 아쩨), 유니스 라우(Eunice Lau. 《*Al-Jazeera*》 싱가폴), 뻬나빠 홍통(Pennapa Hongthong. 《*Nation*》 타이), 쁘이 끼아(Puy Kea. 《*Kyodo News Agency*》 캄보디아), 아웅 나잉(Aung Naing. 《*BBC*》 버마)을 비롯한 모든 동료들.

귀한 지면을 갈고 다듬어준 오귀환, 김종구, 고경태 전 편집장을 비롯한 〈한겨레21〉 모든 식구들.

책을 만드느라 고생한 '아시아네트워크' 사람들을 기억합니다.

거듭 머리 숙여 고마운 마음 전합니다.

인도네시아 | 시민, 정치를 깨우다

아쩨 | 식민지, 외로운 투쟁

동티모르 | 독립, 멋진 신세계

버마 | 혁명, 세월에 갇히다

캄보디아 ㅣ 국제사회, 역사를 재단하다

말레이시아 ㅣ 개혁, 시간이 다가오고 있다

타이 | 자본, 정치를 삼키다

Indonesia

시민,
정치를 깨우다

젊은 세대가 희망이다. 인도네시아 역사는 늘 젊은이들이 이끌었다.
그릇만 바꿔놓고 담을 거리는 달라진 게 하나도 없잖아. 이건 민주주의가 아냐.
그래서 혁명이 필요해. 내가 총만 들 수 있다면 썩은 그것들(정치인, 군인, 관료)을
모조리 쓸어버릴 텐데…….

-1998년 5월 22일. 쁘라모디아 아난따 뚜르(Pramoedya Ananta Toer) 인터뷰

수하르또가 물러나고 하루 뒤 만난 그이. 평생 '변명' 없이 살아온 혁명적 문학가 쁘라
모디아는 젊은이들에게 고마움과 희망을 전했다. 2006년 그이는 혁명이 필요 없는 세
상으로 떠났지만, 아직도 인도네시아는 그 담을 거리를 놓고 실랑이 벌이고 있다. 젊은
세대, 젊은 시민이 주인인 정치. 인도네시아의 가능성을 아시아가 눈여겨보고 있다.

자까르따 5월의 기억

2009년 5월 10일, 자까르따

꼭 11년 전 이맘때였다. 그해 5월 인도네시아는 뜨겁게 달아올랐다. 1980년 5월 광주와 1992년 5월 방콕에 이어, 1998년 5월 자까르따에서 다시 시민이 주인으로 나섰다. 32년 묵은 수하르또(Soeharto) 독재를 겨냥한 날카로운 외침이 터져 나왔고, 희망이 넘쳤다.

'1980년대'라는 굴레를 지닌 나는 그 5월 현장을 취재하면서 남몰래 눈물을 훔치기도 했다. 학생들이 불러대는 노랫소리만 들어도 이내 콧등이 찡했고, 손 흔드는 시민들만 쳐다봐도 가슴이 울컥했다. 기자란 놈이 그렇게 감정에 휘둘리고 다녔으니 좋은 취재가 되었을까마는, 아무튼.

돌이켜보면, 자따르따 5월은 외신기자들에게 그야말로 기회의 땅이었다. 독재타도와 개혁을 외치는 시위가 끝없이 이어졌고, 아침저녁으로 바뀌는 정치판이 더할 수 없이 좋은 먹잇감이었으니. 그러나 그 5월은 외신기자들이 저마다 판을 잘못 읽은 뼈아픈 현장이기도 했다. 그 무렵 외신기자들은 내남없이 경제 위기와 폭동 속에서도 수하르또 독재체제 강화를 점쳤다.

그러던 5월 21일 수하르또가 물러났다. 아침까지만 해도 낌새를 채지 못했던 외신들은 넋이 빠졌다.

나도 5월 18일 마감한 〈한겨레21〉에 무기력한 시민·학생운동을 나무라는 기사를 날렸다. 결국 〈한겨레21〉은 수하르또를 쫓아내기 힘들 것이라는 내용을 담은 기사를 수하르또가 물러난 날 가판대에 뿌렸다. 한동안 고개를 들 수 없었다. 20년 가까이 외신을 뛰면서 그때처럼 부끄러웠던 적은 없다.

그리고 11년이 지났다. 수하르또 독재 32년이 남긴 뒤탈은 생각보다 훨씬 컸고 인도네시아는 아직도 그 갈무리에 시달리고 있다. 수하르또의 '아이들'은 지금도 정치·군사·경제 할 것 없이 온 세상을 주름잡고, 독재 문화가 키운 폭력과 부정부패는 시민사회를 억누르고 있다. 무엇보다 정치판 개혁은 더디기만 하다. '민주', '개혁' 소리만 내다 2년을 채우지 못하고 쫓겨난 압둘라만 와히드(Abdurrahman Wahid) 대통령과 기득권을 붙들고 흥정만 하다 물러난 메가와띠 수까르노뿌뜨리(Megawati Sukarnoputri) 대통령에 이어 부정부패 척결과 경제 복구를 내건 육군 중장 출신 수실로 밤방 유도요노(Lt. Gen. Susilo Bambang Yudhoyono) 대통령까지 왔지만 눈에 띄게 달라진 건 아무것도 없다.

그럼에도 민주사회로 옮겨가는 인도네시아의 몸부림은 눈여겨볼 만하다. 비록 정치판이 뒷걸음질 쳐왔지만 시민사회가 깨어 있기 때문이다. 수하르또 체제에서 숨통이 끊겼던 농민·노동운동이 아직 제 모습을 찾지 못해 큰 아쉬움이 있다손 치더라도, 나설 줄 아는 시민과 싸울 줄 아는 언론에다 꼬집을 줄 아는 학계가 만만찮게 도사리고 있다. 여느 아시아 사회에서도 보기 힘든 풍경이다.

앞으로 인도네시아 시민사회의 성장이 아시아 현대 정치 발전사를 읽는 중요한 밑감이 될 것으로 보인다.

5월 자까르따, 희망은 있는가?

1998년 5월 17일, 자까르따

1998년 3월 10일 국민협의회(MPR)*가 홀로 출마한 수하르또의 대통령 임기를 2003년까지 늘리는 7차 연임, 그 37년 독재를 추인한 지 두 달이 지났다.

1997년부터 몰아닥친 경제 위기로 가뜩이나 짜증나 있던 시민들은 수하르또 연임 소식까지 덮치자 속이 뒤집혔다. 5월 들어 성난 메단(Medan) 시민들이 길바닥으로 뛰쳐나오자 수하르또는 대뜸 총질로 눌러버린 뒤, 이지렁스레 G15 정상회의가 열리는 이집트로 날아가버렸다.

수하르또가 없는 틈을 타 학생들이 들고일어났다.

5월 12일, 그동안 있는 집 아이들이 다니는 학교로 이름났던 정치 무풍지대 뜨리삭띠 대학교 학생들까지 나섰다. 오후 5시 15분, 교내집회를 마치고 교문을 나섰던 학생들이 경찰에 밀리자 다시 학교로 되돌아오던 가운데 여섯 명이 총 맞아 숨졌다.

5월 13일 새벽 5시, 주검 6구가 장지로 떠났다. 8시, 학생 3천여 명이 추모식을 벌이면서 뜨리삭띠 대학이 반수하르또 운동 중심지로 떠올랐다.

* 국민협의회(MPR): 최고의사결정기구로 하원격인 국민대표회의(DPR)와 지역대표회의(DPD)를 포함하는 700석 입법제.

오후 들면서 폭동이 자까르따를 휩쓸었다. 정체불명 젊은이들이 닥치는 대로 불 지르며 은행과 가게를 털었다.

오후 3시 육군본부 기자회견장, 군 대변인 와합 모꼬동안 준장(Brdg. Gen. Wahab Mokodongan)은 "학생 시위 진압에 저격병 보낸 적 없다. 발포 명령도 내리지 않았다."고 발뺌했다.

오후 5시, 뜨리삭띠 대학 맞은편 찌뿌뜨라 호텔 꼭대기에는 여전히 저격병들이 도사리고 있었다.

오후 6시, 국민협의회에서 만난 위란또(Gen. Wiranto) 최고사령관은 "방화, 파괴, 약탈을 결코 용서하지 않을 것이다."고 힘주어 말했다.

오후 6시 40분, 인터뷰를 마치고 나선 도심에서는 그이를 비웃듯 불길이 솟았다.

15일 현재, 자까르따는 까무러친 상태다. 정부는 무장병력 1만여 명을 곳곳에 세웠지만 정체불명 젊은이들을 다잡지 못했다.

자까르따 시장 수띠요노(Sutiyono)는 "232명이 목숨 잃었고 건물 3,029채, 자동차 950대, 오토바이 513대가 불탔다."고 밝혔다. 군 대변인 와합은 사망 499명이라는 숫자를 내놓았다.

그러나 사망자 수는 현장 기자들이 꼽는 최소 1천여 명과 큰 차이가 난다. 찝또 망운꾸수모 병원에 널린 족자 백화점 화재 희생자 155구와 찔러둑 쪽 54구를 비롯해 이미 확인한 주검만 모두 239구다. 게다가 아직 불기가 가시지 않은 족자 백화점 3층에는 타다 만 뼈들이 수없이 밟히고, 찔러둑에도 갈무리하기 힘들 만큼 타버린 주검이 적어도 134구 더 있다.

오후부터 폭동은 숙지고 있지만 의문은 늘어나고 있다. 도시를 털고 불태운 이들이 누군가? 족자 백화점을 10분 만에 불길로 뒤덮을 수 있는

군은 중무장 탱크까지 동원했지만 정체불명 폭동을 다잡지 못해 시민들로부터 큰 비난을 받았다. 1998. 5. 16. 자까르따. ©정문태

'전문가'가 누군가? 헬리콥터와 장갑차까지 끌고 나온 중무장 군경이 왜 폭동을 다잡지 못했던가?

현장에서 보면 군과 경찰은 늘 뒷북만 쳤다. 은행, 백화점, 상가처럼 누가 봐도 빤한 곳들이 털렸지만 군과 경찰은 미리 막지 않았다. 화교지역 따어랑이 좋은 본보기다. 올해 초부터 곳곳에서 화교들이 공격당해왔던 터라 많은 이들이 따어랑을 걱정했지만 군과 경찰은 그마저도 지켜주지 못했다. 미리 내다본 기자들이 일찌감치 와서 기다리는 가운데 2km에 이르는 따어랑 상가지역이 불길에 휩싸였지만 군과 경찰은 나타나지도 않았다. 뜨리삭띠 대학 평화시위를 총질로 밀어붙였던 그 '전문가'들이 어째서 폭동은 손보지 않았을까?

자까르따 언론도 의심쩍다. 모든 뉴스를 독점 보급해온 정부방송 〈TVRI〉 대신 5월 13일부터 15일까지 각 방송사들이 독자적으로 불타는 자까르따를 마음껏 보도했다. 그리고 언론자유가 '3일천하'로 끝나고 16일부터 다시 모든 방송이 똑같은 그림을 내보내고 있다. 15일 밤, 수하르또가 돌아오자마자 폭동이 눈 깜박할 새 자취를 감췄고 언론도 옛날로 되돌아갔다.

자까르따 폭동은 그렇게 짜맞춘 '작전'이었거나 아니면 눈감아준 '꿍꿍이' 냄새가 물씬 풍긴다. 셀로 수마르잔 교수(Selo Soemardjan. 인도네시아대학 사회학)가 "고비 벗어나고자 수하르또가 폭동을 핑계 삼아 강공책 쓸 수도 있다."고 했듯이.

돌아온 수하르또는 부지런히 대책회의를 열고 학자들을 만나더니, 16일 기껏 내각 개편을 해결책이라 내놓으면서 케케묵은 말을 되풀이했다.

"시민이 바란다면 언제든 물러난다."

1967년 초대 대통령 수까르노(Sukarno)를 쫓아내고 권력을 잡은 수하르또는 군대를 바탕 삼아 빼어난 독재술을 부리며 정치, 경제, 사회는 말할 나위도 없고 종교까지 손에 넣었다. 게다가 비동맹운동에 앞장서 국제사회에서도 만만찮은 자리를 잡은 수하르또는 일리안자야(Ilian Jaya), 아쩨(Aceh), 동티모르(East Timor) 강제합병과 대량학살로 불거진 비난도 거뜬히 견뎌냈다.

32년째 인도네시아를 쥐고 흔들어온 수하르또가 1998년 5월 들어 큰 고비를 맞고 있는 건 틀림없지만, 그렇다고 이번 5월이 시민혁명으로 이어질지 지레 말하기는 힘들다.

이 노회한 독재자에게 맞설 만한 조직이나 인물이 마땅찮은 탓이다. 무슬림은 군과 맞먹을 만한 전국적 조직을 자랑해왔지만 보수적인 성향을 지녀 처음부터 시민들 바람과 먼 거리에 있었고, 뿔뿔이 흩어진 재야나 시민운동 단체들도 이번 5월에서 아무 노릇을 못 했다.

마지막 희망인 학생들마저 조직력과 지도력이 떨어져 결정적 기회를 날리고 말았다. 5월 12일 뜨리삭띠 대학 총격사건은 이번 5월에서 가장 뼈아픈 지점이었다. 학생 여섯 명이 시위 중 한자리에서 총 맞아 숨졌지만, 전국 대학들이 동맹시위는 제쳐두고라도 추도 기간 선포 같은 밑바탕 동력도 만들어내지 못했다. 지금까지 5월 상황만 놓고 본다면, 학생이 시민혁명을 이끌어낼 가능성은 아주 옅어 보인다.

조직이 없다면 인물인데, 지난 32년 동안 인도네시아 사회는 수하르또에 맞설 만한 상징적 인물을 키워내지 못했다. 굳이 대중성을 꼽으라면 야당 정치인 메가와띠지만, 늘 그랬듯이 그녀는 이번에도 나서지 않았다. 학생과 지식인층에 인기를 끈 아미엔 라이스(Amien Rais. 무슬림 조직 무함마디야(Muhammadya) 의장)도 5월의 심장으로 뛰기에는 힘이 달렸고.

5월 17일, 도심은 아직 닫혀 있지만 폭동은 수그러들었고 버스와 택시들이 살살 다니고 있다. 그러나 하루 동안 외국인과 화교들 탈출이 극에 달했다.

자까르따 5월은 이제 뭔가 터질 것 같은 20일을 향해 가고 있다. 국민각성의 날이기도 한 그 20일에 맞춰 수하르또가 중대 발표를 할 것이란 소문이 도는 가운데 학생 시위대는 그날을 최후의 결전일로 꼽고 있다. 시민들은 학생(교내 시위자)과 폭도(가두 시위자)로 나눠 진압작전을 벌이겠다고 밝힌 군부의 움직임을 걱정스레 지켜보고 있다.

자까르따는, 1980년 5월 광주와 1992년 5월 방콕에 이어 다시 피를 부르며 아시아 현대사에 '5월'을 만들어가고 있다. 수하르또만이 그 피를 멈추게 할 수 있는 연장과 솜씨를 지녔다. 수하르또의 결단이 필요하다.

학생들의 국민협의회 점거는 반수하르또 시위의 상징적인 사건이었다. 1998. 5. 19. 자까르따. ⓒ정문태

독재 32년, 수하르또 물러나다

1998년 5월 23일, 자까르따

1998년 5월 21일, 수하르또가 물러났다. 32년이 걸렸다.

나흘째 국민협의회를 점거해온 학생들은 승리를 외쳤다. 시민들은 놀란 눈으로 기쁨을 쏟아냈다. 설렘과 희망 속에 이틀을 지낸 자까르따엔 수하르또 퇴진을 놓고 '항복설', '건강 이상설', '이원집정부제설', '망명설' 같은 말들이 어지럽게 나돈다. 그러나 아직까지 또렷한 건 아무것도 없다.

다만, 수하르또가 1997년 몰아친 경제 위기로 국제통화기금(IMF)을 받아들였지만 치솟는 물가를 다잡지 못해 폭동에 시달린 데다, 집권 골까르 당(Golkar Party)과 군부 안에서조차 반수하르또 기운이 퍼져 달리 택할 길이 없었던 것으로 미뤄 볼 수 있을 뿐.

그러나, 현재 군부에서 나도는 권력투쟁설을 들여다보면 수하르또가 어떤 꼴로든 안전장치를 꾸며놓고 물러난 것만큼은 틀림없다. 이미 정가에서는 수하르또가 물러나기 전 위란또와 밀약을 맺었다는 말이 나돌고 있다. 실제로 위란또는 수하르또가 물러나자마자 "어떤 경우에도 수하르또와 그 가족을 지켜줄 것이다."고 거듭 밝혔다.

수하르또 사임으로 대통령직을 물려받은 하비비(Bacharuddin Jusuf Habibi) 전 부통령도 하루 뒤인 22일 개각에서 위란또 최고사령관을 국방

장관에 연임시켜 몸을 맡겼다. 같은 날 밤, 위란또는 쿠데타설과 권력투쟁
설 몸통이었던 전략예비사령관(Kostrad) 쁘라보워 수비안또 중장(Lt. Gen.
Prabowo Subianto)을 반둥 군참모학교장으로 발령한 뒤 그 자리에 측근
인 조니 루민땅 중장(Lt. Gen. Johny Lumintang)을 심었다. 쁘라보워의 오
른팔 노릇을 해온 특전사(Kopassus) 사령관 무크디 쁘르워쁘라뇨노 소장
(Maj. Gen. Mukhdi Purwopranyono)도 대기발령으로 무장해제시켰다.

갑작스런 이 보직 교체는 5월 21일 밤 벌어진 '사건'을 언턱거리 삼았던
것으로 보인다. 대통령 비서실과 육군본부에서 흘러나온 정보에 따르면,
21일 밤 쁘라보워는 무크디와 자까르따사령관 샤프리 샴수딘 소장(Maj.
Gen. Sjafri Sjamsuddin)을 데리고 대통령궁을 찾아가 하비비를 만나겠다
고 내댔고, 놀란 하비비의 연락을 받은 위란또는 격노하며 다음 날 바로
이들 보직을 깼다고 한다. 22일 밤, 쁘라보워와 두 장군은 다시 하비비를
찾아가서 불만을 털어놓고 계급장과 지휘봉을 팽개쳤다.

그렇게 위란또는 수하르또의 사위로 군을 움직일 수 있었던 쁘라보워
와 특전사령관 무크디를 날림으로써 수하르또가 물러나고 이틀 만에 군
권을 휘어잡았다.

그러나 21일 밤 사건과 관계없이 위란또는 일찌감치 쁘라보워 제거 결
심을 했던 것으로 보인다. 앞서 5월 13일, 위란또는 "누구든 내 군인들과
부딪치고 싶지 않다면 불법행위를 곧장 멈춰라. 뜨리삭띠 대학 총격사건
과 폭동 개입 군인을 밝히겠다."*며 뼈 있는 말로 군 내부를 겨냥했다.

그 무렵 군부 안팎에서는 쁘라보워가 폭동과 뜨리삭띠 대학 총격사건
배후라는 말이 나돌았다.

* 위란또 장군 인터뷰. 1998년 5월 13일. 정문태

돌이켜 보면, 지난해 초까지만 해도 모든 전문가들은 쁘라보워가 군권을 쥘 것으로 여겼다. 족벌친정체제로 7차 연임을 꾸며온 수하르또가 쁘라보워에게 별동대 노릇을 시킬 것으로 봤기 때문이다.

그런데 연말부터 위란또가 갑자기 떠올랐다. 그즈음 군부 안팎에서는 비무슬림과 화교에게 적개심을 지닌 쁘라보워가 정국을 어지럽히고 사태를 꼬이게 만든다는 불만이 쏟아졌고, 수하르또도 쁘라보워를 마땅찮게 여긴다는 소문이 돌았다. 그러더니, 올 2월 수하르또가 위란또를 군 최고사령관에 앉힘으로써 그 소문이 사실로 드러났다. 이때부터 군부 안에서는 위란또와 쁘라보워로 나눠진 권력투쟁설이 터져 나왔다. 그러나 수하르또는 쁘라보워에게 여전히 핵심 요직인 전략예비사령부를 맡겨둠으로써 위란또를 견제해왔다.

결국 마지막 순간 수하르또는 권력 꼭대기에 다가가 있다고 자타가 공인해온 사위 쁘라보워를 팽개치고 위란또에게 힘을 몰아주면서 대신 자신의 운명을 맡긴 셈인데, 이건 '군부 안에 일인자를 키우지 않는다.'는 원칙 아래 군 지휘관들을 충성 경쟁시켜 32년 독재 발판으로 삼았던 수하르또의 전형적인 용병술이었다.

수하르또는 떠나는 순간까지 노련한 독재자답게, 권력투쟁을 부추겨 제 몸을 살리는 묘기를 부렸다. 새로운 권력으로 나타난 위란또, 이제 그이를 눈여겨봐야 할 시간이 왔다.

국군의 날 행사장 카드 섹션 속의 두 대통령. 초대 대통령 수까르노(사진 오른쪽)를 쫓아내고 권력을 잡은 수하르또 전 대통령이 물러난 지 11년이 지났지만 인도네시아 사회는 여전히 그 독재 갈무리에 시달리고 있다. ⓒAsia Network Documentation Center

| 선거, 민주화 |

44년 만의 다당제 자유선거

1999년 5월 31일, 자까르따

수하르또가 물러나고 꼭 1년이 지났다.

시민들은 44년 만에 맞은 다당제 자유선거를 앞두고 바뀐 세상을 느끼고 있다. 지난 5월 19일부터 벌어진 선거전은 5월 30일 현재 사망자 14명, 부상자 20명을 냈지만 모두가 걱정했던 폭동 없이 6월 7일 투표일을 향해 가고 있다. 27개 선거구에서 462석을 뽑고 군부 몫 38석을 보태 500석짜리 국민대표회의(DPR)를 꾸릴 이번 선거에는 48개 정당이 뛰어들어 11월로 잡힌 대통령 선거까지 내다보며 죽기 살기로 매달리고 있다. 차기 대통령은 국민대표회의 500석과 지역대표회의(DPD) 135석에다 사회단체가 추천하고 현 대통령이 지명하는 직능대표 65석을 보탠 700석짜리 국민협의회(MPR)에서 뽑기 때문이다. 시민들 관심도 크게 높아져 5월 26일까지 유권자 1억 3천만 명 가운데 88.2%가 등록을 마쳤다.

5월 31일 현재, 선거운동 판은 메가와띠가 이끄는 민주투쟁당(PDI-P)과 수하르또 멍에를 뒤집어쓴 현 집권 골까르당이 앞서 달리고, 아미엔 라이스를 내세운 국민위임당(PAN)과 압둘라만 와히드의 국민각성당(PKB)이 그 뒤를 좇는 모양새다.

초대 대통령이었던 '수까르노의 딸'을 앞세운 민주투쟁당은 자까르따를 비롯한 방방곡곡을 황소 대가리가 그려진 붉은 깃발로 뒤덮었다. "대통령 메가와띠"를 외치며 도심을 누벼대는 선거운동 판에는 주술적 기운마저 흐른다. 은행원 띠띠는 "메가와띠가 꿈에 나타나면 좋은 일이 생긴다."며 메가와띠를 목 놓아 외쳤다.

그러나 젊은이들과 지식인층에서는 '아빠정치'에만 매달린 메가와띠를 마다하는 소리도 만만찮다. 금융연구원 이맘은 "환상이다. 독재자 수까르노 딸일 뿐이다."며 정책 없는 정치에 진절머리 냈다. 시민운동가 끄리슈나는 "메가와띠가 사업가인 남편 따우픽 끼에마스(Taufiq Kiemas)를 민주투쟁당 맨 앞자리 후보에 올린 건 수하르또 족벌주의와 다를 바 없다."고 나무랐다.

'기자 기피증'을 보여온 메가와띠는 언론 쪽에서도 꽉 막힌 신비주의자로 찍혀 달갑잖은 소리를 들어왔다.

"공주처럼 살아온 그이가 천민쯤으로 여기는 기자들을 만나주기나 하겠는가?"

아흐마드 따우픽(Ahmad Taufik 〈뗌뽀Tempo〉) 기자가 손을 내젓듯이.

메가와띠는 "나를 미워하는 이들이 있다면 따르는 이들도 있다. 기자들 신경 쓰지 않는다."*며 신경질을 부렸지만, 어쨌든 언론에 밉보여 스스로 표를 갉아먹었다.

그럼에도 메가와띠의 '차기' 가능성을 의심하는 이들은 별로 없다. 현재 자까르따, 자와(Java), 수마뜨라(Sumatra), 발리(Bali)를 비롯해 전국에서 고루 앞서가는 민주투쟁당이 총선에서 40%선을 얻는다면, 메가와띠는 압둘라만 와히드가 이끄는 국민각성당과 손잡고 별 탈 없이 차기를 거머

---

* 메가와띠 수까르노뿟뜨리 인터뷰. 자까르따. 1999년 5월 23일. 정문태

44년 만의 다당제 자유선거는 시민들에게 축제로 다가왔다. 민주투쟁당 선거운동. 1999. 5. 25. 자까르따. ⓒ정문태

쥘 것으로 보인다.

흰 바탕에 푸른 태양을 담은 국민위임당 깃발도 잘 휘날리고 있다. 2천
8백만 무슬림 조직원을 거느린 무함마디야를 이끌어온 교수 출신 아미엔
라이스는 지식인층이 두루 받쳐주는 데다, 열린 태도로 나라 안팎 언론들
과 스스럼없이 어울려 점수를 땄다.

그러나 오스트레일리아 정치연구소가 '아미엔이 45%를 얻어 메가와띠
를 누를 것이다.'고 본 것처럼 오히려 나라 밖에서 인기를 누려온 그이를 '허
수'로 보는 이들도 만만찮다. 아미엔에게는 검증받지 못한 정치력이 한계
로 따라붙었고, 감성에 호소할 수 있는 메가와띠와 달리 보수적인 농촌 무
슬림 사회를 이성적으로 구슬려야 하는 힘든 일이 남아 있다.

아미엔도 "20%만 넘으면 좋겠다. 22%만 나온다면 다른 당과 손잡고 차기 대통령 선거에 나설 것이다."**며 스스로를 낮췄다.

언론인, 사회운동가에서 종교지도자로, 다시 정치가로 변신한 압둘라 만 와히드가 이끄는 국민각성당도 3천만 조직원을 거느린 최대 무슬림 단체 나들라뚤 울라마(Nahdlatul Ulama)를 업고 힘차게 달리고 있다. 국민 각성당 선거운동 판은 종교적 엄숙주의를 드러내며 구스둘(압둘라만 와히드의 별명)에게 쏠릴 무슬림 표를 미리 엿보게 하지만, 한편으로는 이슬람주의를 타박해온 시민사회와 부대낄 것으로 보인다.

"아니라 했는데도 이슬람주의로 몰아붙이는 건 음모다. 정당인 국민각 성당과 종교단체인 나들라뚤 울라마는 다른 조직이다."***

구스둘이 줄기차게 항변해왔지만 못 미더워하는 시민들 수도 만만찮다.

이번 총선에서 절대 승자 없이 35~40%를 얻는 정당이 연립정부를 이 끌 것으로 본다면, 구스둘은 메가와띠와 아미엔 사이에서 '차기' 조율사 노릇을 할 것으로 보인다.

한편, 예전 같으면 온 나라를 황금빛 깃발로 뒤덮었을 골까르당은 악발 딴중(Akbar Tandjung)이 대표로 나서 "옛날과 손 끊은 새 골까르당, 수하르또와 손 끊은 새 골까르당"을 부지런히 외치고 다니지만 시민들 마음을 돌리기엔 벅차 보인다. 시민들은 골까르당 깃발을 불 질렀고 선거홍보용 시설들을 해코지하면서 해묵은 반수하르또 기운을 드러냈다. 5월 24일 악발이 탄 자동차도 짱돌 세례를 받았다. 악발은 "이번 선거에서 우리가 지더라도 크게 보면 인도네시아 정치 발전에 도움이 된다. 영원한 여당도

** 아미엔 라이스 인터뷰. 수라바야. 1999년 5월 19일. 정문태
*** 압둘라만 와히드 인터뷰. 보골. 1999년 5월 22일. 정문태

야당도 없다."****며 현실을 인정했다.

그러나 수하르또 32년 독재시절 동안 닦아온 선거 경험에다. 지형적으로 고립된 17,508개 섬들에까지 조직과 돈줄이 뻗어 있는 집권 골까르당을 마냥 무르게 보기는 힘들다. 자와를 뺀 동부지역 섬들과 하비비 대통령 고향 술라웨시(Sulawesi)에서 골까르당 몰표가 나올 것으로 보인다.

선거전에서 비켜나 몸을 웅크린 군부도 눈여겨볼 만하다. 그 고갱이는 군부 몫인 38개 의석을 받아놓은 위란또 최고사령관이다. 그이는 군이 의회를 통해 정치에 끼어들고 또 도지사를 비롯한 공직을 겸할 수 있도록 만든 이른바 '이중역할(Dwifungsi)'의 최대 수혜자로 정치와 군부 양쪽을 주무를 수 있는 인물이다. 위란또는 선거 결과에 따라 하비비 현 대통령뿐 아니라 메가와띠를 비롯한 야당과도 손잡을 수 있고, 또 선거 뒤 비상사태가 터지면 언제든지 정부를 손에 넣을 수도 있기 때문이다.

위란또는 1998년 5월 수하르또 퇴진 공간에서 학생 시위를 무력진압하지 않아 시민들 사이에도 제법 큰 인기를 누려왔다. 위란또는 얼마 전 기자들에게 "내 직업은 비상사태가 터지면 대통령 명령을 받아 전권을 행사하는 일이다."고 의미심장한 말을 했다. 이 군인을 똑똑히 지켜봐야 하는 까닭이다.

수하르또 32년 독재를 갈무리할 첫걸음인 이번 선거는 개혁과 사회통합이라는 두 가지 과제를 안고 6월 7일을 향해 달려가고 있다.

**** 악발 딴중 인터뷰. 자까르따. 1999년 5월 24일. 정문태

달아오른 정치의 계절

1999년 6월 12일, 자까르따

잔치는 끝났다. 선거운동 2주 동안 마음껏 누렸던 해방감은 6월 7일 투표를 끝으로 사라졌다.

그보다 시민들은 화가 나 있다. 개표 지연 탓이다. 애초 선거관리위원회는 투표 다음 날 50%쯤 개표할 수 있다고 밝혔으나, 4일이 지난 11일 현재 개표율이 기껏 13%에 지나지 않는다. 시민들은 '수하르또식 짜맞추기'라며 길길이 뛰었고, 학생들은 '속전 개표'를 외치며 거리로 나섰다.

아직까지 개표 부정은 드러난 바 없지만, 기자들 사이에는 이번 투표와 개표를 놓고 말들이 많았다. 투표인만 1억이 넘는데 아침 8시부터 오후 2시까지로 잡은 투표 시간부터가 그랬고, 현장에서 개표한 결과를 팩스로 지역선거위원회에 보낸 뒤 다시 일곱 단계를 거쳐 중앙선거관리위원회 컴퓨터에 집어넣는 과정도 허술하기 짝이 없었던 탓이다. 하여 기자들은 부정보다 착오 가능성을 더 걱정스러워했다. 이미 선거관리위원회 컴퓨터 집계가 말썽을 일으켰다는 정보가 새 나오고도 있다.

어쨌든 13%를 개표한 현재 메가와띠의 민주투쟁당이 35%를 얻어 앞서 나가고, 그 뒤를 20% 얻은 국민각성당과 16% 얻은 골까르당이 좇고 있다. 8%에 머문 국민위임당은 일찌감치 밀려난 꼴이다.

수하르또 퇴진 뒤 치른 첫 선거에서 모든 정치인들이
개혁과 민주화를 외쳤고 시민들은 큰 기대를 걸었다.
메가와띠 수까르노뿌뜨리 민주투쟁당 대표 투표.
1999. 6. 7. ⓒ정문태

정치는 이제부터다. 별 탈 없는 한 현재 득표율이 끝까지 이어진다고 보
면 단독정부는 물 건너갔다. 해서 모든 정당들이 이미 연립정부 구성과 대
통령 후보 찾기에 나섰다.

정치판 짝짓기는 세 갈래로 그려볼 만하다. 하나는 메가와띠와 와히드
가 손잡는 것이고, 다른 하나는 하비비와 아미엔에 작은 이슬람 정당들이
뭉치는 것이고, 나머지 하나는 시민들 바람대로 메가와띠-와히드-아미엔
이 이른바 '3자 개혁동맹'을 맺는 것이다. 그러나 '3자 개혁동맹'은 메가
와띠와 아미엔이 모두 대통령을 바라는 터라 가능성이 별로 없어 보인다.
게다가 이들 셋이 선거전에서 약속했던 연합전선도 아미엔이 이슬람 정
당들과 홀로 선을 달면서 이미 깨졌다.

나머지 두 그림은 같은 이야기다. 메가와띠가 득표율을 크게 높이지 못
한다면 현 집권 골까르당 대통령 후보가 이롭다는 뜻이다. 메가와띠와 와

히드를 묶으면 최대 45~51% 득표율에 200~230석이 나오고, 반대쪽 하비비와 아미엔에다 연합개발당(PPP)과 군부를 묶으면 40~47% 득표율에 170~210석이 잡힌다. 따라서 골까르당은 이번 총선에서 지더라도 전통적으로 강한 세를 지닌 동부 섬들에다 술라웨시와 깔리만딴(Kalimantan) 지역대표회의를 거머쥔다면 대통령 선거에서는 호락호락 밀리지 않을 수도 있다. 국민협의회 700석 가운데 지역대표회의 135석과 하비비 대통령이 지명할 직능대표 65석에다 위란또의 군부 몫 38석을 보탠 238석은 골까르당에 기운 표로 볼 수 있기 때문이다.

바로 여기에 아미엔의 가능성이 살아 있다. 비록 아미엔의 국민위임당이 총선에선 패하더라도 수하르또 멍에로부터 벗어나고자 애태우는 골까르당에게 개혁성과 대중성을 지닌 아미엔은 절묘한 후보감이 될 수 있다는 뜻이다.

이미 골까르당에서도 대통령 후보를 아미엔에게 넘겨주고 대신 정부 구성권을 갖자는 말들이 나돌고 있다. 개혁과 민주 상징처럼 나섰던 아미엔도 "마지막 선택은 골까르당이 될 수도 있다."고 밝혀 흥정판을 한껏 키워놓았다. 때맞춰 골까르당 안에서는 하비비 차기 불가론이 터져 나오고 있다. 선거 전날까지만 해도 "하비비 현 대통령이 차기 대통령 후보다."고 밝혔던 악발 대표는 득표율이 시답잖게 나오자 "40%선을 얻지 못하면 누구도 대통령 후보가 될 수 없다."며 하비비 지지를 거둬들였다.

이래저래 자까르따 정치판에 남은 것은 헤쳐 모이기뿐이다. 1년 전 이맘때 애타게 외쳤던 개혁과 민주화는 온데간데없고 이제 배반과 음모가 판치는 정치의 계절로 접어들었다.

마지막 승부수, 대통령궁으로

1999년 10월 10일, 자까르따

10월 1일 국민협의회 문을 연 자까르따 정치판은 숨 가쁘게 굴러가고 있다.

지난 6월 총선을 거쳐 새로 짠 국민협의회는 문 여는 순간부터 달라진 모습을 보였다. 잔잔하게 웃으며 들어오던 하비비 대통령을 싸늘하게 맞은 의원들은 대통령의 개회 연설마저 막아버렸다. 1년 6개월 전, 의원들이 기립부동 자세로 수하르또를 맞이하던 그 국민협의회에서는 상상도 못할 풍경이다.

정부 계획안(1999~2004년)을 의결하고 새 대통령을 뽑을 국민협의회는 그렇게 첫날부터 돌풍을 예고했다.

이어 10월 3일, 한밤중에 벌어진 국민협의회 의장 선출은 다가온 대통령 선거 예고편으로 큰 파문을 일으켰다. 국민협의회 700석 가운데 기껏 7%를 지닌 국민위임당 후보 아미엔 라이스가 제2당인 골까르당과 군소 이슬람정당연합인 이른바 '중도추축(Central Axis)'의 지원을 받아, 의석 30%를 지닌 제1당 민주투쟁당이 밀었던 국민각성당 후보 마또리 압둘 잘릴(Matori Abdul Djalil)을 26표 차로 물리치고 의장이 되었다.

총선 결과를 비틀어버린 의장 선출을 놓고 저마다 정치판을 나무랐다.

정치평론가 무함마드 히깜(Muhammad A. S. Hikam)은 "협상 없이 한가롭게 맞선 메가와띠의 실패작이다."며 정치력이 모자란 제1당을 업신여겼고, 인도네시아 대학 정치학 교수 알비 사닛(Arbi Sanit)은 "원칙도 없이 모든 정당이 흥정한 결과다."며 정치판을 싸잡아 내리깠다.

10월 6일 이른 새벽, 자까르따는 다시 한 번 정치 마술에 걸렸다. 제2당 골까르당 대표 악발 딴중 후보가 411표를 얻어 54표에 그친 제1당 민주투쟁당 후보를 비롯한 다섯 후보를 들러리 세우며 하원 격인 국민대표회의의 의장이 되었다. 거의 모든 민주투쟁당 의원들이 자기 당 후보를 마다하고 악발을 민 이 선거는 정치판 흥정의 진수였다.

그렇게 해서 국민협의회와 국민대표회의 의장 자리는 모두 제1당을 비껴갔다.

민주투쟁당 대변인은 "처음부터 의장 자리는 넘겼다."고 밝혀 하나 남은 '큰 자리'를 놓고 모든 정당들과 흥정한 사실을 내비쳤다. 골까르당 대변인도 "아미엔 라이스를 국민협의회 의장으로 밀었으니 이제 그 답을 기다린다."고 밝혀 얽히고설킨 흥정을 털어놓았다.

민주투쟁당 153석, 골까르당 120석, 연합개발당 58석, 국민각성당 51석, 국민위임당 34석. 군소정당 84석, 이 의석수를 놓고 보면 그 흥정이 그야말로 마술이었음이 드러난다.

겨우 34석을 지닌 아미엔이 어떻게 700의석짜리 국민협의회 의장이 될 수 있었고, 골까르당 120석이 어떻게 411표로 불어나 악발이 500의석짜리 국민대표회의 의장이 될 수 있었을까? 인도네시아판 마술이라고밖에는 달리 설명할 길이 없다.

종착역은 잡혀 있다. 10월 20일 대통령 선거를 향해 기차는 달리고 있다.

그러나 종착역만 바라보며 모든 역을 지나쳐버린 민주투쟁당이 탈 없이 목적지에 닿을 수 있을지는 의문이다. 메가와띠가 아직 후원자를 얻지 못한 까닭이다. 그이는 국민각성당 대표 와히드 도움을 애타게 기다리면서 한편으로는 악발에게도 손을 내밀고 있다.

무함마드 히깜은 골까르당 부대표 마르주끼 다루스만(Marzuki Darusman)이 이끄는 반하비비 모임인 '화이트 골까르(White Golkar)'를 가리키며 "골까르당 의원 60%쯤이 메가와띠에게 표를 던질 수도 있다."고 내다봤다. 메가와띠가 골까르당에 매달리는 까닭이다.

메가와띠가 가장 믿었던 와히드는 앞선 국민협의회 의장 선거에서 아미엔을 밀어 민주투쟁당 혼을 빼놨다. 민주투쟁당 안에서도 메가와띠의 게으름이 일을 망쳤다는 소리가 터져 나왔다. 민주투쟁당이 30%를 얻어 제1당이 되었다고는 하지만 대통령을 뽑는 국민협의회 700석 가운데 기껏 185석뿐이라는 현실을 뒤늦게 깨달은 탓이다.

시간이 흐를수록 오히려 와히드가 종착역에 더 가까이 다가간 것으로 보인다. 국민협의회 의장 자리와 대통령 후보 자리를 주고받은 아미엔과 와히드의 '큰 흥정'이 드러난 마당에 메가와띠가 파고들 틈이 별로 보이지 않기 때문이다. 와히드는 아미엔과 그 '추축 세력'이 낸 대통령 후보 추천을 이미 받아들인 상태다.

하비비 현 대통령도 경제복구, 물가안정, 언론자유, 민주화, 공정한 총선 관리를 치적으로 내세우며 골까르당 안팎 반발과 상관없이 출마를 고집하고 있다. 그러나 시민들 사이에 하비비는 '수하르또의 아이'라는 인상을 지닌 데다, 동티모르를 독립시킨 '매국노'로 찍혀 앞날이 그리 밝지 않다. 게다가 얼마 전에 터진 '발리은행 스캔들'*로 치이기도 했고.

대통령 선거를 열흘 남짓 남겨둔 현재, 메가와띠, 와히드, 하비비가 후보로 떠올라 있지만 어떤 짝짓기가 나올지는 아무도 알 수 없다. 다만, 그 후보들 가운데 누구도 혼자 힘으로는 대통령이 될 수 없다는 사실만 드러나 있을 뿐.

이런 걸 '민주정치'나 '협상의 미학'이라 부르는 이들도 없진 않지만, 사실은 노선 없고 정책 없는 정당정치가 만들어낸 눈꼴사나운 풍경일 뿐이다.

수하르또 32년 독재 도구였던 골까르당을 비롯해 모든 정당들이 '개혁'을 내걸었다. 그런데 속을 들여다보면 골까르당과 민주투쟁당은 민족주의를 바탕에 깐 수구라는 점에서 한통속이고, 국민각성당, 국민위임당, 연합개발당은 모두 이슬람주의를 섞은 수구라는 점에서 도무지 달리 볼 구석이 없다.

헌데 정작 정당들이 내건 구호는 거꾸로다. 골까르당과 민주투쟁당이 오히려 무슬림 대표성을 앞세웠고, 이슬람 정당들이 민족주의를 외쳐왔으니. 이건 모든 정당들이 오직 최대 주주인 무슬림 눈치를 살피며 최고 인기 상품인 민족주의를 팔아먹고 있다는 뜻이다.

한편 수하르또 시절 75석이었던 국민협의회의 몫이 이번 총선을 통해 38석으로 깎이며 '수모'를 겪은 군부는 웅크린 상태다. 비록 군을 깔볼 수 없는 대통령 후보들이 저마다 위란또를 부통령 후보로 삼겠다며 공들이고 있지만 정작 동티모르학살 책임자로 찍힌 위란또는 9월 들어 부쩍 몸을 사리고 있다. 게다가 군인들 사이에서도 개혁을 말하는 이들이 늘어나

---

* 발리 은행 스캔들(Bank Bali Scandal): 정부 구제자금 가운데 5,460억 루피아(8천만 달러)가 골까르당 재정 부국장을 맡고 있는 세띠아 노환또(Setya Novanto)의 회사 에라 기앗 쁘리마(PT. Era Giat Prima)로 흘러들어가 1999년 6월 총선과 10월 대선에 선거자금으로 사용되었다는 의혹을 받은 사건.

고 있다. 이른바 '사관학교 73학번(AKABRI class 1973)'인 수실로 밤방 유
도요노 중장, 아구스 위조요 중장(Lt. Gen. Agus Widjoyo), 아구스 위라하
디꾸수마 소장(Maj. Gen. Agus Wirahadikusumah) 같은 이들은 "군이 정
치에서 발 뺄 때가 됐다."고 소리치고 다닌다.

그렇다고 정치판에서 군부 효용가치가 거덜 났다고 보긴 힘들다. 아직
껏 군부를 휘어잡을 만한 시민정치가 없는 데다, 차기 대통령 후보들이 군
인들에게 밉보이고는 펴히 가기 힘들다는 사실을 잘 알고 있기 때문이다.

32년 독재를 갈무리하고 새 천년을 열어갈 인도네시아 앞날이 국민협의
회에서 흔들리고 있다. 자까르따 길바닥엔 다시 수상한 젊은이들이 나타
났다. 메가와띠를 외치는 이들이 칼 차고 누비는가 하면, 하비비를 외치는
이들은 몽둥이 든 군복 차림으로 서성거린다.

종착역을 향한 인도네시아 기차가 아직은 어두운 굴속을 달리고 있다.

마술에 걸린 대통령 선거

1999년 10월 22일, 자까르따

'압둘라만 와히드 373표, 메가와띠 수까르노뿌뜨리 313표, 기권 5표.' 이어 인도네시아 라야(Indonesia Raya. 국가)가 울려 퍼졌다.

10월 20일 국민협의회는 와히드를 제4대 대통령으로 뽑으면서 수하르또가 사라진 뒤 열일곱 달 동안 정신없이 달려왔던 정치 일정을 마감했다.

와히드 손을 잡고 축하하던 메가와띠는 기어이 눈물을 보이더니 모든 일정을 접고 집으로 돌아가버렸다. 오후 들어 자까르따와 발리에서는 또 한차례 폭동이 휘몰아쳤다. 메가와띠를 좇던 이들은 성을 삭이지 못해 국민협의회로 몰려갔다. 그러나 메가와띠는 입을 닫았다. 밤낮없이 목 놓아 메가와띠를 외쳤던 이들은 길바닥에 버려졌고, 폭도로 변했다.

지난 한 주 동안 국민협의회는 숨 가쁘게 돌아갔다. 10월 14일 국민협의회가 하비비 대통령의 국정 석명 연설을 거부하면서 골까르당 차기 대통령 후보이기도 한 하비비는 직격탄을 맞았다. 10월 18일 하비비가 차기 부통령 후보로 꼽았던 위란또 최고사령관이 발을 뺐고, 10월 20일 선거 날 이른 새벽 결국 하비비도 손을 털었다. 골까르당이 급히 대통령 후보로 내세웠던 악발 딴중 대표마저 몇 시간 뒤 물러나버렸다.

선거 날 아침 골까르당의 후보 철회는 와히드에게 결정적 승부처가 되

인도네시아 최초의 민주적 대통령 선거는 의회 내 제4당 대표 압둘라만 와히드를 선출하면서 정치적 파란을 예고했다. 대통령 선거 결과 발표 뒤 단상으로 향하는 압둘라만 와히드. 1999. 10. 20. 국민협의회. ⓒAsia Network Documentation Center

었다. 하루 전까지만 해도 하비비와 와히드가 서로 무슬림 표를 갉아먹을 것으로 보고 그 반사이익만 세고 있던 메가와띠의 '3자 필승론'은 하비비가 물러남으로써 헛물을 켜고 말았다.

결국 대통령 후보를 잃은 제2당 골까르당은 메가와띠 견제심리를 앞세워 와히드에게 몰표를 안겨주었고, 이슬람 군소정당들도 최대 무슬림 조직인 나들라뚤 울라마 지도자 와히드를 택했다.

그렇게 해서 국민협의회 700석 가운데 단 57석을 지닌 국민각성당 후보 와히드가 185석을 지닌 제1당 민주투쟁당 후보 메가와띠를 깨트리는 정치적 마술을 부렸다.

"왜 나는 안 되는가?"라고 기자에게 되물었던 와히드의 야망도, "국민이 나를 바란다."고 뻐겼던 메가와띠의 환상도, 모두 현실로 드러난 하루였다.

10월 21일 아침, 들썽거리며 지난밤을 보냈던 시민들 눈길이 다시 국민협의회로 꽂혔다.

악발 딴중, 위란또, 그리고 연합개발당 대표 함자 하즈(Hamzah Haz)가 부통령 후보에 올랐다. 메가와띠는 선거 바로 전까지 마음을 숨긴 채 신경전을 벌였다. 오후 들어 악발과 위란또가 물러났다. 이어 뒤늦게 후보로 나선 메가와띠는 396표를 얻어 284표에 그친 함자를 물리치고 부통령이 되었다.

자까르따는 서서히 평온을 되찾고 있다. 메가와띠 추종자들이 그나마 부통령이라는 위안거리를 얻은 까닭이다.

현재 자까르따 분위기는 '와히드 대통령, 메가와띠 부통령'을 괜찮은 짝짓기로 여기는 편이다. 그러나 이 한 쌍 앞에는 수많은 도전이 기다리고 있다. 그동안 표를 얻고자 외쳐댔던 개혁과 민주화는 이제 피할 수 없는 현실로 다가와 있다. 무엇보다 이 둘은 일그러진 정치판부터 바로잡아야 한다. 대통령, 부통령을 뽑으면서 모든 정당들이 흥정판에 끼어들어 여당도 없고 야당도 없는 가운데 어정쩡한 정부가 태어날 운명이고 보면, 출발마저 쉽지 않을 것으로 보인다. 와히드는 각 정당들이 내낼 몫에 발목이 잡힌 데다, 개혁을 몰고 갈 전문성과 도덕성을 두루 갖춘 인물마저 넉넉잖기 때문이다. 게다가 와히드 앞길에는 경제와 외교라는 두 폭발물이 도사리고 있다. 하비비 정부 아래 불거진 발리은행 스캔들로 국제통화기금 돈줄은 멈췄고, 동티모르 학살 문제는 더 뜨겁게 달아오르고 있다. 그러나 아직 와히드의 경제, 외교 정책은 알려진 바도 없다.

뿐만 아니다. 수하르또가 물러나던 공간을 통해 '길바닥 정치'를 알아버린 시민들도 이제 언제든 터트릴 수 있는 폭탄을 손에 들고 있다. 가난에 시달려온 이들, 일자리를 찾아 헤매온 이들도 매섭게 노려보고 있다.

또 독립을 외치는 일리안자야와 아쩨, 종교분쟁에 빠진 말루꾸(Maluku),

화교문제, 수하르또 족벌체제, 부정부패…….

풀어내고 갈무리해야 할 일들이 태산처럼 쌓여 있다.

와히드-메가와띠가 벌일 잔치는 없다.

구스둘, 논쟁과 변신의 승부사

1999년 10월 22일, 자까르따

"무슬림 사회에서 여성을 정치 지도자로 받아들이기 힘들다."

구스둘의 이 한마디로, 그이를 '오빠'라 불러왔던 메가와띠는 서먹해져 버렸다. 그래도 시민들은 구스둘이 대통령 선거에서 메가와띠를 도울 줄 알았다.

"메가와띠의 건방진 태도로는 정치적 화합 못 한다."

구스둘이 다시 직격탄을 날렸지만, 그래도 정치판에서는 그이가 선거 직전 후보를 그만두고 메가와띠를 밀 것이라 여겼다.

그러나, 10월 20일, 구스둘은 민주선거를 거친 첫 번째 대통령으로 인도네시아 현대사에 자신의 이름을 올렸다.

압둘라만 와히드는 1940년 8월 4일 자와 동부 좀방에서 태어났다. 인도네시아 이슬람 최고 지도자였던 할아버지 하심 아샤리(Hasim Ashari)와 종교부 장관을 지낸 아버지 와히드 하심(Wahid Hasim)으로부터 이슬람 전통을 보고 자란 그이는 지역 명문가 아이들을 일컫는 둘(Dur)이란 별명을 받아 구스둘(Gus Dur)로 불렸다. 이슬람 전통 기숙학교 뻬산뜨렌(Pesantren)을 거쳐 이집트와 이라크의 바그다드 대학에서 공부하던 구스둘은 사담 후세인(Saddam Hussein)의 바트당(Ba'ath)이 집권하는 과정을 보면서 사회주의에 눈떴다.

구스둘은 1974년 인도네시아로 돌아와 〈뗌뽀〉에 정치 칼럼을 쓰면서 필명을 날리기 시작했다. 그러면서 정치판에 미운 털이 박힌 구스둘을 수하르또 정부가 바트당 당원으로 몰아붙여 뜨거운 공방전이 벌어지던 가운데 오히려 구스둘은 빼어난 연설가로, 또 최고 지식인으로 떠올랐다. 이어 1984년, 진보 성향을 지닌 구스둘이 친수하르또 보수주의자들이 들끓는 최대 무슬림 조직 나들라뚤 울라마 의장을 맡으면서 다시 한 번 큰 사회적 논란이 일었다. 그러나 구스둘은 5년짜리 임기를 세 번씩이나 연임하는 정치력을 보이며 사회지도자로 우뚝 섰다.

1990년대 들어서 구스둘은 종교적 분파주의와 수하르또 독재를 비난하며 모든 종교를 끌어안는 민주포럼(Forum Demokrasi)을 조직해, 수하르또의 총애를 받던 하비비가 만든 인도네시아이슬람지식인연합(ICMI)에 정면으로 맞서기도 했다. 그러나 1999년 총선에서 "이슬람의 정치화를 반대한다."고 밝혔던 구스둘은 넉 달 만에 이슬람 정당들 도움을 받아 대통령이 되었다.

"도무지 읽을 수 없는 인물이다. 재치와 지성을 지녔지만 변덕이 너무 심하다." 국민대표회의 전 의원 사로노(Sarono) 말마따나 구스둘은 끊임없이 논쟁거리를 몰고 다녔다.

그동안 수하르또 독재를 욕해왔던 구스둘은 1997년 느닷없이 수하르또 첫째 딸 시띠 하르디얀띠(Siti Hardiyanti)의 정치적 역할을 부추기며 국민대표회의 선거운동을 도와 많은 이들을 헷갈리게 만들기도 했고, 또 지난 총선에서는 개혁을 외치면서 수하르또 용서부터 하자고 나대 시민들로부터 노여움을 사기도 했듯이.

수많은 논쟁거리를 안고 변신을 거듭해온 구스둘, 그러나 인도네시아 현대사는 그이를 대통령궁으로 밀어넣었다.

메가와띠, 환상과 카리스마

1999년 10월 22일, 자까르따

"메가와띠는 우리가 피 흘려 거둔 민주화 열매에만 눈독을 들인다."

1998년 5월 자까르따 민주항쟁 현장에서 만난 유스릴(인도네시아 대학)은 불쾌감을 쏟아냈다. 많은 학생들이 그랬다.

메가와띠는 시민들 바람과 달리 그 5월에도 나서지 않았다.

메가와띠는 1947년 1월 23일 초대 대통령 수까르노의 맏딸로 태어났다. 그 뒤 인도네시아 대학을 다니다 말고 결혼해서 주부로 살던 메가와띠는 20여 년 동안 수까르노 가족에게 채웠던 공직 금지령이 느슨해진 1987년 민주당(PDI)을 꿰차고 정치판에 뛰어들었다. 그 무렵 사람들은 '수까르노의 환생'이라며 열광했다.

1996년, 수하르또 독재 아래 이름뿐인 야당 노릇을 했던 민주당이 메가와띠를 대표로 삼으려 들자 골까르당과 군부가 나서 민주당을 둘로 쪼개 버렸다. 그러자 독재에 시달려온 시민들은 메가와띠를 기꺼이 민주화의 상징으로 받아들였다. 이어 1998년 5월, 수하르또가 물러나자 메가와띠는 민주투쟁당(PDI-P)을 만들어 올 6월 총선에서 제1당이 되었고 일찌감치 차기 대통령으로 꼽혔다.

그러나 메가와띠에게는 경험과 지식이 모자란다는 비난이 줄기차게 따

라붙었고, 한편으로 그이는 카리스마만 내세웠지 시민들에게 다가가지
않는 닫힌 태도를 지녔다며 큰 눈총을 받아왔다.

사회운동가로 이름난 인도네시아 대학 경제학 교수 스리 빈땅(Sri Bin-
tang)은 "밥 한 끼 굶어본 적 없고 버스 한번 타본 적 없는 메가와띠가 가
난한 사람들 지지를 받으면서도 정작 그이들을 업신여겨왔다."며 위선적
인 카리스마를 나무랐다.

민주투쟁당 안에서조차 정치력 없는 메가와띠의 카리스마를 미덥잖게
여기는 이들이 많다. 민주투쟁당 의원들은 대통령 선거에서 메가와띠가
국민협의회 700의석 가운데 185석뿐이라는 현실을 보지 않고 제1당이라
는 환상에 젖어 협상 기회마저 놓쳤다고 불만을 털어놓았다.

10월 20일, 이른 아침부터 자까르따 도심에 모여든 메가와띠 추종자들
은 선거 결과가 드러나자 절망감을 감추지 못한 채, 닥치는 대로 불 지르
며 '메가와띠 환상'을 지워나갔다.

'수까르노의 딸', '제1당 대표', '민주화 상징'……. 그 모든 환상이 깨
졌다.

Interview
압둘라만 와히드 대통령

대통령궁 100일을 말하다

2000년 1월 26일, 대통령궁, 자까르따

인도네시아 현대사에서 처음으로 민주 선거를 거쳐 대통령이 된 와히드를 잡겠다고 온 세상 언론들이 달라붙었다. 비서실에는 250여 개 국제 언론사 인터뷰 요청서가 쌓였다. 언론사도 기자도 자존심 싸움까지 보태지면서 모두들 죽기 살기로 매달렸다. 그렇게 그이를 잡아내는 데 꼬박 한 달이 걸렸다.

대통령 인터뷰, 한마디로 참 재미없는 일이다. 짜인 절차와 시간을 따라가야 하니 뭘 물고 늘어지거나 되받아치기도 힘들다. 받는 쪽도 외교적 수사만 늘어놓기 일쑤고.

그래도 해야 한다. 재미있든 없든, 거짓이든 참이든 어쨌든 한 시대를
기록에 남기는 일이기 때문이다.

그동안 사회 비평가, 종교단체 지도자, 야당 정치인으로 만났던 그이를
대통령궁에서 마주 앉는다는 건 참 별난 기분이었다.

:: 대통령 집무실에서 보낸 지난 100일 어땠나?
대통령이라는 직업, 사회를 하나로 묶고 경제 살리기에 매달린 기억뿐
이다.

:: 그 경제는 어떤가? 해외 자본들이 사회, 정치적 혼란을 걱정들 하는데,
어떻게 되돌아오게 할 건가?
매우 힘든, 경제 위기지만, 요즘 서서히 투자가들이 되돌아오고 있다.
형편이 나아지고 있다는 증거다. 지금부터 그 속도가 붙기를 바라고.

:: 대통령이 되고부터 줄기차게 해외 출장외교 벌여왔는데, 지나친 대외
의존이라는 비난도 있다.
이 길 말고, 어떻게 국제사회로부터 영토 통합(동티모르 독립 뒤 아쩨, 일
리안자야, 말루꾸에서 터져 나오는 분리 독립 기운을 일컫는다.) 정당성 인정받
고, 어떻게 자본 끌어들이겠는가?

:: 중요한 이권 걸린 오스트레일리아와는 동티모르 문제로 아직 서먹한
상탠데, 그쪽 '하워드 독트린(Howard Doctrine)'*이 외교관계 푸는 데 여
전히 걸림돌인가?

그건 오스트레일리아의 일일 뿐이다. 하워드가 한 말은 대꾸하고 싶지도 않고. 다만 그쪽이 우리한테 풀어가겠다는 모습만 보여주면 아무 문제없다.

:: 미국은 인도네시아에 얼마나 큰 영향 미치는가? 당신이 야당 할 때 보았던 미국과 대통령으로서 마주쳐본 미국은 어떻게 다르던가?
　내가 매달리는 건 인도네시아의 이익이다. 그 대상이 미국이라고 다를 바 없다. 모든 나라와 마찬가지로 대미 외교정책 잡도리해왔다는 말로 대신하자.

:: 요즘 인도네시아 안팎에서는 동티모르 학살 다룰 국제재판을 놓고 말들이 많은데, 유엔이 바라는 대로 국제재판 받아들일 건가, 아니면 국내재판 우길 건가?
　어떻게든 국제재판은 막는다. 유엔 안전보장이사회 회원국에도 내 뜻을 전할 것이고. 우리는 국내법에 따라 인권유린조사위원회 만들어 학살자와 그 불법행위 수사해서 범죄 사실 드러나면 누구든 반드시 법정에 세울 것이다. 그러나 전임 군사령관들은 그 직책이 국가 제도고 상징일 뿐이라, (수사 대상에서) 뺄 것이다. 같은 뜻으로 나는 수하르또도 괴롭히지 않겠다고 말해왔다.

:: 말이 난 김에, 수하르또 족벌 부정부패는 어떻게 다룰 것인가? 모든 이들이 수하르또를 처벌하라고 외치는데, 그이를 법정에 세울 것인가?

---

* 하워드 독트린(Howard Doctrine): 아시아, 태평양 지역에서 미국 대리인 노릇하겠다는 오스트레일리아 하워드 총리 발언.

범죄 사실 드러나면 법에 따라 다룰 것이다.

:: 최근 군부 안팎 강경파들이 쿠데타 가능성을 퍼트리고 있는데?

쿠데타, 절대 없다. 가능성도 없다. 나는 장군도 아니었고 군인도 아니었다. 군과 권력 놓고 다툴 일도 없는 시민정부 향해 웬 쿠데타인가? 그런 건 절대 없다.

:: 당신은 지나치게 군부 눈치 보는 듯한 인상을 풍겨왔는데, 대통령으로서 진짜 군부 장악하고 있는가?

당신 같은 기자들은 무슨 말이든 하고 싶은 대로 할 수 있다. 나는 어떤 말이든 우리가 나아지는 데 도움 될 수 있고 또 중요한 뜻도 담겨 있다고 믿는다. 그렇더라도 언제나 모든 걸 다 귀담아 듣는 건 아니다. 우리 정부 합법성은 그런 말들 즐기는 사람들이 아니라 시민들로부터 나왔다.

:: 요즘 곳곳에서 터져 나오는 분리주의 기운은 당신 정부 사활 걸린 문제고, 특히 아쩨는 심각하다. 그런데도 당신은 아쩨를 놓고 여러 번 말을 바꿔 오히려 혼란을 키웠다.

나는 아쩨 문제 풀자고 국민투표 가능성을 공개적으로 물었을 뿐, 그 국민투표 지지하지 않는다. 내 뜻은 아쩨가 독립 하든 말든 좋다가 아니다. 아쩨는 우리 민주정부 들어선 뒤, 수하르또와 하비비 시절 군인들이 저지른 범죄행위가 밝혀지면서부터 달아올랐다.

:: 당신이 정치범과 장기수(사상범)를 석방하고 망명자 끌어안는 걸 눈여겨봐왔다. 요즘 인도네시아에서도 언론 자유에 이어 사상 자유를 말하고

들 있는데, 진보적 사회운동과 좌파 정당 허용할 것인가?

아니다. 그건 인권 보호 차원이었다. 그이들이 범죄자가 아니라 풀어주고 끌어안았을 뿐이다.

:: 2월 10일 한국 방문 계획 잡혔는데, 왜 가는가?

한마디로, 한국으로부터 경제 지원이 필요해서다. 무엇보다 김대중 대통령이 인도네시아 국민차에 관심 보였고, 나는 그이와 함께 다룰 사안들을 깊이 연구해왔다.

:: 서울 가서 다룰 의제를 미리 들어볼 수 있으면 좋겠다.

서울 가는 게 가장 중요한 의제다.(웃음) 아직 협의 내용 말할 순 없다. 그건 두 나라 외무장관들끼리 머리 맞대고 만들어갈 일들이니.

:: 한국 정부의 동티모르 파병은 어떻게 봐왔나?

과도기 동티모르에 한국군은 평화와 질서 지키는 일을 맡았다. 이 기간 동안 한국군의 동티모르 파견이 과거 식민지 전문꾼들이 나서는 것보다 훨씬 좋다고 생각해왔다.

:: (언론 담당 비서가 시계를 네 번째 가리키며 닦달한다.) 바쁜 일정 속에서 시간 내줘서 고맙고,

(인사말을 막아서면서) 잠깐만, 내가 서울서 만날 김대중 대통령에게 내 개인적인 감명을 전하고 싶다. (매우 유쾌한 기분으로 변해) 1960년대부터 그이를 존경해왔고 (손을 고리로 묶는 시늉을 하면서) '평화를 위해 손을 맞잡고'라는 그이 시를 마음속에 깊이 지녀왔다. 해서 지난 12월 마닐라에

서 그이를 만났을 때, '사부'라 불렀다. 별명처럼.

:: 그이의 무엇이 당신을 그렇게 감동시켰나?

자신을 박해했던 독재자들을 모두 용서하는 걸 보면서 진정한 리더십의 의미를 배웠다. 그이는 국가지도자로서 소중한 사례를 남겼다.

막힘없이 말을 쏟아냈던 구스둘, 어떤 질문도 피해가지 않았던 구스둘, 외교적 수사를 달갑잖게 여겼던 구스둘, 그러나 '대통령' 구스둘은 달랐다. 적당히 수사를 섞었고, 얼렁뚱땅 얼버무렸고, 빗나간 대답으로 때우기도 했다.

권력 진공 16일, 쿠데타?

2000년 1월 28일, 자까르따

1월 28일 아침, 와히드 대통령은 또 떠났다. 이번에는 경제 위기 극복용 돈줄을 끌어오고 동티모르 국제재판소 설치를 막겠다며 사우디아라비아, 프랑스, 인디아, 한국을 비롯해 13개 나라를 16일 동안 돌아오는 강행군 이다.

요즘, 빡빡한 일정을 까딱없이 견뎌내는 와히드를 보면서 그이의 건강 문제를 시비 걸던 사람들은 쑥 들어갔다. 대신 출장외교를 꼬투리 잡아 '사대주의자'라 헐뜯고 나섰다. 국민협의회 의장 아미엔 라이스는 "대통령 이 해외여행만 다닐 게 아니라 말루꾸 분쟁같이 급한 국내 문제에 매달려 야 한다. 대통령의 지나친 대외 의존은 사대주의 발상이다."고 나무랐다.

문제는 16일 동안의 공백이다. 그동안 끊임없이 나돌던 '쿠데타설'은 지난 주 미국 정부가 인도네시아 군부에게 "세 달짜리 민주정부 뒤흔드는 음모를 멈춰라."고 경고하면서 사실감을 더했다. 와히드는 떠나기 하루 전인 1월 27일 "겁 날 것 없다. 모든 군인들이 충성 맹세했다."며 쿠데타 설을 되박았다.

지난 연말 "정부가 국익 무시한다면 파키스탄이나 아프리카처럼 군이 정부를 몰아낼 수도 있다."고 말해 큰 말썽을 빚었던 국방장관 유위노 수

다르소노(Juwono Sudharsono)도 이날만은 "대통령 공백기에 군이 대통령을 무너뜨리지 않을 것이다."며 와히드 뒤를 받쳤다. 또 이날 와히드는 "군인, 경찰의 공무원 겸직을 금지한 새 법에 따라 위란또 정치안보조정장관을 비롯해 내각의 군인 장관 4명을 3월 31일자로 예편시킨다."고 밝혀 그동안 논란에 쐐기를 박으면서 한편으로는 쿠데타 가능성을 지닌 정치군인들을 사실상 무장해제시켰다. 이날 오전, 대통령이 주재한 내각회의를 마치고 나오다 기자들에게 둘러싸인 위란또는 "이미 말했다. 되풀이하면, 다른 의도로 방아쇠가 당겨질 것이다."며 불쾌감을 비치고는 서둘러 자리를 떴다. 올 4월, 53세가 되는 위란또는 기회 있을 때마다 "55세 정년까지 법에 따라 군인으로 남겠다."고 말해왔다.

와히드는 내각회의를 마친 뒤 "내가 없는 동안 메가와띠 부통령이 안보와 국사에 필요한 모든 결정을 대신할 것이다."며 메가와띠에게 힘을 실어주었다. 그이는 출국 하루 전 바쁜 일정 속에서도 메가와띠가 이끄는 민주투쟁당 창당 기념식에 가서 3시간 넘게 자리를 지켰다. 와히드는 광적인 메가와띠 지지자 7만 5천 명 앞에서 "'동생'이 차기에도 당을 이끌었으면 좋겠다."고 비위를 맞춘 다음 "국가 발전이 가장 중요하다. 우리는 서로를 존중할 수 있다."는 말로 정치적 지원을 요청했다.

와히드는 그렇게 흔들리는 '공백 16일'을 메우고자 열심히 뛰어다녔다. 군 최고사령관 위도도 아디 수칩또 제독(Adm. Widodo Adi Sutjipto)은 전군에 비상경계령을 내려 16일 동안의 '가능성'을 미리 틀어막았다.

그러나 와히드가 떠나자마자 말루꾸에는 분쟁이 터져 17명이 숨졌고, 족자까르따에서는 그랜드 모스끄가 불길에 휩싸였다.

아무도 알 수 없다. 와히드가 되돌아온 16일 뒤 인도네시아 모습을.

압둘라만 와히드 대통령은 제1당 대표이자 부통령인 메가와띠 수까르노뿌뜨리와 권력 분점에 실패해 처음부터 불협
화음이 터져 나왔다. 메가와띠의 민주투쟁당 당원대회장에 참석한 압둘라만 와히드 대통령. 2000. 1. 27. 자까르따.
ⓒ정문태

신나는 민주주의! 대통령 탄핵

2001년 7월 28일, 자까르따

요즘 아시아 정치판은 어디 없이 탄핵이 유행이다. 지난 2월 필리핀 대통령 에스트라다(Joseph Estrada)가 탄핵당한 데 이어 7월 23일 압둘라만 와히드 인도네시아 대통령이 뒤를 이었다. 타이 총리 탁신(Thaksin Shinawatra), 스리랑카 대통령 쿠마라퉁가(Chandrika Kumaratunga)도 탄핵선상에 올라 있다. 서울에서도 대통령 김대중을 탄핵하니 마니 말들이 나돌고.

7월 20일, 대통령 와히드 탄핵을 노리는 자까르따엔 철지난 천둥폭우가 쏟아졌다.

8시, 국민협의회에 무거운 긴장감이 돌았다. 9시, 각 당 대표들이 우중충한 낯빛으로 들어섰다. 16시, 와히드는 국민협의회 경고를 얕잡아본 채 경찰총장에 카에루딘 이스마일(Chaeruddin Ismail)을 임명했다. 21시 30분, 국민협의회 의장 아미엔 라이스가 기자회견에서 개회 결정을 알렸다.

7월 21일 10시, 아미엔이 기어이 국민협의회 개회를 선언했다. 17시, 국민협의회가 "7월 23일 오전까지 대통령 출석을 요구한다."는 최후통첩을 날렸다. 곧장 와히드가 "대통령은 국민협의회에서 증언할 의무가 없다."며 국민협의회 특별위원회의 출석 요구를 일축했다.

7월 22일 일요일, 아침부터 밤늦게까지 군경 최고지휘관과 검찰총장이 대통령궁을 드나들었다.

7월 23일, 자까르따가 잠든 새벽 1시 10분 와히드가 비상사태를 선포했다. 즉각 국민협의회와 골까르당 정지 명령이 떨어졌다.

1시 30분, 국민협의회 의원들과 각 당 대표들이 긴급 모임을 열었다. 지루한 아침이 지나고 16시 50분, 국민협의회가 찬성 363, 반대 52, 기권 42로 와히드 대통령 탄핵안을 가결했다. 17시 10분, 국민협의회는 메가와띠 부통령을 새 대통령으로 뽑았다.

그렇게 4일 동안 밤낮 없이 숨 가쁘게 돌아가던 자까르따 정치판을 두고 사람들은 그래도 '설마' 했다.

'설마, 와히드가 비상사태를 선포하겠는가?'

'설마, 국민협의회가 와히드를 탄핵하겠는가?'

그 '설마'란 모든 이들이 '끝장'만은 바라지 않는다는 뜻이었다.

그러나 힘 겨루기를 벌여온 대통령과 국민협의회는 서로 심장을 찌를 수 있는 마지막 칼인 비상사태 선포와 탄핵을 모조리 휘두르고 말았다. 그렇게 해서 인도네시아 정치사에서 처음으로 '민주대통령' 딱지를 달았던 와히드는 2년도 채우지 못한 채 쫓겨났다.

이틀 뒤인 7월 25일, 국민협의회는 연합개발당 대표 함자 하즈를 부통령으로 뽑아 와히드에게 최후의 일격을 가했다.

7월 26일, 대통령궁을 결코 떠나지 않겠다던 와히드가 "나는 헌법상 아직도 대통령이지만 현실은 그렇지 않다는 걸 인정한다."고 피 토하듯 한마디 남기고 신병 치료차 미국으로 떠났다.

탄핵 정국도 막을 내렸다.

지난 32년 동안 대통령이라고는 수하르또밖에 없을 줄 알았던 시민들은 3년 만에 대통령 넷을 구경하는 '행운'을 누렸다. 그러나 진짜 행운은 따로 있었다. 성전을 외치며 탄핵 반대를 내걸었던 와히드 추종자들의 폭동도, 쿠데타설을 퍼트리던 군인들의 움직임도 없이 인도네시아 전역은 평온했다.

이걸 안디 말라랑엥(Andi Malarangeng. 정치개혁협력정책위원회 의장)처럼 "민주주의 성숙"이라 부르는 이들도 있고, 알비 사닛(인도네시아 대학 정치학 교수)처럼 "정치적 무관심"이라 부르는 이들도 있다.

돌이켜 보면, 의회 내 소수당 한계를 뛰어넘고자 대중정치에 매달려온 와히드가 2001년 초 "모든 부정부패를 뿌리 뽑겠다."며 칼날을 정치권으로 들이대면서부터 이미 탄핵의 싹은 돋아났다.

그 무렵 악발 딴중 국민대표회의 의장은 공금 400억 루피아(4백만 달러)를, 위란또 전 최고사령관은 50억 루피아(50만 달러)를 하비비 정부 때 가로챈 혐의로 말썽이 나 있었다. 메가와띠 부통령도 남편 따우픽 끼에마스가 부정 혐의를 받고 있었다. 인도네시아를 쥐고 흔들어온 이 정치가들은 와히드의 과녁이 자신들임을 잘 알고 있었다.

그러나 뜻밖에도 와히드의 칼날은 부메랑으로 되돌아오고 말았다. 대통령궁에서 스캔들이 터졌다. 식량조달청(Bulog) 돈을 와히드의 안마사가 들고 튄 이른바 불록게이트(Bulogate)*와 브루나이 국왕의 기부금 2백만 달러가 와히드 개인구좌로 들어간 브루나이게이트(Brunei-gate)가 불

---

* 불록게이트(Bulogate): 1999년 하비비 대통령이 빈곤층 지원용으로 식량조달청(Bulog)에서 4백억 루피아(약 4백만 달러)를 지출했으나 그 돈이 선거를 앞둔 각 정당들과 군부로 흘러갔고, 특히 그 가운데 1백억 루피아(약 1백만 달러)를 동티모르 민병대에 쓴 것으로 알려졌다. 그러나 위란또는 동티모르 치안 비용에 그 돈을 썼다고 밝혔고 아무런 조사도 없이 흐지부지 되고 말았다.

거졌다. 개혁을 외친 와히드가 오히려 스캔들에 말려들자 부정부패 혐의
를 받고 있던 정치판 모가비들은 갑자기 살맛난 듯 대통령을 마구잡이 두
들겼다.

그럼에도 와히드가 "도둑놈이 경찰 흉내 낸다."고 맞받아치며 정치권
부정부패 수사 의지를 거듭 밝히자, 정치판은 곧장 대통령 탄핵을 들고 나
섰다. 그렇게 해서 2월부터 탄핵정국으로 빠져들었다.

다시 길바닥엔 시위대가 쏟아져 나왔다. 개혁을 반대하는 무슬림 단체
들과 민주투쟁당 추종자들이 와히드 타도를 외쳐댔다. 개혁 진영도 들고
일어났다. 민주화와 개혁을 다그쳐온 〈뗌뽀〉 편집국은 "절차 문제가 있지
만, 와히드가 부정한 돈을 만졌다고 볼 수 없다. 대통령 탄핵은 개혁 거부
하는 수구 기득권층 반란이고 민주화 짓밟는 반역이다."며 탄핵 부당성을
고발했다.

결국 국민대표회의는 두 스캔들에 겨눴던 특별조사계획을 접었다. 그
런데도 각 정당들은 와히드가 대통령으로서 어울리지 않는다며 6월 들어
감정적인 탄핵안을 들이댔다. 와히드는 의회를 정지시킬 수 있는 비상사
태 선포 가능성을 흘리며 되받아쳤다. 그즈음 비상사태 선포를 공개적으
로 비난한 경찰 총장 수로요 비만또로(Suroyo Bimantoro)를 놓고 대통령
과 의회 사이에 다시 싸움판이 벌어졌다.

결과를 놓고 보면, 와히드는 현실 정치를 깔보면서 '자폭수'를 두고 말았
다. 와히드가 국민대표회의 의석 11%짜리 제4당인 국민각성당 후보로서
대통령이 되었다는 건, 처음부터 제1당인 민주투쟁당을 거느린 메가와띠
부통령과 권력을 나눠 가져야 한다는 뜻이었다. 그럼에도 와히드는 대중
적 지지만 믿고 의회를 하찮게 여겼다. 7월 20일 탄핵안을 들고 회의를 벌

여온 국민대표회의에 대고 와히드는 보란 듯이 신임 경찰총장 카에루딘을 임명함으로써 뇌관을 건드리고 말았다. 카에루딘 임명을 반대해온 국민대표회의 회의장에서는 그날 이미 감정이 폭발했다. 그 순간 타협은 물 건너갔다. 와히드가 택할 수 있는 길은 굴복과 자폭 가운데 하나뿐이었다.

일생 동안 고개 숙여본 적 없었던 와히드는 7월 23일 새벽 기어이 비상사태 선포라는 자폭을 택했다.

군과 의회 가운데 어느 한쪽도 쥐지 못한 대통령이 비상사태를 선포했다는 건, 그야말로 상식 밖이었다. 더구나 군과 경찰은 몇 달 전부터 대통령이 비상사태를 선포하면 거부하겠다는 뜻을 줄기차게 밝혀왔던 터다. 그러니 정작 대통령이 비상사태를 선포했지만 국민협의회는 비웃듯이 군과 경찰 보호 아래 회의를 열어 대통령을 탄핵해버렸다.

그러나 와히드 탄핵은 위헌 논쟁을 일으키며 인도네시아 정치사에 큰 생채기를 남겼다.

알비 사닛 교수는 "헌법이 대통령 임기를 보장하는데, 하위법인 국민협의회령으로 대통령을 탄핵했다는 건 누가 봐도 위헌이다."고 펄쩍 뛰었다.

정치평론가 안디 말라랑엥은 "헌법에 대통령 탄핵 조항이 없어 논란거리긴 한데, 헌법이 국가 최고 의사결정기구로 국민협의회를 명시했고 그 국민협의회가 대통령을 뽑는다는 건 논리적으로 탄핵도 할 수 있다는 뜻이다."고 되박았다.

위헌 논쟁과 상관없이, 둘은 모두 이번 탄핵이 대통령의 실정 책임을 물은 것이 아니라 정치적 공격이라는 데 입을 모았고, 대통령이 정치적 공격으로부터 스스로를 지켜낼 수 없는 허술한 헌법을 개혁 대상으로 꼽았다. 알비는 "독재가 아닌 다음에야 어떻게 한 정당이 대통령을 지켜줄 수 있는 2/3 의석을 지닐 수 있겠는가?"로, 안디는 "대통령중심제지만 대통령

최초의 민주주의 대통령 압둘라만 와히드는 최초로 탄핵당한 대통령이란 또 다른 기록을 남긴 채 사라졌고, 그 자리를
부통령 메가와띠가 대신했다. 신임 대통령 성명을 발표하는 메가와띠. 2001. 7. 23. 자까르따. ⓒ정문태

을 보호해주지 못하는 근본 결함을 지닌 헌법이다.”로 저마다 개헌 필요
성을 강조했다. 이들은 현재 인도네시아 정체는 대통령중심제도 내각책
임제도 아닌 기형적인 구조라며 “국민이 손수 대통령을 뽑아야만 이 문제
를 해결할 수 있다.”고 덧붙였다. 메가와띠 새 대통령도 탄핵으로부터 스
스로를 지켜낼 수 없기는 마찬가지고 보면, 머잖아 개헌 논의가 인도네시
아를 뜨겁게 달굴 것으로 보인다.

  수하르또 32년 독재에 시달렸던 시민들이 개혁을 맡겼던 대통령 와히
드는 사라졌다. 그 자리를 메운 새 대통령 메가와띠도 ‘와히드의 조건’들
로부터 자유로워 보이지 않는다. 처음부터 시민사회가 메가와띠의 국정
운영을 미덥잖아한 데다, 군부와 골까르당 도움을 받아 대통령이 되었다

는 태생적 한계를 지닌 탓이다. 벌써부터 골까르당 안팎에서는 '퀸메이커' 노릇한 데 따른 몫을 놓고 온갖 말들이 나돌고 있다.

'와히드의 조건'과 '메가와띠의 조건' 차이는 국민대표회의 의석 11%와 37%밖에 없다. 그러나 11%든 37%든 대통령을 보호해줄 수 없다는 점에서 모두 허수일 뿐이다. 언제든 손을 털 수 있는 골까르당과 군부 그리고 메가와띠를 달갑잖게 여기는 무슬림 정당들이 도사리고 있는, 아침저녁으로 헤쳐 모이기를 할 수 있는 인도네시아 정치판에서는 그렇다.

"와히드가 미웠지 메가와띠가 좋았던 건 아니다."

탄핵을 마치고 나오던 연합개발당 의원 아이시아 아미니(Aisyah Aminy)가 한 말 속에는 편치 않을 메가와띠 앞날이 담겨 있다.

어쨌든 메가와띠는 이제 시험대에 올라섰다. 메가와띠가 말한 '협상을 통한 개혁' 속에는 그이의 깊은 고민이 묻어 있다. 와히드가 말한 '안정 속 개혁'과 소리만 다를 뿐 뜻은 같다.

그동안 '위대한 인도네시아', '인도네시아 민족주의' 같은 통 큰 말들만 했지 정책을 밝힌 적 없는 메가와띠의 속내야 알 길 없지만, '협상'과 '개혁'이라는 서로 다른 두 개념을 들고 나온 그이는 앞으로 정치판뿐 아니라 시민사회와도 크게 부대낄 것으로 보인다.

와히드가 거칠게 개혁카드를 뽑아들고 어수선하게 국정을 펴다 수구세력으로부터 직격탄을 맞고 사라졌다면, 메가와띠는 개혁카드를 접고 차분하게 국정을 끌어가다 시민사회로부터 유탄을 맞고 사라질 가능성이 크다. 와히드가 남긴 임기 3년짜리 대통령 메가와띠는 다가올 총선에서 시민으로부터 심판을 받게 될 것이다.

Interview
아미엔 라이스 국민협의회 의장

와히드가 떠난
자리를 노리다

2001년 7월 24일, 국민협의회 의장실, 자까르따

ⓒ정문태

:: 동료이자 경쟁자였던 와히드 대통령을 어제 쫓아냈는데, 기분 좋은가?

참……. (긴 한숨) 아프다. 좋은 친구고 민주주의 신봉자였다. 책임감
있고 마음도 넓어 큰일 할 인물……. 해서 스무 달 전 대통령 후보 때 기
꺼이 밀었다. 근데 대통령 되자 모든 합의 깨고 개혁도 날려버렸다. 훗날
역사는 그이를 '자신의 실수로 황금 같은 기회를 놓친 대통령'이라 기억할
것이다.

:: 아직 역사 타령하기는 너무 이르고, 근데 뭐가 그리 치명적인 실수였
나?

부정부패 쓸어버리라는 국가적 개혁 과제를 그이에게 맡겼는데, 스스로 부정과 족벌주의를 다시 만들어냈으니. 수하르또가 10년 걸렸다면, 와히드는 단 10주 만에 썩어버렸다.

:: 수사해본 적도 없고, 그이가 돈 만졌다는 증거도 없는데 그걸로 탄핵할 수 있나?

(확 달아오르며) 말이라고. '브루나이게이트'는 빙산의 일각이다. 수사? 대통령이 못 하게 막는데 어떻게 하나? 그이가 안 물러나겠다고 우긴 건 정치적 미련이 아니라 기소를 두려워했던 탓이다.

:: 그러면, 이제 쫓아냈으니 그이를 법정에 세워야지?

그래야겠지? 지금처럼 계속 법 무시하는 건방진 태도 보인다면. 달리 메가와띠 새 대통령 정부를 인정하고 통치 권능을 존중한다면 용서할 수도 있겠지만……

:: 수사도 안 해봤고, 혐의 드러난 것도 없는데 용서는 무슨 용서? 그보다 와히드가 정통성 내세우며 계속 대통령궁에 머문다면 어떻게 할 건가?

2~3주쯤은 짐 꾸릴 시간으로 봐주겠지만, 그 뒤에는 경찰이 끌어내야지.

:: "여성 지도자를 무슬림 사회인 인도네시아에서 받아들일 수 없다."고 했던 말 기억하는지? 스무 달 전 와히드를 대통령으로 추대하면서 당신이 내게 했던 말이다. 근데 스무 달 만에 뭐가 갑자기 바뀌어 이번에는 메가와띠를 그렇게 밀었는가?

(손사래 크게 치며) 당신이 착각하고 있다.

:: 착각할 게 뭐가 있나? 당신이 했던 말을 옮긴 것뿐인데.

결코 그렇게 말한 적 없다. 내가 무슬림이다. 이슬람은 성 평등 가르쳐 왔다. 내 뜻은 메가와띠가 여성이라서 문제라는 게 아니라, 그이의 정치 적, 지적 능력을 의심했던 거다. 성차별 아니었다.

:: 그럼 스무 달 만에 메가와띠가 갑자기 정치적으로나 지적으로 통달했 다는 뜻인가?

사람은 변하고 스스로 능력 개발할 수 있다. 시간이 길고 짧음으로 그 변화를 잴 수는 없다. 지난 2년 동안 메가와띠는 부통령으로서 많은 경험 쌓았고 성숙해졌다.

:: 그래서 메가와띠가 잘 해나갈 수 있다는 확신이 드는가?

(한동안 말을 멈췄다가) 그러리라고……. 좋은 참모들 잘 추스르고, 시민 소리 귀담아 듣고, 와히드가 저지른 실수 되풀이하지 않는다면.

:: 이번 와히드 탄핵으로 누가 진짜 이익 챙겼다고 보는가?

메가와띠다. 2004년까지 와히드 잔여 임기 잘 채우고 나면, 다음 선거 에서 보너스 얻는 셈이니.

:: 메가와띠가 문제 풀어내지 못한다면 거꾸로 치명타 맞을 수도 있다. 이 제 와히드는 사라졌고, 악발 딴중은 수하르또 멍에 뒤집어쓴 상태고, 위란 또는 밀려났고, 결국 상처 없이 남은 건 당신뿐인데?

두 번째 듣는 말이다. 친한 친구가 어제 내게 똑같은 말을 했다. 그래 서?

:: 이 탄핵 정국을 당신의 정치적 야망을 위한 음모라 할 수도 있느냐는
말이다.

음모라니? 이건 메가와띠의 기회일 뿐이다. 내 것이 아니잖아?

:: 한 발 앞만 더 내다보면 이건 당신 기회가 될 수도 있다는 뜻이다.

논리적으로야 당신 말이 옳을 수도 있지만, 정치는 변화의 기술이다. 더
구나 메가와띠가 잘할 수도 있다. 나도 그가 잘할 수 있도록 힘껏 도울 것
이고. 더 두고 보자.

:: 메가와띠 다음은 당연히 당신이라고 생각하고 있나?

숨길 게 없다. 앞으로 남은 2004년까지 탈 없이 국민협의회 의장 하고,
다음 총선에서 20% 정도만 얻는다면 대통령에 도전할 생각이다. 조건은
충분하다.

:: 이번에 누굴 부통령으로 밀 것인가?

함자 하즈다.

메가와띠 새 대통령─배신, 복수 그리고 침묵

2001년 7월 27일, 자까르따

"최악 가운데 최선이었다."

1999년 10월 20일 와히드가 대통령이 되었을 때 시민들 사이에 나돈 말이다.

"메가와띠의 사회 파괴력이 와히드보다는 좀 덜하지 않겠나?"

2001년 7월 23일 와히드를 쫓아내고 대통령에 오른 메가와띠를 비아냥거리는 시민들 소리다.

지금, 메가와띠가 축배를 들 수 있다고 믿는 이들은 아무도 없다. 가라앉기 직전에 몰린 2억 5천만 명을 태운 거대한 인도네시아호를 앞으로 3년 동안 끌어가야 하는 선장을 놓고 '경험 부족', '정치력 부재', '지적능력 의문', '통합사고력 취약' 같은 걸 들먹이며 승객들이 몹시 애태우는 탓이다.

그러나 정작 더 큰 문제는 침묵이다. 그이 입에서는 정치도 정책도 나온 적 없다. 오죽했으면 시민들이 "대통령은 장님이고 부통령은 벙어리다."라고까지 했을까.

알비는 "정치가의 침묵은 범죄"라고도 했다. 메가와띠에게는 본보기 삼을 두 전직 대통령이 있다. 와히드, 사람들은 그이가 지나치게 떠벌린다고 욕해왔지만 적어도 말문을 열어놓아 정치 흐름은 읽을 수 있었다. 수하르또, 사람들은 그이가 32년 동안 입도 뻥긋하지 않으면서 온갖 부정을 저질러 답답해 미칠 것 같았다.

누구를 따를 것인가, 그 선택은 메가와띠 몫이다.

마침 오늘이 7월 27일이다. 5년 전인 1996년 오늘은 메가와띠에게 아주 중요한 날이었다.

골까르당과 군인들이 뒤를 봐준 패거리가 메가와띠의 민주당(PDI. 민주투쟁당과 쪼개지기 전) 사무실을 쑥밭으로 만들었다. 그날 메가와띠 지지자 다섯 명이 맞아 죽었고 많은 이들이 중상을 입었다.

그 사건으로 메가와띠는 수하르또에게 박해받는 민주화 상징으로 떠올랐고, 5년 뒤 대통령이 되는 든든한 발판을 다졌다.

그날 그 지지자들은 대통령이 된 메가와띠가 5주기에 나타나리라고 눈 빠지게 기다렸다. 그러나 메가와띠는 '사색'하러 간다는 말만 남기고 사라졌다.

1998년 5월, 수하르또 독재 타도를 외치는 학생들이 총 맞아 죽던 그날도 메가와띠는 아무 말이 없었다.

이번 와히드 탄핵 정국에서도 메가와띠는 굳게 입을 다물었다. 단 한마디 정견도 사견도 밝히지 않은 채 시간이 되자 그냥 와서 대통령 자리에 앉았다.

7월 23일 밤 9시 30분, 와히드를 탄핵한 뒤 부통령궁에서 열린 메가와띠의 대통령 취임 첫 정견 발표장에서도 다가올 '대침묵'을 예고했다. 대통령 메가와띠는 들고 온 연설문을 토씨 하나 틀리지 않게 5분 동안 뚝딱

읽고는 야릇한 미소 한 번 짓고 자리를 떴다. 부통령궁을 빼곡히 메웠던 나라 안팎 기자들이 소리를 질러댔지만, 단 하나 질문도 받지 않은 채, 뒤도 한번 돌아보지 않고 사라졌다.

살아서 돌아올 수 없다는 악명 높은 부루 섬 감옥에서 수하르또 독재의 계절을 보냈던 세계적인 저항문학가 쁘라모디아 아난따 뚜르가 〈벙어리의 독백〉을 쓰면서 온몸으로 한 시대를 떠안았다면, 메가와띠는 '대통령의 침묵'으로 고달플 시민사회를 일찌감치 예고했다.

새 군법 19조 시민정부를 겨누다

2003년 4월 5일, 자까르따

"새 군법안이 싫으면 그만이지, 쿠데타 들먹이지 마라. 어리석게도!"

육군총장 랴미자르드 랴쿠두(Gen. Ryamizard Ryacudu)는 기자들에게 눈을 부라렸다. 그이는 정치판과 거리를 둔 군인이었지만 말썽 많은 새 군법안을 들이대면서부터 눈총을 받고 있다. 지난 2월 말, 새 군법안을 놓고 옳니 그르니 말들이 많자 또 쿠데타설이 도지면서 그이 이름이 오르내리기도 했다.

그러다 3월 6일, 시민사회가 거세게 대들자 랴미자르드는 "싫다면 바꿔라."고 한 발짝 빼며 고갱이인 제19조 수정을 받아들인 데다, 미국이 이라크를 침공하면서 온통 전쟁판으로 눈길이 쏠려 군법논쟁이 좀 수그러들었다. 그렇더라도 군을 바라보는 시민사회의 불신감이 가시지는 않았지만, 아무튼.

이 논란은 군이 국방부와 시민 쪽에서 전문가 48명을 뽑아 새 군법안을 다듬고 있던 지난해 10월 발리 폭탄사건이 터지면서 불거졌다.

랴미자르드가 "발리 폭탄사건은 군이 약해졌다는 증거다. 군이 나서야 한다."고 외치자 부활을 꿈꿔온 군부는 '군역할론'을 내세워 맞장구쳤다. 군은 발리 폭탄사건으로 높아진 위기감을 기회로 여겨 큰 말썽거리였던

제19조 '주권과 영토 수호 위해 비상시 군 최고사령관은 대통령 재가 없이 작전권을 행사할 수 있고…… 대통령에게 24시간 안에 보고하면 된다.'를 밀어붙였다.

이건 제19조에 따라 '비상시'라는 애매한 상황만 들이대면 군은 언제든 대통령 허가 없이 군대를 마음대로 움직일 수 있다는 뜻이다. 이 제19조는 1945년 헌법과 1959년 비상법 그리고 2002년 국방법(DPR 제14조 3/2002)이 규정한 '대통령은 군 통수권자로서 국민대표회의 승인 아래 군 작전과 이동에 대한 모든 권리를 지닌다.'는 조항을 모조리 뭉개고 군 통수권을 사실상 대통령에서 최고사령관으로 옮겨놓았다. 게다가 제19조는 '군과 경찰 조직을 분리하고, 군은 방위를 경찰은 치안을 책임진다.'고 박아놓은 국민협의회 법령(MPR 제6조 · 제7조/2001)과도 충돌한다.

새 군법 초안 작업에 참여하다 군부가 제19조를 집어넣자 뛰쳐나와 버린 군사전문가 이끄랄 누사박띠(Ikral Nusabakti. 인도네시아 사회과학원)는 "30년 넘도록 정치판 주물러온 군부가 심리적으로 시민정부 인정하지 않는 게 문제."며 랴미자르드가 이끄는 군 강경파를 나무랐다.

군부 안에서도 제19조는 적잖은 논란을 일으켰다. 육군 소장과 준장이 중심인 온건파들은 제19조를 정치 개입으로 여겨 반대했지만 주류 강경파에 밀렸고, 공군과 해군도 반대 기운이 만만찮지만 육군에 질려 입도 뻥긋 못 하는 실정이다. 그런 가운데 새 군법안을 주도해온 랴미자르드가 상급 명령권자인 군 최고사령관 엔드리아르또노 수따르또 장군(Gen. Endriartono Sutarto)에게 '요약판' 보고만 했다는 말이 나돌아 절차상 문제도 불거지고 있다.

그러나 랴미자르드가 "다듬을 만큼 다듬어서 결정했다. 더 바꿀 건 없

수하르또 퇴진 뒤 부활을 꿈꿔온 군부는 여전히 인도네시아 정치판을 기웃거리고 있다. 라미자르드 라쿠두 육군총장 (가운데 마이크 잡은 이) 같은 이들은 새 군법을 통해 군의 정치적 영향력을 키우고자 했다. 아쩨 주둔군 방문한 라미자 르드 육군총장 ⓒAsia Network Documentation Center

다."고 소리치고 다니는 동안 정부나 정치권에서는 대꾸 한번 제대로 못했 다. 기껏 수실로 밤방 유도요노 정치안보조정장관이 동네 훈장마냥 "군과 비판자들이 서로 이해하는 게 옳다."고 했던 말이나, 국방장관 마뚜리 압 둘 잘릴이 "국민대표회의에 법안 올리기 전 다시 훑어보겠다."며 순서도 맞지 않는 말을 한 게 다. 오히려 부통령 함자 하즈와 국민협의회 의장 아미엔 라이스는 논쟁이 한창 뜨겁게 달아올랐던 2월 말~3월 초 제19조 를 환영한다는 성명까지 내놨다.

이끄랄에 따르면, 군법안을 다룰 국민대표회의 제1위원회 의원들조차 제19조를 뭉갤 용기가 없다는 고민을 털어놓았다고 한다. 대신 부속조항 을 넣어 권한 일부를 제한하겠다는 게 의원들 뜻이라고 귀띔했다.

대통령 메가와띠 입은 이번에도 열리지 않았다. 메가와띠가 이끄는 민주투쟁당을 비롯한 모든 정당들이 침묵으로 군부를 지지한 셈이다.

새 군법 초안 작업에 시민대표로 추천받았지만 군부가 받아들이지 않았던 인권 변호사 무니르(Munir)는 "정치권이 군 눈치만 보면서 시대에 맞지 않는 제19조를 통과시킨다면 공범이 될 것이다."며 정치권을 싸잡아 비난했다.

〈뗌뽀〉 편집장 밤방 하리무르띠(Bambang Harymurti)는 "군부가 약삭빠르게 선거 앞둔 시점을 잡아냈다."며 군이 내년 4월 총선에 이어 대통령 선거까지 재며 정치권과 흥정할 것으로 내다봤다. 정치권은 전국 조직을 가진 군부에게 밉보이면 총선도 대선도 힘들다는 걸 잘 알고 있다.

수하르또 퇴진 뒤 개혁 대상이 된 군은 국민협의회 의석이 크게 줄어든 데다, 2004년 국민협의회 의석에 이어 2008년 국민대표회의 의석마저 잃게 된다. 바로 그 군인들의 위기감이 새 군법 제19조에 담겨 있다.

랴미자르드는 "인도네시아 역사에 쿠데타는 없었다. 더러운 마음 가진 놈들 생각일 뿐이다."며 길길이 뛰었지만, 시민들이 믿지 않는데 어이하리오!

유도요노의 시간이 다가오고 있다

2004년 4월 11일, 자까르따

2004년 4월 5일, 자까르따엔 비가 내렸다.

세계 최대 무슬림 국가, 유권자만도 1억 4천만 명에 이르는 인도네시아 총선이 끝났다.

수하르또를 쫓아낸 뒤 44년 만에 치른 자유선거였던 1999년 총선 같은 열기는 없었다.

"폭동 없이 올바르게 치른 매우 성공적인 선거였다."

선거가 끝나기 무섭게 유럽연합(EU)을 비롯한 국제 선거감시단은 저마다 '잘했다'고 외쳤다.

근데, 어째, 내가 취재한 현장들만 엉터리였을까?

마남은 손가락을 보여주며 자랑스레 말했다.

"첫 번째 투표는 내 이름으로, 두 번째는 형 이름으로, 세 번째는 동생 이름으로 했다."

레이라는 선거를 장난이라고 했다.

"우리 가족, 이웃들 모두 등록 못 해 투표장에도 못 갔다."

그녀가 사는 자까르따 한복판 꺼본까장 주민 90%가 등록도 하지 못했다.

화딜리는 의심했다.

"투표함이 용지보다 작아 남들이 훤히 다 볼 수 있는데, 비밀선거라고?"

이번 선거는 출발부터 삐걱거렸다. 수하르또 시절 선거위원회(KPU)를 주물렀던 내무부 대신 교사를 비롯한 시민이 선거위원회를 맡은 것까지는 좋았는데, 공무원들이 삐쳐 애를 먹였다. 특히 유권자 등록을 맡은 중앙통계위원회는 각 집을 돌다 사람이 없으면 모조리 '무인지대'로 만들어버려 전국에서 30% 넘는 이들이 등록조차 못했다.

투표도 큰 말썽을 빚었다. 유권자들이 지역에 따라 많게는 4장씩 투표용지를 받았다. 유권자들은 24개나 되는 정당 속에서 국민대표회의(DPR), 주의회(DPRD I), 시의회(DPRD II), 지역대표회의(DPD)를 한꺼번에 찍다보니 후보 이름조차 다 읽을 수 없었다고들 한다.

연장도 엉망이었다. 일본 정부가 2천2백만 달러를 줘서 만든 투표함은 밥상만 한 투표용지보다 작아 유권자들을 골탕 먹였다. 4억 6천만 달러를 흥청망청 쓴 이번 총선은 곳곳에서 썩는 냄새도 풍겼다.

선거위원회가 사들인 장비들은 시장 가격을 웃돈 데다, 장비 계약을 따낸 회사들은 제작 규정조차 지키지 않았다. 투표용지는 총 유권자 수의 4배나 되는 6억 장을 주문했으나 정작 투표 날 곳곳에서 용지가 모자라 난리를 쳤다. 지문용 잉크도 인도네시아산보다 15%나 비싼 인디아산을 1백만 개나 사와 큰 욕을 먹었다. 2천6백만 달러짜리 컴퓨터 집계장비는 한번 써보지도 못한 채 날려버렸고.

이래저래 4월 5일 공식적으로 선거가 끝났지만 아직 투표를 못 한 곳이 수두룩하다.

어쨌든, 이번 총선을 이끈 시민 중심 선거위원회가 계획성, 조직성, 투명성을 놓고 볼 때 수하르또 시절보다 나았던 건 사실이다. 그렇다고 이번 선거가 부정부패나 불법선거로부터 자유로웠다는 뜻은 아니다. 지난 1999년 총선 뒤 선거위원회 사람들이 줄줄이 감옥으로 갔던 것처럼 이번에도 탈 없이 넘어가기는 힘들어 보인다. 이미 시민단체들은 이번 선거 결과를 받아들이지 않겠다고 밝혔다. 또 총선에 뛰어든 24개 정당 가운데 19개 정당이 재선거를 외치고 나섰다.

1999년 총선에 이어 이번에도 개표가 늦어져 말썽이 이는 가운데 6일째 접어든 4월 11일 밤 10시 30분 현재, 대통령 메가와띠가 이끄는 민주투쟁당이 14,327,966표(20.49%)를 얻어 악발 딴중 국민대표회의 의장이 이끄는 골까르당 14,168,662표(20.26%)를 아슬아슬 앞서고 있다. 그 뒤로 압둘라만 와히드 전 대통령의 국민각성당이 12.96%, 함자 하즈 부통령의 연합개발당이 8.32%, 수실로 밤방 유도요노 전 정치안보조정장관의 민주당이 7.49%를 얻고 있다.

민주투쟁당과 골까르당 접전은 모든 이들이 점쳐온 대로다. 민주투쟁당이 지난 선거에서 얻었던 33.5%를 지켜내기 힘들다고 보면, 수하르또 유물인 골까르당이 다시 제1당으로 뛰어오를 가능성도 있다. 현재 득표율과 상관없이 민주투쟁당은 발리와 말루꾸 같은 4개 선거구에서 앞선 데 비해 골까르당은 수마뜨라, 깔리만딴을 비롯한 24개 선거구에서 앞서고 있다.

아직 총선 결과가 나오지도 않았지만 정치판은 세 달 앞으로 다가온 7월 5일 대통령 선거전으로 훌쩍 넘어가버린 분위기다. 인도네시아 정치사에서 처음 직접투표로 대통령을 뽑는 데다, 이번 총선에서 3% 넘게 얻은 정당만 대통령 후보를 낼 수 있다는 새로운 환경 탓에 모두들 마음이 급해진 탓이다.

일찌감치 달아오른 대통령 선거전, 그 태풍의 눈이 수실로 밤방 유도요노 전 정치안보조정장관이다. 와히드 전 대통령과 메가와띠 현 대통령 정

부를 갈마들며 미운 털이 박혀 두 번씩이나 쫓겨났던 유도요노를 총선 전
까지만 해도 눈여겨본 이는 별로 없었다. 유도요노 휘몰이는 이번 총선 최
대 이변일 뿐 아니라, 차기 대통령 선거를 읽는 나침반이기도 하다. 해서
유도요노는 바빠졌다. 그이 곁에는 수많은 이들이 몰려들고 있다. 충성심
이 모자란다며 유도요노를 장관 자리에서 쫓아냈던 와히드 전 대통령은
총선이 끝나자마자 가장 먼저 그이를 찾았다. 탄핵당한 대통령 와히드가
'복수전' 짝패로 그이를 찍은 셈이다.

  군 출신이면서 썩지 않았다는 인상을 풍겨온 유도요노는 수하르또 시
대를 그리워하는 이들을 자극하면서 판을 넓혀가고 있다. 그이는 차기를
노려온 위란또 전 최고사령관과 견줘지면서 반사이익까지 얻어냈다. 위
란또가 대중성은 크지만 동티모르 인권 유린과 부패 혐의를 받아온 구닥
다리로 찍혔다면, 유도요노는 군에서부터 늘 위란또에 가려 2인자 노릇을
했던 까닭에 큰 흠집 없이 오늘까지 올 수 있었다. 게다가 유도요노는 인
도네시아 정치사에서 빼놓을 수 없는 승리 조건인 '동정심'을 불러일으킬
수 있는 장점까지 지녔다. 시민들이 수하르또에게 압박받았다고 여긴 메
가와띠를 그 동정심으로 건졌듯이, 와히드와 메가와띠에게 버림받았다는
신파적 상상력으로 유도요노를 보기 때문이다.

  하여 유도요노는 이번 총선을 거치면서 메가와띠, 와히드, 악발, 아미엔
을 비롯한 모든 차기 대통령 후보들이 노리는 부통령 짝패로 떠올랐다. 현
재 될성부른 짝패로는 메가와띠-악발, 와히드-유도요노, 메가와띠-위란
또, 위란또-아미엔, 아미엔-유도요노, 메가와띠-아미엔, 와히드-위란
또, 악발-유도요노가 나돈다.

  그러나 정작 유도요노는 기자한테 "왜 선택당해야만 하나? 아직 시간

많다. 할 일도 많다."는 묘한 뒷말을 남겼다. 그이가 부통령이 아니라 대통령 그림을 그리는 것으로 볼 만한 대목이었다.

아직은 유도요노를 대통령에 놓는 패가 나돌지는 않지만, 그이와 무슬림 쪽 부통령을 엮어보면 만만찮은 그림이 나올 수도 있다. 여전히 군과 무슬림이 인도네시아 최대 주주인 까닭이다.

유도요노의 가능성은 골까르당에 따라 달라질 수도 있다. 현재 골까르당은 악발과 위란또를 저울질하고 있지만, 벌판 혈투를 벌여야 하는 직접선거에서 온갖 구악을 지닌 그이들이 살아 돌아오기 힘들다는 사실을 잘 알고 있다. 골까르당이 후보를 내지 않고 유도요노를 밀 수 있는 까닭이다.

그러나 시민은 불행하다. 차기 대통령을 놓고 어떤 짝패를 맞춰보더라도 개혁 그림이 나오지 않기 때문이다. 이번 총선을 거치면서 '선거민주주의'가 지닌 한계, 그 허망한 정치놀음만 또 도드라졌다.

Interview
압둘라만 와히드 전 대통령

버릴 수 없는 미련,
다시 대통령을 향해

2004년 4월 13일, 자까르따

ⓒ정문태

탄핵당해 쫓겨난 대통령, 뭐, 그냥 호기심에서 만난 건 아니다. 그이가 아직 제법 쓸 만한 '칼'을 가진 데다, 총선 결과도 나오기 전부터 대선 짝 짓기 판으로 넘어가버린 분위기 속에서 차기 주자나 킹메이커로 휘두를 만한 녹슬지 않은 '검법'을 지녔기 때문이다.

오랜만에 만난 그이한테선 전에 보기 힘들었던 부드러움이 묻어났다. 대수롭지 않은 것들도 마치 결심한 듯 내리꽂던 그 말씨도 좀 변했다. 세상 에 치여 모가 갈린 건지 아니면 한 경계 넘은 건지 알 순 없지만, 어쨌든.

세계 최대 무슬림 국가인 인도네시아하고도 가장 큰 무슬림단체 나들 라뚤 울라마를 이끌던 시절 와히드가 내뿜는 '촌철살인' 앞에 숨이 막혔고, 수하르또가 물러나자 국민각성당을 만들어 총선에 뛰어든 정치가 와히드가 쏘아대는 '독설' 앞에 기가 질렸고, 소수당 한계를 정치적 마술로 뛰어넘은 대통령 와히드가 늘어놓던 외교적 '수사' 앞에 나는 허무함을 느꼈던 적이 있다.

그이와 마주 앉은 네 번째 자리에서 비로소 말을 주고받는 느낌이 들었다.

나들라뚤 울라마 본부 한구석에 자리 잡은 퀘퀘한 그이 사무실에 앉아 전직 대통령을 떠올린다는 건 도무지 어울리지 않았다. 그 흔한 경호도 의전도 없고, 물은 셀프였다. 빛도 들지 않는, 냄새도 나는 침침한 모퉁이에 책상 하나 달랑 놓고 그이와 이야기를 나누면서 나는 멋진 민주주의를 맛보았다. 대통령만 해먹었다면 그 놈이 사람을 죽였든, 도둑질을 했든, 나라살림을 거덜 냈든 모조리 상전으로 모시는 한국판 민주주의와 좋은 비교거리가 되었으니.

:: 한국에서도 지금 의회가 대통령 탄핵한다고 난린데, 소식 들었는가?
모른다. (그이는 짧게 한마디 끊어 치고 말문을 닫았다.)

:: (뒷말 나오기를 한참 기다리다가) 비슷한 상황이고 비슷한 논리다. 2001년 7월 당신 탄핵했던 인도네시아 정치판처럼.
(매우 퉁명스럽게) 그런 건, 아시아 정치 발전에 전혀 도움 안 된다.

:: 이제 말할 때도 되지 않았나? 당신 탄핵, 그 숨은 이야기들?
모두 이익 챙기겠다는 짓이었지. (목소리가 높아지며) 메가와띠는 나를 쫓아내면 대통령이 되고, 악발은 부패 혐의로 구석에 몰려 있었고, 아미엔은 늘 내게 경쟁의식 지녔고, 위란또는 더러운 돈 만져 기소당할 형편이었고. 해서 나를 놔두면 차기 노리는 모두가 끝장날 판이었으니.

:: 아직 의문이다. 2001년 7월 23일 비상사태 선포하기 전에 왜 타협 안 했나?

그게 타협 대상인가, 범죄와 타협하라고? 게다가 탄핵하겠다고 국민협의회 개회한 것 자체가 위헌이었다. 대통령이 헌법 지켜야 하고 그래서 대통령령 내렸던 거다. 그 탄핵은 위헌에 위헌 더한, 악질 중 악질이었다.

:: 반대쪽이 탄핵 사유로 삼았던 '불록게이트'와 '브루나이게이트'는 당신이 손댄 것 맞나?

그건 당신이 더 잘 알잖아. 그때 다 취재했잖아? 그런 걸 내가 속일 수 있는 일이라고 믿나? 사실 아닌 게 온 세상에 다 드러났잖아. 조사한들 뭐가 나왔나? 그래서 내가 정치적 음모라는 거다.

:: 해서 이번 대선에 다시 출마하겠다는 건 명예회복 하겠다는 뜻인가?

(손사래 치며) 그런 거 아니다. 명예 잃은 적도 없는데 회복이라니? 모두 다 아는 걸 새삼스레.

:: 그러면 다시 대통령이 되어서 복수하겠다는 뜻인가?

(웃음을 터트리며) 대통령이라는 건 그런 자리가 아니다. 아직 할 일이 많이 남았다. 개혁하고 민주주의 다듬어야 한다. 그 일 할 만한 이가 어디 있나?

:: 당신 말고는 아무도 개혁이니 민주주의 할 수 없다는 건가?

모두들 보는 방식이 다르니…….

:: 대통령 사무실에 스무 달쯤 있는 동안 그 개혁은 좀 했다고 보는가?

두 가지다. 인종, 종교 분쟁과 분리주의 기운 막았고, 국가 운영에 법 통하도록 발판 놓았다.

:: 대통령 다시 하겠다면 부통령 후보와 짝지어야 할 텐데, 그게 누군가? 어차피 이번에도 국민각성당은 잘해야 제3당이고 아니면 제4당일 텐데.

아직 시간 있다. 여러 사람들 만나 이야기 들어보고 결정해도 늦지 않다.

:: 메가와띠와 다시 손잡을 일은 없겠지?

절대로! 꾸란에 "한번 팠던 구멍을 다시 파는 이는 바보다."는 말이 있다.

:: 위란또는?

군부와 손잡으라고? 그건 개혁 근본을 마다하는 일이다.

:: 악발은?

수하르또로 되돌아가라고? 시대에 어울리지 않는다. 썩었고.

:: 아미엔은?

내게 경쟁심으로 불타는 그이가 부통령을 하겠나? 그이는 아침엔 콩이 었는데 저녁엔 두부로 바뀌는 사람이고.

:: 그러면 스타로 떠오른 유도요노만 남는데, 그이와 짝짓겠다는 거네?

그이는 대통령 나설 거다. 그러니 어떻게. (짝짓기) 쉽지 않겠지?

:: 유도요노뿐이네. 선거 끝나자마자 그이 만나며 공들이던데?

모두들 대통령 하겠다고 난리다. 근데 신망받는 사람도 많다. 두고 보자. 당신 생각에는 누가 최선 같은가?

:: 쉽지 않을 것 같더라. 당신 가능성 말하는 이들이 흔치도 않고, 당장 부통령 짝 찾기가 힘들어 보인다. 대통령 했던 사람이 다시 나가서 떨어지면 우습게 되는데, 나가면 될 수 있겠나?

말이라고! 그만한 생각 없이 일 벌이겠는가? 후보 하나하나가 아니라 모두를 놓고 봐라. 누가 가장 가까이 가 있는지 드러난다. 근데, 어디서 어떤 이들과 이야기해봤나? 여기가 2억 넘는 나라다.

:: 2억이 다 정치하는 건 아니니까. 그보다 킹메이커로 갈 수도 있지 않나? 어느 쪽에 더 마음을 두고 있나?

마땅히 대통령이지. 자리 욕심 아니라, 진짜 일 하려면 그 길 뿐이다. 아직 좀 이르지만, 큰 틀에서 보고 나보다 나은 이 있으면 생각 바꿀 수도 있다.

:: 정치는 그렇고, 건강은 어떤가? 벌써 반대쪽에서는 당신 건강 문제 놓고 때려대는데? 선거관리위원회도 대통령 후보 조건에 건강을 내걸었고.

좋다. 내 건강 문제를 정치로 이용하는 이들은 나보다 일찍 죽을 거다. (웃음) 선거관리위원회가 건강을 내세운 건 나를 겨냥한 건데, 그건 차별이다. 해서 대법원에 해석 요구해놓았다.

유도요노 연임, 기회인가 위기인가?

2009년 8월 22일, 자까르따

인도네시아 현대 정치사에서 처음 직접투표로 대통령을 뽑았던 2004년 9월 선거는 대중적 인기를 업은 수실로 밤방 유도요노의 승리로 끝났다. 국민대표회의 560석 가운데 기껏 55석을 지닌 민주당 대표 유도요노가 128석짜리 제1당인 골까르당 대표 유숩 깔라(Jusuf Kalla)를 부통령 후보로 데리고 나선 것부터가 마술이었다.

유도요노가 선거전에 들고 나선 구호라 해봐야 '변화를 위한 전망' 속에 담았던 흔해빠진 번영·평화·정의·민주 같은 추상적인 게 다였지만, 그 나물에 그 밥인 정치판에 지친 시민들은 그마나 때가 덜 탔다고 여긴 그이를 뽑았다.

그리고 5년이 지났다. 유도요노 정부가 어떤 '변화'를 일궈냈는지는 한마디로 잘라 말하기 힘들다. 겉보기만 따진다면 유도요노는 부정부패 척결을 외쳐 고위 공무원들을 움츠리게 만들었고, 경제를 다잡아 2008년 국제 금융위기 속에서도 인도네시아를 몇 안 되는 안정적 성장국가에 올려놓았고, 테러단체로 꼽힌 제마아 이슬라미야(Jemaah Islamiyah)를 몰아붙여 사회안전망을 다듬으면서 큰 탈 없이 정부를 꾸려온 게 사실이다.

그럼에도 유도요노는 시민들 사이에 여전히 '우유부단'하고 '불투명'한 인물로 떠오른다. 그 까닭은 유도요노가 시민사회를 중심에 놓지 않았기

때문이다. 시민사회와 정치판이 말하는 '변화'란 개념이 서로 다른 현실
을 똑바로 보지 못했다는 뜻이기도 하다. 그래서 시민들은 아직도 온 나라
에 퍼져 있는 부정부패에 시달리고, 경제 발전 지수를 뜬 구름처럼 여기
고, 폭력적인 정부와 폭탄 테러 사이에서 가슴 졸이고 있다.

그 사이 정치판은 오히려 뒷걸음질 치며 시민사회 성장을 못 따라잡았
다. 무엇보다 2008년 뜯어고친 선거법은 정치 후진성을 숨김없이 드러냈
다. 새 선거법에 따라 무소속 독립 후보는 국민대표회의 출마를 원천 봉쇄
당했고, 전국 득표 2.5%를 채우지 못한 소수당들은 비례 의석 배분에서
도 제외당했다. 이건 시민 후보나 소수당을 인정하지 않는, 한마디로 기득
권을 지닌 현 정치인들만을 위한 반시민 악법으로 부를 만하다.

게다가 대통령 선거도 국민대표회의에서 의석 20% 이상을 지닌 당(또
는 연립한 당)이나, 총선에서 25% 이상 얻은 당이 내세운 후보만 출마할
수 있게 못 박아 근본적으로 시민 후보나 무소속 출마자를 부정해버렸다.

그래서 시민사회는 지난 5년 동안 유도요노 정부가 했던 일이 차기 대통
령 선거를 향한 홍보용 번영·평화·정의·민주뿐이었다고 짜증을 부렸다.

어쨌든 2009년 7월 유도요노는 인도네시아 정치사에서 처음으로 민주
선거를 통한 재선 대통령이 되었다. 시민들은 그저 치명적 흠집이 없는 그
이를 다시 선택한 셈인데, 달리 보면 그만큼 인물이 없었다는 뜻이기도 하
다. 무엇보다 이번 대통령 선거는 새 선거법에 따라 새로운 인물이 절대
등장할 수 없는 근본적 결함을 안고 있었다. 선거에 앞서 지난 2월 헌법재
판소가 '독립 후보 출마 불가' 판결을 내려 그동안 대통령 출마를 노렸던
족자까르따 술탄 하멩꾸부와나(Hamengkubuwana)나 자까르따 시장 수
띠요소(Sutiyoso) 같은 이들이 일찌감치 꿈을 접을 수밖에 없었다.

그러다 보니, 수하르또가 물러나고 십 년도 더 지났지만 이번에도 대통령·부통령 후보들은 모조리 케케묵은 그 시절 그 얼굴들뿐이었다. 'SBY-Boediono', 'Mega-Pro', 'JK-Win'란 표어로 뒤덮었던 선거운동 판이 보여주듯이, 유도요노는 메가와띠 정부에서 재무장관을 지내기도 했던 부디오노 인도네시아중앙은행 총재를, 전 대통령 메가와띠는 수하르또 사위이자 악명 높은 군인 출신 쁘라보워 대인도네시아당(GRINDRA) 대표를, 골까르당 대표 깔라는 전 최고사령관 위란또 양심당(HANURA) 대표를 각각 부통령 후보로 데리고 나섰다.

물갈이 없는 정치판, 이 비극적인 구조를 놓고 볼 때 인도네시아 시민들은 앞으로 5년 뒤 대통령 선거에서도 또 똑같은 얼굴들과 마주칠 가능성이 높다.

아무튼, 이번 대통령 선거에서 60%를 얻은 유도요노는 26.79%를 얻은 메가와띠와 12.4%를 얻은 깔라를 멀찌감치 제쳤다. 이건 대통령 선거 전 초전 격인 지난 4월 국민대표회의 선거에서 유도요노가 원맨쇼를 벌인 민주당이 2004년 선거보다 무려 95석이나 늘어난 150석을 얻어 제1당이 될 때부터 모든 이들이 이미 점쳤던 결과다. 그 무렵 골까르당이 21석을 잃어 107석, 민주투쟁당이 14석을 잃어 95석에 그치자 정가에서는 대통령 선거도 이미 끝났다는 말이 나돌았을 정도니.

게다가 4월 선거 결과, 번영정의당이 57석을 얻어 2004년에 비해 12석 늘어난 걸 제외하면, 국민위임당이 43석(-10석), 연합개발당이 37석(-21석), 국민각성당이 27석(-25석)을 얻는 데 그치며 이슬람 정당들이 줄줄이 무너져 차기를 향한 유도요노에게 기회를 넓혀주었다. 그동안 소수 민주당을 안고 다수 골까르당과 민주투쟁당 등쌀에 시달리며 이슬람 정당들 마음을 얻고자 큰 공을 들여온 유도요노의 노력과, 가장 유력한 차기

2004년 대통령에 당선된 군 출신 수실로 밤방 유도요노는 경제 살리기와 부정부패 척결을 내세워 2009년 연임에 성공했지만, 선거운동 과정에서 받은 센추리 은행의 7천억 루피아(한화 약 8백억 원) 부정대출 건이 터져 나와 의혹을 받으면서 제2기는 일찌감치 정치적 한계를 안고 출발한 끝이다. 아쩨 군부대 시찰하는 유도유노 대통령. ⓒAsia Network Documentation Center

후보를 밀어주며 정치적 영향력을 지키겠다는 맥 빠진 이슬람 정당들 계산이 쉽게 맞물릴 수 있었기 때문이다.

한편, 비록 국민대표회의 선거에서 민족주의를 내건 세속정당들이 이슬람을 앞세운 종교정당들을 누르긴 했지만, 그 결과만 놓고 인도네시아 정치에서 이슬람주의가 시들었다고 볼 수 없음이 대통령 선거에서 드러났다. 이슬람 정당들과 손잡은 유도요노는 민족주의를 내건 세속정당인 골까르당–양심당 연합, 민주투쟁당–대인도네시아당 연합을 가볍게 제압함으로써 여전히 인도네시아 사회에서 이슬람이 지닌 정치적 지분을 확인시켰다.

　　문제는 이제부터다. 유도요노 제2기를 어떻게 볼 것인가라는 의문이 남아 있다. 좋게 보자면, 3차 연임을 금지한 법에 따라 유도요노에게는 마지막 임기가 될 앞으로 5년 동안 자신이 외쳤던 그 '변화'를 모색할 만한 멋진 판이 벌어져 있다. 무엇보다 유도요노는 제1기 때와 달리, 제2기에는 정치적으로 자유롭다는 큰 강점을 지녔다. 의회에서 제1당인 민주당 150석과 이슬람정당 164석을 보태면 과반수를 넘겨 야당 공격으로부터 견뎌낼 수 있는 확실한 방어선을 구축해두었다. 이건 제1기 때 소수 민주당을 안고 다수 골까르당과 민주투쟁당에 휘둘렸던 상황과는 아주 딴판이다.

　　더구나 유도요노는 정치적 지분 분배에 얽매이지 않고 국정에만 신경 쓸 수 있는 특급 보너스까지 챙겼다. 골까르당 도움을 얻어 대통령이 되었던 제1기 때는 독자적인 국정 운영이 불가능했으나, 제2기에서는 자신의 이름을 걸고 60% 득표라는 압도적 승리를 거뒀기 때문에 마음껏 달릴 수 있는 상황이다. 뿐만 아니라, 민주당이 유도요노 1인 정당에 가까워 당내 정치 역학이나 차기를 고민할 필요가 없다는 사실도 엄청난 강점이다.

　　그러나, 유도요노가 지닌 이 모든 강점들은 양날의 칼이다. 대통령이 의회와 내각과 당을 모조리 주무를 수 있는 현실은 균형과 책임이라는 정치적 상식을 뛰어넘어 독재로 갈 수도 있기 때문이다.

　　선택은 유도요노 몫이다. 그이가 정치판에 묶이지 않아도 되는 강점을 살린다는 건 결국 시민사회와 손잡는 일이다. 마지막 5년 동안 그이가 시민을 중심에 놓고, 시민이 바라는 '변화'를 따라간다면 인도네시아는 아시아 정치발전사에 중요한 모델을 남기게 될 것이다.

　　갈림길에 서 있다. 앞으로 5년은 인도네시아가 세계사의 중심으로 진입할 수 있는 기회이면서 동시에 더 험한 수렁으로 빠져버릴 수도 있는 위기의 시간이기도 하다.

Aceh

식민지,
외로운 투쟁

더치(Dutch)처럼

더치처럼,
그이들은 우리를 삼키고자 더러운 속임수를 쓴다
더치처럼,
그이들은 우리 심장을 얻고자 경전에서 뽑은 약속들로 다독거린다.

더치처럼,
그이들은 우리가 곯아떨어질 때까지 와인을 들이키게 한다
그러고는 조국을 마음껏 핥아간다. 가스, 석유, 황금, 숲과 풀까지
더치처럼,
그이들은 칼을 빼들고 총알을 채워 전투태세를 갖춘다
그러고는 집들을 깨트리고 모스끄를 부순다.

더치보다 더 악랄하게,
그이들은 여자를 짓밟고 아이들 목을 쳐 희망과 이상마저 죽였다
더치보다 더 악랄하게,
그이들은 자까르따다.

-피까르 에다(Fikar W. Eda), 1996년

Interview
무자낄 마나프(Muzakir Manaf) 자유아쩨운동 빠세 사령관

자유아쩨운동 차기 지도자 무자낄을 눈여겨보라

1999년 12월 22일, 자유아쩨운동 빠세(Pase) 산악기지.

ⓒ정문태

그동안 자유아쩨운동 사령관으로 알려져온 압둘라 샤퍼에(Abullah Syafiie)가 진짜로 군사를 쥐고 있는지 의심쩍었다. 그래서 무자낄을 만나고 싶었다. 여러 가지 정보를 끼워 맞춰보니 그이가 게릴라 주력을 이끌어왔고 또 차기 사령관감이라는 믿음이 섰던 까닭이다.

12월 22일 하루 종일 폭우가 쏟아졌다. 밀선과 함께 자동차에 올랐지만, 조직원들이 지형을 감추고자 이리저리 길을 돌렸다. 근데 뜻밖에도, 산악기지는 자동차가 들머리까지 들어갈 수 있는 한 마을 뒷동산쯤에 자리 잡고 있었다.

무자낄은 첫눈에 반듯한 사람인 게 드러났지만 수줍음을 많이 탔다. 기자란 걸 처음 본 무자낄은 모든 걸 비밀로 여겨 인터뷰 내내 애를 먹였다. 그렇더라도 자유아쩨운동 게릴라 지도자 무자낄을 처음 세상 밖으로 끌어냈고, 또 그이가 군사를 이끈다는 사실만큼은 확인한 자리였다.

:: 당신이 (압둘라 샤피에 대신) 자유아쩨운동 게릴라를 끌어온 듯한데?

그렇다. 빠세(북부 아쩨) 사령관이지만 모든 지역 무장투쟁을 이끌고 있다.

:: 근데 자유아쩨운동은 왜 군사 지도부를 숨겨왔나?

인도네시아 정부가 막았고, 언론과 국제사회가 눈여겨보지 않았던 거지 숨긴 적 없다. 우린 지도자 하산 띠로(Hasan di Tiro) 명령 좇아 아쩨를 17개 지역으로 나눠 무장투쟁 벌여왔고.

:: 하산 띠로가 스웨덴에 망명해 어려움이 많겠다. 정통성도, 무장투쟁도, 통일전선도?

아쩨 사람들이 모두 존경해온 하산 띠로의 지도 받는 걸로 충분하다. 동티모르 지도자 사나나 구스마오가 감옥에 있었던 것보다야 나은 편이다.

:: 자유아쩨운동 숫자는 얼마나 되나?

아쩨 사람 모두다.

:: 그런 것 말고, 군사훈련 받은 게릴라만?

한 5천 명쯤.

:: 돈과 무기는 어떻게 조달해왔나? 말레이시아, 타이, 필리핀 쪽에서 무기 들여온다는 말도 있는데?

흑색선전이다. 무기도 재원도 모두 아쩨 안에서 만들어왔다. 인도네시아 정부군한테 빼앗기도 하고, 사들이기도 했다. 다 말할 순 없지만, 정부군 안에도 아쩨 출신 비롯한 조직원들을 심어놓았고.

:: 당신처럼 자유아쩨운동 조직원들이 가다피(Muammar al-Gaddafi) 도움 아래 리비아에서 군사훈련 받았다던데?

(한참 웃기만 하더니) 뭐, 그렇다 아니다, 로 말하지 않겠다.

:: 그렇다는 뜻이네. 근데, 그런 것까지 말 못 할 사연 있나, 세상이 다 아는데?

그렇다면 알아서 판단해라.

:: 게릴라 사망자 수는?

말하기 힘들다. 1989년부터 지금까지 시민 6천여 명 죽임당한 걸로 미뤄보기 바란다.

:: 그러면 인도네시아 정부군 사망자 수는?

그쪽이 우리보다 훨씬 많은 건 틀림없다. 우리 정보로는 최근 전투에서 하루 평균 십여 명쯤.

:: 당신들이 바라는 아쩨 자유, 그 길이 무장투쟁뿐인가?

지난 23년 동안 우린 정치, 외교로 아쩨 문제를 풀 수 있으리라 믿었다.

누구도 무장투쟁을 최선이라 여긴 적 없다. 나도 꿈 많던 학창시절 보냈다. 유학도 했다. 근데 문제는 인도네시아 정부와 군이다. 어머니와 누이가 죽임당하는 걸 보면서 총을 든 우리를 나무랄 수 있겠나? 당신 같으면 그런 걸 보고만 있겠는가? 아쩨에서 인도네시아군 물러가고 독립할 때까지 무장투쟁 계속할 것이다.

Interview
샤프닐 아르멘 대령(Col. Syafnil Armen), 인도네시아 정부군 록세우마웨 사령관

시민학살 책임질 사람이 없다

1999년 12월 20일, 록세우마웨(Lhokseumawe) 사령부

©정문태

:: 아쩨에서 군인(정부군)들 뭐하나?

치안이지.

:: 치안은 경찰 일이잖아?

한국이나 미국 군인과 다르다. 우리 군은 나라 안팎 모든 적을 상대하라고 명령한다.

:: 그 치안이라는 게 아쩨 사람 죽이는 일이고, 그 적이라는 게 아쩨 시민인가?

(떨떠름한 표정) 이렇게 자유로운 대화, 인도네시아가 민주주의로 가고 있다는 증거다. 어떤 비판도 받아들인다. 그게 비록 한쪽으로 치우친 것이더라도.

:: 좋다. 그러면 아쩨 시민 학살은 누가 책임지나?

종교, 시민단체, 군도 책임 있겠지만, 그건 기본적으로 국가 책임이다. 아쩨 상황은 정치, 경제, 종교, 사회, 문화 모든 게 뒤섞인 결과고, 치안 다루다 벌어진 일을 군만 책임질 수도 없다.

:: 누가 발포 명령 내렸나?

법이 내렸다. 군인은 누가 나를 쏘기 전에 먼저 적을 쏘도록 명령받은 조직이다.

:: 상대가 비무장 시민이었다. 발포 조건과 발포 명령은 반드시 있다. 그럼 누가 명령권자인가?

발포 명령자는 현장에서……. 어쨌든, 군은 발포 명령 받은 적 없다.

:: 그런데 왜 아쩨 시민들은 정부군이 쏜 총에 맞아 죽어 나가고 있나?

이건, 말하려면 길다. 틀림없는 건, 군 최고통수권자가 발포 명령 내린 적 없다. 내가 이 지역 사령관인데 내게 발포 명령 내린 상관도 없었고, 또 내가 부하들에게 발포 명령 내린 적도 없다. 다만 현장 상황에 따라, 상대에 따라, 발포 가능하고. 그 모든 건 합법적이었다.

:: 위란또 전 최고사령관부터 당신까지 모두 학살 책임자 아닌가?

(핏대 높이며) 어떤 말이 더 필요한가? 이미 경찰과 군 지휘 책임자들 가려냈고 또 법정에 세워놓았잖아.

:: 당신이 여기 온 지난 3월부터만 따져도 많은 시민이 죽어나갔는데, 그건 누가 책임져야 하나?

내 책임 아니다. 시민이 잘못했거나, 그렇지 않은데 사살했다면 현장 군인 책임이다. 내가 여기 와서 부하들에게 '주머니 인권집'까지 만들어 돌리며 주의시켰다.

:: 예컨대, 당신이 장터에서 의심스런 사람 보이면 어떻게 하겠나? 현장 사살해버리겠지?

아니다. 체포한다.

와히드 '밴덕'이 아쩨 절망 키웠다

1999년 12월 25일, 록세우마뒈

압둘라만 와히드 인도네시아 대통령은 누구보다 아쩨에 매달려온 정치가다. 그이는 인권장관에 하스발라 사아드(Hasballah Sa'ad)와 인도네시아군(TNI) 부사령관에 파룰 라지(Gen. Fahrul Razi)라는 아쩨 출신을 앉혔다. 또 자치권과 75% 웃도는 재정 독립권을 내걸고 아쩨를 달래기도 했다.

지난 5월 총선을 앞두고 아쩨를 찾아간 야당 지도자 와히드는 인도네시아 정치가 가운데 처음으로 '아쩨 독립' 지원을 입에 올렸다.

그러나 열흘 뒤, 와히드는 나와 인터뷰에서 "아쩨 독립이라고? 어림도 없다."며 시치미 뗐다.

대통령 선거를 앞둔 9월, 와히드는 독립 찬반을 묻는 국민투표 요구로 들끓던 아쩨에 들어가 다시 한 번 도움을 약속했다. 이어 대통령이 되고 보름 뒤인 11월 4일, 기자회견장에 나타난 와히드는 "아쩨 사람들이 원한다면 스스로 독립 결정할 수 있게 (국민투표) 돕겠다."고 거듭 밝혔다.

그러나 이틀 뒤, 싱가폴을 방문한 자리에서 와히드는 "국민투표, 동티모르에서 했는데 아쩨에서 왜 못 하겠는가? 다만 시간이 문제일 뿐이다." 며 한발 빼는 듯한 인상을 풍겼다.

11월 11일, 군 지휘관들이 와히드에게 "아쩨 이탈 돕지 말라."고 경고성 조언을 하자, 위란또 정치안보조정장관도 "아쩨가 독립하면 인도네시아 끝장난다."고 맞장구쳤다.

닷새 뒤인 11월 16일, 일본을 방문 중이던 와히드는 군부 반발에 쐐기라도 박듯 "의회와 협의하는 대로 7개월 안에 아쩨 국민투표 하겠다."고 시한까지 내걸었다.

그러자 국방장관 유워노 수다르소노가 나서 "정부가 국익 못 본 체한다면 군은 정부 몰아낼 것이다."며 대통령을 으르댔다. 군 대변인에 지나지 않는 수드라잣 소장(Maj. Gen. Sudrajat)까지 나서 "구스둘(와히드)이 아쩨 국민투표를 돕겠다는 건 그이 생각일 뿐이다."고 대통령 말을 대놓고 뒤집었다. 그즈음 군부는 오히려 아쩨 계엄령 선포를 거세게 외쳤다.

11월 20일, 와히드는 느닷없이 "(아쩨에서) 국민투표 절대 없다. 미국과 국제사회도 (아쩨에 대한) 인도네시아의 통치권 인정했다."며 지금껏 해온 말을 모조리 뒤집고는 "독립 바라는 일부 소수민족들은 깡패 같은 집단이거나, 인도네시아에 나쁜 마음먹은 이들이다."고 덧붙여 아쩨 사람들 속을 뒤집어놓았다.

이런 와히드의 밴덕은 리처드 홀브룩(Richard Holbrooke) 유엔 주재 미국대사가 대표단을 끌고 자까르따에 와서 "미국은 아쩨 독립 반대한다. 미국은 인도네시아 정부가 계엄령 대신 반군과 대화하길 바란다."고 밝히자마자 터져 나왔다.

11월 말, 마닐라 아세안(ASEAN) 정상회의도 와히드 밴덕에 힘을 보탰다. 필리핀 외무장관 도밍고 시아존(Domingo Siazon)이 "아쩨 독립은 이웃나라 사회통합과 지역안보에도 영향 끼친다."고 핏대를 올리자, 아세안+3(한국·중국·일본)은 공동선언에 "아쩨 포함 26개 주는 인도네시아가

통치권 지녔다."는 문장을 넣어 와히드를 한껏 부추겼다.

　1999년 12월 20일, 아쩨는 상실감과 배신감이 짙게 묻어났다. 담벼락
마다 길바닥마다 써놓은 'Referendum(국민투표)'이 비에 젖어 애달픔을
더했다.

　"국민투표 물 건너갔다. 말이나 꺼내지 말든지!"

　중학교 선생 시아처럼, 아쩨 사람들은 저마다 노여움을 털어놓았다.

　자유아쩨운동 빠세 지도자 아부 사이드(Abu Said)는 와히드를 군인 눈
치만 보는 '역사적 거짓말쟁이'라며 그이가 "자와 사람들과 절대 협상 않
는다."고 길길이 뛰었다.

　와히드, 아쩨 사람들을 노리개처럼 굴린 그 밴덕을 어떻게 책임질 것인
지?

독립을 위한 국민투표를 외쳤던 아쩨 사람들은 자신들의 열망이 머잖아 자까르따의 정치판 놀음에 휘둘렸다는 사실을
깨닫게 된다. 1999. 12. 20. 반다아쩨. ⓒ정문태

자유아쩨운동 뜨고 있다

1999년 12월 25일. 록세우마웨

지난해 수하르또가 물러난 뒤 하비비 정부가 10년 가까이 군사작전지역(DOM 1989~1998)으로 묶여 있던 아쩨를 풀었고, 올 11월 6일 와히드 정부는 한발 더 나아가 전투부대 철수령을 내렸다.

그러나 아쩨엔 아직도 특전사(Kopassus)와 해병대에다 악명 높은 경찰기동타격대(Brimob)가 깔렸고 시민들은 살 떨리는 두려움을 달고 다닌다.

내 눈에 비친 아쩨는 취재 금지 지역으로 묶여 있던 1990년대 그 모습 그대로다. 그 시절과 달라진 게 있다면, 요즘 젊은이들 사이에 자유아쩨운동이 부쩍 뜨고 있다는 사실 하나쯤.

"무장투쟁뿐이라 여기는 이들이 늘어났다. 동사무소나 가스 회사에 다니는 친구들 사이에도." 낮엔 중학교 선생, 밤엔 자유아쩨운동 조직원인 와킬 말처럼.

위험 타령 끝에 판사들이 모두 떠나 문을 닫은 록세우마웨 법원이나, 의사들이 도망쳐 병원마저 멈춘 반다아쩨(Banda Aceh) 현실 속에서 자유아쩨운동은 시민들 삶 속으로 점점 깊이 파고들고 있다. 깐당(Kandang)에서는 자유아쩨운동 지도자들이 종교지도자 대신 주민 결혼식 증인을 서기도 하고, 또 주민들 부동산 매매에 증서를 써주며 일부 행정기능까지 접수했다.

"자유아쩨운동은 인도네시아군 공격을 먹고 자랐다."는 말릭 마흐무드(Malik Mahmud) 아쩨 망명정부 총리 말마따나, 1976년 12월 4일 하산 띠로가 만든 자유아쩨운동은 1980년대까지 삐디(Pidi) 지역에서 상징적인 저항만 해오다 1989년 5월 수하르또가 아쩨를 군사작전지역으로 선포하면서부터 비로소 게릴라 조직으로 자라났다. 자유아쩨운동은 1981년 스웨덴으로 망명한 하산 띠로가 노환을 겪자 말릭 마흐무드가 얼마 전부터 망명정부를 꾸려왔고, 현지 무장투쟁은 압둘라 샤피에가 이끌고 있다.*

그러나 실질적인 전투는 1986년부터 1989년까지 리비아에서 군사훈련을 받고 돌아온 무자낄이 끌어가는 것으로 보인다. 무자낄은 인터뷰에서 "게릴라 모두를 이끈다."고 스스로 밝혔고, 또 4천여 조직원을 거느린 17개 지역 사령관들도 그이를 따르는 것으로 알려지고 있다. 비록 남부와 중부지역 일부 조직들이 따로 움직이긴 하지만.

한편 무자낄이 인터뷰에서 말한 대로 하산 띠로가 자유아쩨운동 줏대인 것만큼은 틀림없지만, 망명정부는 국제사회를 향해 외교력을 보여주지 못한 데다 무장투쟁조직에게 돈과 무기를 대주지도 못해 아쩨 현지에서 영향력이 크게 떨어진 상태다.**

그러다 보니 국민투표 기대감이 꺾인 요즘 망명정부보다는 현지 무장

---

* 2002년 1월 22일 자유아쩨운동 사령관 압둘라 샤피에가 인도네시아 정부군에게 살해당하자, 무자낄 마나프가 자유아쩨운동 최고사령관이 되었다. 무자낄이 무장조직을 지휘하면서 게릴라전 지형도 크게 변했다. 전통적으로 피디 지역에서 자유아쩨운동 게릴라 지도자가 나왔던 것과 달리 빠세 지역 출신 무자낄이 최고사령관이 되면서부터 게릴라전 중심지도 록세우마웨와 비레운(Bireun)을 비롯한 빠세 지역으로 이동했다. 이에 따라 인도네시아 정부군도 2003년 계엄 군사작전 사령부를 록세우마웨에 설치해 니삼(Nissam) 지역에 게릴라 본부를 차린 무자낄 주력을 좇았다.
** 스웨덴 망명정부와 아쩨 무장투쟁조직은 단일 지도체제가 아닌 느슨한 '공생관계'를 유지해왔다. 2003년 12월 인도네시아 정부와 스웨덴 망명정부 사이에 휴전협정이 이뤄졌을 때, 무자낄은 "정치와 아쩨 현지의 무장투쟁은 다르다."며 불만을 털어놓음으로써 그 협정의 어두운 앞날을 짐작케 했다. 그 휴전협정은 몇 달 뒤인 2004년 5월 인도네시아 정부의 대아쩨 계엄령 선포와 군사작전으로 폐기되었다.

투쟁조직이 시민들로부터 큰 힘을 얻고 있다. 그러나 자유아쩨운동 게릴라들은 적과 싸우기 전 시민들에게 먼저 대답하고 넘어가야 할 일이 있다. "자유아쩨운동을 존중하지만 두렵긴 정부군과 마찬가지다." 아구(식당 종업원) 같은 이들을 어떻게 할 것인가? 아쩨에서 실종, 희생자를 조사해온 인권단체 꼰뜨라스(Kontras)는 정부군뿐 아니라 자유아쩨운동이 저지른 인권 유린도 고발해왔다. 무자낄도 "정부군 쪽 관련자를 처형한 적 있지만, 법정도 없고 감옥도 없는 전선에서 어쩔 수 없었다. 그러나 민간인임을 알면서 공격한 적은 없다."고 밝혀 일부 사실을 인정했듯이.

자유아쩨운동 보급투쟁도 말썽거리다. 강제징수인지 기부인지가 또렷치 않은 탓이다. 정부군은 자유아쩨운동이 시민들한테 강제로 세금을 뜯는다고 욕해왔다.

이건 현장 취재에서도 논란거리였다. 자유아쩨운동이 강한 곳에서는 기부 성격이 두드러졌지만, 그렇지 않은 곳에서는 '보험' 성격을 띤 강제성이 드러나기도 했다.

한 가지 틀림없는 건, 자유아쩨운동 무장투쟁 돈줄이 아쩨 밖에도 있다는 사실이다. 자유아쩨운동 빠세 전략사령관 떵꾸 줄(Tengku Zul)은 "외국에 나가 있는 아쩨 출신이나 무슬림 단체들로부터도 도움받아왔다."고 밝혀 그동안 나돌던 외부지원설을 처음으로 확인해주었다.

게릴라전 고전 한 토막, '대중 없이는 무장투쟁도 없다.'

자유아쩨운동은 시민들에게 도덕성을 보여줘야 할 바쁜 계절을 맞고 있다.

1999년 12월 25일, 아쩨엔 여전히 정체불명 그림자들이 어른거리고 있다.

꼰뜨라스에 따르면 정부군은 지난 1990년부터 지금까지 민간인 4천여 명을 살해했고 7천여 건에 이르는 고문·성폭행 같은 범죄를 저질러왔다. 해서 인도네시아 안팎에서는 아쩨에서 벌어지고 있는 인권 유린을 나무라며 정부군을 때리고 있으나, 현장에서 보면 모조리 쇠귀에 경 읽기다.

문제는 '무장사복'이다. 정부군이 풀어놓은 그 무장사복을 거둬들이지 않는다면 인권은 헛바닥 놀음일 뿐이다. 무장사복을 돌린다는 건 정부군이 마음껏 일을 저지르고 아무 책임도 지지 않겠다는 뜻이다.

무자낄은 "무장사복들이 시민을 공격해놓고는 자유아쩨운동 게릴라 짓이라고 뒤집어씌워왔다."며 발끈했고, 정부군 쪽 샤프닐 대령은 "군복만 입으면 무조건 공격당하는 현실을 보라."고 되받았다.

그렇게 시민 사상자가 생길 때마다, 정체불명 무장사복 가해자를 놓고 정부군과 자유아쩨운동은 서로 책임을 떠넘겨왔다.

정부군 트럭을 타고 아쩨를 돌아다니는 무장사복들 정체는 군인들만 알고 있다. 그러나 이 무장사복들이 동티모르에 이어 아쩨에서 다시 피를 몰고 다닌다는 것쯤은 모두가 알고 있다.

지난 해 8월 정부군이 작전명 '사다르 렌총 II(Sadar Rencong II. 단검의 의식)'을 내걸고 아쩨 군사작전을 벌일 때도 완라(Wanra)와 깜라(Kamra)라는 정체불명 무장사복 민병대가 악명을 떨쳤듯이.

새천년이라며 온 세상이 잔치판을 벌이는데, 아쩨는 외롭게 버려져 있다.

>> 아쩨, 빼앗긴 역사 짓밟힌 땅

아쩨는 말라카 해협을 낀 동서무역 교통 중심지로 15세기 무렵 빛나는 이슬람 제국을 세웠으나 1537~1571년 포르투갈 공격을 받으면서부터 고단한 역사 속으로 빠져들었다. 그 뒤 아쩨는 네덜란드 침략군에 맞서 1873년부터 35년 동안 전쟁을 치렀고, 1942년부터 일본군에 맞서며 항쟁사를 이었다.

네덜란드에 맞섰던 아쩨는 1947년 네덜란드로부터 독립하는 인도네시아의 '특별자치주'로 함께했다. 그러나 인도네시아 수까르노 대통령이 자치 약속을 뒤집고 1950년 아쩨를 수마뜨라 주에 넣어버리자 아쩨는 1953년 독립을 선포했다. 수까르노는 1955년 아쩨

아체 사람들의 절망감은 자유아쩨운동의 무장투쟁 지지로 이어졌다. 1999. 12. 22. 자유아쩨운동 빠세 산악기지.
ⓒ정문태

에 군대를 보내 시민 수천 명을 학살하면서 무력통치 시대를 열었다. 이어 수하르또 독재 정권은 아쩨를 옥죄면서 경제마저 거덜 냈다. 와히드 정부의 기술연구장관 무함마드 히깜 (Muhammad Hikam)이 "아쩨 문제는 정치적 이유보다 오히려 경제적 불평등과 박탈감에서 비롯되었다."고 했듯이, 세계 최대 액화천연가스전을 비롯한 천연자원과 기름진 땅을 지닌 아쩨는 인도네시아 인구 2%에 지나지 않는 4백만 명 주민으로 중앙정부 연간 예산 13%를 메워왔다. 그동안 아쩨는 인도네시아가 파내는 가스와 원유 가운데 30%, 인도네시아 총수출의 11%를 차지했다.

그럼에도 인도네시아 정부는 아쩨의 모든 생산과 이윤을 자까르따로 실어 갔고, 현지에는 5% 남짓한 지방세만 떨어뜨렸다. 그 결과 아쩨 시민 40%가 절대빈곤에 허덕여왔다.* 게다가 인도네시아 정부의 외지인 이주정책 탓에 아쩨 젊은이들은 일자리마저 얻지 못해 길바닥을 헤매왔다.

"자까르따가 아쩨 게릴라를 양산했다."는 〈뗌뽀〉 록세우마웨 주재기자 자이날 바끄리 (Zainal Bakri) 말을 귀담아 들어볼 만하다.

---

* 2001년 와히드 대통령 정부는 아쩨에서 생산하는 원유의 15%, 가스의 30%, 기타 생산품 수익의 80%를 아쩨에 환원했다. 2003년 메가와띠 대통령 정부는 "아쩨에 특별자치주 지위를 부여하고 원유와 가스를 비롯해 아쩨에서 발생하는 모든 이익의 70%를 현지에 남기겠다."는 카드를 빼들었으나 역사적인 불신감을 지닌 아쩨 주민을 달래지 못했다. 그러자 메가와띠는 2003년 5월 19일 아쩨에 계엄령을 선포해 인도네시아 역사상 최대 군사작전을 벌였다.

아쩨전쟁, 민족과 애국의 이름으로

2003년 6월 3일, 자까르따

'군은 자유아쩨운동 무장 분리주의자를 공격하라.'

5월 18일 인도네시아 정부와 자유아쩨운동이 마주 앉았던 도쿄회담이 깨지기 무섭게 메가와띠 수까르노뿌뜨리 대통령은 기다렸다는 듯 5월 19일 자정 아쩨에 계엄령을 선포했다.

지난 3월 "이라크 공격 멈추고 평화적 해결책을 찾자."며 아시아 정치가들 가운데 남달리 미국의 이라크 침공을 나무랐던 메가와띠는 같은 입으로 두어 달 만에 "평화적으로 풀 길 없다. 분리주의자를 박멸하라."며 아쩨전쟁을 부추겼다.

군은 재깍 해병대, 특전사, 경찰기동타격대 같은 중무장 특수전 병력 46,675명을 아쩨에 보내 1975년 동티모르 침공 뒤 가장 큰 군사작전을 벌이고 있다. 공군은 계약상 국내작전 금지용인 영국제 호크-200을 띄웠고 또 세계 전사에서 처음으로 미국제 F-16을 국내분쟁에 투입했다. 해군도 전함 23척을 보내 입체작전을 도왔다.

'전쟁과 민족주의', 이 전통적 결합은 21세기에도 어김없이 되살아났다. 아쩨전쟁 뒷심으로 어른거리는 이 민족주의 유령은 언론부터 덮쳤다. 아쩨전쟁 열흘이 지났지만 언론은 여무진 정부군 얼굴과 묵직한 탱크몰이

만 배달하고 있다.

인도네시아군은 지난 봄 미국이 이라크 침공 때 선보였던 전시언론통제술인 이른바 임베디드 저널리즘(embedded journalism)을 고스란히 베껴 진군 나팔수로 삼았고, 언론은 군대 감시 의무를 버리고 '군언동침'을 택해 언론사(言論史)에 지울 수 없는 더러운 자국을 남겼다.

군은 아쩨 공격 명령이 떨어지기 열흘 전부터 육군 전략예비사령부(Kostrad) 훈련장인 상가부아나에서 자까르따 신문, 방송 기자 54명을 훈련시켜 '용병언론'을 만들어냈다. 군은 그 기자들에게 군복을 입으라고 닦달했다. 놀란 기자들과 독립기자동맹(AJI)이 대들자, 군 대변인 샤프리 샴수딘 소장(Maj. Gen. Sjafrie Sjamsoeddin)은 군복 입히기를 없던 일로 하는 대신 "오보 내는 기자와 언론사에 법적 책임을 묻겠다."고 을러댔다.

"말끝마다 민족주의를 들이대는 군부와 온갖 패거리들 탓에 전선이 따로 없는 꼴이다." 밤방 하리무르띠 〈뗌뽀〉 편집장 말마따나, 힘겨운 언론자유 투쟁을 벌여온 〈뗌뽀〉 같은 진보 언론사는 이번 아쩨전쟁에서도 벌써 탈이 났다. 모든 신문들이 군부 뜻대로 '정부군, 자유아쩨운동 반군 7명 사살'로 내보냈던 5월 23일치 보도에서 일간신문 〈꼬란 뗌뽀 Koran Tempo〉만 '정부군, 시민 7명 살해'로 머리말을 뽑자 군이 노발대발 치고나온 탓이다.

밤방은 "열세 살짜리 아이를 비롯해 살해된 이들이 반군이란 증거 없다. 증거 없으면 시민이다."고 맞받아쳤다.

5월 29일, 군 최고사령관 엔드리아르또노(Gen. Endriartono Sutarto)는 신문, 방송 편집장들을 밀실로 불러 "반군을 취재, 보도하는 언론들에게는 반드시 민족주의 깊이를 묻겠다."고 으름장 났다.

그로부터 정부와 군은 민족통합이 언론자유에 앞선다며 '민족언론', '애국언론'을 외쳐댔다. 그러자 거의 모든 언론들이 '아쩨 문제는 테이블에서 푸는 게 이상적이지만, 전장에서 풀 수도 있다.'는 〈발리 뽀스뜨 *Bali Post*〉 논조와 같은 길을 달렸다.

'민족언론', '애국언론'은 아쩨 계엄 군사작전 첫날부터 기자 공격으로 그 정체를 드러냈다.

5월 20일, 계엄사령관 엔당 수와리아 소장(Maj. Gen. Endang Suwarya) 이 "자유아쩨운동 반군 말을 따지 말라."고 경고하자마자 국영 〈*TVRI*〉 반다아쩨지국 카메라맨 무함마드 자말(Muhammad Jamal)이 사라졌다. 하루 뒤인 5월 21일 〈*TV7*〉 리잘 와흐유(Rizal Wahyu)와 유스리잘(Yusrizal), 5월 22일 〈*TV7*〉 와흐유 물리오노(Wahyu Mulyono), 5월 23일 〈*RCTI*〉 와얀 아스따빨라(Wayan Astapala)의 취재 차량이 총을 맞았다. 5월 24일에 는 〈*TV7*〉 리잘 와흐유와 유스리잘이 두 번째 총질을 당한 데 이어 〈*Metro TV*〉 아스완디 아사드(Aswandi Asad.), 〈*자까르따 포스트 Jakarta Post*〉 나니 파리다(Nani Farida), 〈*Trans TV*〉 델위 시남베라(Delwi Sinambera), 〈*Radio 68H*〉 에드윈 시리비모(Adwin Siribimo)의 취재 차량이 줄줄이 총알세례를 받았다. 5월 25일은 외신 차례였다. 〈*타임 Time*〉 엔드류 마샬 (Andrew Marshall), 꺼말 유프리(Kemal Jufri)를 비롯해 〈*BBC*〉 올란도 데 구즈만(Orlando de Guzman), 〈*AFP*〉 홀티 시만 준탁(Holti Siman Juntac) 같은 외신기자들 자동차도 벌집이 됐다.

정부와 군은 기자들을 과녁 삼은 그 조직적인 공격 사건들 가운데 단 한 건도 조사한 적이 없다.

오히려 5월 25일 군 대변인 샤프리는 "외신기자들도 공격 목표가 될 수 있으니 조심하라."고 야릇한 말을 했다. 그렇게 해서 계엄령 선포 전 합법적으로 아쩨에 들어가 있던 외신기자들은 모두 빠져나와버렸다. 5월 30일 현재, 아쩨는 외신 공백지대다.

무엇보다 인도네시아 정부와 군은 1999년 동티모르 독립을 부추긴 못된 놈으로 여겨온 외신기자들 틀어막기에 온 힘을 쏟고 있다. 정부와 군은 계엄령을 때리고부터 '아쩨는 국내문제다.'고 외치며 외신기자들의 아쩨 접근조차 막았다. 외무부 외신 담당자는 "계엄령 선포 뒤 취재허가는 군으로 넘어갔다."며 얼버무렸고, 군 언론 담당자는 "외무부에서 취재허가 받아오라."고 서로 발뺌하면서.

아쩨전쟁은 이렇게 말문을 막고 눈을 가린 채 불을 뿜고 있다. 누가 누구를 죽였고, 얼마나 많은 이들이 목숨을 잃었고, 어떤 일이 벌어지고 있는지조차 알 길이 없다.

전시언론통제, 군인에게 사로잡힌 언론은 아양만 떨고 시민들 귀에는 포성 대신 '교성'만 들릴 뿐이다.

아쩨 일기 — 짧은 평화를 위한 긴 전쟁

2003년 6월 25일, 아쩨. 자까르따

6월 14일, 외국인 발길이 끊긴 반다아쩨 공항에 내리자마자 보안관과 실랑이가 벌어졌다. 내 목엔 '계엄사령부에 곧장 신고하라.'는 특별관리대상자 꼬리표가 붙었다.

이번에도 어김없이 '불법' 딱지를 달았다. 취재를 원천봉쇄했던 수하르또 시절에도 늘 그랬듯이, 나와 아쩨는 법적으로 만나면 안 되는 사이였다.

이번만큼은 '합법'을 달아보겠다고 지난 2주 동안 자까르따 외무부와 군사령부를 뻔질나게 오가며 갖은 애를 썼지만 돌아온 건 또 '취재 금지' 뿐이었다.

현재 아쩨엔 외신이 없다. 계엄령 선포 전에 합법적으로 들어가 있던 외신기자들마저 정체불명 총잡이들이 쏘아대는 바람에 5월 말쯤 모두 빠져나가버린 탓이다.

반다아쩨는 그런대로 평온했다. 5월 19일 계엄령이 떨어진 뒤로도 눈에 띄게 달라진 건 없다. 군용트럭이 폭풍처럼 달리는 꼴도, 어둠과 함께 시민들이 사라져버리는 풍경도 모두 아쩨의 해묵은 전통일 뿐.

아쩨 계엄사령부는 내가 넘어야 할 첫 번째 전선이었다.

"밤방 장군이 오라 해서 왔다."

'몸부터 던져넣고 보자.'며 내가 아쩨에 들고 온 건 "올 수 있으면 와라." 고 했던 계엄작전사령관 밤방 다르모노 준장(Brig. Gen. Bambang Dar-mono) 말 한마디뿐이었다. 그건 자까르따에서 전화를 했을 때, 그이가 인터뷰 받을 수 없다는 걸 에둘러 한 말이었다.

믿을 수 없다는 듯 쳐다보던 계엄사 미디어센터 군인들은 밤방 확인을 요구했다. 록세우마웨 작전사령부에 있는 밤방의 무선전화기를 때렸다.

그이는 "기자들 상대할 만큼 여류롭지 않다."고 화를 버럭 냈지만, 어쨌든 그 통화는 미디어센터 군인들에게 확인용으로 충분했다.

계엄사령부 신분증을 얻은 나는 '준합법' 신세로 록세우마웨까지 갈 수 있는 길을 텄다.

6월 15일 반다아쩨 계엄사 미디어센터, 브리핑을 마친 대변인 디띠아 대령(Col. Ditya)이 다가왔다.

"외국 기자라도 자유아쩨운동 취재하면 체포하거나 사살할 거니 조심하시오!"

농담으로 듣기에는 초면이라 서먹했고, 진담으로 듣기에는 대변인 자리가 의심스러웠다.

'군인들이 짜증 부릴수록, 언론 통제가 심할수록 그 전쟁은 정당성이 떨어진다.'

그동안 이 경험을 들고 전선을 취재해온 나는 대변인을 통해 첫 번째 신호를 잡았다. 전선에 따라 '체포'란 말이야 수도 없이 들어왔지만, '사살' 이란 말은 어디서도 어떤 군대로부터도 들어본 적이 없었다.

'민족언론', '애국언론'을 외국기자에게는 내밀 수 없었던 인도네시아군의 고민이 결국 '사살'이란 모진 말로 튀어나왔던 꼴이다.

게다가 '적군 취재금지'라는 아주 새로운 언론통제술까지 들고 나왔으
니!

첫날, 그렇게 결론이 났다.

'아쩨 취재, 벌써 끝장이 보인다.'

6월 16일 아침, 반다아쩨를 떠나 록세우마웨 계엄작전사령부로 떠났
다. 곳곳에 도사린 병영과 검문소에서는 'PERS('보도'를 뜻하는 인도네시아
어)' 쪽지를 붙인 자동차를 보자 손 흔들어 인사했다. 뜻밖이었다. 까탈 부
리는 외신이 모두 사라진 데다, 자까르따 언론이 '동업자' 노릇을 해온 탓
일까?

반다아쩨에서 40여 분, 세울리메운(Seulimeun)을 지날 무렵 중무장 탱
크들 뒤에 모여 선 7천여 주민들과 마주쳤다. 10시 15분, 아침부터 먼 길
을 걸어와 뙤약볕 아래 몇 시간째 기다린 이들에게 얼굴 한번 내밀지 않
는 육군총장 랴미자르드 랴쿠두가 중무장 경호 차량에 묻혀 지나갔다. 동
장이 불러 밭일을 제쳐놓고 나왔다는 농부 마루주끼는 멍하니 발길을 돌
렸다.

군인 하나 지나는 걸 위해, 그것도 단 5초를 위해 주민 7천여 명을 길바
닥으로 내모는 현실, 그렇게 자까르따는 아쩨를 업신여겨왔다.

오후 2시, 록세우마웨 계엄작전사령부와 마주보는 휘나휘라 호텔에 짐
을 풀었다.

"입방 축하, 록세우마웨 감방 05호."

열쇠를 받아드는 순간, 둘러친 인도네시아 기자들이 소리쳤다. 전기가
끊겨 대낮에도 암흑천지인 데다 바퀴벌레와 쥐가 기어 다니는 찜통 같은
방 05호는 고달플 아쩨를 예고했다.

아쩨 계엄 군사작전은 시민을 벼랑 끝으로 몰아붙이며 무력시위를 벌였다. 결국 희생자는 비무장 시민이
었다. 여성이고 어린이들이었다. 2003. 6. 18. 세우네우볽룽. 아쩨. ⓒ정문태

저녁나절, 기자들과 어울린 장터에서 계엄작전사령관 밤방과 마주쳤다. 인사 끝에 그이가 "내일은 시간 내기 힘들다."고 무뚝뚝하게 되받았으나, 그런대로 괜찮았다. 적어도 나를 잡아 가두거나 쫓아낼 낌새는 아니었으니.

계엄 군사작전 중심지 록세우마웨의 밤이 깊어갔고, 커피 잔 앞에 둘러앉은 기자들 우정도 쌓여갔다. 기자들 가운데는 낯선 이들이 많았지만, 다들 나를 오랜 동무처럼 대했다. '사진' 한 장 덕이었다.

2002년 1월 정부군에 사살당한 자유아쩨운동 사령관 압둘라 샤피에 뒤를 무자낄 마나프가 잇자, 새 사령관 사진을 찾아 난리를 치던 인도네시아 모든 언론사들이 1999년 내가 찍어둔 무자낄 사진을 받아 썼기 때문이다.

6월 17일, 아침 9시 계엄작전사령부 대변인 야니 바수끼 중령(Lt. Col. Yani Basuki)은 느닷없이 찾아온 외신기자를 점잖게 맞았다. 작전지역 취재허가증에 필요한 서류를 던져놓고 동료 기자들과 함께 니삼(Nissam)으로 첫 출근을 했다.

해병 202대대 4백여 명이 진 친 준산악지대인 와뚤레성(Vatulesung) 마을은 들머리에서부터 긴장감이 높았다. 대대장 림보 중령(Lt. Col. Rimbo)은 "2km쯤 떨어진 자유아쩨운동 기지를 치고 들어가는 중이다."며 기자들을 막았다. 첫 출근부터 허탕!

오후 2시, 이웃 알루가롯(Allugarot) 마을에서 대형 폭발물이 나왔다는 정보를 잡고 현장으로 달려갔다. 꼬망 아구스 소위(Sec. Lt. Komang Agus)는 "게릴라가 심은 사제지뢰다."고 풀이했지만, 녹슨 자전거 사슬과 손잡이가 섞여 있는 양철통에 콘크리트 판을 덮은 흉물은 누가 봐도 지뢰가 아니었다.

하루 내내 허탕만 쳤다. 가는 곳마다 작전지역이라며 접근을 막아 되는 일이 없었다. 작전 취재하러 온 기자들에게 작전 중이라고 막는 군인들, 아쩨 현실이었다.

오후 4시, 와뚤레성 마을을 되돌아 나오는 맥 빠진 취재차량을 주민들이 가로막았다.

"터졌다!" 자동차 문을 열고 날았다. 마을에서 300m 떨어진 숲속 나무에 발가벗겨진 채 살해당한 한 젊은이가 묶여 있었다. 날카로운 칼로 목을 벤 그 현장은 기자들이 다가가기 꺼릴 만큼 끔찍했다.

무자낄(20세) 주검 곁에 있던 누나 파레다(25세)는 눈물 틈으로 어렵사리 말문을 열었다.

"어제 밤 8시 15분께 검정 군복에다 복면 쓴 괴한 넷이 동생을 끌고 갔다."

아버지 압둘라 아담은 "놈들이 자와 말을 썼다. 아쩨 사람은 자와 말 못한다."고 거들었다.

이웃들은 "무자낄이 게릴라와 아무 상관도 없는, 그저 아이들에게 코란 가르치는 선생이었다."고 입을 모았다.

누가 무자낄을 죽였을까? 해병대가 진 친 마을에 총도 없이 게릴라가 나타나 주민을 끌고 가서 죽일 수 있었을까? 날카롭고 긴 칼로 한 번에 목을 베었다는 건 훈련받은 프로페셔널 킬러들이나 할 수 있는 짓인데.

해병 대대장 림보는 따져 묻는 기자들에게 "그런 일이? 부하들 보내 알아보겠다."고 놀라는 시늉을 했다. 마을 사람들이 다 아는 사실을 림보가 모르고 있었다니? 4백여 명 해병대원들이 24시간 온 마을을 들쑤시고 다니는데도!

죽은 자는 말이 없다. 이슬람 관습에 따라 늦은 오후 무자낄 주검은 깨

꽂이 씌겨 관 속에 들어갔다.

조사는 누가 할 것이며, 수사는 어떻게 한단 말인가?

그렇게 죽어간 이들이 1만 명도 넘는다. 무자낄 어머니와 누이의 눈물은 아쩨 통곡의 역사에 또 한 점을 얹었다.

전선 특종을 좇아 오늘도 남다른 기회를 갈망했던 기자들은 해거름을 따라 돌아오며 말을 잊었다.

6월 18일 이른 아침 묵직한 정보가 날아들었다.

"백여 명이 학살당한 현장 증언이 나왔다."

기자 스무 명이 함께 달려갔다. 그러나 비레운(Bireun) 적십자사 직원은 "그런 말 한 적 없다."며 꼬리를 내렸다. 기자들은 소문에 오른 쫏메우고(Cot Meugo) 마을을 찾아 두어 시간 동안 산골을 헤맨 끝에, 그 현장에서 3km 떨어진 세우네우복롱(Seuneubok Lhong) 마을 어귀에 닿았다. 전선이 펼쳐진 세우네우복롱에는 중무장 탱크들이 쉬지 않고 달려들었고 해병대원들은 기자들을 거칠게 막아댔다.

"시민 학살? 그런 건 우리가 조사해볼 테니 당장 여기서 떠나라."

탱크가 일으킨 뿌연 먼지를 뒤집어쓴 기자들은 직업적 한계를 느끼며 고개를 떨렸다.

"젠장, 전선 취재하려면 더 강한 탱크 몰고 오는 수밖에 없겠구먼!"

누군가 내뱉는 넋두리를 밟으며 기자들은 무겁게 발길을 돌렸다.

비레운을 거쳐 록세우마웨로 접어들 무렵, 〈꼬란 뗌뽀〉 기자로부터 전화가 왔다.

"경찰(기동타격대)이 소녀를 성폭행했다는데……."

운전기사를 닦달해서 비레운 파우즈라 병원으로 차를 틀었다.

"아직 조사하는 중이라……."

지레 겁부터 먹은 의사는 도통 입을 열지 않았다.

피해자 집으로 달려갔다. 신따 데위(13세)는 파랗게 질려 있었다.

"언닌 헌병이 데려 갔어요……."

비레운 헌병대, 피해자 라프까(15세)의 아버지 누르딘 압둘라(50세, 학교 경비원)는 "문제 커지면 경찰이 가만있겠어? 조용히 해결하고 싶다."며 고개를 묻었다. 무슬림 관습에 따라 그 경찰이 딸과 결혼하는 것으로 책임 진다면 그냥 넘어가겠다는 뜻이었다.

"그렇게 해서 당신 딸이 행복해질 수 없어요. 그놈을 고발해 법정에 세 워요."

속이 천불난 기자들이 듣다못해 소리쳤다. 둘레가 갑자기 고요해졌다. 이내 기자들은 자신들이 이방인이란 사실을 깨달았다.

꽃다운 아이들을 짓밟는 계엄 군사작전, 앞으로 또 얼마나 더 많은 꽃들을 꺾어버릴는지.

헌병은 라프까를 못 만나게 막았다. 기자들은 전선뿐 아니라, 인권 유린 현장마저 다가갈 수 없었다.

그렇게 기자들 발을 묶고 입을 막은 계엄 군사작전이 한 달째 접어들었다.

하여, 25건에 이르는 성폭행 사건과 군인들이 이농 발리(Inong Balee, 자유아쩨운동 여성전사)를 찾는다며 여성들 옷을 벗긴 사건도 모두 묻히고 말았다. 512건에 이르는 학교 방화사건도, 열세 살짜리 아이를 게릴라라 며 사살했던 사건도, 기자들에게 총질한 사건도 모두 흘러간 얘깃거리가 돼버렸고.

지난 한 달 동안 계엄 군사작전에 희생당한 시민 숫자도 따로 놀고 있다. 적십자사는 주검만 250구를 받았다고 밝혔지만, 군은 55명, 경찰은 108명 그리고 자유아쩨운동은 400명이라 각각 우겼다.

아무도 헤집어볼 수 없는 땅 아쩨에서는 계엄 군사작전이 하루하루 날수를 늘려가는 만큼 시민 주검도 늘어나고 있다.

6월 19일 아침 9시 30분 계엄작전사령부 미디어센터, 브리핑을 하던 대변인 야니 중령 입에서 "마땅쫏(Matang Cut), 현재 교전 중"이란 말이 흘러나왔다. 록세우마웨에서 30분 떨어진 마땅쫏이라면 전투 취재를 할 수 있다는 생각이 번쩍 들었다. 자리를 박찼다.

마땅쫏 어귀에서부터 벌겋게 달아올라 고래고래 소리치는 군인들 눈을 피해 논둑을 타고 마을로 들어갔다. 군인들은 초점 잃은 눈으로 미친 듯이 날뛰었다. 소대장이 기자들에게 상황 종료를 설명하는 사이 마을 뒤 야산 쪽에서 날카로운 총소리가 울렸다. 군인과 기자들은 몸을 꺾어 나무둥치 밑으로 엎드렸다. 군인들은 마구잡이 총질을 해댔다. 비록 전황을 좇기는 힘들어도 아쩨에 온 뒤 처음으로 총알이 튀는 전선에 올랐다.

마땅쫏은 교전 강도와 상관없이 군인이나 기자 모두에게 매우 위험한 전선이었다. 두 쪽이 마주친 일자전선이 아니라 마을을 쥐고 있던 게릴라들이 빠지는 전투다 보니 서로 전방위 총질을 해대는 데다, 몸을 가릴 곳이 없는데도 시야가 전혀 나오지 않는 별난 지형 탓이었다.

총소리가 잦아들고, 기자들은 주검 열 구를 보았지만 닦달하는 군인들에게 떠밀려 현장을 확보할 수 없었다. 뒷걸음질로 빠져나오면서 마을 한 귀퉁이 마당에 쪼그려 앉은 주민 백여 명과 마주쳤다. 이건 정부군이 마을 사람들을 몸마저 숨길 데 없는 빈터에 몰아놓고 전투를 벌였다는 뜻이다.

몸을 피할 자유도 없는, 이 야만스런 전쟁의 끝은 어디일까?

"문태, 빨리 빠져나와!"

논둑에서 동료들이 소리쳤다. 고개를 돌리자 군인 네댓이 겨누고 있던 총부리를 슬그머니 내렸다.

시팔!

전선 취재는 싱겁게 끝났다. 결론도 났다.

'아쩨 계엄 군사작전 취재 불능.'

정오 무렵, 1,500m 산악에 자리 잡은 중부 따껭온(Takengon)으로 민병대를 찾아 나섰다. 4시간 산길 돌아 라웃따와르 호수(Laut Tawar Lake)를 낀 그림 같은 호텔에 짐을 풀었다. 밤과 낮이 또렷이 갈리는 호수를 바라보며 넋 잃은 기자들은 그동안 움츠러들었던 마음도 오랜만에 내려놓았다. 함께 온 여섯 기자는 모두 본사와 연락을 끊고 하룻밤 태업을 벌이기로 했다. 일 대신 인생을 이야기했고, 사랑 타령을 늘어놓기도 하면서.

6월 20일, 민병대를 찾아 나섰다. 따껭온은 20% 남짓한 자와 출신 이주민들이 정치, 경제, 사회를 모조리 쥐고 흔들며 독립을 반대해온 아쩨 안의 자와로 정부군이 뒤를 봐주는 무장 민병대들이 날뛰는 곳이다. 따껭온에서 35km 떨어진 폰독바루 쪽 민병대 사령관 알 모함마드(Al-Mohammad)는 만나자마자 대뜸 "2000년 자유아쩨운동에게 공격받은 뒤 마을 방위대를 만들었지만 무기는 없다."고 묻지도 않은 말을 늘어놓았다. 민병대 무장을 딱 잡아떼는 모함마드에게 기자들이 혼 빠지게 질문을 퍼붓자 "메단(Medan) 쪽 정부군한테 무기와 총알을 받은 적 있다."는 말이 튀어나왔다. 기자들이 물고 늘어지자 흠칫 놀란 그이는 "이건 내 친구 이야기야."로 말을 바꿨고, 인터뷰는 끝장났다.

중부 자와 출신으로 군인과 공무원을 거쳐 지역 정치판을 기웃거려온 뿌자 꾸수마 따나 가요(Puja Kusuma Tanah Gayo) 민병대 지도자 마르시또(Marsito)도 "군이 우릴 안 지켜줘서 자치방어 조직 만들었는데, 도움은 무슨 얼어 죽을! 2001년에는 한 자루 당 15만 루피아(약 2만 원 꼴) 들여 만든 사제 총마저 군이 모조리 거둬갔다."며 짜증을 부렸다.

따껭온 계엄부사령관 암린 중령(Lt. Col. Amrin)은 "여기 민병대가 어디 있어? 군이 민병대를 인정한 적도, 도운 적도, 도울 계획도 없다."며 손을 저었다.

군이 민병대 뒤를 봐줬다는 걸 세상천지가 다 아는데, 모두들 아니라고 오리발을 내밀었다.

마을 사진도 못 찍게 달려든 그 칼 찬 젊은이들은 귀신이었던가? 자유아쩨운동과 정부군이 휴전협정(2002년 12월) 끝에 설치했던 공동안전위원회(JSC) 사무실을 지난 3월 불 지르고 공격한 건 또 어떤 귀신들이었던가?

동티모르 민병대의 핏빛 그림자가 지금 아쩨에도 어른거리고 있다.

6월 23일 날이 밝을 무렵, 아쩨를 떠나기로 마음먹었다.

'취재는 못 하더라도 외국 기자 한 명쯤은 현장을 지켜야 옳지 않은가?'

지난밤을 꼬박 새며 명분과 충돌했지만, 결국 '전선 없는 전선기자'란 현실을 뛰어넘을 수 없었다.

아침 9시 미디어센터에서 동료 기자들과 인사를 나눴다. 몇몇 기자들은 마지막 남아 있던 외국기자가 떠나는 장면을 취재하는 것으로 작별인사를 대신했다.

떠나기에 앞서 록세우마웨 계엄작전사령부에서 작전취재허가증이 나왔다. 떠나는 날 비로소 나는 '합법' 신분을 얻은 셈이다.

아무 짝에 쓸모없는, 작전취재용 신분증을 만지작거리며 나는 전시 언론통제의 간지러움을 느꼈다.

아쩨를 남겨놓고 떠나는 발길은 무겁기만 했다. 모자란 기자로서 아쉬움이 길게 밟혔다. 그나마 안전한 록세우마웨-반다아쩨 길을 두고, 모두가 말리는 록세우마웨-메단 길을 택했다. 철수 길도 취재에 넣어야 한다는 원칙을 따르고 싶었다. 아니, 어쩌면 기자로서 책임을 다하지 못한 부끄러움을 덮겠다는 마음이었는지도 모르겠다.

외국인 가운데 마지막까지 남아 아쩨를 취재해왔던 한국 시사주간지 〈한겨레21〉 정문태 기자가 본디 일정을 앞당겨 월요일 수마뜨라 메단으로 떠났다. 그가 정부군으로부터 압력을 받아 아쩨를 떠났는지는 확인할 수 없다.

-베르니 무수따파(Berni Moestafa), 〈자까르따 포스트〉, 2003년 6월 24일

자까르따로 돌아온 나는 꼴 난 외국기자 하나가 아쩨 떠난 사실을 대문짝만하게 올린 현지 신문들을 보면서 깜짝 놀랐다. 나는 그 기사를 날린 동료들 마음을 읽었다. 떠나기 전날까지 한데 어울리며 내가 왜 아쩨를 떠났는지 누구보다 잘 아는 그이들은 그렇게라도 정부군 언론통제 사실을 독자들에게 전하고자 했던 것이다.

아쩨 계엄 군사작전, 지금까지 크고 작은 전쟁과 전선 40여 개를 취재해왔지만 이토록 모진 언론통제를 겪은 적이 없었다.

짧은 평화를 위한 긴 전쟁, 그 불길한 예감만 맴돌고 있다.

인도네시아 정부의 외신기자 접근 금지와 정부군의 언론 검열로 아쩨 계엄 군사 작전은 언론 없는 전쟁으로 악명을 떨쳤다. 그 무렵 〈한겨레21〉은 살해당한 아쩨 시민 사진을 표지로 내보내 큰 충격을 던졌다. 같은 현장에서 〈AFP〉 기자가 찍은 같은 사진은 그해 월드프레스의 보도 대상을 받았지만, 한국에서는 오히려 선정성과 상업성 논란이 일었다. 당시 〈한겨레21〉은 "광주를 바깥세상에 알린 건 사진이었다."는 믿음을 갖고 맞섰다. 2003. 6. 17. 와뚤레성. 아쩨. ⓒ정문태

>> 아쩨전쟁 속살

2003년 6월 10일, 자까르따

지난해 12월 인도네시아 정부와 자유아쩨운동이 스위스 앙리뒤낭센터(Henry Dunant Center) 중재로 휴전협정(CoHA)을 맺자 군부는 자유아쩨운동에게 시간만 준다며 아주 언짢아했다.

그러더니 머잖아, 군이 뒤를 봐준 민병대가 휴전 지킴이인 공동안전위원회 사무실을 불태우고 요원들을 공격했다. 그로부터 군과 자유아쩨운동은 대놓고 휴전협정을 깨트리기 시작했다.

올 3월 들어 휴전협정 위반이 크게 늘어나자 인도네시아 정부는 자유아쩨운동에게 제네바에서 회의를 열자고 제의했다. 자유아쩨운동은 비자 문제를 핑계 삼아 나타나지 않았다.

5월 들어 어렵사리 도쿄회담이 이뤄졌으나 이번에는 정부가 자유아쩨운동에게 '무장해제'와 '특별자치주'를 받아들이라고 윽박질러 깨지고 말았다.

그러나 속을 들여다보면, 정부가 겉치레 눈가림으로 도쿄회담에 나섰음이 드러난다.

도쿄회담과 맞물린 5월 13일 정부는 이미 아쩨에 대규모 파병을 결정했다. 한 손으로는 회담을 하면서 다른 한 손으로 전쟁 준비를 했다는 건 정부가 본디부터 휴전에 마음이 없었다는 뜻이다.

앞서, 수실로 밤방 유도요노 정치안보조정장관은 5월 9일 아쩨 군사작전 개념을 적은 편지와 5월 11일 군대 파견을 요청하는 편지를 내무장관에게 보내 아쩨전쟁 앞잡이로 나섰다. 비록 민주투쟁당 지도부가 유도요노를 미덥잖게 여겨 아쩨 사안을 조심스레 다루긴 했지만, 민주투쟁당 주류는 유도요노에 말려들 위험성보다는 아쩨전쟁으로 끌어 모을 수 있는 '민족주의 표'에 솔깃해 5월 12일 메가와띠에게 군사작전 서명을 건의했다.

이어 5월 14일 국민대표회가 아쩨 파병과 군사작전을 승인했다. 이건 도쿄회담이 깨지기 5일 전에 이미 인도네시아 정부와 군은 아쩨 공격작전을 마무리해놓고 회담장에 들어갔다는 뜻이다.

그 무렵 경제와 치안을 비롯해 수많은 문제를 안고 헤매던 메가와띠는 물러나라는 시위대 닦달에 시달렸고, 결국 해묵은 비장의 카드 '민족주의'를 꺼내들면서 아쩨를 제물로 삼았다.

군부는 수하르또 퇴진으로 날려버린 패권 탈환 기회로, 정치판은 내년 총선과 대선을 내다보는 득표 기회로 삼은 전쟁, 바로 아쩨전쟁의 숨겨진 속살이다.

>> 아쩨전쟁 셈법

2003년 6월 10일, 자까르따

인도네시아 경제는 1997년 몰아친 외환 위기에다 9·11 공격, 발리 폭탄사건, 사스(SARS)까지 겹쳐 아직도 어려움을 겪고 있다. 특히 2002년 10월 발리 폭탄공격사건이 터지자 인도네시아 국내총생산(GDP)은 20%나 곤두박질쳤고 1백만 명에 이르는 관광업 일꾼들이 자리를 잃었다.

그러나 올 5월 19일 인도네시아 정부가 아쩨 계엄 군사작전을 벌이면서부터 루피아가 강한 기운을 얻더니 자까르따 증권시장은 25%나 튀어 오르며 동남아시아에서 가장 잘나가고 있다. 돈 냄새를 맡은 까닭이다. 실제로 인도네시아 정부는 이번 아쩨전쟁에 1조 7천억 루피아(2억 달러)가 넘는 엄청난 돈을 쏟아 부었다. 이건 2003년 아쩨 주 총예산 1조 6천억 루피아를 웃도는 돈이다. 거기다 국민대표회의는 문제 발생 지역에 쓸 특별예산 8조 루피아를 아쩨전쟁에 먼저 매겨 돈줄을 열어놓았다.

　그러나 전문가들은 아쩨전쟁이 장기적으로 경제에 큰 영향을 미치지 않을 것으로 내다봤다. 경제학자 무함마드 카딥 바스리(Muhammad Chatib Basri. 인도네시아 대학 사회경제조사연구소 부소장)는 "그 전비가 군인들 뒷주머니로 들어가는데 어떻게 국가경제에 영향을 미치겠는가?"라고 되묻고는 "발리 폭탄이 경제를 흔들었던 건 발리 관광산업을 자까르따 사업가들이 쥐고 있었던 탓이지만 아쩨에는 국영 가스와 석유회사를 빼면 바깥 자본이 없기 때문에 영향이 없다."고 풀이했다.

　알비 사닛 교수(인도네시아 대학 사회과학부)도 "군인들은 1967년부터 군사작전 벌일 때마다 전비 챙겨먹었다. 동티모르에서 30년 전쟁하면서도 국가경제에 아무 영향 없었다."고 맞장구쳤다. 그이는 "아쩨전쟁이 결코 끝나지 않을 것이다. 군과 정부가 모두 뒷돈을 챙기는 기회기 때문이다."고 덧붙이기도 했다.

　전통적으로 인도네시아군이 계산서 끊지 않아도 되는 뒷주머니를 차고 있었던 탓이다. 부정부패가 국가경제에 전혀 보탬이 되지 않는다는 뜻이다.

| 평화회담 |

쓰나미, 아쩨를 삼키다

2005년 1월 7일. 반다아쩨

꾸몄다. 구호단체 사람인양. 수마뜨라 메단에서 아동인권교육정보센터
(KKSP) 문서까지 얻어들고 아쩨로 향했다.

1월 6일 아침 7시 수마뜨라-아쩨 검문소, 군인들이 모든 자동차를 붙
들어 맸다. 한참 만에 차례가 왔다. 여권을 거둬갔던 군인이 되돌아와서
한 푼 내라는 시늉을 했다. 구호단체 문서를 내밀었다.

"구호 요원인데, 갈 길 바쁘니 빨리 열지."

"1인당 10만 루피아씩 해서 셋이니 30만(34,000원 꼴) 내시오."

"놀러온 게 아냐. 쓰나미에 치인 사람 도우러 왔잖아."

"내겐 무슨 소리해도 안 들려. 아쩨 출입 허가증 없잖아, 있으면 내봐?"

놈은 바로 앞 프랑스 구호단체가 주었다는 10만 루피아짜리를 흔들어
보였다. 주먹이 날아갈 뻔했지만, 잘 참았다. 그렇게 놈들은 쓰나미로부터
기막힌 '선물'을 캐고 있었다. 남이야 죽든 말든 내 주머니가 불룩해지는
것으로 인생을 만끽했다.

계엄 군사작전 취재 뒤 다시는 들어갈 수 없었던 아쩨, 그 길이 쓰나미
로 열리리라고는 상상도 하지 못했다. 2003년 6월 말 내가 아쩨를 떠난
뒤로 단 한 명 외국기자도 아쩨 땅을 밟은 적이 없을 만큼 모질게 막았던
인도네시아 정부는 지난 12월 26일 쓰나미가 덮치자 국제사회 압력을 못

이겨 대충대충 눈감아주는 식으로 기자와 외국인들에게 문을 열었다.

1년 6개월 만에 다시 찾은 아쩨는 내게 격한 감정으로 달려들었다. 자취도 없이 사라져버린 텅 빈 마을들엔 휑한 바람만 몰려다녔다. 용케 살아남은 이들은 멍한 눈망울만 굴리고 있다.

분쟁 28년째 접어든 아쩨, 정부군이 시민 1만여 명을 죽이는 동안에도 눈여겨봐주는 이가 없던 이 땅에 이렇게 많은 외국인들이 들끓었던 적은 없다. 곳곳에 국제구호단체 간판이 나붙었고 어디를 가나 구호요원들이 들끓는다.

인도네시아 정부가 1989년부터 1998년까지 군사작전지역으로, 다시 2003년부터 계엄령으로 옭아맨 뒤 오늘까지 아쩨 사람들이 봐온 바깥세상 사람이라곤 총을 휘두르는 군인들뿐이었다.

"쓰나미에 당했지만, 그래도 세상이 우릴 버리지 않았다는 생각에……."

아내와 네 살짜리 딸을 잃고 혼자 블랑빈땅(Blang Bintang) 붕박죽 모스끄 난민촌에 앉아 있던 줄리안(34세)이 속마음을 털어놓았다.

그동안 이 사람들이 얼마나 외로웠으면!

쓰나미 강습 뒤 열흘, 반다아쩨는 아직도 혼수상태다. 몇 곳엔 전기와 수도가 돌기 시작했고 난전이 하나둘씩 되살아나지만 여전히 곳곳엔 주검들이 널브러져 있다. 모퉁이마다 살 썩는 냄새가 코를 찌른다. 얼마나 더 많은 주검들이, 얼마나 더 오랫동안 나뒹굴지 아는 이도 없다.

인도네시아 정부는 쓰나미가 덮치고 5일 만인 지난 12월 30일, 사망자 숫자가 십만 명을 넘어서자 일찌감치 집계를 멈춘다고 밝혔다. 그저 15~20만 명쯤으로 어림잡을 뿐이다.

같은 쓰나미에 맞았지만 성의껏 주검을 다뤄온 타이 정부 태도와 견줘
볼 만하다. 비록 재난현장 접근성과 사회기반시설이 좋은 데다 외국인 사
망자가 많아 국제사회가 재빨리 달려든 타이와 큰 차이가 나는 건 사실이
지만, 그렇더라도 인도네시아 정부는 너무 일찍 손을 털었다.

재난현장이 어떤 곳인가, 바로 아쩨다!

인도네시아 정부가 아쩨를 갖고 싶다면, '최후의 일각까지'를 내걸고 아
쩨 사람들 마음을 사로잡아야 옳다. 그동안 줄기차게 통합을 외치면서 인
도네시아 정부가 아쩨에 보여준 건, 학살과 착취뿐이었다.

달리 보면, 인도네시아 정부에게 쓰나미는 기회였지만 스스로 그마저
도 차버린 꼴이다. 무엇보다 인도네시아 정부는 곧장 대민 구조·구호 작
전에 투입할 수 있는 특전사와 해병대를 비롯한 특수전 병력만도 40여 만
명을 아쩨에 깔아놓았지만 적극적으로 움직이지 않았다. 뿐만 아니다.
'허가 타령'을 하면서 국제구호단체나 외신기자들 진입까지 막았다.

아쩨 계엄사령관 엔당 수와리아 소장은 "여느 때와 다름없이 군사작전
계속 한다."며 어림잡아 아쩨 인구 4%가 목숨을 잃었고 10%에 이르는
40여 만 난민이 생긴 재난 속에서도 전의만 불태웠다.

이건 쓰나미가 덮치자 인도네시아군 최고사령관 엔드리아르또노와 자
유아쩨운동 사령관 무자낄이 조건 없이 선언한 휴전을 뒤엎는 일이었다.
다행스레, 현재 모든 전선이 가라앉은 상태지만.

참고로, 이번 쓰나미는 시민뿐 아니라 군인도 함께 쓸어갔다. 군인 피해
는 군사기밀로 다뤄 속속들이 들여다볼 수 없지만 엔드리아르또노가 기
자들 질문에 "수천 병력"이란 말을 흘린 것으로 미뤄 크게 당한 것만큼은
틀림없다. 현장 군인들을 통해 알음알이 꼽아본 숫자는 반다아쩨 항에서
군함을 기다리던 휴가병 7백여 명 가운데 사망한 5백여 명을 합해 지금까

인도네시아 정부와 군은 쓰나미 초동 단계에서 외국 구조·구호 단체나 외신기자들에게 일일이 아쩨 출입 허가증을 발급하면서 결정적인 시간을 죽였다. 숨넘어가는 희생자들을 놓고 벌인 정치였고, 그 정치는 범죄였다. 특히 정부군은 시민이 엄청난 재난을 당한 현장에서 초동단계 구조·구호 작전을 벌이지 않았던 책임으로부터 자유로울 수 없다. 2005. 1. 6. 반다아쩨. ⓒ정문태

지 862명이다.

　반대쪽 자유아쩨운동 게릴라 피해는 통신이 잘려 알아볼 길이 없지만, 도시에서 움직이는 보급, 연락책을 뺀 산악 주력은 별 탈이 없을 것으로 보인다.

　1월 6일 현재, 그럭저럭 되살아난 건 반다아쩨 중앙모스끄뿐이다. 자취도 없이 사라져버린 인구 최대 밀집 지역 울레레(Ule Le)에서는 십여 일이 지났지만 아직도 수많은 주검들을 건져 올리고 있다. 울레레 앞바다 기념탑의 깨진 꼭대기는 적어도 15m 웃도는 쓰나미가 덮쳤던 사실을 증언하고 있다. 반다아쩨 항에서 반다아쩨모스끄에 이르는 폭 4km 지역에 자리

잡은 울레레는 쓰나미가 가장 먼저 때린 곳으로 한 그루 나무도 한 채 집도 살아남지 못한 채 허허벌판이 돼버렸다.

반다아쩨에서 남서쪽 13km 떨어진 록웅아(Lhok Nga)에도 살아남은 생명은 없다. 가장 큰 피해를 입은 곳으로 알려진 남부 메우라보오(Meula-boh) 쪽은 아직 다가갈 수 없어 해안선이 이어지는 록웅아를 통해 짐작해볼 뿐이다.

아쩨를 되살려낼 수 있을까?

길이 있다면 오직, 군대가 전쟁 대신 온몸을 바쳐 복구에 뛰어들고 국제사회가 이문 따지지 말고 재빨리 나서는 길뿐인데, 그런 일이 아쩨에서 벌어질 수 있을는지?

꺼림칙하고 갑갑할 뿐이다. 그동안 아쩨는 군인들이 뒷돈을 챙기는 사업장이었고, 국제사회가 눈여겨봐준 적 없는 버림받은 언저리였으니.

분쟁에 찌든 시민들에게 하늘은 왜 이다지도 끔찍하게 구는지!

게릴라의 어머니

2005년 9월 6일, 마네까완(Manekawan), 아쩨

ⓒ정문태

"형, 찾아냈어. 미리 연락이라도 할까?"

"아냐. 알리지 마. 그냥 밀고 들어가는 거야."

"다짜고짜 찾아가면 안 된다고 할 게 뻔한데?"

"어차피 서로 눈을 쳐다봐야 결판나는 거야."

실랑이 벌일 틈 없었다. 자이날(〈메트로 *TV*〉 기자) 망설임을 뭉개고 운전기사를 닦달했다.

"마네까완으로 밟아!"

정부군 작전사령부가 있는 록세우마웨에서 동쪽 56km, 벼농사마을 마네까완을 물어물어 찾아갔다.

"여기가 무자낄 집 맞죠?"

느닷없이 찾아든 낯선 이들을 맞은 쉰쯤 된 사나이 얼굴이 굳어졌다.

"무자낄은 여기 없어요. 근데 무슨 일로?"

"아, 무자낄 만나러 온 게 아니라, 그 어머니를 좀……."

이런저런 이야기 끝에, 무자낄 아저씨뻘인 사나이는 동네 결혼 잔치에 간 무자낄 어머니를 찾아 나섰다. 무자낄의 제수라는 여성이 차를 끓여내며 "이 집 식구가 되었지만, 아직 형님 얼굴도 못 봤어요."라며 지레 선을 그었다. 무자낄과 가족 사이에 교통이 없다는 뜻이다. 이건 경찰과 군인들에게 시달려온 아쩨 사람들을 만나면 흔히 듣게 되는 '소식도 몰라' 류 가족 방어용 인사다.

그이 말이 진짠지 아닌지 가늠하기 힘들고 또 굳이 따지고 들 까닭도 없지만, 어쨌든 내가 아는 자유아쩨운동은 밀선을 통해 세상 어디와도 교통하고 있다.

"못 찾았어. 전화번호 남겨두면……."

20분쯤 뒤, 되돌아온 아저씨는 맥 빠지는 말을 했다.

"것 봐. 미리 일을 좀 꾸며놓고 오자 했잖아. 만나기 싫다는 뜻이야. 힘들게 됐어."

자이날이 속을 긁었다.

"아냐. 어머니가 무자낄에게 물어보고 답할 거야."

"만난 적도 없고 연락도 안 된다는데, 물어보긴 어떻게 물어봐?"

"촌스럽긴. 다 선이 있지."

큰소린 쳤지만 찜찜했다. 산속에 있는 무자낄의 무선전화와 위성전화는 며칠째 불통이고.

근데 저녁나절, 생각보다 훨씬 빨리 연락이 왔다.

"내일 아침 9시에 집으로."

9월 6일 아침, 마네까완으로 다시 달려갔다. 예닐곱 살 먹은 무자낄 조카 셋이 쪼르르 달려 나와 신기한 듯 쳐다본다. 뒤따라 나온 어머니가 둘레를 살핀다.

"아이가 1991년 집 떠난 뒤론 연락도 한 번 없어."

남들은 다 아는 무자낄 소식을 어머니는 몰랐다. 동네아이들도 입에 올리는 자유아쩨운동 사령관 무자낄을 어머니는 얼마 전에 방송 보고야 알았다고 한다. 게릴라 사령관의 어머니 주바이다 빈띠 모하마드 하산은 그렇게 세상에 어두웠다.

진짠지 아닌지 따질 건 없다. 자식을 지켜야 할 어머니니까.

한 5년 전쯤, 빠세 산악기지에서 만난 무자낄이 했던 말이 떠올랐다.

"어머니, 생각만 해도……. 연락이야 할 수도 있지만, 못 모시니."

그랬다. '어머니'는 강렬한 태양이었다.

독립투쟁도 혁명 전선도 게릴라 지도자도 모조리 녹여버리는.

그리하여 아프가니스탄의 대소비에트 항쟁 영웅 마수드(Ahmad Shah Masood)도, 동티모르 독립투쟁을 이끌었던 사나나도 모두 그 '어머니'를 그리며 눈물을 훔쳤듯이.

어머니의 닫힌 마음을 열어보려고 자이날이 바빠졌다.

"어머니, 아무 걱정 마세요. 무자낄이 처음 만났던 기자가 바로 이 미스터 정이고, 망명정부 말릭(Malik Mahmud) 총리와 바크티아르(Bakhtiar Abdullah) 대변인도 미스터 정을 잘 알아요."

한참 만에 어머니가 조심스레 쳐다보는 느낌이 들었다.

"난, 기자들이 무서워. 신문이나 방송도 믿을 수 없고⋯⋯."

마음을 푼 듯 얼굴을 매만지며 그이는 어느덧 게릴라 사령관의 어머니로 변해갔다. 그이 눈매에서는 아들을 걱정하는 어머니 모습이 온데간데 없이 사라지고 아쩨 항쟁 130년, 그 한 맺힌 투쟁사가 또렷이 불거졌다.

"외국 놈들이 다스리는 한, 우리 아쩨에 평화는 없어. 그게 네덜란드건 일본이건 인도네시아건. 해서 내 할아버지도, 아버지도, 또 남편도 모두 외적들과 싸웠잖아."

어머니 입에서는 아쩨 항쟁사가 줄줄이 쏟아져 나왔다. 어머니의 할아버지는 대네덜란드 항쟁 영웅으로 널리 알려진 떵꾸* 우낫(Tgk. Unat)이며, 아버지 떵꾸 주바이다 모하마드 하산(Tgk. Zubaidah Mohamad Hasan)도 대일본 항쟁을 이끌며 가문을 이었다. 어머니의 시가 쪽도 만만찮았다. 시아버지 떵꾸 빈띠(Tgk. Binti)는 대네덜란드 항쟁 전선에서 뛰었고, 남편 떵꾸 마나프 빈 빈띠(Tgk. Manaf Bin Binti)는 대일본 투쟁 영웅으로 이름 날렸던 마이또 대위(Cap. Maito)와 함께 전선을 달렸다.

독립투쟁을 자랑스러워하는 어머니, 그 '가문의 영광' 속에서 게릴라 사령관 무자낄이 태어난 건 우연이 아니었다.

"무자낄도 집안 대물림을 잘 알 거야. 그러니 자연스레 인도네시아에 맞섰을 거고."

어머니는 옛날부터 아쩨 사람들이 외국 놈들에 맞서 싸우는 건 옳고 그름으로 따질 일이 아니라고 했다. 아쩨 사람들에게 항쟁은 '자동'이란 뜻이다.

---

* 떵꾸(Tengku): 말레이시아, 인도네시아, 브루나이를 비롯한 동남아시아에서 귀족계급을 일컫는 존칭.

이렇듯 항쟁으로 해가 뜨고 지는 땅에서 나고 자란 어머니는 "내가 어릴 때나 이제나 바뀐 게 없어. 늘 전쟁이고, 늘 외국 놈들 판이야."며 긴 한숨을 뿜더니 "평화가 뭔지는 몰라도, 그저 아쩨 사람들끼리만 살았으면 좋겠어."라고 옅은 웃음을 지었다.

이야기가 제 몸으로 옮겨가자, 사령관의 어머니는 '가문의 영광'을 후다닥 접고 아쩨에서 흔히 볼 수 있는 '촌할매'로 되돌아갔다.

"그런 건 몰라. 내가 몇 년에 났는지 어떻게 알아." 수줍어 넘기던 어머니는 "일본이 침략하기 꼭 15일 전이라고 하더라."며 역사로 나이를 꼽았다. 올해 예순다섯이라는 뜻이다.

어머니는 초등학교 4학년이던 열네 살에 스물다섯 살짜리 남편 마나프 빈 빈띠를 만나 딸 다섯에 아들 셋을 낳아 길렀다. 그이에게 생존과업이 떨어진 건 1981년부터였다. 운전기사로 일하던 남편이 교통사고로 갑작스레 세상을 떠나버린 탓이다.

"혼자 여덟 아이 키우다 보니, 목돈 들 때마다 야금야금 땅을 팔 수밖에 없었어."

대이어 마네까완에서 나고 자란 토박이인 어머니가 팔이라도 저을라치면, 질밥(무슬림 여성이 머리에 쓰는 스카프)이 살짝 비껴간 목덜미 틈을 타고 안타까운 땅 냄새가 살포시 풍겨나왔다.

"이제 남은 건 손바닥만 한 땅뿐이야. 이웃에 품팔이 나가 번 샐늪으로 겨우 먹고……."

투박하고 거친 이 농사용 손이 무자낄을 키웠고 독립투쟁 뒷밭을 갈아온 어머니의 일생이었다.

그 손에서 자란 무자낄은 어느 날 어머니를 떠나 아쩨의 아들이 되어버렸다.

"내 속내를 어이 말로 다하겠어."

어머니는 무자낄 이야기로 넘어가자, 다시 칼 위를 걷듯 조심조심 한 올 씩 말을 풀어냈다.

"산에서 만난 무자낄은 말이 적고 아주 점잖던데, 어릴 때부터 그랬나요?"

"어릴 땐 샤흐릴(Syahril)이라 불렀는데, 그때도 말이 없고, 좀 쌀쌀맞았지."

"샤프루딘(Syafrudin Budiman) 아시죠? 그 아쩨 의회 의원이고 무자낄과 여기 한 동네서 같이 자란 선배뻘 되는. 그이 말로는 무자낄이 아주 개구쟁이였다던데요?"

"어릴 땐 다 그렇지 뭐. 근데, 뭘 투정한 건 없어. 옷도, 먹을 것도 주면 주는 대로……."

아들 그리움이 쏟아져 내리던 어머니 입에서 난데없이 놀랄 만한 말이 튀어나왔다.

"사실은 그 아이가 인도네시아 정부군 하사관 시험을 봤어. 예나 이제나 하사관 되려면 징병관에게 뒷돈을 줘야 하는데, 우리한테 그런 돈이 없었어. 해서 그만두고 말레이시아로 떠났어."

1991년 그렇게 말레이시아로 떠난 무자낄은 타이를 오가며 자유아쩨운 동 일을 보다가, 1990년대 중반 아쩨로 되돌아와 게릴라 사령관이 되었다.

징병관 부정부패로 한 사나이의 운명이 뒤바뀌었고, 자유아쩨운동은 지도자를 얻었다. 거꾸로 인도네시아 정부는 징병관 비리로 자유아쩨운 동 사령관을 키워낸 뒤 고달픈 추격전을 벌여왔다.

역사는 그렇게 희극적인가 보다! 뒷돈을 대지 못한 가난이 독립투쟁가를 길러냈으니. 그 뒷돈을 대지 못한 어머니는 아들을 만날 수 없는 고문 같은 세월을 겪어왔고.

하여, 그 어머니는 지난 8월 15일 평화협정에 따라 9월 1일 풀려난 1,400명 넘는 자유아쩨운동 조직원들 이야기가 못내 사무쳤다.

"우리 아이도 곧 돌아올 수 있으려나……. 괜찮겠지?"

아들 향한 어머니 마음은 정치나 역사적 의지 같은 것들과 본디부터 나란히 할 수 없는 것이었는지도 모르겠다. 독립도 투쟁도 모두 한 자락 그리움 앞에 허물어지고 말았다.

"얼마나 매정한 놈이면, 연락도 한 번 없고……. 우리 마을에도 많은 애들이 하산했다던데."

어머니 말마따나, 지난 8월 15일 평화협정을 맺자마자 많은 '산사나이'들이 마을로 내려와 평화를 엿보기 시작했다.

정부는 비에룬을 비롯한 몇 곳에 게릴라 사회복귀 시설을 준비하고도 있다. 그러나 아직껏 자유아쩨운동 지도부는 또렷한 계획을 밝힌 적 없다.

"정치야 모르지만, 아무튼 믿을 순 없어. 일본놈 때나 수까르노 때나 수도 없이 그런 말들이 나돌았지만 한 번도 진짜는 없었어."

어머니는 한평생 겪어온 거짓 역사 탓에 모든 게 못미더웠다.

"우리 아이도 돌아와야 오는 거지, 내 손으로 만져보기 전엔 아무 것도 믿을 수 없어."

그 파르르 떨리는 어머니 얼굴을 달랜답시고 던진 말이 도리어 속을 뒤집고 말았다.

"어머니, 무자낄 사망설이나 부상설은 들어보셨나요?"

어머니는 곧장 고개를 돌렸다.

"없어. 그런 이야긴 한 번도 들어본 적 없어."

갑자기 팽팽한 공기가 돌았다.

'말이 지나쳤나?', '인도네시아에 퍼졌던 무자낄 사살설을 진짜 어머니가 몰랐을까?'……

어쨌든, 아쩨 계엄 군사작전이 한창이던 지난 2004년, 정부군이 흘린 '무자낄 사살설'이 한동안 사람들 입에 오르내렸다. 그 뒤 정부군이 스스로 오보라고 뒤엎어 끝난 일이긴 하지만.

망설임 끝에, 그즈음 무자낄과 함께 있었던 게릴라한테 들은 이야기를 꺼냈다.

"무자낄 사살은 거짓 선전이었지만, 총상 입은 건 사실이에요. 아직도 한쪽 다리를 좀 절고."

창 너머로 햇빛이 달려들자 어머니는 한참 만에 고개를 들고 혼잣말처럼 되뇌었다.

"몰라. 난 아무것도 몰라……."

어머니 얼굴에서 진한 눈물이 방울방울 흘러내렸다. 감긴 두 눈에서 떨어지는 그 눈물의 정체는 알 수 없었다. 아들에 대한 그리움인지, 아니면 쓸데없이 아픈 사연을 되새김질시킨 내가 미웠던 건지.

그럼에도 못된 직업 탓에 내 손은 카메라로 달려갔다.

어머니는 눈물을 거두며 말했다.

"난 말이야 마음을 드러낼 수가 없어. 쓸모도 없겠지만."

멋쩍어진 나는 어머니 손을 잡았다.

"알아요. 그 마음. 무자낄은 아무 탈 없어요. 곧 내려올 겁니다."

어머니는 처음으로 내 눈을 똑바로 쳐다보았다.

"내 바람은 하나뿐이야. 그 아이가 집으로 돌아와서 푹 쉬었다가 메카
로 순례를 떠나는 거야."

한나절 이야기는 그렇게 끝났다.

이 여인, 주바이다 빈띠 모하마드 하산은 아들, 딸을 산으로 보낸 수많
은 아쩨 어머니들의 또 다른 이름일 뿐이다.

"평화협정 뒤에도 여전히 군인과 경찰이 찾아와서 무자낄이 어딨냐고
캐묻고 노려보는데……. 난 그 민병대라는 게 걱정스러워서……. 괜찮겠
지?"

정신이 번쩍 들었다. 옳다. 아직 아쩨엔 평화가 없다. 이제 기껏 평화를
읊조려댈 뿐이다.

2003년 따껭온 공동안전위원회를 불 지르고 요원들을 폭행해 휴전협정
을 작살냈던 그 민병대가 아직 온 천지에 깔렸고, 정부군은 그 민병대를
여전히 보살펴주고 있으니.

어머니 손을 오랫동안 잡고, 긴 작별인사를 나눴다. 마치 무자낄 '대역'
이라도 하듯이. 그러고는 세상이 오직 어머니와 아이, 그 둘로 이루어져
있다는 사실을 거듭 깨달았다.

발길을 돌려 나온 동네 날머리에서 오토바이 두 대에 나눠 타고 순찰 도
는 해병대원 넷과 마주쳤다. 급히 차를 다시 어머니 집 쪽으로 돌렸다. 해
병은 어머니 집을 스쳐 지나갔다.

아직도 아쩨는 군인과 시민이 서로를 쩨려보는 불꽃 튀는 땅이다.

Interview
떠우꾸 까마루자만(Teuku Kamaruzaman) 2003년 도쿄회담 자유아쩨운동 대표

풀려난 평화

2005년 9월 2일, 반다아쩨

ⓒ정문태

지난 8월 15일 평화협정에 서명한 인도네시아 정부가 양해각서(MoU)
에 따라 자유아쩨운동 게릴라와 그 관련자 1,424명을 모두 풀어준 것까진
좋았는데, 평화 건설용 첫 삽을 좀 쩨쩨하게 떴다.

대통령 서명 절차 탓이라며 시간을 끌던 인도네시아 정부는 8월 31일
새벽 3시 쥐도 새도 모르게 그이들을 풀어 기자들을 따돌렸다.

9월 1일, 부리나케 아쩨로 날아갔다. 평화협정 뒤 게릴라들이 판치는
반다아쩨 술탄 호텔에서 까마루자만을 만났다.

"당신 쪽지 받고는 형무소 나서면서 두리번거렸는데, 아무도 없데?"

그랬다. 본디 내 계획은 반둥(Bandung) 수까미스낀 형무소에서 나오는 그이를 잡겠다는 것이었다.

까마루자만은 "감옥에서 들었던 것보다 훨씬 심하더라."며 쓰나미부터 꺼냈다.

쓴 커피가 혀끝에 와 닿자 자연스레 2003년 평화회담 뒤 붙잡혀 감옥살이 한 이야기로 옮겨갔다.

"오, 그 터무니없는! 본디 평화회담 조건에 '회담대표 해코지 않는다.'는 문구까지 있었거든. 근데 5월 18일 회담 깨지자마자, 바로 경찰정보국에 달려갔던 거지."

인도네시아 정부는 본때를 보여주겠다는 듯, 회담이 깨지고 몇 시간도 안 지난 5월 19일 자정 아께에 계엄령을 때리고 군사작전을 벌여나갔다. 그날 자유아쎄운동 회담 대표 다섯 명과 함께 끌려간 까마루자만은 5일 동안 '죽도록' 얻어터졌다.

"고무봉으로 머리 때리고, 총으로 으르고, 잠 못 자게 하고……."

경찰이 그렇게 '고문목록'을 다 훑었고, 판사가 보안법을 걸어 까마루자만에게 13년형을 때리면서 인도네시아 정부는 평화회담 대표를 체포, 고문, 구속, 투옥한 세계사적 기록을 세웠다.

"2년 3개월 동안 수도 잘했다."며 낄낄대는 이 속없는 사나이는 때리는 놈도 없고 빵잡이들도 잘 해주던 그 빵에서 '호강했다'고 한다.

그이는 풀려나고 하루밖에 안 돼 아무 계획도 없다지만, 이미 유명세로 보나 감방에서 쌓은 내공으로 보나, 이번 평화협정이 잘 굴러간다면 정치판에 나설 주요 인물로 꼽힌다.

"민주적으로 해나간다면 내가 할 일이 있고 또 그걸 할 수밖에 없지 않겠나?"

그렇게, 지금 아쩨에서는 총 대신 민주주의를 말하는 자들이 하나둘씩
고개 들고 있다.

아쩨에서 민주주의란 말은 정치 대신 쓰인다.

Interview
사뜨리아 인산 까밀(Satria Insan Kamil)
베란따스(Berantas. 반분리주의자 국민요새) 민병대 사령관

민병대, 평화 걸림돌

2005년 9월 3일, 록세우마웨

ⓒ정문태

　1999년 9월 동티모르 딜리, 그 불바다가 떠올랐다. 2002년 12월 아쩨 따껭온, 그 미친 현장이 떠올랐다. 모두 정부군이 뒤 봐준 합병파 민병대가 저질렀던 일이다. 요즘, 아쩨 평화가 그 민병대들 움직임에 달렸다고 믿는 이들이 많다. 아쩨 북부 쪽에서 첫 손가락 꼽는 민병대 베란따스는 군사작전 중심지 록세우마웨 하고도, 정부군 작전사령부 안마당 한 건물에 사무실을 꾸려왔다. 그런데도, 군은 죽어라고 민병대를 도운 적 없다며 발뺌해왔다.

:: 여기 계엄 작전사령부 안에 자리 잡았다는 건 정부군한테 모든 도움받

고 있다는 뜻이겠지?

결코 아니다. 우린 민간인이고, 자원자들이 한 푼씩 내서 꾸려왔다.

:: 군사훈련은 어떻게 받았고, 무기는 어디다 감춰뒀나?

군사훈련 같은 거 받은 적도 없고, 무기도 없다. 우린 전투조직이 아니다.

:: 무기도 없고 훈련도 받지 않았다면 민병대라 할 것도 없네?

오직 정신력만으로 맞선다는 게 우리 목표다.

:: 어떤 정신력? 자유아쩨운동은 무기 지녔는데?

아쩨 독립 반대하고 평화 바란다는 믿음 하나다. 해서, 자유아쩨운동이 우리 조직원 11명을 죽이는 동안에도 우린 그 평화를 지켜왔다.

:: 자꾸 평화라고 하는데, 민병대가 어떻게 평화를 지킬 수 있나?

아쩨에 자유아쩨운동만 있는 건 아니다. 우린 인도네시아 합병파도 있다는 걸 보여줬다. 평화협정 도우며 자유아쩨운동에 함께 가자는 전갈도 보냈다. 아직 답은 못 받았지만.

:: 동티모르 민병대 알고 있겠지? 민병대가 설치면 아쩨도 그 짝 나는 것 아니겠나?

동티모르를 여기 아쩨에서 말할 건 없고.

:: 그럼, 2002년 휴전협정을 끝장냈던 아쩨 중부 따껫온 민병대는 뭔가?

우린 따껫온 민병대들과도 아무 상관없다.

:: 베란따스는 언제 만들었고 그 조직원이 몇 명이 되나?

계엄 군사작전 기간 중인 2003년 11월 12일 만들었고, 록세우마웨를
비롯해 북부지역 850개 마을에서 모두 8,217명이 함께했다.

:: 그 많은 숫자로 뭐 할 건가?

조직원들이 정부군과 경찰 작전에 힘 보태는……. 직접 싸우거나, 그
런 건 아니고…….

Interview
바크띠아르 압둘라(Bakhtiar Abdulla) 자유아쩨운동 망명정부 대변인

평화협상,
아쩨 독립투쟁의
새로운 돌파구?

2005년 9월 1일, 반다아쩨

©Asia Network Documentation Center

9월 1일 스웨덴 스톡홀름으로 전화를 했더니, 그이는 2004년 아쩨 계엄 군사작전을 커버스토리로 다뤘던 〈한겨레21〉에 거듭거듭 고마움을 전했다.

:: 인도네시아 정부 대표단과 마주 앉았던 헬싱키 평화협상은 어땠나?

처음엔 어려운 사안들이 많아 핏대 올리며 싸움도 했지만, 5차 회의에서 분쟁 끝낼 모든 조건에 합의했다. 8월 15일 평화협정에 서명했고.

:: 회담에서 가장 어려웠던 지점은?

정당 만들고 치안문제 다루는 게 끝까지 골칫거리였다. 아쩨에 정부군과 민병대가 너무 많아.

:: 치안문제는 정부군 크기 조절과 자유아쩨운동 게릴라 무장해제가 함께 가는 건데?

옳다. 평화협정으로 총 내리는 우리 전사들 신변안전을 유럽연합(EU)과 아세안(ASEAN)이 보낸 아쩨감시단(AMM)이 틀림없이 지켜줘야 평화도 나올 수 있다. 이번 감시단은 잘하리라 믿는다.

:: 2003년엔 휴전협정 감시단이 실패한 경험 있다. 이번엔 어떻게 믿을 수 있나?

그때는 아세안에서만 감시단을 보냈고 그 숫자도 50명이었지만, 이번엔 유럽연합을 비롯한 국제사회에서 많은 경험 지닌 감시단원 250명을 보내기로 했으니 지켜볼 만하다.

:: 협정에 서명하고 3주째다. 그 양해각서에 따른 진행 상황을 어떻게 보고 있나?

인도네시아 정부가 아쩨에서 군대 빼기 시작했고, 감방에 있던 자유아쩨운동 관련자 1,400여 명 풀었다는 건 좋은 신호다.

:: 속에 담긴 이야기해보자. 자유아쩨운동은 인도네시아 정부를 얼마나 믿나?

아직까지는 그이들이 협정 잘 따르고 있다. 사실은 지난 2003년에 협정을 깨 별로 믿음이 없었는데, 이제 조금씩 나아지고 있다. 우리도 그쪽에 믿음을 줘야겠지만.

:: 2002년판 휴전협정과 2005년판 평화협정 차이가 뭔가?

2002년은 아세안에서 감시단 50명을 보낸다는 게 다였다. 근데, 이번에는 감시단도 국제사회로 바꼈고, 무엇보다 서로 뭘 원하는지 또렷해질 때까지 이야기하자며 '끝장협상'을 벌여 그 내용이 구체적이다. 쓰나미로 국제사회 눈길이 아쩨로 쏠린 게 동력이기도 했고.

:: 근데 현장에서 보면 평화협정과 달리 시민들은 여전히 두려움 느끼고 있다.

아쩨가 겪은 모진 역사 탓이다. 정부군 모두 떠나야 비로소 사람들이 믿음 되찾을 거다.

:: 망명정부와 게릴라 관계는 어떤가? '산사나이'들이 망명정부 따르는가?

스웨덴 쪽 망명 지도부와 산악 사이에 명령체계가 잘 이뤄져 있다. 우리 프로페셔널 전사들은 망명정부에 충성해왔고, 이번 무장해제 명령도 기꺼이 받아들였다.

:: 망명 지도자들은 정치 참여 일정표 갖고 있나? 어떤 조건 갖춰져야 아쩨로 되돌아올 수 있는가?

그건 오해다. 우린 권력 잡겠다는 생각 전혀 없다. 우리 목적은 시민들이 평화롭게 살 수 있는 공간 만드는 일이다. 귀국은 시민들이 우리를 원한다면, 그때나 생각할 일이다.

:: 양해각서에 '자유아쩨운동이 독립 주장하지 않는다.'고 적었는데, 독립 투쟁 진짜 끝난 건가?

아쩨 독립 건은 다루지 않았다. 쓰나미로 50여만 시민이 삶터 잃었다. 생존문제에 매달려야 할 때다. 지금 말할 수 있는 건 2009년 선거를 겨냥한다는 것뿐이다.

Interview
소피안 다우드(Sofyan Dawood) 자유아쩨운동 대변인 겸 북부지역 사령관

게릴라 하산,
평화의 길목인가?

2005년 9월 3일, 록세우마웨

©Eunice Lau

:: 산악 게릴라들은 헬싱키 평화협정 어떻게 받아들이고 있나, 다들 달갑
게 여기는가?

망명정부와 전사들 뜻은 늘 하나였다. 협정에 따른 양해각서 내용과 실
행 모두 괜찮은 편이다.

:: 게릴라 전선 안에서는 '안어울림소리'도 있던데?

우리 전사들 가운데 평화협정 마다하는 이들 만난 적 있나? 모두 하나다.

:: 평화협정 서명 뒤에 곧바로 정부군과 총격전 벌였는데, 3주째 접어든

지금은 어떤가?

어디든 고요하다. 우리 쪽은 전사들 오롯이 잡고 있어 정부군 쪽만 문제
안 일으키면 된다.

:: 비레운과 몬따식(Montasik)에서 서로 총질했다던데, 협정 서명 뒤에
또 다른 충돌이 더 있었나?

두 번뿐이다. 당신이 말한 그게 다다.

:: 정부군이 양해각서 잘 따를 것 같나?

그쪽은 아직 믿을 수는 없지만, 우리만큼은 원칙대로 밀고 간다.

:: 아직 상황이 흐릿한데 어떻게 게릴라들이 무기 없이 마을로 내려오고
들 있는가? 다잡고는 있나?

말이라고. 전사들 하산은 지도부에서 결정했고, 모두들 명령 좇아 움직
이고 있다.

:: 양해각서에 따르면 자유아쩨운동이 12월 말까지 무기 840정 내놓기로
돼 있는데, 잘되려나?

아쩨감시단에 달렸다. 우린 이미 총 내릴 준비 끝내놨다.

:: 까딱하면 총 내리지 않을 수도 있다는 소리로 들리는데?

서로 양해각서 지킨다면 문제될 게 없다. 감시단이 얼마나 잘 다잡아주
느냐에 달렸다는 뜻이다.

:: 이번 무장해제에서 어떤 무기 내려놓을 건가, 중화기도 들어 있나?

여러 가지겠지만……. 12월 말까지 상황 따라 달라질 수도 있으니…….

:: 무자낄이 자유아쩨운동을 모두 다잡지는 못했는데, 무장해제도 그 영향 있지 않겠나?

흑색선전이다. 자유아쩨운동 안쪽 일은 조직원들만 알 수 있는 거다.

:: 그런 말은 좀 지나치다. 그럼, 말썽 많던 중부지역 게릴라도 당신들이 쥐고 있단 말인가?

옛날 말이다. 그쪽 다잡지 못했다면, 서명 뒤에 문제 생겼을 것 아니냐? 근데 문제없잖아?

:: 그건 좀 더 두고 보자. 만약 이번 평화협정이 제대로 굴러간다면 양해각서에 적은 대로 자유아쩨운동 게릴라들은 아쩨 독립 외치지 않을 건가?

양해각서대로다. 다른 말은 할 수 없고, 다만 우린 양해각서 존중하고 따를 것이다.

:: 게릴라들과 망명정부 지도부 생각이 하나로 가고 있는가?

틀림없다. 우리 무장조직과 그쪽 정치조직은 완전히 한 몸이다.

보름 전만 해도 치고받던 자유아쩨운동과 인도네시아 정부군은 이제 평화를 조심조심 밟고 있다.

아쩨에 평화는 오고 있는가? 산사나이들이 총을 놓고 쟁기와 고기잡이 그물을 들 수 있을까?

아쩨의 평화를 말하기엔 아직 이르다. 배신과 좌절로 얼룩진 130년 분쟁 역사가 아직껏 아쩨를 맴돌고 있는 탓이다.

자까르따, 평화협정을 흔들다

2005년 9월 8일, 자까르따

8월 15일, 인도네시아 정부와 자유아쩨운동은 헬싱키평화협정에 서명
했다.

그리고 양해각서에 따라 평화를 찾아 나섰다. 정부는 8월 31일 자유아
쩨운동 관련자 1,424명 모두를 석방했고, 아쩨 주둔군 가운데 일부를 철수
했다. 자유아쩨운동도 게릴라를 하산시켰고, 9월 15일부터 무기를 반납하
겠다며 맞장구쳤다. 아쩨에는 유럽연합과 아세안이 보낸 감시단 250여 명
이 현장을 누비며 한껏 분위기를 띄워놓았다.

그러나, 자까르따는 뒤숭숭하다. 마주치는 군인과 정치인은 하나같이
'평화'를 말하면서도 '평화협정'을 꼬투리 잡았다.

평화협정을 보는 군부 눈길도 쪼개져 있다. 전 육군총장 랴미자르드는
"독립국가란 건, 정부·군대·국기 같은 걸 지닌 조직 아니냐? 평화협정
(양해각서) 보면, 아쩨에 그걸 다 인정했다. 아쩨 독립한 거나 다름없다."
고 흥분했다.

평화협정을 지지해온 공군총장 조꼬 수얀또(AM Djoko Soeyanto)는
"국가 최고 결정권자이자 군 최고 통수권자인 대통령의 결정은 명령이다.
군인은 그 명령 따라야 한다."고 맞받아쳤다.

평화협정을 놓고, 그동안 군권을 쥐고 분쟁을 빌미 삼아 온갖 이문을 챙

겨왔던 육군은 자빡 댔고, 따돌림당해온 공군과 해군은 뒷심을 보탰다.

정치판 한쪽에서도 평화협정을 물고 늘어지며 삿대질을 해댔다.

민주투쟁당 의원 뜨리메디아 빤자이딴(Trimedya Pandjaitan)은 "전쟁선 포와 평화협정 때 국민협의회 동의를 얻도록 규정한 1945년 헌법 제11조 를 어겼다."며 이번 헬싱키 평화협정을 송두리째 부정했다. 골까르당 의원 으로 국민대표회의 치안·법사위원회 부의장인 아낄 무크따르(Akil Mukhtar)는 "정부가 평화협상부터 의회 무시하더니, 게릴라 석방 때도 그 랬다. 정부가 의회를 하급기관으로 본다."며 석방자들에게 충성 서약을 받지 않은 대통령 사면령을 불법이라 몰아쳤다. 국민각성당 소속 치안· 법사위원회 의원인 이맘 안쇼리 살레(Imam Anshori Saleh)는 "어떤 나라 가 외국 감시단을 무제한, 무기한 받아들이던가? 우리 정부가 양해각서 따르지 않으면 벌준다는 조항까지 있다. 이건 주권 잃었다는 뜻이다."며 길길이 뛰었다. 민주투쟁당 소속 치안·법사위원회 의원인 아리아 비마 (Aria Bima)는 의회와 머리 맞대지 않고 협상을 밀어붙인 유도요노 대통 령 정부를 시쁘둥하게 여기며 "양해각서 거부안을 내겠다."고 밝혔다.

자까르따에서 '평화'란 이권 따라 만지작거리는 노리개인 듯.

아쩨의 평화, 아직도 고단한 길을 가고 있다.

아쩨, 아직은 평화를 말하기 힘들다

2009년 8월15일, 자까르따

2007년 6월 록세우마웨에서 자유아쩨운동 사령관 무자낄 마나프를 8년 만에 다시 만났다. 두어 해 전까지만 해도 인도네시아정부군 공적 제1호였던 무자낄과 마주앉은 리도그라하 호텔 커피숍엔 군인과 정보원들이 들 끓었지만, 정작 쳐다보는 이조차 없었다.

두리번거린 건 오히려 나였다. 바뀐 세상을 곧이 받아들이지 못한 탓이었다.

무자낄은 산에서 내려온 뒤 자유아쩨운동당(Partai GAM)* 조직하랴 옛 동지들 먹여 살리랴 정신없다며 "사업이 혁명보다 더 어렵다는 걸 한 수 톡톡히 배우는 중이다."고 했다.

무자낄은 무장투쟁을 접고 합법 정치 공간에 뛰어들었지만 "아직 끝나지 않았다. 다시 산으로 들어가야 할 날이 올 수도 있다."며 어지러운 속내를 비치기도 했다.

"지금이라도 상황 바뀌면 무장 150명은 바로 동원할 수 있고……."

---

* 자유아쩨운동당(Partai Aceh): 2005년 8월 15일 평화협정 양해각서에 따라 그동안 전국 정당만을 인정해왔던 인도네시아 정부가 아쩨에서는 지역 정당을 허락하면서 무자낄 마나프가 이끄는 자유아쩨운동 조직원들이 만든 정당. 그러나 당명을 놓고 인도네시아 정부와 마찰을 빚은 끝에 결국 2007년 7월 7일 아쩨당(Partai Aceh)으로 이름을 바꿔 창당했다.

30년 묵은 분쟁을 끝낸 아쩨, 평화란 게 발치에 맴돌지만 아직 어디로 튈지는 가늠하기 힘들다. 무엇보다 아쩨에 살아 있는 군사력 때문이다.

2005년 8월 15일 평화협정과 양해각서 제4장에 따라 그해 12월말까지 인도네시아 정부는 군인 25,890명과 경찰 5,791명을 철수했고, 자유아쩨운동은 게릴라 3천 명을 해산하고 무기 840정을 폐기했다. 이어 12월 27일 무자낄은 자유아쩨운동 군사조직을 공식 해체했다.

그러나 인도네시아군은 여전히 탱크와 야포를 비롯한 공격용 무기를 앞세운 특수전 병력 14,700여 명과 무장경찰 9,100명을 아쩨에 심어두고 있다.

자유아쩨운동도 조직과 무기를 숨겨놓았다. 무자낄이 말한 그 '무장 150명'은 핵심 전투요원으로 자유아쩨운동 군사 편제로 볼 때 게릴라 900~1,000여 명을 곧장 끌고 나갈 수 있는 숫자인 데다, '무기 840정 폐기'란 것도 쓸모없는 고물들을 적당히 섞어 불 질렀을 뿐이다. 자유아쩨운동은 최대 4천여 명 게릴라를 무장시킬 수 있는 군사조직이었다.

"전쟁도 평화도 늘 인도네시아군의 일방적인 선택이었다. 평화를 바라지만 우리가 택할 수 있는 평화란 건 없다. 그쪽이 깨면 우리도 깰 수밖에."

무자낄이 '불안정한' 평화를 말했듯이, 아직 아쩨엔 무력충돌 가능성이 도사려 있다.

아쩨 현실도 평화를 말하기엔 너무 어렵다. 비록 2006년 12월 선거에서 자유아쩨운동은 평화협상 중재자였던 이르완디 유숩(Irwandi Yusuf)을 밀어 주지사에 당선시켰고, 아쩨 주정부는 제한적인 자치를 이뤄냈지만 여전히 사회통합은 멀기만 하다.

주민들은 자유아쩨운동이 모든 이권을 독식한다며 이만저만 불만이 아닌 데다, 자유아쩨운동이 게릴라 해산과 사회화를 감독하고자 마을 단위로 조직한 아쩨과도위원회(KPA)가 정부인 양 날뛰면서 이르완디 주지사 정부와 끊임없이 부딪쳐왔다.

게다가 아쩨를 쥐락펴락해온 인도네시아 정부군이 자유아쩨운동에 깊은 불신감을 지녀 사회적 긴장감도 풀리지 않았다.

인도네시아 정부군은 평화협정 때부터 자유아쩨운동이 전술만 바꿨을 뿐 '독립'을 포기하지 않았다며 강하게 반발해왔다.

자유아쩨운동은 '독립' 논란이 일 때마다 부정해왔지만, 평화협정 뒤 지도부 안에서 '2009년 지역의회 선거 압승과 독립 선포'라는 전략을 세웠던 게 사실이다. 평화협정 뒤 무자낄, 소피안, 이르완디 같은 자유아쩨운동 지도자들이 하나같이 "양해각서에 독립 명시하지 않았다고 독립 포기한 건 아니다."란 말을 흘리며 다니기도 했고.

해서 인도네시아 정부군은 눈엣가시로 여겨온 2009년 4월 9일 총선을 앞두고 자유아쩨운동이 만든 아쩨당(Partai Aceh)을 향해 온갖 훼살을 부렸다. 선거전에 접어 들면서 아쩨당은 정체불명 공격을 받아 당원 3명이 총에 맞아 숨졌고 여러 지역 사무실들이 수류탄 세례를 받았다.

아쩨당은 그 정체불명 공격을 정부군 짓이라며 대들었고, 정부군은 그 공격이 아쩨당 내분이라 몰아붙이며 서로 해묵은 불신감을 터트렸다.

어쨌든 2009년 4월 선거에서 아쩨당은 46.9%를 얻어 지역의회(DPRA) 69석 가운데 33석을 차지하며 제1당이 되었다. 그러나 아쩨당이 독립을 선포할 것으로 믿는 이들은 아무도 없다. 그렇다고 아쩨당이 독립을 포기했다고 믿는 이들도 없지만.

오히려 아쩨당은 2009년 선거에서 반쪽짜리 승리를 거둬 한계만 더 또렷이 드러내고 말았다. 무엇보다 지역분할 구도를 깨지 못한 것은 치명적인 대목이었다. 아쩨당은 자유아쩨운동 무장투쟁 시절부터 헌신적이었던 북부, 서부, 동부에서 압승을 거둔 것과 달리, 전통적으로 조직과 명령이 따로 놀았던 중부와 남부에서 수실로 밤방 유도요노 대통령의 민주당(PD)에 밀림으로써 사회통합에 큰 어려움을 겪을 것으로 보인다.

인도네시아 정부군과 자유아쩨운동이 지닌 '무장'과 '불신감', 사회통합 줏대로서 의문스런 아쩨당, 현실과 독립 사이에서 흔들리는 자유아쩨운동.

아직은 아쩨에서 평화를 말하기 힘든 까닭들이다.

East Timor

독립,
멋진 신세계

오늘, 당신은 온전한 동티모르 사회의 민주 초석을 다지겠다는 결심의 증인들이다.

그리고 오늘, 당신은 모든 결핍에 맞서 영원히 싸우고 미래를 가꾸겠다는 희망의 증인들이다.

오늘, 우리는 스스로 시민을 향한 책무를 떠안았다.

우리는 우리이기를 바랐고, 우리는 스스로 시민과 국가라는 명예를 지니기를 바랐다.

오늘, 우리는 세상 모든 이들과 똑같은 발판 위에 서 있다.

동티모르 시민들이 계속 가난과 어려움 속에서 고통 받는다면 우리 독립은 아무 가치가 없을 것이다.

우리는 삶을 개선하고자 독립을 얻었다.

독립! 시민으로서, 영토로서, 국가로서! 한 몸, 한 마음, 한 소원!

-2002년 5월 19일. 동티모르 초대 대통령 사나나 구스마오(Xanana Gusmao) 취임 연설 가운데

포르투갈, 일본, 인도네시아로 이어진 4백여 년 식민 통치 끝에 21세기 첫 독립국가가 된 동티모르. 그러나 국기와 헌법을 손에 쥔 시민들은 가난과 혼란에 휩싸였다. 정치·경제적 잇속을 노린 주변국들은 신생공화국을 뒤흔들어 놓았다. 공화국은 지금 어디로 가고 있는가?

동티모르 현대사 읽기

2008년 6월, 방콕

꼭 내가 정치지도자가 돼야 한다고 생각해본 적 없다. 내가 대통령 할 만한 인물도 아니고, 독립한 내 나라에서 호박 농사나 지으며 살고 싶다.

— 사나나 구스마오, 1999년 8월 29일, 살렘바 형무소 인터뷰에서

'역사에 가설은 없다.'

오랫동안 상아탑을 짓눌러온 화두다. 그러나 상상을 밑감 삼아 가설을 세워보지 않고 과학을 말할 수 없다면, 역사도 마찬가지다.

'가설 없는 역사는 미래 없는 기록일 뿐이다.'

새 화두를 들고 동티모르를 보자.

'독립 뒤 구스마오가 호박 농사꾼이 되어 어느 산골에 묻혔다면, 동티모르는 어떻게 되었을까?'

한 사회를 사람 하나에 담아보는 이런 가설이 그리 즐겁진 않지만, 인구 백만 명 남짓한 동티모르 현대사를 그야말로 구스마오가 북 치고 장구 치며 주름잡았기 때문이다.

이 '호박 농사꾼' 가설이 답을 얻자면 두 가지를 따져봐야 할 듯싶다. 하나는 '학살의 기억'이고 다른 하나는 '분열의 전통'이다.

16세기 중엽부터 포르투갈이 식민통치해온 동티모르를 1943년 일본군이 점령해 주민 4만~7만 명을 죽이면서 학살극의 막이 올랐다. 제2차 세계대전이 끝나고 동티모르로 되돌아왔던 식민종주국 포르투갈이 카네이션혁명*이라는 자국 내 정치 격변에 휩쓸려 1975년 11월 28일 떠나자, 9일 뒤 인도네시아군이 침공해서 1999년까지 20여 만 명**에 이르는 주민을 죽이며 학살극을 대물림했다.

인구 1/4이 외세에 죽임당한 동티모르 현대사는 다시 1999년 독립 길목에서 '형제살해'로 이어졌다.

그사이 동티모르 정치는 분열에 분열을 거듭했다. 1975년 포르투갈 철수와 독립 선포로 이어지는 그 달콤했던 '9일간의 꿈'에서도, 그리고 24년 동안 그 고단했던 대인도네시아 독립투쟁 시절에도 끝없이 되풀이한 분열의 전통은 21세기 첫 독립국으로 희망을 닦아야 할 오늘까지도 줄기차게 뻗어 내리고 있다. 정치적 통합 경험이 없는 동티모르 현대사는 '분열-통합-분열-재통합' 구조로 이어져온 세계사의 일반적인 흐름마저 보이지 않는, 매우 별난 분열 단일구조를 드러냈다.

그리하여, '학살'과 '분열'은 쌍회오리가 되어 독립국 동티모르를 쑥밭으로 만들었고, 그 한복판에 구스마오라는 인물이 똬리 틀고 있다.

'호박 농사꾼'이 되고 싶어 했던 구스마오를 눈여겨봐야 할 까닭이 바로 여기에 있다.

---

* 카네이션혁명(Revolução dos Cravos): 1974년 4월 25일부터 2년 동안 좌파와 군인들이 에스타도 노보(Estado Novo)의 유럽 최장기 관료독재 정권을 몰아낸 혁명. 시민이 붉은 카네이션을 들고 군인들에게 막지 말 것을 외쳤고, 군인들이 총알과 카네이션을 맞바꾸며 무혈혁명을 도왔다.
** 2001년 유엔동티모르과도행정부(UNTAET) 아래 만든 독립 조직인 동티모르 수용·진실·화해위원회(Commission for Reception, Truth and Reconciliation in East Timor) 조사 보고서는 인도네시아 점령 24년 동안 분쟁 관련 사망자 수를 102,800명으로 밝혔다. 그동안 알려진 사망자 20여 만 명과 큰 차이가 난 까닭은 증거와 자료가 사라져버린 데다, 가해자인 인도네시아 정부와 군 도움 없이 피해자 신고 중심 조사를 한 탓이었다.

Interview
사나나 구스마오 동티모르민족해방군(Falintil)* 사령관

사나나 구스마오, 다가오는
동티모르 독립을 말하다

1999년 8월 29일,
살렘바 형무소 특별감호동, 자까르따, 인도네시아

ⓒ정문태

　동티모르 독립을 묻는 국민투표 하루 전인 1999년 8월 29일 자까르따 살렘바 형무소 특별감호동에서 구스마오를 만났다. 역사에 등장하는 인물을 만난다는 건 늘 가슴 뛰는 일이지만, 살렘바 형무소에서 그이를 기다리는 십여 분은 말 그대로 침이 마르고 입술이 타들어갔다.

　단출한 소파와 탁자가 놓인 제법 깔끔한 네 평짜리 공간, 알맞게 열어젖힌 커튼 사이로 살갑게 넘어드는 아침 햇살, 구석에 꽂힌 두 송이 장미꽃, 그 신파극 무대 같은 응접실 막을 뚫고 한 사나이가 휙 튀어나왔다. 환하

---

* 동티모르민족해방군(Falintil): 정치조직인 동티모르독립혁명전선(FRETILIN)의 군사조직으로 1975년
8월 20일 창설 이래 대인도네시아 무장투쟁을 이끌었다.

게 웃는 그이가 내민 손을 잡는 순간, 아픔이 느껴졌다. 그러나 거센 그이 눈빛에 빨려들어 반격 기회를 잃어버렸다.

:: 일상이 궁금하다.

감옥에 있는 사람에게 일상 묻는가? 별 얘깃거리 없다. 정치범이 할 수 있는 일이란 게 사색뿐이니…… '동티모르 평화' 같은 화두 붙들고.

:: 며칠 전 법무장관이 '9월 15일 구스마오 석방 예정'이라고 밝히자, 외무장관이 '계획 없다'고 바로 뒤집었는데, 정부쪽에서 무슨 말 있던가?

농담이거나 술수겠지. 난 본디 인도네시아 정부 안 믿는다.

:: 8월 30일 국민투표 어떻게 보고 있나?

지난 24년 동안 인도네시아군이 20만 명 죽였다. 동티모르 인구 1/4이다. 어떤 결과 나오겠는가? 인간 본질 생각하면 쉽게 알 수 있다. 국민투표가 독립 선언과 다를 바 없다.

:: 달리, 투표 결과가 인도네시아에 남자는 쪽으로 나도 받아들일 수 있는가?

민주적, 평화적 결과라면 마땅히. 우린 형제들이 독립 안 바라면 사라질 뿐, 권력 따위엔 관심 없다.

:: 인도네시아군은 투표 뒤 동티모르에서 고강도 분쟁 벌어지면 군대를 철수하겠다고 밝혔는데?

우린 '분쟁 해결' 말해왔는데, 그쪽은 '분쟁 가능성'만 흘렸다. 그건 내전으로 몰아 침략 정당성 내대겠다는 거다. 그이들 없다면 분쟁도 없다. 우린 침략군 인도네시아에 맞섰지, 형제를 공격목표 삼은 적 없다.

:: 분쟁 막겠다면 친인도네시아 합병파들과 머리 맞댈 수도 있을 텐데?

나는 형제를 죽인 그 합병파들을 사면하겠다고 외쳤고 그이들에게 대화하자고 다그쳤다. 문제는 합병파들 뒤에 도사린 인도네시아군이다.

:: 많은 이들이 국민투표 다음을 걱정하고 있다. 인도네시아군 음모설에 따른 최악 시나리오는?

최악으로 24년 보냈는데 또 어떤 최악을? 음모설은 당신 같은 기자들이 보도해온 대로다. 독립 결정되면 합병파가 주민 죽이고 불 지르고, 그러면 치안 빌미 삼아 인도네시아군이 동티모르 다시 먹고…….

:: 그런 상황 피할 수 있는 길은?

내가 거듭거듭 외친 대로 유엔이 곧장 다국적 평화유지군 보내야 한다. 인도네시아군에게 동티모르 맡겨둔다는 건 학살과 파괴를 돕는 일과 전혀 다를 바 없다. 이걸 국제사회가 깨달아야 한다.

:: 말이 난 김에, 국민투표 결정했던 지난 5월 5일 유엔-인도네시아-포르투갈 3자협상은 어떻게 보았나?

국민투표 끌어낸 건 우리 투쟁을 국제사회가 인정했다는 뜻이지만, 그렇다고 유엔에게 찬사를 보낸다는 건 아니다. 많은 형제들이 죽임당하는 동안 유엔이 보였던 비중립적, 비인도적인 태도를 인정하는 꼴이니. 정의, 인권, 평등을 말해온 유엔은 지난 24년 동안 동티모르를 거들떠보지도 않왔다.

:: 독립 동티모르를 당신이 끌어갈 것 같은데, 앞으로 정치 일정은?

모두 인도네시아에 달렸다. 우리 쪽 준비는 끝났다. 11월에 제헌의회 짜고, 그 다음 정부 만들고……. 자까르따 쪽에서는 국민협의회(MPR) 몰아붙여 정치 일정 흔들려는 세력들이 있다. 집권 골까르당도 야당 민주투쟁당도 모두 합병파에게 연민 갖도록 부채질하고 있다.

:: 독립정부 만들면, 포르투갈 4백 년 식민통치와 일본군 시민학살 같은 역사적 범죄도 책임 물을 것인가?

어려운 일이다. 되돌아가다 보면 자칫, 인도네시아가 저지른 범죄를 흐지부지 만들어버릴 수 있다. 몇 해 전, 일본 정부에게 보상 요구하는 동티모르 할머니 다룬 다큐멘터리를 형무소가 내게 보여주었다. 구역질 났다. 동티모르인 20만 죽인 인도네시아가 일본을 나무란 꼴이니. 해서, 조심스럽다. 지난날 책임 따지기보다는 독립국가 바탕 까는 일이 먼저라는 뜻에서.

:: 독립 동티모르 정부의 정치, 경제적 뼈대는?

민주적 의회제도와 자유시장경제 원칙 아래 면세국가 가능성 따져보고 있다. 민족자본 없으니 투자 유치와 농업 개발을 생존문제로 다룰 것이고.

:: 당신의 무장 독립투쟁을 되돌아보면서 인터뷰 마치자.

독립투쟁은 내 삶이었다. 아주 힘들었지만, 또 행복했다. 함께한 동지들이 있었고, 뒤 받쳐준 형제들이 있었으니. 내 모든 투쟁은 형제들로부터 나왔다. 나는 형제들로부터 명령 받았고, 형제들로부터 배웠다.

:: 귀국하면 맨 먼저 뭘 할 건가?

어머니의 땅에……. (북받쳐 말을 잇지 못한다.) 입맞춤, 할, 것……. 가난하고 작은…… 조……국이지만, 우리에, 게는, 모든…… 것이다. 우린 결코…… 그, 땅을 (눈물이 맺힌다)…… 잊, 은 적……이 없다.

7년을 기다린 만남은 1시간 20분짜리로 끝났고, 그이는 다시 무대 뒤로 사라졌다. 그 1시간 20분은 격정과 감동과 분노와 사랑이 잘 어우러진, 멋진 한판 연극이었다. 객석에는 한동안 텅 빈 가슴, 그 아쉬움이 뒹굴었다.

18년 동안 산악을 누볐던 게릴라 지도자, 7년 동안 감옥에서 지령을 내렸던 형무소 사령관, 감옥에서도 숱한 연정을 뿌렸던 바람둥이…….

그 모든 '전설'이 1시간 20분 만에 풀렸다. 소년같이 맑은 눈빛, 허파를 파고드는 연설, 귓불을 간질이는 속삭임, 거칠게 달아오르는 숨결, 능구렁이 웃음, 어눌한 몸놀림 그리고 눈물.

그이가 뿜어내는 그 '감성' 앞에 적도 동지도 모두 녹아들고 말았던 모양이다. 그리하여 교도관도, 흉악범도, 기자도, 인권운동가도 저마다 위험을 무릅쓴 채 앞다퉈 구스마오의 사람이 되었고, 구스마오는 그이들을 통해 멀고 먼 동티모르 산악전선으로 '밀령'을 전했다.

인터뷰 뒤풀이

1999년 8월 29일, 자까르따, 인도네시아

참, 오랫동안 벼르고 벼르던 인터뷰였다. 참, 만나고 싶었던 사람이다. 한 7년쯤 된 듯. 그이가 인도네시아 정부군한테 붙잡힌 게 1992년 11월 20일이었으니. 그사이 형무소로 몇 차례 밀선을 보냈지만 만날 수 없었다. 동티모르가 인도네시아에 합병당해 있던 시절이었고 구스마오는 아주 남다른 죄수였으니.

그러다가 동티모르 독립 찬반을 묻는 국민투표를 하루 앞둔 1999년 8월 29일, 마침내 그이와 마주 앉게 되었다. 어렵사리 잡은 기회여서 그동안 구스마오를 끼고 무장 독립투쟁 전선에서 벌어졌던 정치, 군사적 논란거리들을 묻고 싶었지만, 국민투표를 코앞에 둔 때라 현실을 다룰 수밖에 없었다.

하여, 시간을 재야 하는 인터뷰를 마치고 그이를 25분 더 물고 늘어졌다.

"감옥에서 어떻게 밀령을 보내 산악 게릴라를 부릴 수 있었나?"

가장 궁금하게 여겼던 것부터 꺼냈다. 그이는 대뜸 "영감을 통해서"라며 낄낄 웃었다. 감방 동료였던 아흐마드 따우픽(〈뗌뽀〉 기자) 같은 정치범들과 인권단체 사람들이 빼돌려준 그 '쪽지'를 되묻자, 그이는 낯빛을 바꾸며 손사래 쳤다. "그런 건 무덤까지 들고 가는 거야!"

"해방혁명투쟁 이념으로 삼았던 마오(Maoism)를 버렸는가?"

사회주의자라 젠체해온 구스마오가 인터뷰에서 시장경제에다 '홍콩식' 면세국가를 입에 올렸지만 시간에 쫓겨 넘어갔던 걸 다시 꺼냈다.

"세상이 바뀌었다. 이념 같은 건 철 지난 주제다."

너무 쉽게 '변심'을 말해 다시 물었다. "감옥에만 있었는데 왜 신념까지?"

그이는 호탕하게 웃었다. "모든 건 변한다. 이념도."

어물쩍 넘어가겠다는 뜻으로 받아들였다.

"동티모르 정체를 대통령제와 내각제 가운데 어느 쪽으로?"

그이의 정치적 야망을 캐보고자 독립정부 구성안을 물었더니, "시민들이 결정할 일"이라면서도 "개인적으로는 대통령중심제가 옳다고 본다. 강력한 지도력이 필요하다."고 덧붙였다.

"그 강력한 지도력이 당신을 뜻하는가?"

"꼭 내가 정치지도자가 돼야 한다고 생각해본 적 없다. 내가 대통령 할 만한 인물도 아니고, 독립한 내 나라에서 호박 농사나 지으며 살고 싶다." 며 또 한바탕 소리 내 웃었다.

하긴, 감옥에서도 호박을 키웠으니 진짜 호박 농사꾼이 되겠다는 건지 알 수 없지만, 그런 일이 결코 쉽게 일어나지 않을 것이라는, '운명' 같은 걸 스스로 예감하는 웃음이었다.

감옥에 갇혀 있는 이 한 사나이가 어디로 갈 것인가에 따라 신생독립국의 운명이 함께 흔들릴 수도 있다는, 놀랍지만 놀라서 안 되는 현실을 씹으며 살렘바 형무소를 나섰다.

동티모르 국민투표, 되살아난 학살

1999년 9월 5일, 딜리(Dili), 동티모르

"새벽 다섯 시쯤 창을 열고 하늘을 쳐다보니 낮게 뜬 군용기가 낙하산병을 떨어 뜨리고 있었다. 군함과 전투기들은 딜리를 향해 로켓과 집속탄을 퍼부었다. 모 든 것들을 불태웠다. 군인들은 가게와 집을 소드락질했고, 남편이 보는 앞에서 도 여성들을……."*

1975년 12월 7일, 미국 대통령 포드(Gerald Ford)와 국무장관 키신저 (Henry Kissinger)가 자까르따를 떠나고 3일 뒤, 인도네시아군은 미국제 전투기와 상륙정을 앞세워 동티모르를 공격했다. 앞서, 동티모르 침공 계 획을 밝힌 인도네시아 대통령 수하르또(Soeharto)에게 키신저는 '효과적 으로, 빠르게 그리고 우리(미국) 무기를 쓰지 말고'란 조건을 붙여 눈 감아 줬다.** 그로부터 인도네시아는 동티모르를 무력 합병했고 주민 20여만 명을 죽였다.

---

* Jose Ramos-Horta, *FUNU—The Unfinished Saga of East Timor* (New Jersey: Red Sea Press, 1987), 〈몬시뇰 로페스(Monsignor Lopes) 신부 증언〉 가운데. p.2
** Munster, G. J. and Walsh, R (eds), *Documents on Australian Defence and Foreign Policy, 1968~75* (Sydney, 1980), 〈오스트레일리아 대사 리처드 울코트(Richard Woolcott)의 1975년 8월 17일 전보〉에서. p.200

24년이 지난 1999년 9월 초, 동티모르는 다시 불길에 휩싸였다. 주민들은 대물림하는 학살 앞에 떨고 있다. 8월 30일 국민투표에서 주민 78.5%가 '독립'에 표를 던져 24년 인도네시아 통치로부터 벗어나게 되었지만, 딜리에는 불꽃놀이 잔치 대신 피바람이 몰아치고 있다.

9월 4일, 하비비(Bacharuddin Jusuf Habibi) 인도네시아 대통령은 "동티모르 국민투표 결과를 받아들이겠다."고 밝혔다. 같은 날, 인도네시아 군 최고사령관 위란또 장군(Gen. Wiranto)은 동티모르 치안을 돕겠다며 병력 추가 투입을 명령했다. 그러나 동티모르 독립을 반대해온 합병파 민병대들은 인도네시아 군인과 경찰이 '지켜주는' 앞에서 독립파 주민들에게 총질, 칼질을 해대고 있다.

유엔 선거 도우미들이 서둘러 떠난 데 이어, 마지막까지 현장을 지킬 것으로 여겼던 외신기자들마저 빠져나가자 딜리엔 이내 두려움이 덮쳤다. 9월 1일 ⟨CNN⟩이 민병대의 ⟨BBC⟩ 기자 조나단 헤드(Jonathan Head) 폭행 장면을 보도한 뒤 각 언론사들은 다투어 자사 기자들에게 철수령을 내렸다. 9월 2일 딜리 공항을 떠난 뉴질랜드 ⟨TVNZ⟩ 전세기를 신호탄 삼아 3일부터 ⟨BBC⟩를 비롯한 거의 모든 외신들이 빠져나갔다.***

기자들은 저마다 '본사 명령'이나 '취재 불능'을 핑계 삼아 떠났지만, 사실은 이미 국민투표 전부터 민병대에 쫓기며 두려움을 느껴왔기 때문이다.

그동안 민병대는 지난 5월 유엔의 국민투표 결정 발표를 마치 독립 결정처럼 보도해왔던 외신기자들에게 거친 적개심을 드러냈다. 민병대는 인도네시아 군과 경찰이 지켜보는 현장에서 두 기자에게 총상을 입혔고,

---

*** 정문태, 《전선기자 정문태 전쟁취재 16년의 기록》(한겨레출판. 2004), 352~361쪽.

역사를 잘못 짚은 합병파 민병대, 누가 책임질 것인가? 1999. 9. 1. 딜리. ⓒ정문태

스무 명도 넘는 기자들을 짓밟았다. 9월 1일엔 기자 50여 명이 민병대에
쫓겨 두어 시간 동안 유엔 건물에 갇히는 남세를 당하기도 했다. 민병대는
9월 4일 선거 결과가 나오고부터 아예 기자들이 묵는 호텔에 총질을 해대
고 있다.

길바닥에서 날뛰는 열예닐곱 살 먹은 한 아이따락(Aitarak) 민병대원은
몇 마디 듣자는 내게 "외신기자는 모조리 적이다. 당신 같은 이들이 독립
부추겨 우리를 구석에 몰아넣었다."며 칼을 들이대기도 했다.

탈출, 딜리는 아우성치고 있다. 딜리와 발리를 잇는 정기 항공편이나 여
객선은 일찌감치 예약이 끝났지만, 수많은 피난민들이 공항과 부두로 몰
려들고 있다. 민병대는 인도네시아 군인들이 쥐고 있는 공항과 부두에서

유리코 구테레스. 아이따락 민병대 사령관. 1999. 9. 1.
딜리. ⓒ정문태

도 마음껏 총칼을 휘두르며 피난민들을 을러대고 있다.

그동안 위란또는 "민병대 도운 적도 없고 돕지도 않을 것이다."라고 거듭 밝혔다. 다 새빨간 거짓말이다. 군은 피난민 대신 민병대를 감싸주고 있다. 딜리 공항과 부두는 발뺌할 수 없는 현장이다.

동서로 통하는 모든 길도 민병대들이 끊어버렸다. 딜리 길목을 막은 아이따락 민병대 우두머리 유리코 구테레스(Eurico Guterres)****는 "동티모르로 들어오는 건 자유였지만 나가는 건 마음대로 못한다. 독립 도운 이들에게 피로 앙갚음하겠다."고 핏대를 올렸다.

**** 유리코 구테레스(Eurico Guterres): 1999년 딜리 폭동을 이끈 아이따락 민병대 사령관이었던 그이는 한때 독립파에 속했으나 쁘라보워 전 꼬빠쑤스 사령관이 1995년 창설한 청년보안대 가르다 빡시(Garda Paksi) 총책을 맡으면서부터 대표적인 합병파가 되었다. 그이는 2006년 동티모르 잔학행위 재판에 따라 10년형을 선고받았으나, 2008년 들어 인도네시아 대법원이 "유리코가 아이따락 지도자였지만 조직적 공격 명령을 내렸다는 증거가 없다."며 무죄를 선고함으로써 같은 해 5월 중순 석방되었다.

경찰도 시민 대신 민병대를 지켜주고 있다. 딜리 경찰 대변인 위도도 (Cap. Widodo)는 "한쪽만 편든다고 대드는 통에 민병대를 거칠게 다룰 수 없다."고 발뺌했다. 거짓말이다. 8월 31일과 9월 1일 이틀 동안 벌어진 딜리 충돌에서 독립파 주민 셋이 경찰 총에 맞아 죽는 걸 많은 기자들이 지켜봤다.

하여, 주민들은 400년 포르투갈 식민지와 24년 인도네시아 합병을 거쳐 마침내 독립 길목으로 들어섰지만 기쁨은커녕 숨소리도 내지 못하는 꼴이다.

"투쟁 끝에 얻은 국민투표가 기쁨이요, 또 결과가 독립이니 더한 기쁨인데 모두 함께 못 나누니……."

티모르저항민족회의(CNRT)***** 정치위원장 레안드로 이삭(Leandro Isaac)의 안타까움은 이만저만 아니었다.

9월 5일, 어둠이 내리는 딜리 곳곳엔 불길이 치솟고 총소리가 귀를 때린다. 주민들은 한 발 한 발 다가오는 학살의 시간을 재며 새파랗게 질려 있다.

당신들의 밤은 안녕하신가? 동티모르 독립안을 들고 학살사로부터 벗어나겠다는 '공상'에 젖은 하비비 대통령, 동티모르 기득권을 놓을 수 없다며 '망상'을 부리는 위란또 장군, 그리고 그 둘이 퉁기는 엄펑스런 이중주에 맞춰 꼭두각시 '몽상'으로 날뛰는 민병대 지도자들.

유엔본부의 밤은 또 어떠신가? 오늘 밤에도 '국제사회' 이름 아래 세계 시민들이 낸 세금으로 질펀한 잔치를 벌이고 있겠지. 동티모르 주민들이

***** 티모르저항민족회의(CNRT, National Council of Timorese Resistance) : 1988년 사나나 구스마오가 독립투쟁단체를 묶은 마우베레저항민족위원회(CNRM)를 바탕 삼아 1998년 창설한 뒤 동티모르 안팎에서 독립투쟁을 이끌었다.

야 죽든 말든.

한 가톨릭 신부의 증언을 그이들에게 보낸다.

"1975년, 인도네시아 군인들이 딜리 남부에서 '너희들은 모두 동티모르독립혁명전선 종자에 물들었다.'고 외치며 세 살 넘는 이들을 모두 죽였다. 그 군인 가운데 한 명이 내게 물었다. '당신은 꽃밭 치울 때 큰 뱀 작은 뱀 가려서 죽이는가?'"******

지금, 동티모르는 다시 숨이 넘어가고 있다. 1975년, 그날처럼.

****** Sonny Inbaraj, *East Timor-Blood and Tears in ASEAN* (Silkworm, 1995), p.48

학살극의 꼭두각시

1999년 9월 5일, 딜리, 동티모르

"동티모르가 독립하면 불바다로 만들어버리겠다."

국민투표 결과가 나온 9월 4일, 그동안 '불바다'를 외치며 으름장 놓았던 악명 높은 합병파 민병대 아이따락 사령관 유리코 구테레스*는 "가족을 돌봐야 한다."며 발리로 떠났다.

하루 뒤인 9월 5일, 그이는 "마지막 한 방울 피까지 다해 싸운다."며 거칠게 전화를 끊고는 다시 딜리로 돌아왔다. 그리고 딜리는 불바다가 되고 있다.

민병대는 1975년 인도네시아가 동티모르를 침공하기 전부터 인도네시아 정부군 도움을 받아 하나둘씩 태어났고, 수하르또 전 대통령 사위이자 특전사(Kopassus) 사령관이었던 쁘라보워 수비안또 중장(Lt. Gen. Prabowo Subianto)이 1980년대 동티모르를 맡으면서부터 무장 세력으로 자라났다. 이어 1998년 수하르또가 물러나고 동티모르 독립안이 떠오르자 민병대 숫자도 크게 늘어나 현재 22개 조직이 2만여 대원을 거느린 것으로 알려지고 있다.

'가시 방망이'란 뜻을 지닌 아이따락 민병대는 수도 딜리를, 칸치오 데 카르바요(Cancio de Carvalho)가 이끄는 마하디(Mahadi) 민병대는 수아이

(Suai)와 아이나로(Ainaro)를, 그리고 올해 초 인도네시아 군부가 비밀스레 민병대 총사령관 자리를 맡긴 호아오 다 실바 타바레스(Joao da Silva Tavares)가 이끄는 할릴린딸(Halilintar) 민병대는 보보나로(Bobonaro)를 발판 삼아 독립파 주민들을 해코지해왔다.

그동안 민병대 조직원은 인도네시아 공무원으로 일했던 동티모르 사람들과 그 가족들이 주류였으나 얼마 전부터는 하루 5만 루피아(9천 원)를 받고 뛰는 일용직 대원들이 부쩍 늘어났다. 이건 인도네시아 군부가 아직도 뒷돈을 대며 민병대를 부려 동티모르 독립에 헤살을 놓고 있다는 증거다.

그 민병대들이 인도네시아 군과 경찰이 빤히 쳐다보는 앞에서 독립파 주민들에게 총칼을 휘둘렀고, 지난해부터 어림잡아 천 명도 넘는 주민을 죽였다. 그 탓에 주민 6만여 명이 피난 갔다.

인도네시아 정부가 동티모르에 늘리는 군과 경찰 숫자만큼 오히려 민병대는 더 강해지고 있다. 이건 인도네시아 군경과 민병대가 합동작전을 벌이고 있다는 증거다.

위란또는 "군이 민병대를 짜거나 도운 적 없다."고 발뺌해왔다. 그러나 국민투표 바로 전인 8월 13일 동티모르 사령관 또노 수라뜨만 대령(Col. Tono Suratman)이 얼마 전까지 위란또 부관을 지낸 모함마드 누르 무이스 대령*으로 바뀌었다. 국민투표 코앞에 최측근을 동티모르에 심은 이 보직 교체는 호락호락 물러나지 않겠다는 위란또 의지를 읽을 만한 대목이다.

* 무함마드 누르 무이스 대령(Col. Mohammad Noer Muis): 1999년 8월 13일부터 2000년 3월 30일까지 동티모르 사령관을 지낸 무이스 대령은 '비인도적 범죄' 혐의로 동티모르 딜리 법정에 기소당했다. 1999년 9월 5일 그이의 명령을 받은 군인들이 가톨릭 교구 건물에서 시민을 학살했고, 또 벨로 주교 집으로 피신했던 난민 5천여 명의 안전 보장을 거부했고, 9월 6일 수아이 교회에서 군인들이 주민 60여 명을 살해한 혐의다. 그러나 인도네시아군은 동티모르 사태가 끝나자 그이를 준장으로 진급시켰다.

오스트레일리아, 시치미 속에 감춘 야망

1999년 9월 28일, 다윈(Darwin), 오스트레일리아

"난 그렇게 말한 적 없다. 기자들이 지어냈다."

요즘 오스트레일리아 총리 하워드(John Winston Howard)는 둘러대느라 땀깨나 흘리고 있다.

"아시아 안보 위해 방위비 늘리고, (아시아에서) 오스트레일리아를 '미국 대리인'으로……"라고 했던 말, 이른바 하워드 독트린이 말썽을 빚은 탓이다.

아시아 곳곳에서 하워드를 두들기고 있다. 동티모르다국적군(INTER-FET)을 이끄는 오스트레일리아를 놓고 가뜩이나 짜증스러웠던 아시아 사회에 '미국 대리인'을 내댄 하워드가 제대로 걸린 꼴이다.

말레이시아 〈뉴 스트레이츠 타임스*New Straits Times*〉는 '하워드의 대실패', '식민주의 발상'이라 몰아붙였다. 타이 시민들은 아예 '다국적군을 보내지 말라.'며 거리로 나섰다. 인도네시아에서는 경찰 '보호' 아래 시위대가 오스트레일리아대사관을 공격했고, 언론도 오스트레일리아군의 민병대 체포 사진이나 정체불명 고문 기사를 머리에 올려 반오스트레일리아 정서를 부추겼다.

그동안 아시아 눈에 비친 오스트레일리아 정부는 이중성이 도드라졌다. 아시아가 굶주리던 시절 백호주의(White Australia Policy)*를 내걸고 문을 닫았던 오스트레일리아는 아시아 경제가 한창 잘나가던 1980년대 말부터 부쩍 '아시아의 일원'을 외치더니, 1997년 아시아가 경제 위기로 휘청거리자 이번에는 잽싸게 '유럽의 핏줄'을 떠들어댔다.

그렇게 잇속에 따라 변신해온 오스트레일리아를 가장 잘 드러내준 게 바로 동티모르 관계다.

오스트레일리아는 제2차 세계대전 때 일본군이 턱 앞까지 치고 들어오자 동티모르에 방어선을 치고 그 주민들을 조직해 무장투쟁을 벌이게 했다. 그러나 일본군은 1943년 동티모르를 점령했고, 1945년 떠날 때까지 섬 인구 10%에 이르는 4~7만여 명을 보복 학살했다.

제2차 세계대전이 끝나자 오스트레일리아는 입을 닫았다. 오스트레일리아는 신세 진 동티모르에게 보답은커녕, 1975년 12월 7일 인도네시아군의 동티모르 무력침공을 불법으로 규정한 유엔 안전보장이사회 결의(1975년/1976년)마저 깔보며 1979년 인도네시아의 침략 합법성을 인정한 첫 번째 나라가 되었다.

오스트레일리아가 티모르 해(Timor Sea)에 깔린 원유와 엄청난 인도네시아 시장에 눈독을 들이며 침략자의 손을 들어준 그 1979년은 동티모르 사람들이 극심한 굶주림에 시달렸고 또 인도네시아군이 가장 모질게 주민들을 학살하던 때였다.

그로부터 20년 동안 오스트레일리아는 학살을 피해 바다를 건너온 동

---

* 백호주의(White Australia Policy): 1850년대 금광을 찾아 중국과 아시아로부터 이민이 늘어나자 1901년 비백인들의 이민을 제한한 정책. 1973년 법적으로 백호주의를 포기했고, 1975년 인종차별 금지법에 따라 비백인의 이민 제한도 폐지되었다. 그럼에도 백호주의는 오랫동안 오스트레일리아 사회의 정서적인 인종차별에 중요한 도구 노릇을 해왔다.

티모르 난민선을 쫓아냈고, 동티모르 학살로 악명을 떨쳤던 인도네시아 최정예 특수부대 꼬빼쑤스의 군사훈련을 도왔다. 오스트레일리아는 인도네시아와 정기적으로 육해공 합동 군사훈련까지 벌여왔다.

이어 1998년 독재자 수하르또가 물러나고 국제사회에서 동티모르 독립안이 떠오르자, 오스트레일리아는 '인도주의'를 내걸고 가장 먼저 동티모르 독립 지원을 다짐했다. 한술 더 떠, 오스트레일리아는 1999년 8월 30일 동티모르 국민투표 전부터 일찌감치 다국적군 파견을 외치며 작전사령부와 병참보급기지를 자임했다. 그 무렵, 정치적 부담과 재정 문제에다 시간까지 쪼들려 호들갑만 떨던 유엔은 오스트레일리아가 각국 군기 아래 파견하는 다국적군 깃발을 잡고 나서자 얼씨구나 받아먹었다.

오스트레일리아는 동티모르 작전을 통해 자신들을 삐딱하게 봐온 국제사회 눈길을 돌려놓고, 한편으로는 아시아 경제 위기로 출출했던 배도 채우며 정치, 군사 주도권까지 노려보겠다는 계산을 깔았다.

9월 27일 하워드는 의회에서 "오스트레일리아 역대 어느 정부도, 어떤 정치가도 동티모르 비극사에서 자유로울 수 없다. 나를 포함해서 당신들 모두."란 수사를 섞어가며 초당적 지지를 하소연했다.

그날, 다윈에서는 사업가들이 '모기장 지원부터 동티모르 재건까지'를 내걸고 둘러앉았다. 그이들은 인도네시아 땅을 밟을 수 없는 다국적군이 동티모르와 가장 가까운 다윈을 병력투입 전진기지와 병참보급기지로 삼게 된 현실, 그 '돈줄'을 꿰뚫어 보며 웃음을 흘렸다.

한편, 아시아의 새치름한 눈초리를 느낀 오스트레일리아는 존 무어(John Moore) 국방장관의 9월 28일 의회 연설을 통해 "오스트레일리아군의 다국적군 지휘는 유엔이 평화유지군을 보낼 때까지다."며 한 발짝 빼는 시늉을 했다. 그러나 같은 날, 무어는 동남아시아를 돌고 있던 윌리엄 코언 (William Cohen) 미국 국방장관을 만나기 전 "평화유지군 투입 뒤에도 오스트레일리아군의 중요한 지위는 이어질 것이다. 우린 미군 대리인은 아니지만, 미군이 지닌 (아시아) 지역 경찰 기능을 지켜야 한다."고 말을 뒤집어 다시 한 번 아시아 시민사회를 발끈하게 만들었다.

겉보기에 다윈은 평화와 인도주의가 흘러넘친다. 근데 공기는 그리 자유롭지 않다.

다윈엔 "대답할 위치가 아니다."로 모든 걸 때우는 야릇한 기자회견만 있을 뿐, 동티모르 난민촌도 다국적군 움직임도 모조리 취재 제한에 걸려 있다. 풀(대표취재)로 모든 걸 어물쩍 넘기는 세상이다.

오스트레일리아의 눈부신 '시치미'에 묻혀온 동티모르, 그 내일이 수상할 뿐이다.

민병대, 역사를 거꾸로 달렸다

1999년 11월 1일, 자까르따-서티모르 아땀부아(Atambua), 인도네시아

"다 끝났다. 동티모르가 독립해버렸는데, 무슨 할 말이?"

민병대 사령관 호아오 다 실바 타바레스는 전화에 대고 딴전만 피웠다.

하루 뒤인 10월 27일, 민병대가 서티모르 꾸빵(Kupang)에서 동티모르로 돌아가던 난민 자동차를 공격했다. 경찰이 말려 네 명이 가벼운 상처를 입고 끝난 사건이었지만, 꺼지지 않은 불씨를 드러냈다.

그 공격은 인도네시아 정부에게도 골칫거리로 떠올랐다. 10월 19일 국민협의회가 '합병 효력 정지'를 선언해 동티모르 독립을 인정한 데다, 10월 20일 압둘라만 와히드 대통령이 민주화와 개혁을 내걸고 출발한 지 일주일 만에 벌어진 일이다 보니.

정부와 군부는 그 민병대 사건을 놓고 서로 책임을 떠넘기며 '비공식' 불만들을 쏟아냈다. 와히드 참모들은 군부가 민병대를 깔끔히 매조지지 못해 새 정부 발목을 잡는다고 짜증을 부렸다. 자까르따 군사령부도 문제만 터지면 모조리 군에 책임을 돌린다며 정부 쪽에 대고 거품을 물었다.

민병대 공격을 보는 자까르따 눈길들도 엇갈렸다. 〈뗌뽀〉 편집장 밤방 하리무르띠는 동티모르 학살 책임자로 찍힌 위란또 장군이 민병대를 멍에로 여긴다며 "민병대가 새 정부와 군부 떠보고자 스스로 벌인 짓이다."고 했다.

그러나 군사전문가 이끄랄 누사박띠(Ikral Nusabakti) 같은 이들은 "군부 야심과 민병대 생존 지점이 교접할 수 있다. 민병대 스스로 그런 공격 결정하기 힘들다."고 되받았다.

어쨌든, 군부가 아직껏 민병대를 쥐락펴락한다는 사실만큼은 틀림없다.

지난 10월 12일, 위란또는 동티모르 다국적군과 총격전 끝에 숨진 인도네시아 경찰을 추모하겠다며 민병대 터전이 된 서티모르 국경도시 아땀부아를 찾은 자리에서 "앞으로 인도네시아 땅에서 민병대 활동을 인정하지 않겠다."고 소리쳤다.

민병대는 인도네시아가 동티모르를 다시 합병할 때까지 싸우겠다고 맞받아쳤지만, 사실은 그날부터 바로 숙졌다. 위란또 말이 먹혔다는 건, 군이 민병대를 부려왔다는 증거다.

위란또는 "민병대 도운 적 없다."고 줄기차게 되풀이해왔다. 그러나 아직까지 인도네시아군이 손을 털었다고 볼 만한 실마리가 없다. 오히려 군부와 민병대가 여태 끈끈하게 이어져온 사실이 드러났다. 위란또가 아땀부아를 찾았던 10월 12일, 민병대 사령관 타바레스는 급히 자까르따로 날아왔다.

나는 그날부터 10월 17일까지 5일 동안 자까르따 한 호텔에 머물렀던 타바레스 동선을 좇다가 민병대 사무실이 자까르따 군사령부 안에 있고, 타바레스 아들이 외무부에서 일한다는 사실을 알아냈다. 이건 군부와 민병대 사이에 여전히 고강도 접촉이 이뤄지고 있다는 증거다.

민병대는 지난 2월 하비비 전 대통령이 동티모르 국민투표안을 받아들인 뒤부터 몰라보게 조직을 키웠다. 그 민병대들이 국민투표 뒤 동티모르를 불바다로 만들었고 주민 1천여 명을 죽였다.

'동티모르 파괴와 학살 책임을 누구한테 물을 것인가?'

인도네시아 정부군으로부터 지원을 받은 친인도네시아 합병파 민병대는 동티모르 독립을 향한 국민투표가 가까워지면서 딜리를 비롯한 동티모르 전역을 불바다로 만들고 형제를 살해했다. 그러나 아무도 책임지는 이가 없었다. 1999. 8. 27. 딜리. ⓒAP

이 화두를 놓고 머잖아 인도네시아 안팎에서는 거센 싸움이 벌어질 것으로 보인다. 돌격대 노릇 한 민병대 못잖게, 그이들을 기르고 돈과 무기를 대준 군부의 책임 선을 어디까지 잡을지 눈여겨볼 만하다.

진짜 책임을 묻겠다면, 그 고갱이는 군부가 꾸렸던 동티모르 '내전화 전략'이다.

이미 국민투표안이 나돌 때부터 전문가와 기자들 사이에서는 "군부가 민병대를 부추겨 동티모르를 내전으로 몰아가는 전략을 세웠다."는 말이 나돌았다. 그러다보니 티모르저항민족회의도 "인도네시아군 전략에 말려들지 않는다. 민병대가 공격해도 우린(독립파) 맞서지 않을 것이다."*고 일찌감치 쐐기를 박았다. 실제로, 국민투표 결과가 나오고 민병대들이 독립파 주민을 죽이며 딜리를 불바다로 만들 때도 더 센 화력과 전투력을 지닌 동티모르민족해방군은 산악기지에서 내려오지 않았다.

그렇게 일찌감치 새나가 실효성도 없는 전략을 군부가 바락바락 밀어붙였던 까닭은 수하르또가 물러나면서 상실감을 느껴온 지도부가 다시 힘을 뽐내고 돈줄을 쥘 수 있는 동티모르를 기득권 탈환 기회로 여겼던 탓이다.

하여, 군부 강경파들은 동티모르 작전의 정당성을 높이고자 분리 독립기운이 나도는 아쩨, 일리안자야, 말루꾸를 향한 무력시위용 효과까지 내세웠던 것으로 알려지고 있다. 그 한복판에는 군을 업고 정치판을 쥐겠다는 위란또의 야심이 짙게 깔려 있다.

그렇다면 누구를 잡아들여 책임을 물을 것인지 결론은 나 있다.

동티모르 파괴와 학살 책임을 묻는 일은 국제사회와 인도네시아의 이성을 시험하는 좋은 무대가 될 것이다.

한편, 민병대들은 요즘 인도네시아 서티모르로 빠져나와 아땀부아를 비롯한 국경 난민촌을 휘저으며 조직을 다지고 있다. 그동안 뿔뿔이 흩어져 있던 민병대는 9월 12일 발리보 회의에서 정치연합체인 민족투쟁전선(FPB)을 만들어 도밍고스 소아레스(Domingos Soares)를 의장에 앉혔고, 군사조직은 동티모르투쟁군(PPTT) 아래 4개 관구사령부와 13개 지역사령부로 재편해 호아오 다 실바 타바레스가 사령관을, 유리코 구테레스가 부사령관을 맡았다.

소아레스는 무장 56,000명을 지녔다며 전의를 불태웠지만,** 그 정치·군

---

* 사나나 구스마오 인터뷰. 1999년 8월 29일. 정문태
** 도밍고스 소아레스가 우긴 민병대 병력 56,000명은 크게 부풀린 것으로 보인다. 현지 취재와 군 정보를 엮어볼 때, 최대 2만 명쯤으로 볼 만했다. 그 2만여 명 가운데도 적극적인 활동가는 8천~8천5백여 명이며, 무장대원은 2천~2천5백여 명으로 꼽을 수 있었다. 예컨대, 가장 많은 조직원을 지닌 것으로 알

사 연합체를 눈여겨봐주는 이는 아무도 없다. 모두로부터 버림받은 민병대, 자매형제를 죽이고 조국을 불 질렀던 그 민병대들에게는 돌아갈 고향마저 점점 더 멀어지고만 있다.

지난 8월 말까지만 해도 "민병대를 조건 없이 용서한다."***며 손 내밀던 구스마오도 국민투표 뒤 민병대가 저지른 학살과 파괴를 보고는 "(민병대가) 돌아오겠다면 잘못 뉘우치고 용서 비는 길밖에 없다."며 이빨을 깨물고 있다.

민병대는 자신들 운명을 쥐고 있던 인도네시아 군부마저 등 돌린 서러운 남의 땅에서 목숨을 비럭질하는 꼴이 되고 말았다.

역사를 거꾸로 달린 탓이다.

려진 아이따락 민병대 사령관 유리코는 대원 숫자를 7천여 명이라고 밝혔으나, 딜리 취재를 통해 꼽아보면 무장조직원이 200~250명에 지나지 않았다. 덩치 큰 마히디나 할릴린딸도 조직원 숫자를 각각 6천 명과 1만 명이라고 우겼으나, 무장 대원은 각각 5백여 명 남짓한 것으로 드러났다.
*** 사나나 구스마오 인터뷰. 1999년 8월 29일. 정문태

제헌의회 선거, 희망과 고난의 출발점. 2001. 8. 30. 딜리. ⓒ정문태

| 제헌의회 선거 |

독립을 향한 통과의례, 압승은 없었다

2001년 9월 5일, 딜리, 동티모르

포르투갈 식민통치 4백여 년, 일본 무력점령 2년, 인도네시아 강제합병 24년, 유엔 과도통치 2년.

동티모르 독립행진, 멀고 험한 길을 돌아 이제 산마루가 눈에 드는 제헌의회 선거를 맞고 있다.

1999년 8월 30일 국민투표 끝에 주민 1,400여 명이 죽임당한 지 꼭 2년만이다.

"선거 겁난다. 이번엔 괜찮을지……."

난전에서 푸성귀를 파는 도밍고스처럼,

"민병대들이 또 해코지하며 설쳐댈 거라던데?"

택시를 모는 리모처럼,

모두들 마음 한켠에는 2년 전 그 국민투표 때 악몽이 도사리고 있다.

외신들 보도처럼 희망이 넘치거나 잔치 분위기는 아니다. 겉보기엔 그저 여느 때와 다를 바 없는 밋밋한 하루고, 속을 좀 들여다보면 못미더움과 두려움이 범벅된 어수선한 기운일 뿐.

8월 30일, 사람들은 아침 6시부터 투표장에 나타났다. 오후 4시 13개 주

248개 선거구에서 큰 탈 없이 투표가 끝났다. 저녁 7시 유엔선거관리위원회는 '총인구 737,811명(유엔인구조사. 2001. 6. 23), 유권자 약 425,000명, 투표율 93%'란 결과를 내놓았다.

8월 31일, 어디를 가나 선거 결과 맞추기가 얘깃거리였다. 16개 정당이 뛰어든 제헌의회 선거는 독립투쟁을 이끌어온 동티모르독립혁명전선(FRETILIN)이 외목장사처럼 판을 주름잡았던 탓에 선거 전날까지만 해도 '뻔한 싸움'이란 말이 나돌았다. 유엔과 국제기구 쪽에서는 75~90%, 외신들은 85%선에서 동티모르독립혁명전선의 압승을 점쳤다.

그러나, 투표가 끝나기 무섭게 '50:50' 판 읽기로 훌쩍 바뀌었다. 학생운동 출신 페르난도 드 아라우요(Fernando de Araujo)가 이끄는 민주당(PD), 인도네시아 점령기에 주지사를 지낸 마리오 카라스칼라오(Mario Carrascalao)의 사회민주당(PSD), 동티모르독립혁명전선 창설자였던 프란시스코의 티모르사회민주연합당이 어림했던 것과 달리 아주 잘 싸웠다는 말들이 여기저기서 흘러나오기 시작했다.

"동티모르 사람들 속내 드러내지 않는다. 그쪽이 다 먹을 것 같지만, 뚜껑 열기 전엔 아무도 모른다." 티모르사회민주연합당(ASDT) 대표 프란시스코 사비에르 도 아마랄(Francisco Xavier do Amaral) 말이 현실감을 더해갔다. 동티모르독립혁명전선 사무총장 마리 알카티리(Mari Alkatiri)도 "처음부터 지나치게 높이 잡았던 것 같다."며 목소리를 낮췄다.*

9월 5일, '50:50'이 얼추 현실이 되었다. 동티모르독립혁명전선은 57% 득표율로 총 의석 88석 가운데 55석을 얻었고, 민주당이 9%로 7석, 사회

---

* 마리 알카티리 인터뷰. 2001년 9월 1일. 정문태

민주당과 티모르사회민주연합당이 8%로 각각 6석을 차지했다.

　이번 선거는 '훈장'과 '족쇄'라는 결과를 내놨다. 유권자들은 동티모르 독립혁명전선에게 57%를 몰아주며 독립투쟁에 고마움을 전했지만, 한편 으로는 견제 세력을 덧붙여 홀로 뛰기를 막았다.

　하여 동티모르독립혁명전선은 제1당이 되었으나 헌법 제정에 필요한 2/3 의석을 얻지 못해 제헌 정국을 마음대로 주무를 수 없게 되었다. 분 열에 분열을 거듭해온 동티모르 현대정치사에서 통합력을 키우라는 시민 의 명령이 떨어진 셈이다.

　이번 선거에 따라 9월 15일 제헌의회를 소집하고, 3개월 안에 헌법을 만들고, 2002년 4월 대통령 선거를 거쳐 5월 독립을 선포하는 일들이 동 티모르 앞에 놓인 독립 행진표다.

　그러나 동티모르 앞에는 아직도 수많은 걸림돌이 널려 있다. 무엇보다 꿰매다 만 허술한 안보 문제가 길목을 막고 있다. 인도네시아 군부 강경파 들이 '동티모르 야망'을 오롯하게 접지 않은 데다, 서티모르에 흩어진 난 민들이 볼모마냥 잡혀 있는 탓이다. 게다가 동티모르 치안, 안보를 맡은 유엔동티모르과도행정부와 평화유지군(PKF)은 처음부터 '인도네시아군 피하기'를 무슨 전략인 양 내걸고 평화 변죽만 울려왔다. 현재 동티모르엔 유엔식 평화만 있을 뿐, 시민이 느낄 수 있는 평화는 없다.

　경제는 불난 집 잿더미 속에서 밥그릇 찾기마냥 힘든 꼴이다. 속 시원한 계획도 빛나는 전망도 없다.

　연간 2억 달러쯤 들어올 것으로 보이는 티모르 해의 가스에 운명을 걸 어야 할 판인데, 그마저도 상대가 닳고 닳은 오스트레일리아라 만만치가 않다.

사회통합 심장 노릇을 할 국어도 큰 골칫거리다. 4백 년 넘도록 외세에 짓밟히면서 말이 뒤죽박죽된 탓이다. 민족어 테툼(Tetum)은 쓰임새가 적은 데다 교육용으로 한계를 지녔다. 포르투갈어는 늙은이들 사이에, 인도네시아어는 젊은이들 사이에 주로 쓰이다 보니 모두를 아우를 만한 말이 없다.

외교도 마찬가지다. 유엔을 낀 국제사회 입김이 여러 방향에서 뿜어져 나와 동티모르는 제 몸에 맞는 노선마저 고르기 힘든 상태다. '오스트레일리아-미국 라인'과 '포르투갈-EU 라인'이 대놓고 힘겨루기를 벌이는 판에 인도네시아를 낀 아세안(ASEAN)과 중국도 끼어들어 동티모르는 그야말로 패싸움에 말려든 꼴이다.

21세기 첫 독립국 탄생은 이렇듯 거친 길을 지나도록 짜여 있다.

그러나 이 메마른 땅에도 우리가 누려보지 못한 기쁨이 있다. 독립 위해 싸웠던 이들이 독립 정신에 따라 독립정부를 세운다는 너무 마땅한 역사를 현장에서 바라보는 부러움이다. 온갖 잡동사니들, 친일·친미·반공·반민 분자들이 어지럽게 뒤섞여 독립정부를 짰던 한국 현대사의 굴욕적인 장면이 적어도 동티모르의 것은 아니었기에.

슬픈 가족사, 끝나지 않은 독립 투쟁

2001년 9월 2일, 딜리, 동티모르

일요일 저녁나절, 산타 크루즈(Santa Cruz) 공동묘지*는 죽은 듯 고요하다.

"동생도 딸도 모두 여기 묻었어."

한구석에 쪼그려 앉은 유스토 도스 산토스(53세. 전 교사)는 끝도 없이 무덤을 어루만지고 있다.

"세상에서 제일 예쁜 우리 언니였는데……."

마리아 요아라 산토스(15세)는 언니 세쿤디나 산토스가 묻힌 무덤을 바라보며 눈시울을 적셨다.

가자야나 말랑 대학(Gajayana Malang University) 경제학과 학생 세쿤디나(그때 21세)는 수하르또 반대시위로 들끓던 1998년 자까르따에서 동티모르 포럼을 차리다가 느닷없이 죽임 당했다. 삼촌 요아오 도스 산토스(그때 26세)가 죽임당한 지 꼭 20년 만이었다.

---

* 산타 크루즈 학살: 1991년 11월 12일 산타 크루즈 공동묘지에서 평화적으로 추도식을 올리던 시민에게 인도네시아군이 무차별 발포해 사망 271명, 부상 278명, 실종 270명(살해 추정)을 낸 학살사건(희생자 숫자는 포르투갈 시민단체 'A Paz e Possivel em Timor-Leste' 조사 자료 인용). 이 학살사건으로 'East Timor Action Network' 같은 단체들이 태어나 국제사회에서 동티모르 독립투쟁이 전환점을 맞게 되었다.

동티모르는 산토스 가족 같은 20여 만 희생자 위에 독립 국가를 세웠다. 2001. 9. 2. 딜리. ⓒ정문태

"참 똑똑한 놈이었지. 용감했고……."

사나나 구스마오와 7년 동안 함께 전선을 달렸던 유스토의 가슴속에 동생 요아오는 아직도 영웅으로 살아 있다. 1975년 동티모르독립혁명전선에 뛰어들었던 요아오는 1977년 인도네시아 정부군에 붙잡혀 1년 동안 온갖 시달림을 당한 끝에 1978년 싸늘한 주검이 되어 가족 품으로 돌아왔다.

"동생이 심심해할 것 같아서 내 딸을 한자리에 묻어주었어. 둘 다 좋아하겠지?"

유스토의 허허한 웃음 아래 한 맺힌 동티모르 가족사가 흘러내렸다.

시민 20만 주검으로 얻은 독립, 시민 20만 영혼 위에 세우는 나라, 그러나 그 어디에도 수많은 '요아오들'과 '사쿤디나들' 죽음을 보듬어 안겠다는 낌새가 보이지 않는다. 제헌의회 선거 열풍이 휘몰아쳤고, 모두들 정치를 하겠다고 북새통이지만.

"지금은 되찾은 자유만으로도 더 바랄 게 없지만, 독립정부 세우면 희
생자 보살피는 일부터……"

시민 유스토만의 바람일까?

동티모르 독립투쟁은 아직 끝나지 않았다. 요아오처럼, 사쿤디나처럼
먼저 간 이들이 슬픈 가족사에만 남아 있는 한.

Interview
프란시스코 사비에르 도 아마랄 (Francisco Xavier do Amaral)
티모르사회민주연합당(ASDT) 대표

동티모르독립혁명전선,
동지는 있는가?

2001년 9월 2일, 딜리

ⓒ정문태

　동티모르독립혁명전선 창설자인 아마랄은 1975년 11월 28일 포르투갈
이 떠나자 독립 선포와 함께 대통령이 되었다. 그러나 12월 7일 인도네시
아군이 침공하면서 독립은 9일 만에 깨졌고, 동티모르독립혁명전선의 대
인도네시아 무장투쟁 노선을 달갑잖게 여겼던 그이는 1977년 조직에서
쫓겨나 게릴라 전선에서 감옥살이를 하다 1978년 인도네시아군에 붙잡혀
1999년까지 가택연금 당했다. 그이는 동티모르독립혁명전선의 전신이었
던 티모르사회민주연합당을 다시 세워 제헌의회 선거에 뛰어들었다.*

* 그이는 2001년 제헌의회 때부터 현재까지 국회의원이며, 2002년, 2007년 대통령 선거에도 출마했다.

:: 선거 끝났는데, 결과 어떻게 보는가?

(공식 인터뷰를 받아놓고 이렇게 입이 무거운 사람은 처음 봤다.) 할 말 없다.

:: 사회민주연합당은 얼마나 건지겠나?

(네 번 물었더니 말문을 연다.) 열 석쯤.

:: 그 정도면 동티모르독립혁명전선에 이어 제2당이 될 듯한데?

지켜보자.

:: 군소정당 쪽에서 선거 결과 인정하지 않겠다고 들고 나서 걱정들인데?

그건 아니다. 선거 결과는 무조건 받아들인다. 누가 이기고 지든, 동티모르의 승리다. 인도네시아와 선을 단 두어 개 정당이 시끄럽게 할 수도 있겠지만, 크게 걱정하진 않는다.

:: 이번 선거에 왜 사회민주연합당 들고 나왔나? 동티모르독립혁명전선 옛 동지들과 함께 갈 수 없나?

(한참 뜸 들인 뒤) 정치적 생각도, 의미도 다르다. 내가 동티모르독립혁명전선 만들었던 건 독립투쟁하자는 뜻이었지 정치하자는 게 아니었다. 무장투쟁 시대가 끝났으면 무장조직도 끝나야 한다.

:: 근데, 당신은 그 시절에도 대인도네시아 무장투쟁 부정했잖은가?

(대꾸도 안 한다.)

:: 이번에 나선 건 그 시절 쫓겨났던 걸 앙갚음하겠다는 뜻인가?

(말도 없고 표정도 없다.)

:: 독립투쟁 이끈 조직은 시대가 끝났으니 사라지고 독립투쟁과 상관없
던 이들이 나타나 독립 열매만 따먹겠다는 것도 야릇하지 않는가?

그쪽을 부정하는 건 아니다. 지나치게 다 먹는 현실을 말하는 거지. 돈
도 사람도 모두 그쪽이 다 가져간 채 선거나 민주주의 말할 수 없다.

:: 해서 동티모르독립혁명전선과 함께 갈 수 없다는 건가?

서로 다른 정당 한다는 게 함께 가지 않겠다는 뜻 아니다. 구스마오도
내가 동티모르독립혁명전선 의장이던 1977년까지 함께 일했고, 아직도
좋은 사이다.

:: 그 시절 혁명전선이 마르크스-레닌, 마오, 카스트로로 쪼개져 극심한
노선투쟁을 벌였다던데, 당신은 어느 쪽이었나?

난 어느 쪽도 아니었다. 동티모르를 하나로 묶을 수 있는 건 가톨릭뿐이
라 믿었으니. 4백 년 식민지배당하면서 문화도 사라졌고 제대로 교육받을
기회도 없었다. 근데 중앙위원회는 정치 이념만 앞세웠으니…….

:: 선거 결과 나오면 어떻게 할 생각인가?

자리 놓고 흥정 안 한다. 다만, 독립정부는 한 정당이 다 먹지 말고 거국
내각으로 가는 게 보기에도 좋고 사회통합에도 좋다는 원칙 아래 제1당에
힘 보탤 것이다.

Interview
호세 라모스 홀타(Jose Ramos Horta)* 유엔동티모르과도행정부 외무장관

미리 읽는
독립 동티모르 외교

2001년 8월 31일, 딜리

세상이 뒤집히지 않는 한 이번 선거에서 동티모르독립혁명전선이 이길 게 뻔하고, 마찬가지로 독립정부에서도 홀타는 외무장관을 맡을 게 또 뻔해 이 인터뷰는 선거보다 동티모르 외교 문제를 짚어보자고 미리 약속한 자리였다.

:: 동티모르가 아세안(ASEAN)과 퍼시픽 포럼(Pacific Islands Forum)**

---

* 호세 라모스 홀타: 1974년 동티모르독립혁명전선 창설자 가운데 한 명으로 인도네시아 침공 뒤 오스트레일리아로 건너가 국제사회에서 독립투쟁을 이끌었다. 1996년 노벨평화상을 받았고, 동티모르 초대 외무장관(2002~2006년)과 총리(2006~2007년)를 거쳐 대통령(2007년 5월 20일~현재)이 되었다.

두 쪽 모두를 놓고 저울질하는 인상인데, 아세안은 인도네시아와 틀어질 경우를 대비한 '보험' 같은 건가?

　두 쪽 모두 들어가면 좋은데, 아세안은 이중회원국 인정 안 한다. 해서 회원국보다 두 쪽 모두 참관국(observer) 자격부터 얻을 계획이다. 아세안 가운데 타이, 필리핀, 말레이시아, 인도네시아, 싱가폴과 외교 맺었고 앞으로 다른 회원국들과도 그렇게 하겠지만, 인도네시아 못 믿어 보험 든다는 뜻은 아니다.

:: 오스트레일리아와는 티모르 해 자원을 놓고 분쟁 가능성 안고 있는데?

　껄끄러울 수도 있다. 영해 개념이 서로 다른 탓인데, 지난 1년 동안 마주 앉은 끝에 7월 5일 그 차이 좁혔고, 새 협정 얼개도 짰다. 두 쪽 모두에게 괜찮은 해법도 찾았고.

:: 진짜 해법 찾았다는 생각 드는가?

　두 가지는 그렇다. 하나는 합의 내용이다. 티모르 해 가스 수익 90%와 오스트레일리아와 영해 겹친 티모르 해곡 안팎 그레이트 선라이즈(Great Sunrise) 가스전 수익 20%를 우리가 갖고, 또 오스트레일리아가 파이프라인을 다윈으로 가져가는 대신 보상조로 우리가 매년 8백만 달러를 받기로 했다. 동티모르 사람들이 다윈에서 일하도록 한다는 조건도 붙었고. 다른 하나는, 사업권자와 관계다. 문제가 생긴 티모르 해 가스전 최초 계약자인 필립스 석유(Phillips Petroleum)와도 정부 만든 뒤 재협상하기로 했다.

** 퍼시픽 포럼(Pacific Islands Forum): 1971년 만든 사우스 퍼시픽 포럼(South Pacific Forum)을 2000년 확대한 태평양 국가들 사이의 경제·사회 협력체로서 현재 오스트레일리아, 파푸아 뉴기니, 솔로몬을 비롯한 16개 회원국이 참여하고 있다.

:: 티모르 해 분배율 90 : 10이 문제가 아니라, 케이크 크기(그레이트 선라이즈 영해권 조정)에 합의하지 못한 게 문제다. 오스트레일리아가 당신들 좋아라 할 만큼 다 내놓겠는가?

그 전 오스트레일리아와 인도네시아가 합의했던 50:50 깨고 동티모르가 90 잡은 건 훌륭한 조건이다. 오스트레일리아가 하루 150만 달러 캐는 선라이즈를 자신들 경제수역이라 우기면서도 우리한테 20 넘겼다. 그게 모두 연간 2억 달러쯤 된다.

:: 경제 분쟁도 이권도 모두 영해권 문젠데, 앞으로 오스트레일리아와 새로 협상할 건가?

그쪽은 그걸 '판도라 상자'라 여긴다. 그걸 열려면 인도네시아와도 협상해야 한다. 1972년 오스트레일리아가 인도네시아와 맺은 협정에서 제3자 개입을 금지했고, 또 몇 마일쯤 동티모르 수역으로 들어와서 경계선을 그었다. 다시 잰다면, 선라이즈가 100% 동티모르 영해란 걸 지도로도 증명할 수 있다.

:: 그렇다면 마땅히 오스트레일리아와 다시 협상해야 할 것 아닌가?

(얼굴 찌푸리며) 그렇다 아니다로 말할 수 없다. 오스트레일리아와 협상이 다가 아니다. 국제법상 인도네시아와도 협상해야 하고 또 인도네시아가 동티모르 손을 들어줘야 하는데, 경계선 새로 긋든 말든 잃을 것도 얻을 것도 없는 인도네시아가 나서겠는가?

:: 주권 문젠데, 어려워도 해야 할 일 아니겠는가? 오스트레일리아와 군사협정 말이 오가는 게 영향받을까 조심스러운 탓인가? 그 군사협정은 또

뭔가, 정규군 1,500명과 예비군 1,500명으로는 일 터지면 나라 지켜내기 힘들다고 믿기 때문인가?

군사협정 계획 없다. 오스트레일리아-싱가폴, 인도네시아-미국이 맺은 군사협력쯤이라면 몰라도. 우린 동티모르 비상시 오스트레일리아가 구조하는 식 협정은 안 바란다. 군사동맹이나 군사기지 제공 계획도 없다. 우리가 인도네시아와 외교 맺고 아세안 회원국 된다면 군사협의마저 필요 없다.

:: 동티모르를 '상실'로 여기는 인도네시아 군부를 어떻게 보나?

모두는 아니더라도, 동티모르 침공으로 이문 챙겼던 군인들은 그럴 수 있다고 본다. 유도요노 장군***, 쁘라보워 장군 같은 동티모르 침공 '영웅'들은 갑자기 환상 깨지면서 열 받았을 거고……. 해서 군부가 결정적 시기를 재고 있을 수도.

:: 한국, 일본, 중국 같은 동북아시아 국가들과 사이는 어떤가?

한국, 특별하지. 김대중 대통령은 장쯔민(Jang Zemin) 중국 주석과 오부치(Obuchi Keizo) 일본 총리가 다국적군 보내게끔 먼저 나서서 큰 힘 보탰다. 그이를 내가 노벨평화상 후보에 올리기도 했고. 중국도 우리한텐 큰 힘이다. 4백만 달러 들여 외무부 청사 지어주면서 어업, 농업 분야에도 4백만 달러 돕겠다고 약속했다. 일본은 2차대전 때 우리 주민 7만여 명 죽였고 내 가족도 그 희생자지만, 전쟁 뒤엔 꾸준히 도와주었다. 이 세 나라가 결정적

*** 수실로 밤방 유도요노: 2004년~현재 인도네시아 대통령. 1976년 305대대 소대장으로 동티모르에 파견된 뒤 박격포 소대장(1977년), 공수여단 작전참모(1977~1978년) 전략예비사령부 대대장(1979~1981년)을 지냈다. 위란또를 비롯한 인도네시아군 지휘관들이 동티모르 인권 유린 혐의로 특별 재판부에 기소당했으나 그이는 제외되었다.

순간 인도네시아 정부와 군부 지지를 거두면서 우리 독립을 밀었다.

:: 독립 동티모르는 남북한 사이에서 어떻게 할 것인가?

명확하다. '햇볕정책' 지지한다. 김대중의 대북정책이 온정적이고 현실
적이라 국제사회가 인정해왔는데, 오히려 한국 안에서 고깝게 여긴다니
놀랍다. 북한 관계는 서두를 형편 아니고.

:: 왜 아닌가?

그게 우리 현실이다. 지금 이 '행복한' 남한 관계만 해도 넘친다.(웃음)
우리가 평양에 대사관 지을 만한 여유도 없고, 또 국제사회에서 우리 역할
이 그런 수준도 아니다.

:: 나라 이름은 어떻게 할 건가? 1975년 11월 28일 독립 선포 때처럼 동
티모르민주공화국(Democratic Republic of East Timor)이라 부를 건가?

그럴 것 같지 않다. 그냥 동티모르공화국(Republic of East Timor)이 더
자연스럽지 않나, 어떤가? 티모르 로로사에(Timor Lorosa'e)가 색다르긴
한데 널리 불리기 힘들 것 같고.

독립이 서러운 사람들

2002년 5월 15일, 아땀부아, 서티모르, 인도네시아

지팡이 짚은 늙은이들과 손손이 아이를 움켜쥔 아낙네들 귀향길에 한창 힘쓸 만한 젊은이가 스스러운 웃음을 흘리며 끼어 있다.

"기쁘기도…… 두렵기도 하고. 독립, 좋은데, 돌아가…… 뭘, 해야……."

시실로 소아레스(27세)는 멋쩍은 듯 떠듬거린다. 그이 얼굴에서 '1999년 9월'이 묻어난다. 국민투표, 총질, 불바다, 피난민……. 그날, 민병대원 시실로는 독립파 주민에게 총질하며 고향 리키샤를 불 질렀다.

"모든 걸 없던 일로 하자"는 시실로 바람이 과연, 자매형제와 집 잃은 사람들에게 얼마나 먹힐지?

비록 대통령 당선자 구스마오가 남아프리카공화국을 본떠 용서와 화해를 외치고는 있지만.

2002년 5월 15일 아침 10시 서티모르 모따아인 국경검문소, 아땀부아에 흩어져 살던 동티모르 난민 3백여 명이 귀향 수속을 밟고 있다.

웅크린 긴장감이 귀향 난민들 것이라면, 도도한 자유로움은 그 밖 사람들(유엔평화유지군, 국제단체 구호요원) 것으로, 이 외진 국경은 또렷한 두 종류 인간상을 만들어놓았다. 국제사회 돈줄을 끌어대 인도네시아 정부가 대신 주는 '가족당 75달러' 귀환비용을 받는 난민들과 검정 라이방을 끼고

기관총을 쥔 '일당 95달러'짜리 유엔군은 낯빛부터 달랐다.

현장에 나와 있는 유엔난민고등판무관실(UNHCR) 사람들은 지금까지 난민 2십여만 명이 동티모르로 되돌아갔고, 나머지 5만 5천여 명도 여섯 달 안에 모두 돌아갈 것이라고 한다.

그러나 난민촌 사정은 유엔 사람들 '희망'과 너무 동떨어져 있다.

5월 14일 둘러본 아땀부아 떼누부뜨 난민촌엔 내일 없는 인생들이 떨고 있었다. 도미고스 데 알베스는 "앙갚음이 두려워 고향으로 돌아가지 못했다."며 다라 인떼그라시(Dara Integrasi) 민병대원이었던 남편 안토니노 마틴 눈치를 살폈다. 이들 부부처럼 아직 서티모르에 남아 있는 난민 5만 5천 명은 저마다 사정이야 다르겠지만 쉽사리 돌아갈 수 없다는 점에서 모두가 한 몸이다.

"벌써 3년째 접어들었다. 돌아갈 만한 이들은 모두 돌아갔다. 남은 이들은 민병대 가족들뿐이다." 〈자와 뽀스뜨 *Java Post*〉 꾸빵 주재기자 야숙 말을 귀담아 들어볼 만하다.

한때 민병대였지만 이젠 독립을 바란다는 펠리스베르토 다스 네베스는 시간만 죽이고 있다. "신변안전만 지켜준다면 돌아가고 싶은데, 언제가 될는지……."

난민 문제 고갱이가 민병대란 건 세상이 다 안다. 그 민병대를 흩어야만 난민 문제를 풀 수 있다. 그러나 아무도 나서질 않는다. 동티모르를 대신해온 유엔은 인도네시아 눈치만 살피고, 민병대를 키워온 인도네시아와 그 민병대를 다시 받아들여야 할 동티모르는 서로 삿대질만 해대고 있다.

서티모르 관할 인도네시아군 사령관 윌리암 다 코스따 소장(Maj. Gen. William da Costa)은 "단 한 명 민병대도 서티모르에 발붙일 수 없다. 한

동티모르는 남의 나라에 난민을 남겨둔 채 온전치 못하게 독립국가를 선포했다. 2002. 5. 15. 아땀부아. 서티모르. 인도네시아. ⓒ정문태

발짝이라도 움직이면 철저하게 공격할 것이다."며 민병대 박멸을 외쳤고 무기도 거둬들였다. 민병대 몸놀림도 눈에 띄게 줄어든 건 사실이다. 해서 인도네시아군과 정부는 할 만큼 했다며 동티모르 쪽에 대고 짜증을 부려왔다.

동티모르도 인도네시아군을 타박해왔다. 동티모르방위군 사령관 타울마탄 루악 준장(Brig. Gen. Taur Matan Ruak)은 "3년이 지났지만 아직도 민병대가 살아 있다. 인도네시아군이 돕지 않고는 불가능한 일이다."며 소리를 높였다. 동티모르의 불신감이 억지만은 아니다. 난민촌에 묻어 지내는 민병대를 만나보면 드러난다.

아이따락 민병대원 레오니오도(가명)는 "바본가? 우리가 왜 무기를 다 내놓겠나. 인도네시아군에 몇 점 넘겼지만, 아직도 무덤과 나무 밑에 숨겨둔 게 많다."고 귀띔했다.

아이따락 민병대 사령관 유리코 구테레스도 5월 13일 인터뷰에서 "포르투갈이 남긴 무기 25,000정을 저쪽(독립파)과 우리(합병파) 모두가 썼고, 아직도 갖고 있다."고 밝혔다.

숨겨둔 무기, 이게 바로 민병대가 난민촌을 쥐고 흔들 수 있는 힘이고 난민 귀환 발목을 채운 사슬이다. 그러니 난민들은 서로를 노려보며 어디서 날아올지 모를 '망치'가 무서워 오도 가도 못 하는 꼴이다.

민병대 해산과 무기 회수 없이는 난민 문제 해결도 없다.

신생 공화국 동티모르는 국민 7%를 남의 나라 난민촌에 버려둔 채, 독립 환희에 젖어들고 있다. 그러나 "구스마오도 훌륭하고 구테레스도 훌륭하다."고 말할 수밖에 없는 난민 네베스는 서럽기만 하다.

모두를 부둥켜안고 독립의 기쁨을 노래할 수는 없을까?

난민을 모두 데려오라고 보냈지만 인도네시아 눈치만 살피다 만 유엔도, 민병대를 깨끗이 털어내지 못해 난민 귀향을 가로막은 인도네시아도, 말로만 화합을 외쳤지 큰 품을 열고 형제를 받아들이지 못한 동티모르도, 모두 일그러진 독립 선포를 지켜보게 될 것이다.

자까르따 광시곡, 메가와띠의 동티모르행

2002년 5월 13일, 자까르따, 인도네시아

'당신의 동티모르행을 반대한다.'

스스로 동티모르 합병의 영웅이라 부르는 몇몇 상이군인들이 대통령궁 앞에 현수막을 내걸었다.

"메가와띠는 동티모르 독립 기념식에 참석하지 말라."

아이따락 민병대 우두머리 유리코 구테레스, 전 동티모르 주지사 아빌리오 소아레스(Abilio Soares), 동티모르 의회 전 의원 알만도 소아레스(Almando Soares)가 대통령 면담을 요구하며 외쳤다.

구스마오 동티모르 대통령 당선자한테 독립기념식 초청장을 받아든 메가와띠 대통령은 여기저기서 터져 나오는 반대 소리에 속앓이를 했다.

입이 무거운—거의 닫힌— 메가와띠 속내야 알 길이 없지만, 비서실에서 흘러나오는 말들을 엮어보면 그이가 울며 겨자 먹기로 마음을 굳힌 게 아닌가 싶다. 본디 메가와띠는 참석을 달갑잖게 여겼는데 측근들이 대국 인도네시아 대통령의 '남볼썽'을 내세워 마음을 돌리게 한 것으로 알려지고 있다.

코피 아난(Kofi Annan) 유엔 사무총장을 비롯해 80여 개국 정상급 축하사절단이 달려오는 마당에 인도네시아 대통령으로서 빠질 구실거리가 마땅찮기도 했겠지만, 동티모르 무력침공과 학살 탓에 국제사회로부터 몰려온 인도네시아가 외통수를 두지 않겠다면 달리 뾰족한 수도 없었을 테고.

자까르따 정치판에서는 메가와띠가 발표만 미뤘을 뿐 이미 4월에 마음을 굳혔다는 말도 나돌았다. 돌이켜 보면 메가와띠는 지난 4월 자신이 이끄는 민주투쟁당(PDI-P)을 앞세워 국민대표회의(DPR. 하원 격)와 국민협의회(MPR. 최고의사결정기구)에 기념식 참석 지지를 부탁했고, 정치안보조정장관 수실로 밤방 유도요노를 통해 "대통령이 동티모르에 갈 것이다."는 말을 언론에 흘려 사회 분위기를 떠보기도 했다.

그러나 메가와띠는 곳곳에서 물어 뜯겼다. 국민대표회의 제1위원회(국방·안보)가 메가와띠에게 "동티모르 초청을 거부하라."고 나서자, 국민대표회의 의장 악발 딴중(Akbal Tandjung)도 "사회 심리가 받아들이지 않는다. 갈 테면 가라."고 헤살을 부렸다. 국민협의회 의장 아미엔 라이스(Amien Rais)도 "외교적 의례라면 외무장관만 보내도 된다."며 마구 흔들었다.

그렇게 정치판에서는 사회 분위기나 정서를 빌미로 메가와띠 발목을 잡았는데, 실제로 최대 시사주간지 〈뗌뽀〉 여론조사 결과 찬성과 반대가 55:44로 맞서 시민들 거부감도 만만찮음이 드러났다.

5월 들어 어수선한 기운 속에서 메가와띠가 참석 결심을 밝히자, 이번에는 또 군이 엇박자를 치고 나왔다. 군은 대뜸 충성심을 내세워 전함 6대와 전투병 2천여 명을 동티모르에 파견하겠다고 밝혀 나라 안팎을 들쑤셔놓았다. 군 대변인 샤프리 샴수딘 소장(Maj. Gen. Sjafrie Sjamsoeddin)은

"도발 아니다. 우리 대통령이 방문할 나라의 치안 상태에 따른 결정일 뿐이다."고 되박았다.

일주일 앞으로 다가온 동티모르 독립을 놓고 자까르따엔 볼썽사나운 정치놀음이 이어지고 있다.

카운트다운, 21세기 첫 독립국

2002년 5월 19일, 딜리, 동티모르

독립 선포 이틀 전, 5월 18일 동티모르민족해방군 옛 게릴라 5백여 명이 군악대를 앞세워 시가행진을 하던 오후 3시 45분, 인도네시아 전함 한 척이 정박 속도를 어긴 채 밀고 들어와 정부청사와 마주 보는 딜리 항에 닻을 내렸다. 시민들은 항구로 달려가 짱돌을 던지며 욕을 퍼부었다. 인도네시아 전함은 밤이 늦어서야 딜리 항을 떠났다.

5월 19일 오전 11시, 긴급 기자회견을 연 외무장관 라모스 홀타는 "메가와띠 대통령 안전에 모든 협조 하겠다는 걸, 그쪽(인도네시아)에서는 해군 보내도 된다고 여긴 모양이다."며 얼버무렸다.

유엔이 전혀 작동하지 않았다. 유엔평화군 5천여 명과 미국, 프랑스 군함이 버틴 작전통제지역에 무장병력 2천 명을 실은 인도네시아 전함 여섯 척이 마음껏 드나들 수 있었다. 일주일 전 자까르따 군부에서 해군을 보낸다고 이미 밝혔다. 그런데도 유엔은 뒤늦게 화들짝 놀라는 시늉만 했다. 그렇게 유엔은 사람들을 웃길 줄만 알았다.

1975년 인도네시아 침공을 기억하는 딜리 시민들이 놀란 가슴을 쓸어내리는 사이에도 시간은 5월 20일 자정을 향해 쉼 없이 달리고 있다.

"행복하다는 말밖에, 달리 쓸 말이 없다."

독립투쟁을 이끌었던 동티모르민족해방군 전사들의 시가행진은 기쁨보다 소외감이 묻어났다. 독립국가 동티모르에서 그 전사들은 어떤 대접을 받을는지. 2002. 5. 18. 딜리. ⓒ정문태

시민 마누이엘 데 올리비아는 요즘 빳빳하게 고개 든 제 모습이 멋지게 보인다고 너스레 떤다.

40% 넘는 시민이 극빈에 시달리는 나라고, 52% 넘는 시민이 글을 못 읽는 사회지만 독립 선포를 앞둔 이 순간만은 그야말로 멋진 신세계다.

대통령 당선자 사나나 구스마오도 감성적인 연설로 시민을 달랬다.

"독립과 함께 이 세상에서 가장 가난한 나라의 시민이 될 우리는 수많은 어려움과 부딪힐 것이다. 당신들이 나를 대통령으로 뽑은 걸 보다 나은 삶을 가꾸라는 명령이라 여겨 온 힘을 다 바치겠다."

동티모르 5월은 '사람이 밥만으로 살 수 없다.'는 메시지를 남겼다.

그러나 지금부터 10시간 뒤면 독립국 동티모르는 무거운 짐을 지고 어

인도네시아군은 마지막까지 무력시위를 벌이며 동티모르 독립을 상실로 여겼다. 딜리 항에 불법 정박한 인도네시아 해군 함정. 2002. 5. 18. 딜리. ⓒ정문태

두운 길을 혼자서 가야 한다.

　동티모르유엔과도행정부가 손 터는 5월 20일 0시부터 모든 권한과 책임을 물려받게 될 독립정부는 당장 쪼들린 살림살이에 시달릴 것이고, 한편으로는 유엔평화유지군이 2년 동안 차례차례 떠나면서 안보와 치안 문제로 또 큰 홍역을 치를 것이다.

　동티모르의 앞날은 벌써 고단한 현실로 다가와 있다. 무엇보다 경제개발에 밑천 삼아야 할 나라 밖 자본들이 움직이지 않는다. 국제사회가 동티모르 복구와 개발 지원금으로 3년간 4억 4천만 달러를 약속해놓았지만, 정작 투자자들은 눈치만 보고 있다.

　원조보다 투자를 바란다는 마리 알카티리 총리 당선자는 "아직껏 한국 투자자들이 꿈쩍도 않는 게 놀랍다. 섬유나 농업 분야에 한국이 투자했으면 좋겠다."고 아쉬움을 털어놓았다.

그러나 스티브 위할디아 같은 사업가들은 "알카티리 정부가 친노동자 정책을 들고 나온 데다, 미국 달러를 통용한 탓에 서티모르보다 임금도 높아 경쟁력이 없다."고 되받았다.

지금껏 동티모르에 1,250개 사업체가 들어왔다고는 하지만 술집, 식당, 호텔, 가라오케, 슈퍼마켓 같이 유엔 가는 곳마다 따라붙는 먹고 마시기판 업소들만 번쩍거린다.

그렇다고 희망이 영 없지만은 않다. 독립정부는 2006년까지 정부 예산 50% 이상을 교육과 공중보건 부문에 투입하겠다는 멋진 청사진을 내놓았다. 여기서 눈여겨볼 만한 대목이 있다. 육군 1,500명과 경비정 2대를 꾸릴 해군 50명 먹여 살리는 돈만 계상한 최저 국방예산 원칙이다.

타울 마탄 루악 방위군사령관은 "안보도 교육의 연장일 뿐이다. 군대 키울 돈 있으면 교육과 보건에 써야 한다."고 뒤를 받쳤다. 그이는 "누구든 우리를 단숨에 먹어치울 수 있겠지만, 영원히 먹을 수는 없다. 우린 큰 군대 없어도 된다."고 덧붙였다. 총 살 돈으로 책과 약을 사겠다는 건 그야말로 엄청난 용기다.

이런 빛나는 군사철학에다 노동자를 중심에 놓고 '동티모르식' 경제를 만들어가겠다는 알카티리 총리 뜻이 교육, 공중보건 예산 50%와 맞물려 간다면, 지구에서 어떤 정부도 계획하거나 실현하지 못한 놀라운 일이 신생 공화국에서 벌어지게 될 것이다.

5월 19일 오후 4시, 이제 8시간 남짓 남은 21세기 첫 독립국 동티모르 민주공화국(Democratic Republic of Timor Leste) 탄생이 시간재기에 들어갔다. 정부청사로 향하는 길목마다 구경꾼이 늘어나고, 하늘에는 축하사절을 실은 비행기가 줄줄이 날아들고, 딜리 앞바다에는 순시선들이 노려보고 있다.

"1999년 국민투표 때보단 감동이 덜하다."고 열쩍게 웃는 대통령 당선자 사나나 구스마오, "역사에 한 번밖에 없을 독립 선포를 내 손으로 다듬는 게 믿기지 않는다."는 외무부 공보관 사비오 도밍고스, "가서 내 눈으로 본다."며 독립 선포 기념식장으로 떠나는 구엘헤르미나 사비어 할머니…….

그 모든 얼굴들은 억눌림에서 벗어나는 동티모르가 영원히 간직해야 할 소중한 기록들이다.

다시는 '나'를 잃어버리지 않겠다는 사람들이 총총걸음으로 독립 선포 기념식장을 향해 가고 있다.

독립 선포

2002년 5월 20일, 타시톨로(Tasitolo), 딜리. 동티모르

"이까짓 좀 걷는 게 뭐 대수롭다고. 24년 동안이나 기다려왔는데."

구엘헤르미나 사비어(69세)는 편찮은 다리를 절뚝이며 두 시간이나 걸어 타시톨로에 닿았다.

5월 20일 자정, 유엔 깃발을 내리고 동티모르 국기를 올리는 이 의식 하나를 보고자 얼마나 많은 이들이 목숨을 잃었고, 얼마나 오랜 세월을 억눌려 살았던가.

타시톨로에 모인 십여만 명 가슴에는 저마다 건국대훈장이 새겨졌다.

1996년 라모스 홀타 현 외무장관과 함께 노벨평화상을 받았던 카를로스 벨로(Carlos Filipe Ximenes Belo) 주교는 큰 축성단을 이끌고 동티모르의 영원한 평화를 기도했다.

코피 아난 유엔 사무총장, 메가와띠 수까르노뿌뜨리 인도네시아 대통령, 존 하워드 오스트레일리아 총리를 비롯해 90여 개 나라에서 날아온 축하사절단이 '일요일 밤의 영광'을 함께했다.

"동티모르 시민에게 이 영광을 바친다. 여기 함께할 수 없지만 이 순간을 꿈꾸었던 모든 이들에게도."

코피 아난은 동티모르 시민들에게 경의를 표했다.

"당신, 바로 당신들 도움이 이 순간을 있게 했다."

이날을 꿈꾸며 산악을 헤맸던 게릴라 지도자 사나나 구스마오는 국제사회를 향해 머리 숙였다.

고단했던 역사도 이 밤엔 명예로 피어올랐다. 화면에는 온몸을 역사에 바치고 먼저 간 전사들이 되살아났고, 독립영웅 게릴라 5백여 명은 학생들이 촛불로 만든 '존경의 길'로 들어서며 눈시울을 붉혔다.

굳었던 분위기는 라모스 홀타 외무장관이 참석자들을 소개하면서부터 서서히 달아올랐다.

"미국에서 손님이 왔는데, 누구겠는가?" 라모스 홀타가 능청스레 묻자, 사람들은 "클린턴"을 외쳤다.

23:30, 메가와띠 인도네시아 대통령이 등장하자 사람들은 해묵은 응어리를 떨치고 기꺼이 그이를 받아들였다. 구스마오가 메가와띠 손을 잡고 환호에 답하면서 분위기는 절정을 향해 갔다.

00:00, 5월 20일, 유엔 깃발이 내려오고 10여 분 뒤 동티모르 국기가 올랐다.

사나나 구스마오가 대통령 취임 선서를 하면서 '동티모르민주공화국'은 오롯한 독립국이 되었다. 그렇게 450년에 걸친 독립행진, 그 길고도 지루했던 나그네 길이 끝났다.

사나나 구스마오 초대 대통령이 독립을 선포하고 국기를 올렸지만 21세기 최초의 신생공화국 동티모르 앞날은 어둡기만 하다. 2002. 5. 20. 타시톨로. 딜리. ⓒAP

제국의 침략, 쿠데타의 그늘

2006년 6월 3일, 딜리, 동티모르

그로부터 4년이 지났다. 독립의 환성이 잦아들면서 환상도 깨졌다. 신생공화국 동티모르는 이내 '분열의 전통'과 '학살의 기억' 속으로 빠져들었다. 2006년 5월 말, 온갖 음모가 날뛰는 동티모르에 다시 거센 불길이 피어올랐다. 대통령 사나나 구스마오가 평화를 외치지만 딜리는 잔챙이 아이들 싸움에 휘둘리고 있다. 총리 마리 알카티리는 '안팎세력'을, 외무장관 라모스 홀타는 '제3세력'을 탓했다.

정치가들의 야릇한 말들, 정부가 무너졌다는 뜻이다. 장관, 국회의원, 공무원뿐 아니라 군인과 경찰도 모조리 달아나버렸다. 공항, 항구, 성당은 다시 난민촌이 되었다. 딜리 시가지는 텅텅 비었다.

1999년 9월 동티모르를 건진 '해방군'이라 뻗댔던 오스트레일리아 군대가 7년 만에 '안정군' 이름을 달고 다시 딜리를 접수했다. '미국의 아시아 대리인'을 외쳐온 오스트레일리아 총리 존 하워드는 그 군대에게 '중립'을 내댔고, 충성스런 군인들은 '중립'을 지켰다. 그리하여 오스트레일리아 중무장 군인들이 깔린 딜리엔 여전히 불길이 솟고 시민들은 겁에 질려 있다.

동티모르 정부군과 반란군 모두를 더한 화력을 훨씬 웃도는 오스트레일리아군 1,300여 명은 잔챙이 '동네전선'마저 다잡지 못했다. 장갑차를 동원했고 공격용 헬리콥터 블랙호크를 띄웠지만 짱돌과 손칼을 휘두르는 아이들 패싸움 판에서마저 밀렸다. 방탄복에 유탄발사기로 중무장한 오스트레일리아 군인들은 아이들이 던진 짱돌만 열심히 치웠다. 싸움 말릴 생각은 아예 없었다.

오죽했으면, 현장을 취재하던 기자들이 "보지만 말고 좀 말려라."고 훈수를 다 뒀을까! 군인들은 웃기만 했다.

5월 30일 오후 4시 정부청사 기자회견장, 오스트레일리아군 사령관 슬레이터 준장(Brig. Gen. Mick Slater)은 군인들 태도를 타박하는 기자들에게 "아는 바 없다."는 말만 되풀이했다.

5월 말, 동티모르 정부는 정규군 1,400여 명 가운데 600여 명이 달아나 반란군에 합세하자 오스트레일리아, 포르투갈, 말레이시아 정부에 군대를 보내달라고 매달렸다. 그러자 오스트레일리아 정부는 '동티모르 정부를 도와 시민 안전을 지키고자 군대를 보낸다.'고 밝혔다. 따라서 오스트레일리아 정부가 지킬 '중립'은 없다. 앞뒤 가릴 것 없이 반란군을 결딴내서 동티모르 정부를 돕고 날뛰는 아이들을 다잡아 시민 안전을 지켜야 한다.

오스트레일리아군이 동티모르 정부와 반란군 사이에서 '중립'을 외치는 건 '야심'이 따로 있다는 뜻이다.

마주치는 오스트레일리아 군인들에게 물어본다.

"누가 너희들 적이냐?"

"없다."

"그러면 전선은 어디냐?"

"없다."

중무장 화기를 동원해 작전 중인 군인이 '적'도 없고 '전선'도 없다. 근데 그 최정예 중무장 공격용 부대는 남의 나라 정부 기능을 접수했다. 이런 걸 흔히 '침략군'이라 부른다.

그 오스트레일리아 군인들이 동티모르 대통령도 총리도 외무장관도 또 반란군 우두머리도 모두 경호해주고 있다. 이게 오스트레일리아식 '중립'의 정체다.

시민이야 죽든 말든, 오스트레일리아 정부는 오직 '말 잘 듣는 놈 심어 동티모르를 쥐겠다.'는 속셈을 드러냈다. 더 곧게 말하자면, 오스트레일리아 정부는 정·군·언 합동으로 알카티리 총리 축출 작전을 벌이고 있다.

언론재벌 루퍼트 머독(Rupert Murdoch)의 〈오스트레일리안 *Australian*〉과 〈시드니 모닝 헤럴드 *Sydney Morning Herald*〉를 비롯한 오스트레일리아 언론들은 쉬지 않고 '알카티리 총리 퇴진' 나팔을 불어왔다.

그이들은 알카티리 실정과 부정부패를 불러재꼈지만 핵심 음계는 '마르크스-레닌주의자 알카티리'였다.

그러자 철 지난 '빨갱이' 유령이 공화국을 덮쳤다. 오스트레일리아군이 버텨선 정부청사 앞에 '공산주의자 알카티리 물러나라'는 구호가 나붙었고, 반란군도 시위대도 모두 '빨갱이' 알카티리를 쫓아내자고 외쳐댔다.

독립투쟁전선을 이끌었던 구스마오 대통령도 노벨평화상을 받았던 홀타 외무장관도 모두 한때 사회주의자임을 자랑스레 떠벌려왔는데, 알카티리 총리만 난데없이 '빨갱이'로 몰려 얻어터지고 있다.

왜, 알카티리만 덫에 걸렸는지는 큰 그림만 보아도 드러난다. 알카티리는 독립정부 초기 자력갱생 경제를 내세워 국제통화기금(IMF)과 세계은행(World Bank) 도움을 뿌리치면서 국제 자본주의 체제로부터 미운털이 박힌 데다, 포르투갈-유럽연합 라인으로 기울어 구스마오와 홀타가 기댄

폭동 진압을 위해 투입된 중무장 오스트레일리아 군인들이 딜리를 장악했지만 그 폭동은 날마다 이어졌다. 오스트레일리아 정부의 정치적 목적을 위한 군사작전이었음을 증명했다. 2006. 5. 28. 딜리. ⓒAP

오스트레일리아-미국 라인과 사사건건 부딪쳐왔다. 게다가 알카티리는 2004년 중국 석유회사(CNPC)와 티모르 해 유전 탐사계약을 맺어 오스트레일리아와 미국 정부를 크게 자극했다. 누가 놓은 덫인지, 왜 놓았는지 쉽사리 안쫑잡을 만하다.

알카티리가 말한 그 '안팎세력'은 이미 뜻을 이룬 것으로 보인다.

구스마오는 5월 30일 알카티리 반대를 뿌리치고 비상사태를 선포한 뒤 초헌법적으로 군을 휘어잡았고, 이틀 뒤 홀타 외무장관에게 국방장관 자리까지 덧붙였다.

이제 알카티리는 졸만 남은 장기판 버티기에 들어간 셈이다. 알카티리 정부가 썩은 것도 사실이고, 시민 50%가 실업자인 데다 시민 50%가 하루 1달러도 벌지 못하는 현실이 혼란을 부추긴 것도 사실이다. 그렇더라

도 총선이 1년도 채 남지 않았는데 구스마오가 알카티리 정부를 뒤집은
건 쿠데타로 밖에 볼 수 없다.

구스마오와 반란군을 엮어보면 '친위쿠데타' 냄새가 풍긴다. 산에서 만
난 반란군 우두머리 알프레도 레이나도 소령(Col. Alfredo Reinado)은 투
항 조건으로 '알카티리 사퇴'와 '구스마오의 권력 장악'을 내걸었다.

아직껏 구스마오와 레이나도 관계를 또렷이 말할 만한 실마리는 찾을 수
없지만, 정치판을 읽어보면 '친위쿠데타' 조건은 나와 있다. 현재 의회 88석
가운데 55석을 지닌 알카티리의 동티모르독립혁명전선이 다음 선거에서도
제1당이 될 건 불 보듯 뻔하다. 그러나 구스마오나 홀타는 정치적 발판이
전혀 없는 상태다. 특별한 방법 없이는 권력을 쥘 수 없다는 뜻이다.

돌이켜보면 제헌의회 전부터 대통령중심제를 외친 구스마오와 홀타는
내각제를 내세운 알카티리와 부딪쳤다. 결국 제헌의회가 내각책임제를
받아들이면서 대통령은 상징뿐인 허수아비로 밀려났다. 해서 권력이 빠
진 대통령에 성이 차지 않았던 구스마오는 마지막까지 버티다가 나라 안
팎에서 눌러대자 마지못해 대통령 선거에 나섰다. 그로부터 구스마오는
'독불장군'으로, 홀타는 '프리랜서'로 각각 이름을 밑천 삼아 일인정당 정
치가로 나섰다. 애초 알카티리를 못마땅히 여긴 구스마오는 일마다 티격
대며 정치 혼란의 몸통 노릇을 해왔다.

그사이 구스마오와 홀타는 정당 없이 현실 정치를 뛰어넘기 힘들다는
사실을 깨달으면서 티모르 해 자원을 놓고 동티모르에 눈독 들여온 오스
트레일리아 정부에 점점 더 깊이 빨려들었다. 그러나 선거를 통해서는 권
력을 잡을 수 없다고 본 구스마오-오스트레일리아에게 더 기다릴 만한 시
간이 없었다.

이번 정변을 '구스마오-오스트레일리아 합작품'으로 보는 까닭이다.

오스트레일리아의 파병 과정을 보면 그 '합작품' 밑그림이 드러난다.

오스트레일리아는 동티모르 정부가 파병 요청을 하기 보름쯤 전인 5월 12일 일찌감치 미국과 협의를 거쳐 육군을 태운 군함 두 척을 티모르 해에 띄운 것으로 알려졌다. 이건 오스트레일리아가 동티모르 정부의 파병 요청과 상관없이 상황과 시간을 재며 동티모르 상륙 준비를 해왔다는 뜻이다.

5월 상황을 좀 더 보자. 5월 4일, 오스트레일리아에서 군사훈련 받은 레이나도 소령이 헌병과 무장경찰을 이끌고 반란군에 합류해 알카티리 퇴진을 외치기 시작했다. 5월 9일, 알카티리 정부는 포르투갈이 이끄는 유엔 무장경찰 파견을 요청했다. 여기서 급해진 오스트레일리아를 볼 수 있다. 오스트레일리아는 3일 만인 5월 12일 티모르 해에 군함을 띄웠다. 이어 5월 19일 유럽연합이 대동티모르 3천만 달러 지원계획을 밝혀 알카티리 뒤를 받치자, 5월 22일 알카티리는 이탈리아 에너지회사(ENI)에게 티모르 해 유전 탐사권을 넘겼다.

그동안 "동티모르 대통령과 총리 서명이 담긴 공식 요청을 받기 전엔 군대 보내지 않는다."고 했던 하워드 오스트레일리아 총리는 5월 25일 말을 바꿔 "기다릴 시간이 없다."며 파병 결정을 내렸다.

'제국의 침략은 늘 그랬듯이, 동티모르에도 평화의 사도로 찾아들었다.

적막한 딜리의 밤은 슬픈 '악어의 꿈'을 되살려냈다.

"옛날 옛날에, 제 몸이 너무 작다고 여긴 불만투성이 악어란 놈이 살았다. 늘 제 몸을 한없이 키우고 싶어 했던 이 악어란 놈은 어느 날, 먹을거리도 시원찮고 좁기만 한 늪을 벗어나 넓은 세상으로 나가겠다며 둑을 건넜다. 헌데, 그 세상은 돌밭과 모래밭뿐이었다. 결국, 땡볕에 쪼여 죽어가던 악어는 한 아이의 도움을 받아 늪으로 되돌아갔다. 세월이 흐른 뒤, 악어는 약속대로 그 아이를 등에 태우고 바다를 건너다 지쳐 머문 곳이 바로 동티모르가 되었다."

악어처럼 생긴 동티모르 땅에 얽힌 전설 한 토막이다.

그 작은 악어는 지금 어디로 가고 있는가?

Interview
알프레도 레이나도 소령, 반란군 지도자

누구를 위한 반란인가?

2006년 6월 1일, 마우베시(Maubesi), 동티모르

ⓒ정문태

멀미 났다. 가파른 골짜기를 끝도 없이 굽이도는 낡은 길 따라 3시간, 거북한 속을 가까스로 추스르며 오른 반란군 요새는 뜻밖에 별천지다.

아스라이 피어오르는 아지랑이 꽃밭에 둘러싸인 보자라(포르투갈식 별장)를 누가 반란의 땅이라 불렀던가? 장난기 도는 이 눈빛들을 누가 반란군이라 불렀던가?

보자라 들머리는 또 어떤가? 정신없이 발가락 후벼 파는 놈, 반쯤 드러누워 낄낄대는 놈, 웃통 벗어젖힌 놈……. 그이들, 예닐곱 낯선 얼굴들은 오스트레일리아 정부군이다.

직업 탓에 20년 가까이 온갖 반란과 친분을 맺어왔지만, 이런 반란은

또 처음 본다.

씩씩한 사나이가 나타났다. 대뜸 "넌 누구냐?"고 묻는다. 첫인사 치고
는 좀 그렇다. 좋게 보면 자신감 넘치고, 달리 보면 시건방진 이 자가 바로
동티모르를 엉망으로 만들어버린 레이나도 소령이다.

:: 기분 괜찮나? 죄 지은 마음 안 드나, 내 땅에 외국군이 득실거리는데?
　(부하에게 커피 시키다 말고 들떠서) 그 무슨 말이냐? 여기 온 외국군이 적
인가? 우릴 돕겠다고 왔는데.

:: 24년 동안 외국군 몰아내자고 싸워서 얻은 독립이다. 당신도 싸웠고.
근데 왜 또 외국군이냐?
　외국군도 친구면 괜찮다. 그러면 미군이 있는 한국에선 모두가 죄 지은
마음이겠네?

:: 말이라고. 상식 지닌 시민은 쪽팔려하면서 미군 마다해왔다. 이런 건
'친구', '안 친구' 문제가 아니다.
　(커피가 나오자 상냥해지면서) 설탕 좀 넣지? 동티모르 커피는 아주 쓰
니까.

:: 동티모르 커피는 쓴맛에 마신다. 그보다 반란 일으켰으니 정부군과 인
연 끊은 건가?
　(곧장 핏대 올리며) 난 군대를 떠나지 않았고, 군대를 사랑한다.

:: 군인이 명령 어기고 총 들고 뛰쳐나온 건 불법이다. 이미 군대 떠났다

는 말이다.

명령이 옳고 합법적일 때만 따를 의무 있다. 군대가 나라 지키는 조직인데 개인 좇는 명령 따르라고?

:: 뭐가 불법 명령이었나?

4월 28일 (정부군이 탈영 군인들을 공격해서 사상자 낸 사건) 봐라. 그건 학살이다. 총리 따르는 지휘관이 동료 죽이라는 걸 어떻게 받아들일 수 있나? 그게 바로 불법이다.

:: 그 모두는 당신 같은 군인이 불법으로 군대 뛰쳐나와서 벌어진 일이다. 나오기 전에 어떤 계획 세웠나? 이런 일 예상했나?

계획은 무슨 계획. 예상도 못 했다. 군대를 지키고 싶은 마음뿐이었다.

:: 군대 지키겠다는 건 그냥 의지고, 군인이 총 들고 나설 때는 다 작전계획 같은 게 있단 말이지?

(목소리 또 높아진다) 군대를 잘못 이용하는 걸 마다했고, 정의 바로 세우자는 뜻이었다.

:: 당신은 반란군 지도자고, 그 반란에는 반드시 계획이 있단 말이다.

계획 있었다면 나는 무슨 일을 저질렀을 것이고 또 누군가가 되었을 것이다.

:: 그 '일'과 그 '누군가'란 말은 반란군이 정부 뒤엎고 당신이 한자리 할 수도 있다는 뜻인가?

그렇다. 근데 그 반란자(rebel)란 말 좀 쓰지 마라. 언론이 상황을 헷갈리게 만든다.

:: 반란을 반란이라 부르지 않으면? 걸맞은 말 줘보라.

내가 여기로 온 건 군대 존엄성 지키겠다는 뜻이다. 반란이라 부르는 건 마리(마리 알카티리 총리) 쪽에서 우리를 구석으로 몰아넣으려는 짓이다. 내가 곧 군대다.

:: 당신이 곧 군대면, 당신은 딜리에 있는 반대쪽 정부군을 뭐라 부르는가?

범죄자.

:: 군대 달아난 이들이 스스로 군대라 부르며, 군 조직 모두를 범죄자라 부를 수 있나?

(핏대 올리며) 당신, 그런 식으로 말할 건가! 군대가 범죄자란 게 아니다.

:: 들썽거릴 거 없다. 당신이 "내가 곧 군대다.", "반대쪽은 범죄자다."고 했잖아?

당신, 내가 못마땅한가 본데, 불만 있으면 군대를 정치로 써먹는 마리 쪽에다 털어놔라. 내 말은 마리가 범죄자란 거지 군 조직이 아니다.

:: 불만 많다. 그러니 진짜 속말 좀 들어보자. 정부 뒤엎겠다는 것도 아니라면서 왜 군대 뛰쳐나왔나?

동부 출신들이 모든 걸 싹쓸이해서 서부 출신 차별했잖아. 독립투쟁 때부터 전통이 그랬다.

:: 그야 주력이 동부였고. 서부는 인도네시아에 가까웠으니 자연스러운 거 아니었겠나?

아니다. 차별이 뿌리다. 무장투쟁 조직인 동티모르민족해방군이 독립 뒤 동티모르독립혁명전선 이름 걸고 거짓 선거 통해 정부 잡고부터 더 심해졌다.

:: 잠깐, 동티모르민족해방군은 동티모르독립혁명전선의 무장조직이었으니, 정치조직인 동티모르독립혁명전선이 독립 뒤에 정부 맡는 거 너무 마땅하지 않나? 구스마오도 그 출신이고, 모두가.

혁명군이 정치 맡아서 제대로 한 역사가 없다. 혁명군은 혁명만 해야지, 혁명 뒤에 정치하면 안 된다.

:: 그건 수구들이 가만히 앉았다가 역사 거저먹겠다는 논리다. 그럼 혁명 뒤에 누가 정치해야 하나? 혁명 반대했던 이들이 해야 옳나?

문제는 그이들이 모든 걸 다 먹고 서부를 낮잡았다는 거다. 보직도 임금도 모조리 그랬다.

:: 그래서 군대 뛰쳐나왔다면 이제 어떻게 할 건가? 이 일을 어떻게 풀자고?

마리와 그 가까이 있는 범죄자들 모두 물러나기 전에는 풀 수 없다.

:: 그건 당신이 구스마오 대통령을 돕겠다는 뜻이겠지?

구스마오가 아니다. 이 상황 풀 수 있는 헌법적 권능 지닌 대통령을 돕는다는 거다.

:: 그게 그 말이지 뭐냐?

개인 구스마오가 아니라, 국가 지도자로서 그이를 따른다는 말이다.

:: 그것도 같은 말이다. 야튼, 마리만 물러나면 하산하겠다는 건가?

그냥은 못 내려가지. 안전 보장돼야 한다. 뭣보다 구스마오가 정부 해산하고 전권 쥐어야 한다. 그건 구스마오가 마음만 먹으면 쉬운 일이다.

:: 군인이 너무 정치적인 거 아닌가? 정부 무력으로 뒤엎겠다는 것과 뭐가 다른가?

그 길 말고는 없다. 그게 시민들이 바라는 바다.

:: 그러면 구스마오 명령은 따르겠다는 뜻인데, 뛰쳐나오기 전에 구스마오 쪽과 교통 있었나?

(서양 영화배우처럼 두 손을 크게 벌려 과장된 몸짓 하며) 무슨 교통? 지금 무슨 말 하나? 구스마오 명령도 옳은 것만 따른다. 사람 죽이라면 안 따르지. 구스마오에게 이 말 그대로 전해도 좋다.

:: 오스트레일리아군 사령관 슬레이터 준장은 만났나? 서로 교감하는 듯 보이던데?

아니. 교감은 무슨……. 그냥 그쪽에 좋은 친구들이 있는 거지.

:: 왜 안 만났나? 여기까지 오스트레일리아군이 와 있는 판에. 뭔가 주고
받을 것도 있을 텐데?

　왜 꼭 만나야 하나? 못 만날 것도 없지만, 만날 계획도 없다.*

:: 저 아이들(오스트레일리아 군인)은 여기서 뭐하나?

　우릴 돕기도 하고 수색도 다니고……. 그이들이 있어서 좋은 게 많다.

:: 반란 다잡겠다고 온 애들이 왜 반란군을 돕고 있나? 반란군 우두머리
인 당신이 여기 있는데 뭘 수색하러 다닌다는 건가? 이거, 뭐가 잘못돼도
한참,

　(급히 말을 자르며) 커피나 한잔 더 하세. (어디론가 전화질을 하며 낄낄댄
다. 때문에 인터뷰가 한참 끊겼다.)

:: 당신 따라 나선 반란군 숫자는 얼마고, 또 무기는 어디 숨겼나?

　숫자는 나도 모른다. 무기는 모두 무기고에 있다. 내가 그 리스트도 갖
고 있다. 안전하다.

:: 모두 무기고에 있다고? 그럼 여기 저 친구들(반란군)이 들고 있는 저
총은 가짠가?

　그건 내 무기다.

:: 내 무기라니? 무기는 군대 소유다.

* 기자와 인터뷰한 바로 다음 날인 6월 2일, 슬레이터와 레이나도는 아이레우에서 비밀리에 만났다.

여긴 군대다. 군인인 내가 무기를 지닌 게 뭐가 잘못인가?

:: 군대와 당신 개인이 헷갈리는 모양인데, 당신은 군대 벗어난 반란자다.
헷갈리는 건 당신이다! 난 나라 지키고자 복무 중인 군인, (전화가 울
린다.)

그렇게 판을 접었다. 그이는 마당으로 따라 나서면서 "한국군에 좋은
친구들이 많다.", "비무장지대도 환상적이더라."…… 별 상관도 없는 시
답잖은 한국 이야기를 늘어놓았다.
　"오스트레일리아 군인과 사이좋게 지내듯이 동티모르 군인들끼리도 사
고 치지 말고 잘 지내라."

하늘엔 먹구름이 떠 있고, 산은 지겹도록 이어졌고, 돌아갈 길은 아득하
기만 한데, 레이나도 말이 뒷골을 때린다.
　"서로 마음 다른 군인들이 총 들고 한 병영에서 잘 지낼 수 있겠는가?"

이렇게, 대책 없는 군인들은 신생 공화국에도 어김없이 태어나고 있다.

Interview
마리 알카티리 총리

분열의 전통,
권력투쟁으로 살아나다

2006년 6월 2일, 총리 집무실, 딜리

ⓒ정문태

반란군 요새도 오스트레일리아 군인들이 지켜주더니…….

외국군이 정부 건물을 지키는 것만도 눈꼴사나운데, 아예 총리실 문지
방까지 넘나들며 설쳐대는 꼴이…….

알카티리 총리 얼굴이 전보다 더 어두웠다. 그나마 그이에게 말할 기운
이 남아 있는 게 다행스러웠다.

아니다. 구스마오와 달리 입이 무겁던 그이였으니, 오히려 말은 그전보
다 더 많아진 것 같기도 하고.

:: (악수하고 자리에 앉았지만 뭘 묻는다는 게 거북했다. 뜸들이다가) 이런 판에 인터뷰 받아준 것만 해도 고맙다. 이 상황을 어떻게 풀이할 수 있나?

　누군지 알 수 없지만, 나라 안팎세력들이 잘 꾸민 것.

:: 안팎세력들 그러는데 누굴 말하고 싶은 건가? 오스트레일리아? 미국?

　(빙그레 웃다가) 그건 기자인 당신이 파헤쳐야 할 일이잖아. 내게 물을 게 아니라.

:: 해서 지금 파고 있는 거다. 아예 펜 놓을까(off the record), 편하게 얘기나 할 수 있도록?

　총리라는 자리가 그런 말 함부로 할 수 없는.

:: 저 애들(오스트레일리아 군인들)이 총리실 문턱도 넘나드는데, 기분 괜찮은가?

　음……. (얼굴에서 고민이 확 올라온다.) 외국 정부에 군대 보내달라는 거 쉽지 않았다. 사회도 정치도 모두 크게 영향 받는다는 거 잘 알고 있다.

:: 지난 주 당신은 이 사태를 "누군가가 꾸민 쿠데타 음모다."고 했는데, 지금도 그렇게 보는가?

　독립 뒤부터 이어진 일이다. 지난해 90일 동안 시위도 그랬고……. 안팎세력들이 짜 맞춘.

:: 누굴 마음에 두고 있나?

　외세와 동티모르 안쪽 그룹…….

:: 외무장관은 '제3세력'이라 부르고, 총리는 '안팎세력'이란 말만 하는데, 왜 똑바로 밝히지 못하는가?

우린 그런 걸 밝혀낼 만한 정보력이 없다.

:: (창 밖 시위대를 가리키며) 당신 물러나라고 외치는 저 소리들 듣고 있나?

이게 민주주의다. 만약 내가 저이들 말처럼 독재자라면 그냥 쓸어버리지 않았겠나?(폭소) 새로울 것도 없다. 2002년, 2003년, 2005년과 똑같은 이들, 똑같은 소리다.

:: 저이들은 누군가?

기자라면 그쯤은 알 것 아닌가? 문제는 소리 없는 나라 밖 세력들인데, 우린 작은 정부라 그걸 밝혀낼 만한 힘이 없다. 마음 가는 데만 있을 뿐.

:: 어쨌든 반대쪽은 문제의 뿌리도 해결책도 모두 총리 쫓아내기에 맞췄다. 물러날 계획 있나?

(굳어지며) 없다. 전혀 없다! 60% 넘는 시민이 우릴(동티모르독립혁명전선) 밀어왔다. 물러나고 말고는 당이 결정한다. 당이 물러나라면 바로 이 순간에도 떠난다.

:: 그러면 다음 선거(2007년) 때까지 간다는 뜻인가?

그렇지 않으면? 이게 헌법이고, 법으로 따져 하나뿐인 길이다.

:: 어제 산에 가서 레이나도 만났다. 그이는 당신이 물러나지 않는 한 협

상도 해결책도 없다던데?

작은 그룹들이 저마다 그렇게 정부 을러대고, 그때마다 총리 물러나면 민주주의 끝이다.

:: 현실에서 그이는 작은 그룹 아니다. 정부군 병력 1,400명 가운데 600명 몰고 나갔다.

무슨 말을! 동티모르 인구가 1백만이다. 군대는 국가조직 가운데 하나고, 그들은 그중 몇몇이다.

:: 그러면 이 사태를 어떻게 풀겠다는 건가?

나 혼자 일이 아니다. 대통령과 의회와 정부가 함께 풀 일이다. 힘 합쳐 먼저 안정부터 찾고, 그다음에 군대 문제 풀어가야 한다.

:: 대통령 구스마오와 주고받을 수 있는 선은 늘 열려 있나?

헌법기구로서 회의체(국가평의회)도 있고, 개인적으로 전화도 할 수 있고……

:: 이 사태는 제헌의회 시절부터 대통령제 외쳤던 구스마오와 내각제 바랐던 당신이 부딪치면서 어림잡았던 일이고, 그 연장선에서 권력투쟁 중이라는 게 내 생각인데?

아니다. 이 제도는 선거로 뽑은 제헌의회가 결정했고, 우린 민주주의 헌법 따라왔다.

:: 내 뜻은 권력분점에 실패했다는 거다. 제도 따지는 게 아니다. 안팎으

로 이름 떨친 구스마오가 상징뿐인 대통령 하면서부터 정부 쥔 당신과 부
딪친,

(말을 자르며) 맞는 말이다. 독립하고 처음 2년쯤은 그랬다. 그 뒤론 구스
마오가 정치판 멀리하고 국가 지도자로서 화합에 힘 쏟아 별 문제 없었다.

:: 근데 왜 이런 일이 벌어지고 있나?

외세가 구스마오와 나 사이에 권력투쟁 부추겨왔다. 그들이 뒤죽박죽
만들어버렸다.

:: 문제는 당신이 그 혼란 한복판에 있다는 거다. 시민은 총리의 실정, 부
정, 차별을 나무라고 있다.

(소리 높이며) 뭐가 실정인가? 어떤 총리가 미세경영까지 몸소 챙길 수
있나? 그런 총리 본 적 있나? 차별이라고, 어떤 차별?

:: 정책만 말하고 싶겠지만, 경영도 그 책임은 총리 몫이다. 내각제에서
총리 말고 누가 책임지나? 반대쪽에서 동·서 차별 외쳐왔지 않는가?

독립투쟁 했던 1999년까지는 동부 출신이 줏대였다. 해서 균형 맞추려
고 동티모르방위군(F-DTL) 1,400명 가운데 8백 명을 서부 사람으로 짰다.
근데 6백 명이 차별 외치며 뛰쳐나갔다. 남아 있는 8백 명 가운데도 2백
명은 서부 출신이다. 현실은 정반대다. 차별 외치려면 올바른 근거를 대란
말이다.

:: 동서 출신 군인들 사이에 임금과 승진 차별을 말하기도 하던데?

상식으로 보자. 한 병영 안에서 어떻게 서로 다른 임금 줄 수 있겠나?

승진도 마찬가지다. 법이 있다.

:: 뛰쳐나간 군인 6백 명 다시 받아들일 계획 있는가?

　대통령, 정부, 의회라는 헌법기관이 법에 따라 위원회 만들어 심사한다
고 했더니, 그 6백 명이 다짜고짜 차별 외치며 뛰쳐나갔다. 어처구니없었
다. 해서 정부가 그 불법 행동 처벌하지 않을 수 없었던 거고.

:: 그이들 뒤를 봐주는 게 누군가?

　모른다. 이해해라. 거듭 말하지만 우린 그런 걸 캘 만한 정보력이 없다.

:: 이야기 바꿔보자. 반대자들은 당신이 사회주의자기 때문에 안 된다고
들 하던데, 어떻게 생각하나?

　신념은 개인 자유고 권리다. (멋쩍은 듯 웃고는) 요즘 세상에 사회주의
국가가 어디 있나? 어떤 사회주의 정부가 국제통화기금과 세계은행 같은
자본주의 도구들을 받아들이더냐?

:: 독립 전엔 구스마오도 홀타도 당신도 모두 사회주의자였다. 근데 왜 지
금 당신한테만 꽂힌다고 보나?

　분열, 동티모르 전통이다. 1975년엔 모두들 사회주의 혁명 내세웠다.
그러더니 이제 그걸 꺼내 남을 때리고…….

:: 독립투쟁 시절 당신이 외국에 나가 있었던 걸 문제 삼기도 하던데?

　아프리카에 있었다. 뭐가 문제가? 나라 안팎에서 모두들 독립투쟁에 몸
바쳤는데. 오스트레일리아에 있었던 홀타는 아무도 나무라지 않으면서,

왜 나만 문제 삼는가?

　총리 이야기를 듣다 보니 모든 게 제대로고 머리 싸맬 일도 별로 없다. 정부청사를 나서 50여 명 시위대와 마주치기 전까지는 그랬다. 도심 한쪽을 불 지르는 정체불명 아이들을 물끄러미 바라보고만 있는 중무장 오스트레일리아 군인들과 마주치기 전까지는 그랬다.

동티모르 정치극 두 마당 — '쿠데타', '암살 기도'

2008년 7월 15일, 방콕

동티모르 2006~2008년 정치사는 어둠에 묻혀버릴 가능성이 크다. 기자란 그 가능성을 붙들어 매고 버텨야 하는 숙명을 지닌 이들이다. 물증이 없다면, 물음표라도 기록에 남긴다. 역사는 끝나지 않았다.

첫째 마당, '쿠데타.'

2006년 2월 8일 서부 출신 군인 404명이 동서 차별 반대를 외치며 탈영한 데 이어, 25일 다시 177명이 사라졌다. 알카티리 총리는 이들을 '반란군'이라 부르며 되돌아오라고 다그쳤다. 4월 24일부터 반군들은 지지자들과 함께 딜리에서 시위를 벌였고, 28일 정부군과 부딪쳐 5명이 숨졌다. 두려움에 질린 시민 2만여 명이 성당으로 몸을 피했고 딜리는 다시 혼란 속에 빠져들었다.

5월 4일, 알프레도 레이나도 헌병 소령이 부하 20여 명을 데리고 반군에 뛰어들어 구스마오 대통령에게 알카티리 정부를 해산하라고 윽박지르면서 불길이 정치판으로 옮겨 붙었다.

5월 9일, 알카티리는 반군과 폭동을 묶어 '쿠데타'라 불렀다. 그러나 "나라 안팎세력들"*이라고만 했을 뿐, 그 배후는 끝내 밝히지 않았다. 5월 말로 접어들면서 걷잡을 수 없는 폭동이 벌어지자, 알카티리 정부는 24일 오스트레일리아, 뉴질랜드, 포르투갈, 말레이시아에 지원군을 요청했다.

첫째 마당 주제는 알카티리 입에서 나왔다. '나라 안팎세력들.' 그건 '구스마오-오스트레일리아 라인'을 일컫는 말이다. 왜 구스마오에게 혐의를 둘까? 먼저, 그이가 '대통령으로서 책임과 의무를 다했는가?'를 따져보면 집히는 게 있다.

대통령은 독립과 화합과 민주제도의 온전한 기능을 위한 국가수반이고 상징이며 보증인이다.

－동티모르 헌법 제3부2편1장74조1항

결론부터 말하자면, 구스마오는 헌법이 요구한 대통령 노릇을 안 했고, 스스로 정치 혼란 가운데 서면서 대통령이 정치에 끼어들지 못하도록 한 헌법을 짓밟았다. 그이는 대통령직을 떠나 적과 동지를 비롯한 누구와도 교감할 수 있는 남다른 솜씨를 지녀 사회통합 적임자로 기대를 한 몸에 모았던 인물이다.

그런데 정국이 혼란에 빠져들던 3월 23일, 안정을 호소해야 할 대통령인 구스마오는 오히려 방송 연설을 통해 "동티모르독립혁명전선(집권당)은 썩어빠진 독재다."며 알카티리 정부를 몰아쳤다. 그 연설이 끝나자마자 딜리 곳곳에서는 정체불명 패거리들이 폭동을 일으켰고, 반군은 물 만난 듯 '알카티리 퇴진'을 외치기 시작했다.

뜻했든 아니든, 구스마오는 폭동을 부추긴 혐의로부터 자유로울 수 없다.

* 알카티리 인터뷰. 2006년 6월 2일. 정문태. 〈한겨레21〉

이어 5월 29일 구스마오는 국가평의회를 열어 알카티리를 비롯한 정치판 우두머리들과 만났고, 하루 뒤인 5월 30일 알카티리 정부의 세찬 반대를 뿌리치고 비상사태를 선포했다. 반대자들은 혼란을 부추긴 이와 비상사태를 선포한 이가 같은 인물이라고 대들며 거센 위헌 논란을 일으켰다.

이날 국방장관 로쿠에 로드리퀘즈(Roque Rodriquez)와 내무장관 로헤리오 로바토(Rogerio Lobato)는 '정치적 음모'라며 물러났다. 구스마오는 곧장 라모스 홀타 외무장관에게 국방장관 자리까지 덧붙였다.

이때부터 구스마오는 대통령을 '명목상' 군 최고사령관이라 적어놓은 헌법 제3부2편1장74조2항을 빌려 '실질적' 권력을 휘두르며 알카티리 정부를 내쳤다.

구스마오가 국가평의회를 열어 비상사태 선포를 들먹였던 5월 29일로 돌아가 보자. 구스마오는 정부가 불법이라 찍은 반군 우두머리 레이나도 소령에게 대통령 문양이 찍힌 편지지에 포르투갈어로 쓰고 서명까지 한 편지를 보냈다.

알프레도 (레이나도) 소령, 좋은 아침이오. 우린 이미 오스트레일리아군과 손잡았으니 당신은 아이레우(Aireu. 반군 거점)에 머무시오. 모두를 껴안으며.

사나나 구스마오**

대통령이 불법 반군 우두머리에게 상냥하게 상황을 일러주며 행동지침까지 내렸다. 대통령이 범법자에게 편지를 보낸 것도 야릇한 일이지만, 무

** 〈*New Matilda*〉, http://www.newmatilda.com/admin/imagelibrary/mages/Gusmao_leterbl52S k87JIe3G.jpg

슨 뜻이 있어 보냈다면 투항을 다그쳐야 옳지 않겠는가?

적어도, 그 편지는 구스마오와 레이나도가 가까운 사이란 걸 들춘 셈이다.

레이나도는 6월 1일 나와 인터뷰할 때까지만 해도 구스마오와 "아무 관계없다."고 딱 잡아뗐지만, 6월 말 오스트레일리아 〈*SBS*〉 방송과 인터뷰에서는 "대통령에게 탈영을 알렸고, 대통령은 내 뜻을 받아 들였다."며 5월 14일 구스마오와 만났던 사실까지 밝혔다. 그렇다면 대통령과 반군 우두머리가 남몰래 만났고, 대통령은 그 반군을 편들어주면서 합법 정부를 물러나라고 외쳤던 셈이다.

그 뒤, 〈*포르투기스 뉴스 네트워크 PNN*〉도 레이나도가 반군과 함께 머물렀던 비사우의 게스트하우스 비용을 구스마오나 그의 오스트레일리아인 아내 크리스티 스워드(Kristy Sword)가 내준 사실을 보도했다. 대통령과 반군 우두머리가 가까운 사이란 걸 증명하고도 남을 노릇이다.

의혹은 이어진다. 6월 19일 오스트레일리아 〈*ABC*〉 방송은 〈포 코너 *Four Corner*〉란 프로그램을 통해 알카티리가 정적 살해용 저격대를 만들었다며 난리를 피웠다.

구스마오는 곧장 그 복사 테이프를 알카티리에게 보내 물러나라고 다그쳤다. 대통령이 증거도 없이, 그것도 정치적 의도를 담은 한 외국 방송 프로그램을 들이대며 총리를 물러나라고 닦달하는 일이 벌어졌다. 알카티리 반대자들은 그 프로그램을 들고 거친 시위를 벌였다. 그 일로 정국 혼란 주범이 누군지 더 의심스러워졌다. 참고로 그 일은 유엔조사위원회가 알카티리의 혐의를 벗겨주면서 싱겁게 끝났다.

6월 22일, 정부방송 〈*TVTL*〉에 다시 나타난 구스마오는 알카티리를 윽박지르며 최후통첩을 날렸다.

"내일까지 알카티리가 물러나지 않는다면, 내가 대통령을 그만두겠다."

이내 구스마오 지지자 수천 명이 몰려나와 대통령 사임 반대를 외쳤다.

6월 23일, 알카티리는 물러나지 않았다. 구스마오도 그만두지 않았다. 구스마오는 시민들에게 했던 약속을 깨고, 그이 집 앞으로 몰려든 지지자들에게 그만두지 않겠다며 눈물까지 글썽였다.

동티모르 헌법을 눈 닦고 훑어봐도 대통령이 총리 사임을 요구할 법적 근거는 어디에도 없다. 하여, 구스마오는 협박과 눈물로 이어지는 싸구려 신파극을 벌일 수밖에 없었던 모양이다.

6월 25일, "동티모르독립혁명전선이 원하면 물러난다."***고 밝혔던 알카티리 총리를 동티모르독립혁명전선이 거듭 신임하자, 외무장관 겸 국방장관 홀타는 "정부가 제대로 돌아가지 않는다."는 사임 성명서만 남긴 채 사라졌다.

6월 26일, 마침내 알카티리가 총리 자리에서 물러났다. 홀타는 아무 일도 없었다는 듯이 하루 만에 잽싸게 다시 나타났다. 7월 8일, 구스마오는 홀타를 총리 자리에 앉혔다.

대통령 구스마오는 그렇게 정치 혼란을 부추겨 법적 근거도 없이 기어이 총리를 쫓아내고 권력을 잡았다. 쿠데타였다. 달리 부를 마땅한 말이 없다.

구스마오가 알카티리를 쫓아낸 지 꼭 한 달 만인 7월 26일, 레이나도가 잡혔다. 살인과 불법무기 소지 혐의를 받고 있던 그이는 딜리 헬리포트에

*** 알카티리 인터뷰. 2006년 6월 2일. 정문태. 〈한겨레21〉

가까운 오스트레일리아군 병영과 마주 보는 집에 살고 있었다. 그동안 시민들은 오스트레일리아군이 레이나도를 지켜준다고 여겼으니 그리 놀랄 만한 일은 아니었지만, 그이를 잡아가는 꼴은 눈여겨볼 만했다. 먼저 온 포르투갈 경찰이 레이나도 집을 뒤지고 그이를 데려가려 했으나, 곧바로 오스트레일리아 경찰이 들이닥쳐 일이 꼬였다. 오스트레일리아 경찰은 몰려든 기자들을 모두 물리치고 밤이 되어서야 레이나도를 데리고 떠났다. 레이나도 체포 과정은 매우 정치적이었다. 알카티리-유럽연합 라인은 '대통령의 남자'로 여겼던 레이나도 체포를 통해 구스마오-오스트레일리아 라인에 강한 불만을 터트린 셈이고, 오스트레일리아는 울며 겨자 먹기로 레이나도를 체포할 수밖에 없었다.

그러나 레이나도는 한 달 남짓 만인 8월 30일, 오스트레일리아군과 뉴질랜드군 관할지역인 베코라 형무소에서 수감자 57명을 이끌고 유유히 사라졌다. 국민투표 7주년 기념일에 맞춰 탈옥한 레이나도는 텔레비전에 인터뷰까지 하고 다녔지만, 누구도 그이를 붙잡지 않았다. 대통령 구스마오도 총리 홀타도 오스트레일리아군도 하나같이 모른 체했다.

이어 선거전이 벌어졌다. 2007년 4월 9일 대통령 선거, 8명이 입후보한 가운데 부정개표 논란과 재검표를 거쳐 동티모르독립혁명전선 의장 프란시스코 구테레스(Francisco Guterres)가 27.89%를 얻어 21.81%에 그친 홀타를 눌렀다. 그러나 득표율 과반을 넘기지 못해 5월 9일 결선투표를 했고, 오스트레일리아군이 선거에 부정개입 했다는 말썽 속에서 구스마오를 업은 홀타가 69%를 얻어 당선되었다.

6월 30일 총선, 구스마오는 티모르재건국민회의(CNRT)라는 당을 만들어 선거전에 뛰어들었다. 24.10%를 얻은 구스마오의 티모르재건국민회의는 29.02%를 얻은 알카티리의 동티모르독립혁명전선에 이어 제2당이 되었다. 그 결과, 의회 65석 가운데 동티모르독립혁명전선이 21석, 티모르재건국민회의가 18석을 차지했으나 두 당 모두 과반을 채우지 못해 단독정부 구성에 실패했다. 그로부터 한 달 가까이 연립정부를 놓고 진흙탕 싸움이 벌어졌다.

구스마오는 선거 결과가 나오기도 전부터 민주당(PD)을 비롯한 모든 군소정당들과 손잡고 동티모르독립혁명전선을 고립시켜 제1당이 지닌 연립정부 구성권을 아예 막아버렸다.

8월 6일, 대통령 홀타는 제2당인 구스마오에게 연립정부 구성권을 넘겼다. 이틀 뒤인 8월 8일 홀타는 동티모르독립혁명전선을 무시한 채 구스마오를 총리에 임명했다. 홀타의 총리 임명이 헌법 제3부4편2장106조1항 '총리는 의회에서 정당들이 협의를 거친 뒤 대통령이 결정한다.'는 규정을 건너뛰었고, 제1당과 그 지지자들은 위헌이라며 거세게 몰아붙였다.

그렇게 해서 총리 알카티리 쫓아내기를 다룬 2006년 정치극은 1년 만에 구스마오-홀타 승리로 막을 내렸고, 동티모르에는 극우 연립정권이 등장했다. 대선과 총선에서 패했던 홀타와 구스마오가 민주제도를 빌려 민주주의를 박살내고 권력을 나눠가졌다는 점을 눈여겨볼 만하다.

둘째 마당 '암살 기도.'
2008년 2월 11일, 홀타 대통령과 구스마오 총리가 나란히 총질 당했다는 소식이 터졌다. 홀타는 가슴과 배에 총을 맞았고, 구스마오는 타고 가던 자동차에 총알이 박혔다. 정부는 곧장 레이나도 소령 짓이라고 밝혔다. 그걸로 끝이었다.

하여 이 둘째 마당은 흩어진 의문들을 짜 맞춰보는 추리극 성격을 지녔다. 연결고리는 두 개다. 하나는 구스마오와 레이나도 관계고 다른 하나는 구스마오와 홀타 관계다.

첫 번째 고리. "오직 구스마오 명령만 따른다"고 외쳤던 레이나도와 그를 잡아들이지 않아 크게 의심받아왔던 구스마오, 그 둘이 갈라지는 낌새가 2007년 말부터 새나왔다.

알카티리를 쫓아내고 총리가 된 구스마오는 2007년 12월 레이나도에게 투항을 명령했다. '레이나도 유효기간'이 끝났음을 알리는 신호탄이었다.

맞선 레이나도는 2008년 1월 들어 구스마오와 만났던 내용을 담은 DVD를 뿌리며 구스마오와 관계를 폭로했다.

"많은 일들이 막 뒤에서 벌어질 것이고, 구스마오는 자신이 책임자임을 잘 알고 있다. 구스마오는 우리를 나쁜 놈이라 했지만, 그이가 우리를 만들어낸 작가며 배후다."

DVD가 나돌고 민심이 크게 흔들리자, 1월 10일 구스마오는 "당신들이 레이나도를 인터뷰해온 걸 눈감아줬는데, 이런 게 나라를 흔들어 났다."며 기자들에게 책임을 뒤집어씌웠다. 그러고는 "이걸 자꾸 다루거나 레이나도를 인터뷰하면 잡아가두겠다."고 으름장까지 놓았다.

레이나도 말을 다 곧이들을 수 없다손 치더라도, 구스마오와 사이가 틀어진 것만큼은 또렷해졌다.****

그즈음, 대통령 홀타가 중재에 나서 '구속 뒤 5월 20일 독립기념일에

**** 레이나도 인터뷰. 2006년 6월 1일. 정문태. 〈한겨레21〉

사면한다.'는 조건을 내걸고 레이나도와 이미 투항에 합의한 상태였다. 병영이탈, 반란, 살인, 불법무기소지 혐의로 쫓기던 레이나도가 몇 달이면 끝나는 사면 조건을 마다하고 구스마오에게 대들었다는 건 무엇을 뜻할까?

그 둘 사이에 세상이 알지 못하는 아주 특별한 '사업'이 있었음을 어림해볼 만하다. 레이나도가 더 큰 '흥정'을 바랐거나 구스마오가 '침묵'을 내댔거나, 어쨌든 레이나도는 자기 구실을 제대로 인정받고자 했던 것으로 읽히는 대목이다. 그 무렵 정가에서는 레이나도가 장관 자리를 바란다는 소문도 돌았다.

두 번째 고리. 레이나도가 온 나라를 휘젓고 다니는 사이 구스마오 정부가 어지럽게 흔들리자 야당인 동티모르독립혁명전선은 조기 총선을 닦달했다.

2월 9일, 암살 기도 사건 3일 전, 홀타는 구스마오와 알카티리를 비롯한 정치 모가비들을 불러 모았다. 그 자리에서 홀타가 여론과 야당 요구를 받아들여 2009년 조기 총선 쪽으로 기울자, 구스마오는 거세게 반발했다. 이미 시민 지지를 잃은 구스마오에게 조기 총선은 정치적 사망선고와 같았기 때문이다.

그 순간, 구스마오에게 홀타는 어제의 그 동업자도 후원자도 아니었다.

알카티리를 몰아내고자 공동전선을 펼쳤던 구스마오와 홀타는 자신들의 승리를 확인하면서부터 일인자가 둘일 수 없는 매정한 권력 본질을 깨달았고, 결국 그 둘은 정치력 시험무대인 반군 문제 해결을 놓고 레이나도와 개별 협상을 벌이면서 서로를 경쟁자로 여기게 되었던 셈이다.

'분열', '음모', '배반'으로 얼룩진 동티모르 현대사의 중심에 선 그 둘은 그동안 협조와 경쟁을 통해 공존해왔다. 구스마오가 무장투쟁전선 상징이었다면, 홀타는 외교전선 선봉장으로.

나라 안팎에 이름 날렸던 홀타가 독립을 앞두고 동티모르독립혁명전선과 거리를 둔 채 구스마오를 밀면서 외무장관이라는 뒷자리에 앉았지만 모든 전문가들은 망설임 없이 일찌감치 그이를 '차기'로 꼽았다.

진작 본 대로, 독립정부 혼란 속에서 알카티리와 구스마오가 정치적 중상을 입은 것과 달리 홀타는 큰 흠집 없이 짧은 시간에 총리와 대통령을 모두 거쳤다.

이런 상황에서 2월 11일, 대통령과 총리를 모두 타격 대상으로 삼은 희한한 사건이 터졌다.

대통령 홀타 쪽 사건부터 의문을 달아보자. 모든 의문에 앞선 의문 하나, 대통령 홀타를 죽이겠다는 이들이 경호원 둘만 달랑 달고 매일 아침 같은 길을 달리는 대통령을 두고, 왜 군이 오스트레일리아군 병영이 있고 중무장 경호원들이 도사린 대통령 집을 타격지점으로 삼았을까?

이어지는 의문들, 아침 운동을 하고 돌아오던 홀타는 집 쪽에서 나는 총소리를 들었다는데 왜 무시한 채 곧장 집으로 되돌아왔을까? 집에 닿은 홀타가 총을 맞기 30~60분 전, 정부가 암살범이라고 발표한 레이나도는 이미 대통령 집에서 눈과 목에 총을 맞아 죽은 뒤였다는 사실을 어떻게 설명할 수 있을까? 레이나도가 대통령 집에서 살해당했는데도 경호원들은 왜 운동 중인 대통령에게 무전으로 상황을 보고하거나 피하도록 유도하지 않을까? 이렇게 처음부터 사건이 비틀려 있다.

그러면 왜 레이나도는 이른 아침부터 대통령 집에 왔고, 누가, 왜, 레이나도를 죽였을까? 레이나도와 함께 대통령 집에 온 반군은 레이나도가 살해당한 뒤에도 왜 1시간 가까이나 현장에 머물렀을까? 그 1시간 동안 반군과 대통령 집 경호원들은 왜 충돌 없이 서로 보고만 있었을까? 실질적으로 대통령 집 경비 책임을 맡고 있던 오스트레일리아군은 대통령 집에서 총소리가 났는데도 왜 즉각 출동조차 하지 않았을까? 대통령이 총 맞은 뒤에도 왜 오스트레일리아군은 현장 확보와 도주로 차단을 하지 않았을까?

본질적인 의문 하나, 누가 과연 대통령을 쏘았을까?

정부 발표대로 레이나도가 범인이라면, 그이는 왜 자신의 상황을 풀어주려고 가장 애썼던 홀타를 죽이려고 했을까? 참, 레이나도는 누군가 홀타를 쏘기 30~60분쯤 전에 이미 죽어 있었다.

〈동티모르 라디오〉가 현장 증언을 붙여 "레이나도는 대통령을 쏘지 않았고, 정부군 총에 맞아 죽었다."고 방송까지 했는데 정부가 조사를 못 하는 까닭은 무엇일까?

총리 구스마오 쪽 사건도 의문스럽긴 마찬가지다. 정부는 대통령이 총을 맞고 어림잡아 1시간 뒤, 또 다른 반군을 이끌었던 '가스타오 살신하 중위(Lt. Gastao Salsinha)가 한갓진 길을 달리던 구스마오 총리 자동차를 공격했다.'고 밝혔다. 살신하는 곧장 아니라고 했지만, 어쨌든.

이쪽은 대통령이 총 맞은 국가 비상사태에서 총리가 뭘 했는지를 살펴봐야만 의문으로 다가갈 수 있다.

정부 발표에 따르면, 대통령과 총리 공격 사이에 60분쯤 시차가 난다. 레이나도 피살 시점부터 따진다면 실제로는 90~120분 차이가 난다. 그 시간 동안, 온 나라를 뒤집어놓았던 반군 지도자가, 그것도 대통령 집에서 살해당했는데 총리란 자가 몰랐을까? 도무지 말이 안 되는 의문이다.

총리가 레이나도 피살 소식(홀타도 운동 중에 들었다던 그 최초 총성이 울린 시점)을 듣고 곧바로 움직였다면 대통령을 얼마든지 지켜낼 수 있었다는 뜻이다. 시간은 넘치고도 넘쳤으니.

한마디 덧붙이자면, 딜리 한복판에 자리 잡은 정부청사에서부터 총리집, 대통령 집, 군 사령부는 모두 보통 때 자동차로 10분 안에 닿을 수 있는 거리다. 비상사태에서 경적을 달고 뛰면 어디든 3분 거리다. 손바닥만 한 딜리에서 5분이 걸린다면 음모다. 해서 총리가 대통령 피격을 진짜로 몰랐다면 직무유기고, 알고도 가만있었다면 공범이다. 아니면 주범이든지.

같은 뜻으로, 대통령이 총에 맞은 국가 비상사태에서 총리란 자가 경호대도 없이 한갓진 길을 달렸다는 건 무슨 심보인가? 게다가 정부 발표대로라면, 총리 자동차에 반군이 자동화기로 긁어댄 총탄 16발이 박혔는데도 모두 거뜬했다는 건 또 무슨 뜻인가?

기적이다. 근데 왜 구스마오 총리 쪽에만 그런 기적이?

알카티리는 3월 4일 〈PNN〉과 인터뷰에서 총리 암살 기도를 "싸구려 소설"이라 되박으며 "정부가 총리 자동차에 총탄 16발이 박힌 사진을 내보였지만, 동티모르독립혁명전선 쪽 사람이 찍은 사진에는 단 2발만 박혀 있다."고 밝혀 의문을 키웠다.

이렇듯, 두 사건은 온통 의문들로 뒤덮여 있다. 그 의문을 푸는 일은 동티모르 정부 몫이다. 그 정부는 현재 구스마오 총리가 이끌고 있다. 그리고 다섯 달이 지났다. 아직 그 어떤 의문도 풀린 게 없다.

그렇다면 동티모르 정치극 두 마당은 누구를 위한 굿판이었을까?

말할 나위도 없다. 사나나 구스마오다. 그이는 첫째 마당에서 레이나도를 미끼로 던져 권력을 잡았지만 머잖아 부메랑처럼 되돌아왔던 레이나도가 둘째 마당에서 사라짐으로써 입막음까지 가뿐히 끝냈다. 게다가 구스마오는 첫째 마당에서 동업자로 함께 권력을 쥐었지만 곧 경쟁자로 바뀌어버린 홀타가 둘째 마당에서 총을 맞아 정치적 재기 가능성이 흐릿해짐으로써 혼자 뛸 수 있는 길까지 얻었다.

구스마오 극우 연립정권을 떠받친 이들도 굿판에 초대받았다. 차기를 노리며 구스마오와 손잡은 민주당 대표이자 현 국회 의장인 페르난도 데 아라우호 같은 우익 정치가들과 인도네시아 점령기에 동티모르 지사를 지냈고 최대 커피 농장 주인인 사회민주당 총재 마리오 카라스칼라오 같은 자본가들이다.

가톨릭도 빼놓을 수 없다. 정교분리를 내세운 알카티리 정부에서 맥이 빠졌던 가톨릭은 2007년 총선 때 가톨릭 우대정책을 들고 나왔던 구스마오를 밀어 다시 영향력을 키워가고 있다.

나라 밖에서 초대받은 이들은 누굴까? 말할 나위도 없다. 오스트레일리아다. 초대받았다기보다 사실은 승자다. 동티모르를 정치, 군사적 식민지로 만들겠다는 야심을 품어왔던, 하여 동티모르의 안정을 '국가적 손실'로 여겨왔던 오스트레일리아는 구스마오를 앞세워 정치극 두 마당을 벌인 막 뒤의 주인공이다.

"동티모르가 안정될 때까지 군대를 둔다."고 했던 우파 자유당(LPA) 총리 존 하워드의 정책은 2007년 12월 3일 정부를 새로 맡은 중도좌파 노동당(ALP) 케빈 루드(Kevin Rudd) 총리로 이어지고 있다.

루드는 암살 기도 사건이 벌어진 2월 11일, 이미 오스트레일리아군 1천여 명이 진 친 동티모르에 곧장 경찰과 해군 190여 명을 더 보내 오스트레일리아의 야심을 확인시켰다.

오스트레일리아 노동당, 그 이름 노동당에 대한 환상은 역사 오역이다. 인도네시아의 동티모르 침공을 1979년 국제사회에서 가장 먼저 인정했던 이들이 노동당 정부였고, 1989년 인도네시아와 티모르 해 영유권 협정에서 유전을 불법으로 채간 이들도 노동당 정부였다. 동티모르 삼키기에 자유당과 노동당이 따로 없었다.

오스트레일리아 뒤에서 소리 없이 움직여온 미국도 초대받았다. 일찌 감치 동티모르를 전략요충지로 찍은 미국은 냉전이 발악기로 치닫던 1975년 인도네시아의 동티모르 침공을 눈감아준 대가로 잠수함이 작전할 수 있는 깊은 바다 옴베이 해협(Ombei Water Straits)을 얻었다. 그리고 동티모르 독립 뒤, 태평양으로 뻗어나가는 중국이 동티모르를 노려보면서 미국에겐 그 바다가 더 소중해졌다.

중국 봉쇄 거점으로 동티모르를 놓을 수 없는 미국, 태평양 섬나라들로 식민지를 넓혀가는 오스트레일리아, 그들에게 구스마오는 멋들어진 동업자로 떠올랐다.

그렇게 정치극 두 마당을 거치면서 '구스마오-오스트레일리아-미국 라인'은 '알카티리-포르투갈-유럽연합 라인'을 제쳤다.

그러나 아직 동티모르 정치극은 끝나지 않았다. 셋째 마당이 기다리고 있다. 그 셋째 마당은 배반과 분열과 혼란이 뒤엉켰던 앞선 두 마당을 기어이 파국으로 몰아갈 가능성이 크다. 동티모르 현대사에서 뻗어 내려온 그 '분열의 전통'이 아직도 살아 있고, 그 '학살의 기억'이 여전히 어른거리고 있는 탓이다.

이쯤에서 사나나 구스마오가 '호박 농사꾼'으로 사라지지 않는다면!

Burma

혁명,
세월에 갇히다

해방투쟁이니 혁명전쟁이 그렇게 쉽게 된다면야……,
죽을 때까지 싸우고, 또 대물려 싸우고 그러는 거야. 역사라는 거지.
남 탓할 일도, 기댈 일도 없어. 운명이니 여기고 싸워야지.
　　　　　-2007년 10월 4일. 카렌민족해방군(KNLA) 사령관 탐라보 장군(Gen. Tamla Baw) 인터뷰

1948년부터 오늘까지 61년 동안 전선을 달리며 세계 게릴라전사에 최장기 투쟁 기록을
세운 탐라보 장군 말마따나 세계사에는 호락호락한 독재자도 만만한 혁명도 없었다.
최장기 군사독재 국가 버마, 그 교활하고 야만적인 군인들을 탓하는 사이 민족해방·민
주혁명 전선은 허물어졌고, 아웅산 수찌라는 이름은 우상에 갇혔고, 국제사회는 변죽만
울렸다. 길 잃은 버마 해방혁명 투쟁, 그래도 지켜봐야 한다. 세계시민의 이름으로.

20년 세월에 갇혀버린 2년짜리 희망,

2009년 7월 2일

타이-버마 국경을 가르는 살윈 강(Salween River)은 꼭 20년 전 이맘때도 오늘처럼 장맛비에 젖어 탁한 물살을 흘리고 있었다.

그날 강기슭엔 8888 민주항쟁 뒤 국경으로 빠져나온 젊은이들이 넘쳤다. 비록 옷도 먹을거리도 없었지만 그 강은 희망을 실어 날랐다. 버마 정부에 맞서 40년 동안 독립을 외쳐온 살윈 강 소수민족 해방진영에도 마침내 민주주의가 화두로 떠올랐다.

그렇게 민족해방과 민주혁명이 어우러진 살윈 강을 따라 수많은 젊은이들이 독재타도를 외치며 전선을 갔다.

국경 사람들은 머잖아 다가올 새로운 세상을 노래했다.

"2년 안에 군인 독재자를 쫓아내고야 만다."

그러나 국경의 꿈은 랭군(Rangoon)과 너무 멀리 떨어져 있었다. 군인들이 더 미쳐 날뛰면서 세상은 더 갑갑해졌다. 그사이, 꿈을 가꾸던 해방구 살윈 강은 독재자의 손아귀로 넘어갔고 그 국경 사람들은 군홧발에 짓밟히는 하루살이 인생이 되고 말았다. 그 강을 건넌 이들은 남의 땅 타이에서 난민 신세로 서러운 눈칫밥을 먹고 있다.

그 '2년'짜리 꿈을 좇아 버마 국경 전선을 취재하다보니 세월은 어느덧 20년이 흘렀다.

어둑한 살윈 강, 2009년 7월이 서글프게 안겨온다. 완패당한 혁명의 불쾌한 기억들이 몰려온다. 랭군 정치세력들과 국경 해방혁명 전선은 저마다 "군인 독재자들이 너무 셌고, 너무 못됐고, 너무 약빨랐다."고 핏대만 올렸다. 다 옳은 말이다. 그러나 역사를, 오직 깨트려야 할 대상인 군인 독재자 탓으로만 돌리는 건 너무 허무한 언턱거리다. 세계사를 통틀어 만만한 적들은 없었다. 힘들지 않은 혁명은 단 한 번도 없었다.

지난 20년 동안 버마 민주화 투쟁은 멋진 기회가 있었다. 적어도, 국경 전선이 뜨겁게 달아올랐던 1994년까지만 해도 그 '2년'짜리 희망은 말 그대로 현실 속에 살아 있었다.

그 무렵 소수민족해방 전선과 민주혁명 전선은 손을 맞잡고 군인 독재자를 다부지게 물고 늘어졌다. 버마민주동맹(DAB) 깃발 아래 북부전선에서는 까친독립군(KIA)이, 동부전선에서는 카렌민족해방군(KNLA)과 카레니군(KA)과 몬민족해방군(MNLA)이 그리고 서부전선에서는 친민족군(CNA)이 정부군과 맞섰다. 게다가 북부 샨 주(Shan State) 쪽에서는 '마약왕'으로 불렸던 쿤 사(Khun Sa)의 몽따이군(MTA)이 정치적 동맹과는 상관없이 엄청난 화력으로 정부군을 밀어붙였다.

하여 랭군의 독재자들은 모든 화력과 최정예 정규군을 쏟아부으며 정신없이 국경전선에 매달렸다.

그렇다고 그 시절 해방혁명 단체들의 무장투쟁이 랭군을 점령할 수 있다거나 독재자를 몰아낼 수 있다고 믿는 이들은 아무도 없었다. 문제는 랭군 쪽 정치세력들이었다.

민족민주동맹(NLD)은 아웅산 수찌(Aung San Suu Kyi)만 내세웠을 뿐, 국경 해방혁명 전선이 열어놓은 공간에서 아무런 정치력도, 투쟁력도 보여주지 못했다. 어떤 협상도, 대안도 들이대지 못했다. 수많은 이들이 민주화를 외치며 국경 전선에서 피 흘리며 쓰러져가는 판에 아웅산 수찌의 민족민주동맹은 비폭력과 평화만 노래했을 뿐, 그 흔한 시위 한번 조직하지 못했다.

'비폭력'과 '평화', 랭군 정치는 그렇게 군인 독재자가 바라던 대로 말려들어 스스로 기회를 날려버렸다.

정신 나간 국제사회도 시민학살 집단인 군인 독재자보다 외려 국경 쪽을 나무라며 평화를 내댔다.

결국 1995년 1월, 국경 해방혁명 전선은 총본부였던 살윈 강 해방구 메너플라우(Manerplaw)가 무너지면서 맥없이 허물어졌고, 하나둘씩 독재자와 휴전협정을 맺고 떨어져나갔다. 그로부터 그 '2년'짜리 꿈도 시들어갔다.

그 뒤 국경에는 하루가 멀다 않고 새로운 해방, 혁명 조직이 태어났다. 시민단체(NGO)와 혁명단체를 착각한 그 조직들은 온갖 성명서만 어지럽게 날려댔다. 그 조직들은 미국 정부나 원조단체들로부터 돈줄 따내기에 온 정열을 불살랐다. 그 돈들은 이른바 혁명 지도자들의 멋들어진 자동차가 되었고 아파트가 되었다. 질펀한 술판이 되기도 했다.

그건 시민이 난민이 되면서 얻은 대가였다. 그건 전선에 몸을 사른 먼저 간 동지들이 남긴 유산이었다.

1948년 독립 뒤부터 세계 최장기 소수민족 분쟁 기록을 이어온 버마, 1962년 네 윈 장군(Gen. Ne Win) 쿠데타에서부터 세계 최장기 군사독재

기록을 이어온 버마, 그 갑갑한 현실을 안고 살윈 강은 어둠에 싸여가고 있다.

분쟁 61년도, 독재 47년도 모두 민주화에서부터 풀어나가야 할 일이란 걸 모르는 이가 없다. 그러나 버마는 아직도 20세기 초 식민시대를 살고 있다. 군인 독재를 경험했던 아시아의 모든 나라들이 시민사회를 향해 달려가면서 인본주의를 말하고 있는 이 21세기에도.

지쳤다. 그 '2년'을 꿈꿔왔던 국경 사람들도 나라 밖 친구들도 모두 맥이 빠졌다.

사람들은 '2년'이 20년이 되었다고 나무라는 게 아니다. 그 잃어버린 희망 '2년'을 안타까워해왔다.

만약 민주혁명 지도부가 도시의 아파트를 버리고 다시 전선으로 달려간다면, 만약 소수민족해방 세력들이 독재자들과 손을 끊고 다시 일어선다면, 만약 민주화운동 동력이 '아웅산 수찌'라는 이름에서 시민의 이름으로 옮겨간다면, 만약 민족민주동맹이 외세개입 요구를 접고 홀로 서겠다는 의지를 보인다면, 그리하여 랭군과 국경에 통일전선이 세워지고 버마 안팎에서 수많은 이들이 민주투쟁에 힘을 보탠다면, 그 '2년'짜리 꿈을 다시 되살려낼 수 있다고 믿기 때문이다.

보고 싶다. 하루 빨리 버마 문제를 풀어내고, 이름 하여 '버마 모델(Burmese model)'이라는 용어를 만들어내고, 그 본보기를 좇아 여전히 아시아 사회의 기본모순인 '민족 문제'와 '민주화 문제'를 아시아 시민사회가 함께 헤쳐 나가는 모습을.

싸우는 공작, 버마학생민주전선

1994년 5월 1일, 다운귄(Dawn Gwin), 버마-타이 국경

우리들은 싸우는 공작, 정의로운 손 맞잡고

한 사람씩, 한 사람씩 죽음으로 나아가 피로 물든 그날의 빚을 갚으리

민중들이여 힘을 주소서

우리들은 싸우는 공작, 평등한 손 맞잡고……

－〈쿳 다운(싸우는 공작)〉, 루보(타웅지 대학) 작사·작곡

1988년 8월 8일 민주화를 외쳤던 청년, 학생들, 그러고는 이내 국경 밀림으로 도망쳐버렸다던 그 젊은이들…….

그로부터 6년이 흘렀다. 그러나 오늘도 국경 전선에는 〈쿳 다운〉이 울려 퍼지고 있다. 타이, 중국, 인디아, 방글라데시 국경에 15개 병영을 차리고 군사정부에 맞서온 버마학생민주전선, 결코 도망쳐버린 적 없는 그 2천여 명 학생군의 노래다.

비록 세상은 그이들을 잊었지만, 학생군은 버마 군사정부에 맞서 자치·독립 투쟁을 벌여온 국경 소수민족해방군들과 손잡고 어엿한 버마민주동맹(DAB)* 한 축으로 자리 잡았다.

버마 군사정권을 나무라던 국제사회 목소리가 잦아든 요즘, 국법질서

회복평의회(SLORC)**는 소수민족 해방세력들과 '각개격파식' 평화회담
을 벌이며 국경 전선을 어지럽히고 있다.

지난 2월 24일 버마민주동맹 가운데 가장 큰 세력을 지닌 까친독립군
이 휴전협정을 맺자 몬민족해방군과 카레니군마저 협상판에 말려들었다.
그 불똥이 해방구 없이 소수민족 진영에 더부살이해온 버마학생민주전선
으로 튀었다.

살윈 강을 낀 학생군 본부 다운원은 맥 빠진 기운이다.

버마학생민주전선 의장 나잉 아웅(Dr. Naing Aung)은 "혁명보다 생존
이 문제다."며 독자적 보급과 작전 능력이 없는 학생군 어려움을 털어놓
았다. 그이는 "학생군을 정치조직으로 돌릴까 고민 중이다."고 귀띔했다.

다운원에서 뱃길로 10분 떨어진 군사교육장에는 그 고민이 벌써 현실
로 옮겨가고 있다.

15개 연대에서 가려 뽑은 1백여 명 학생군이 대중조직과 선전에 초점
맞춘 '차기지도자 과정'이라는 고단위 정치교육을 받고 있다는 건 학생군
노선 변화를 엿볼 만한 대목이다.

강사로 나선 중앙집행위원 민 쪼(Dr. Myint Kyaw)는 "소수민족 해방군
들이 하나둘씩 총 내리는 현실 봐야 한다. 무장투쟁만 붙들고 갈 수 없다."
고 했다.

기초 군사훈련장은 또 다른 고민을 엿보게 한다. 그동안 고참들 몫이었
던 통신과 폭파 같은 게릴라전 훈련을 새내기들에게 시키고 있다.

---

* 버마민주동맹(DAB, Democratic Alliance of Burma): 버마 중앙정부에 맞서 자치·독립 외쳐온 카렌민
족연합을 비롯한 소수민족해방 세력과 민주혁명 단체인 버마학생민주전선이 1988년 11월 18일 결성한
버마 내 반독재 무장투쟁 통일전선.
** 국법질서회복평의회(SLORC. State Law and Order Restoration Council): '8888' 시민항쟁을 무력 진
압한 소 마웅 장군(Gen. Saw Maung)이 쿠데타로 권력을 잡고 1988년 9월 18일 만든 버마 군사정부 최
고 권력기구.

1994년 버마 정부군의 대공세로 국경 민족해방·민주혁명 전선이 흔들리면서부터 버마학생민주전선은 무장투쟁보다 정치투쟁 쪽으로 기울어갔다. 1994. 5. 1. 다운윈. 버마. ⓒ정문태

작전사령관 툰 우(Htun Oo. 랭군 공대)는 "한쪽에선 정치하자고 우기지만, 우리한테 게릴라전 말고 달리 길이 없다."고 앙버텨 학생군 안에 흐르는 노선투쟁을 넌지시 내비쳤다.

버마학생민주전선을 만들 때부터 바락바락 우겨 무장투쟁 노선을 세운 막내둥이 중앙위원이기도 한 툰 우는 "군사정부가 총 내리지 않는 한 국경 상황이 바뀌었다고 할 수도 없고, 혁명 전선이 바뀌는 것도 아니다."며 못마땅한 속내를 털어놨다.

"전선 학생군은 정치투쟁을 달갑잖게 여긴다."는 303연대장 서니 마힌더(Sonny Mahinder. 랭군 대학) 말마따나, 전선 학생군이 '정치투쟁'이란 말을 무장투쟁 포기로 받아들이는 분위기라 앞으로 중앙위원회는 골치깨나 썩을 것으로 보인다.

버마학생민주전선 부의장 쪼 쪼(Kyaw Kyaw. 랭군 대학)는 "무장투쟁
그만두는 것 아니다. 장기전 바라보며 무장조직과 정치조직으로 재편하
는 거다."고 밝혔지만 무장투쟁을 '순결'로 여겨왔던 학생군, 전선에 동지
를 묻은 학생군을 달래기가 쉽지만은 않을 듯.

바야흐로 '정치'가 다운원 핵심어로 떠오른 것만큼은 틀림없다. 학생군
이 태어날 때부터 줄곧 취재해왔지만 요즘처럼 많은 이들이 '정치'를 입에
올리는 걸 본 적이 없다.

현재 버마학생민주전선은 막다른 골목에 몰린 꼴이다. 무엇보다 국법
질서회복평의회와 휴전협정을 맺은 북부 까친독립군 쪽에 진영을 꾸려왔
던 북부버마학생민주전선(ABSDF-North) 8백여 명 목숨이 오락가락하고
있다.

북부 의장 아웅 나잉(Aung Naing. 만달레이 의과대학)은 "휴전협정 뒤 까
친독립군이 우리한테 총 내리든지 떠나든지 택하라고 윽박질러 옮길 곳
찾고 있다."며 다급한 현실을 전했다. 까친 쪽 학생군 사정은 버마학생민
주전선 앞날을 읽을 만한 쓰라린 본보기다.

지금 협상설이 나도는 카렌, 몬, 카레니가 휴전협정을 맺는다면 버마학
생민주전선은 투쟁 발판을 잃고 만다. 해서 요즘 학생군 지도부 사이에 정
치투쟁이냐 무장투쟁이냐를 놓고 말들이 많다.

근데 무장투쟁도 정치투쟁도 발판이 없기는 마찬가지다. 해방구도 없
이 소수민족 땅에서 버마 사람들 중심인 학생군이 정치투쟁을 벌인다는
건 지나친 낭만이다.

'어디서 정치를 하고 누구를 정치 대상으로 삼을 것인가?'

이 의문부터 대답하고 넘어가야 하는 꼴이다.

하니, "총 들고 싸워야 주민들이 먹을거리라도 준다."는 툰 우 말이 국경 상황을 놓고 보면 훨씬 더 현실성 있게 다가온다.

사실은, 새삼스레 '정치'를 외치지 않더라도 이미 학생군은 무장투쟁 담금질 속에서 정치를 해왔다. 학생군은 버마 현대사가 지닌 고질병인 소수민족 차별을 걷어내고 카렌족 땅에 다운윈이라는 이상향을 만들어 수천 리 떨어진 각 소수민족 해방구에 터를 다진 15개 지역부대를 훌륭히 엮어왔다. 학생군은 민주혁명 대표로 소수민족해방군과 손잡고 버마 정부군에 맞서는 동안 버마민주동맹 한 축으로 자리 잡았다. 학생군은 중앙집행위원회 아래 무장투쟁을 이끄는 작전사령부와 정치를 맡은 중앙위원회를 두고 지역위원회까지 갖춰 외무, 홍보, 경제, 재정, 조직, 지원, 보건, 교육으로 분야를 나눠 소수민족 땅에서 자치도 이뤄냈다. 교육과 의료 봉사를 통해 주민들 속에 발판을 다졌고, 국제사회에 대표를 보내 버마 현실을 목청껏 외쳐도 왔다. 애초 이보다 더 큰 정치는 없다. 기껏 2천 명 조직원으로.

남의 나라 타이 국경 매삼랩(Mae Sam Raep)에 차린 학생 가게, 군수물자가 쏟아져 나오는 전상자 재활원, 가족 딸린 학생군 보금자리인 혁명마을……

이 모두는 외톨이 산악 전선에서 버마학생민주전선이 꾸려온 정치였다.

버마학생민주전선의 지난 6년 세월은 최후, 최고 목표로 삼은 '민족연합', '민주연방'을 향한 고단위 정치투쟁이었다. 그 정치투쟁을 돕고자 학생군이 총 들고 싸웠다.

더 어떤 '정치'가 필요하랴!

현재 버마학생민주전선은 '정치투쟁'과 '무장투쟁'을 억지로 나누며 제 발로 벼랑 끝에 올라서고 있는 꼴이다. 국경에선 40년 넘도록 총에서 정치가 나왔고, 정치가 총이었다는 사실을 애써 모른 체하며.

그 총을 내리겠다는 건 혁명을 그만두겠다는 뜻과 다를 바 없다. 총 없이는 목숨도 지켜낼 수 없는 곳이 버마 국경이다.

군인 독재자가 쏘아대는 포 소리는 이 순간에도 귀를 때린다.

새날을 맞는 다운윈 새벽은 남몰래 일어나 비질하고, 남 먼저 불 지펴 동지들 아침거리를 다듬는 참한 손길에서부터 솟아오른다. 학생군 지도부가 말하는 그 '정치'로부터 새날이 열린 적은 없다.

Interview
나잉 아웅 버마학생민주전선 의장

버마학생민주전선,
총 끝이 무뎌지다

1994년 5월 1일, 다운원, 버마-타이 국경

ⓒ정문태

'취재원인가 동무인가?'

기자들이 한 대상을 오랫동안 취재하다 보면 흔히 겪는 헷갈림이다. 게다가 그 대상이 극한 환경이 따라붙는 전선을 함께 뛴 이들이라면, 쉽사리 답이 나오지 않는다.

내겐 버마학생민주전선이 그런 고민거리 가운데 하나다. 간도 쓸개도 다 빼주는 이 별난 취재원들과 함께하고 나면 기자로서 '자기 검열'을 어디까지 해야 하는가를 놓고 뒷골이 뻐근해지고 만다.

혁명 전선과 기자는 '적당한' 선에서 쓸모 있는 정치선전과 취재정보를 주고받는 게 이상적인데, 전선 인연 6년째다 보니 모든 게 허물어지고 만 탓이다.

나잉 아웅은 가장 고민스런 취재원이다. 버마 국경 전선 취재 때마다 내게 길목을 열어준 든든한 길잡이자 깊숙한 정치, 군사 정보를 흘려주는 초특급 정보원이기도 하지만, 기사를 쓸라치면 떠오르는 악령이기도 하다.

"인터뷰는 또 무슨 인터뷰를?"

손사래 치는 그이를 커피까지 끓여주며 붙들어 앉혔다.

"이 경치 좋고 공기 맑은 산 속에서 뭐가 그리 바쁜가?"

"저 포 소리 안 들리나? 급하다."

"급하긴, 아직 한 30km 떨어진 거 같은데?"

"직선거리 18km다. 이 앞산만 없으면 직격탄 날아든다."

그렇다. 선 긋기가 힘들다. 공식적인 인터뷰를 어디서부터 잡아야 할지?

:: 어떻게 할 건가, 국법질서회복평의회와 소수민족해방군들이 '평화' 한다고 난린데?

국법질서회복평의회가 무장투쟁 몸통인 버마민주동맹은 거들떠보지도 않고 소수민족들과 하나씩 담판 짓는데, 차례로 당하는 거지 뭐. 학생군은 상대로도 안 보고.

:: 그쪽에서야 그렇겠지. 소수민족들과 휴전하면 학생군이야 자동 붕괴니까. 하니, 대책은?

소수민족들이 말려들고 있다. 이참에 우린 정치투쟁 쪽으로 판을 다시 짤 생각이고.

:: 정치투쟁이 뭔가? 해방구도 돈줄도 없는데.

소수민족 지역 아닌 남부 떼나쎄림(Tenasserim) 산악으로 옮길까 싶다. 괜찮은 곳도 봐뒀다. 주민 조직해서 보급 발판 다지고, 나라 밖에서 도와주는 이들과도 힘 합하고.

:: 그 땅이 버마공산당(CPB) 자리라 만만찮을 텐데? 이념도 다르고, 기득권 문제도 있고?

버마공산당 한 갈래인 버마애국군(BPA) 지역인데, 서로 돕기로 했다. 그쪽 무장이 약해 우리가 끌어갈 수도 있다. 정치 이념 달라도 목표 같으면 함께할 수 있지 않겠나.

:: 그쪽은 무인지대나 마찬가지다. 무장투쟁 하겠다면 몰라도, 사람도 없는 데서 정치는 어떻게 하겠다는 건가? 누굴 조직해서 뭘 하겠다는 건가?

지형적 한계 있지만, 주민 조직할 수 있다. 본디 우리 목표였던 대중조직화로 가는.

:: 왜 군이 정치에 매달리나? 버마학생민주전선은 이미 정치조직이고 정치해왔다. 새삼스레 정치투쟁이라니? 차라리 무장투쟁 그만둔다고 하든지.

정치력 키우자는 거지 무장투쟁 접는 건 아니다. 그동안 전선에만 매달리다 보니 나라 안팎에서 오해가 많았다. 우리를 도왔던 국제단체들도 무장투쟁 나무라며 하나씩 떠났다.

:: 무슨 오해? 학생군은 전투 가장 치열했던 1991~1992년 국제사회로부터 가장 큰 지원받았다. 학생군 조직 둘로 쪼개지고, 무장투쟁 시들해지

•

자 그 지원 세력들 떠났다. 실망이,

(말을 자르며) 그런 면 없진 않지만, 사실은 많은 지원세력이 종교와 선을 달고 왔다. 그이들이 무장투쟁 달갑잖아 했다. 또 이젠 무장투쟁만 고집할 수 있는 상황도 아니고.

:: 그보다 둘로 갈린 버마학생민주전선은 어떻게 할 건가? 정치조직화 같은 추상적인 기획보다, 조직통일이 급하다. 이 국경 위기가 학생군에게는 조직통일 기회다.

쉽지 않다. 이념 다르면 생길 수 있는 자연스런 현상이기도 하고.

:: 이념이 어떻게 다른가? 무슨 좌우 대립이라도 있나? 학생군 모두가 반사회주의인데.

(여기서 김이 샜다. 서로 웃고 나면 덧없다. 민주혁명, 소수민족해방 단체들이 모조리 '빨갱이' 노이로제에 걸린 탓이다. '버마식 사회주의'를 내건 네 윈(Gen. Ne Win)* 장기독재에 질려 사람들이 사회주의란 말만 나와도 몸서리치는 탓이다. 해서 국경 혁명 전선에서는 흔히들 정적이나 강경파를 사회주의자로 몰아버린다. 그 좋은 본보기가 둘로 갈린 버마학생민주전선의 다른 쪽 의장 모 티 준(Moe Thee Zun)**이다. 그이는 늘 "잘 알잖아"라고 얼버무린다. 정치적 이념을 밝힐 수 없다는 뜻이다.)

---

* 네 윈(Gen. Ne Win): 대영국 독립투쟁을 위해 아웅산 장군과 함께 일본에서 군사훈련을 받고 돌아온 이른바 '30인 동지' 가운데 한 명인 그이는 버마 독립 뒤 1958~1960년 총리를 했다. 그러나 1962년 그이는 우 누(U Nu) 총리 정부를 쿠데타로 뒤엎고 정권을 잡은 뒤 1963년 버마사회주의계획당(BSPP)을 만들어 마르크시즘, 민족주의, 불교를 섞은 이른바 버마식 사회주의(Burmese Way to Socialism)를 내걸고 1988년 6월까지 독재자로 군림했다.

** 모 티 준(Moe Thee Zun): 랭군 대학 출신 학생운동가로서 1988년 민주항쟁 주도. 1989년 청년, 학생 중심 신사회민주당(DPNS) 창당. 1990년 군사정부에 쫓겨 버마-타이 국경으로 빠져나와 버마학생민주전선에 참여했으나 학생운동 기득권 논란 끝에 일부 학생군을 이끌고 주류에서 이탈했다.

:: 지도부만 쪼개졌지 학생군은 하나다. 작은 조직 하나 통일 못 하면서 '버마연방제' 외칠 수 있나?

책임 인정한다. 올 6월 비상회의에서 결판낼 거다. 지난해 모 티 준 쪽이 안 와서 못 했지만, 올해는 버마민주동맹이 지켜보고 안 오는 쪽이 이름과 깃발 내놓기로 했으니.

:: 전선은 어떤가? 다운윈 괜찮겠나? 군인들이 평화 외치면서도 공세 멈추지 않는데?

아직은 괜찮지만, 카렌민족해방군***에 달렸다. 그쪽 메너플라우 무너지면 우리도 별 수 없다. 우리 군사력도 문제지만, 뭣보다 보급이 안 되니까.

:: 며칠 메너플라우에 있다 왔는데, 분위기가 좋지 않더라. 보 먀(Bo Mya)**** 눈빛도 예전 같지 않고. 말로는 까딱없다는데 전선은 크게 밀리는 것 같더라. 메너플라우 버티겠나?

다들 걱정하고 있다. 보 먀한테 대놓고 말들은 못하지만……. 그이가 지금 상황을 너무 낙관적으로 보고 있다. 버마민주동맹 깨지고 있는.

:: 카렌도 밀담하고 있다는 소문을 캐물었더니 보 먀는 오히려 "죽어도 SLORC(국법질서회복평의회)과 협상 않는다."고 버럭 화까지 내던데?

확실치는 않지만, 낌새는 있다.

*** 카렌민족해방군(Karen National Liberation Army): 1948년부터 세계 최장기 독립투쟁을 벌여온 카렌민족연합(Karen National Union)의 무장조직.
**** 보 먀(Bo Mya): 카렌민족해방군 사령관이자 카렌민족연합 의장. 버마어에서 보(Bo)는 장군이란 뜻이다. 따라서 우리말로는 먀 장군이 된다.

:: 여기 오기 전 몬민족해방군과 카레니군 쪽으로 한 바퀴 돌았다. 나이 쉐 찐(Nai Shwe Kyin. 신몬주당(NMSP) 의장)은 "대화야 못 할 것도 없잖아? 떠보는 거지. 휴전협정 맺을 일은 없다."고 우겼고, 만 아웅 탄 레이(Mahn Aung Than Lay. 카레니민족진보당(KNPP) 의장)는 "결코 대화 없다."고 아예 딱 잡아떼던데?

우리 정보로는 두 쪽 다 협상하고 있다. 카레니는 시간 벌기로 보이는데, 몬민족해방군은 휴전할 가능성이 아주 높다.

:: 그러면 학생군은 그 지역에서 어떻게 할 건가? 까친 쪽 북부학생군 짝 나는 거 아닌가?

협정 맺으면 그렇게 되겠지. 카레니 쪽과 몬 쪽은 고립당한 까친 쪽보다는 형편이 좀 낫다. 정 안되면 본부나 다른 가까운 곳으로도 옮길 수도 있으니까.

≫쿳 다운(Khut Dawn)과 버마학생민주전선

쿳 다운은 버마 현대항쟁사의 상징이다.

쿳 다운은 1906년 대영국 항쟁 불길을 지핀 청년불자연합(YMBA)에 이어 1942년 대영국 무장투쟁을 이끈 아웅산 장군(Gen. Aung San)이 만든 버마독립군과 1943년 대일본 무장투쟁을 벌인 안티파시스트인민자유동맹(AFPFL)의 상징으로 떠올랐다.

쿳 다운은 1962년 쿠데타로 집권한 네 윈 장군이 장기독재와 경제파탄으로 버마를 거덜 내는 동안에도 쉼 없이 나부꼈다. 쿳 다운은 '7월 7일 시위'(1962년), '전쟁 반대시위' (1963년), '싯웨 항쟁'(1967년), '동남아시안게임 반대시위'(1969년), '몰메인 대학 시위' (1970년), '우탄트 장례 항쟁'(1974년), '타킨도마잉 100주년 항쟁'(1976년) 같은 반독재, 민주화투쟁을 거쳐 1984년 학생운동가 민 꼬 나잉(Min Ko Naing)이 만든 버마학생조합동맹(ABFSU)으로 대물림했다. 이어 1988년 랭군 공대 학생들이 '화폐개혁 반대투쟁'으로 지핀 불길이 랭군 대학을 비롯한 전국 대학과 시민들에게 옮겨 붙어 '8888 항쟁'으로 번지는 현장에서도 쿳 다운은 거세게 휘날렸다.

8888 항쟁을 이끌었던 젊은이들이 유혈진압을 피해 국경으로 빠져나오면서 품고 왔던 쿳 다운은 1988년 11월 1일 카렌민족해방군 완카(Wanka) 기지에서 조직한 버마학생민주전선 깃발로 다시 태어났다. 학생군은 선배들의 대영·대일 독립 무장항쟁 전통을 물려받아 반독재, 민주화를 외치며 무장투쟁에 뛰어들었다.

그러나 버마 정부군에 맞서온 소수민족 해방구에 닿은 학생들은 쿳 다운이 자유롭게 휘날리기까지 목숨 건 시험을 치러야 했다. 버마에서 몰려온 젊은이들을 못미더워했던 소수민족해방군은 무기도 없는 학생들을 전선 방패로 내몰았고 또 심심찮게 스파이로 몰아 죽이기도 했다. 1988년 12월 25일 '버마학생민주전선 완카 기지 사수'라는 한줄기 빛이 날아들 때까지는 그렇게 휘둘렸다.

　그 무렵 완카의 카렌민족해방군과 버마민주동맹군은 보급선이 잘려 마른 국수와 물로 끼니를 때우며 지하 벙커에서 한 달 넘게 정부군과 맞서고 있었다. 12월 22일부터 정부군은 500m 앞 케블루 산(Mt. Khe Blu)에서 120mm포 24문으로 하루 5천~7천여 발 각종 포탄을 내리꽂았고, 모에이 강(Moei River)을 낀 완카는 초토가 됐다. 12월 25일 아침 8시, 카렌민족해방군 최정예 101특수대대와 4여단이 후퇴하자 학생군 211연대 150여 명이 사슬로 서로를 묶고 완카를 지켜냈다. 학생 무장투쟁사의 전설적인 전투로 기록된 그 '크리스마스 전투'를 거치면서 비로소 소수민족해방군들은 학생군을 동지로 받아들였고, 그로부터 학생군은 무장을 갖추게 되었다.

　그러나, 학생군에게는 또 다른 어려움이 닥쳐왔다. 1990년 학생운동가 모 티 준이 버마-타이 국경으로 빠져나오면서 버마학생민주전선이 둘로 갈렸다. 이어 학생군은 1994년부터 군사정부와 각 소수민족들이 평화협정을 맺으면서 무장투쟁 발판을 잃기 시작했고, 1995년 1월 소수민족 해방단체들과 민주혁명 조직들의 심장이었던 카렌민족해방군 본부 메너플라우가 무너지면서 급격히 시들어버렸다. 고비라 여긴 학생군은 1996년 통일회의에서 의장 나잉 아웅과 부의장 모 티 준을 뽑아 조직을 하나로 다잡은 뒤, 1997년 비상회의에서 정치투쟁 노선 강화를 결의했다. 그러나 그 무렵 무장투쟁 노선이 흐릿해지면서 많은 이들이 국경을 떠났다.

　학생군은 2000년 제6차 회의를 통해 중앙위원을 비롯한 지도부가 물러나면서 파란만장했던 버마학생민주전선의 한 세대를 마감했다.

　그로부터 버마학생민주전선은 탄 케(Than Khe. 만달레이 의과대학)를 의장으로 제2세대 격인 후배들이 물려받아 버마-타이 국경을 가르는 살윈 강 기슭 웨이지(Wei Gyi)에 손바닥만 한 해방구를 트고 2백여 명 학생군이 힘겹게 콧 다운을 부여잡고 있다.

　전사자 304명, 전상자 200여 명, 반독재 민주화 무장투쟁을 벌여온 버마학생민주전선이 남긴 기록이다.

배반, 메너플라우 최후의 날

1995년 1월 26일, 카렌민족해방군 본부 메너플라우

"핵폭탄 만들기 어려운가? 그런 걸 적어놓은 책 같은 게 있나?"

"어디다 쓰게요?"

"랭군에 한 방 터트릴까 해서."

대여섯 달쯤 전인가, 그이 말을 우스개로 흘려 넘긴 적이 있다.

1995년 1월, 버마 정부군과 손잡은 카렌민족불교도군(DKBA) 협공이 가슴팍까지 파고든 메너플라우에 떡하니 버텨 앉은 보 먀는 능청스레 "책 가져왔나?"고 물었다.

그이는 포 소리가 귀를 때리든 말든 "까딱없다. 저러다 지치면 돌아간다."며 태평이다.

'카렌민족연합 의장', '카렌민족해방군 사령관', '버마민주동맹 사령관', '민족민주전선(NDF)* 의장', '버마연방민족회의(NCUB)** 의장'……

이 많은 직함들은 카렌 민족해방사의 전설적인 지도자 보 먀 것이다.

---

* 민족민주전선(NDF. National Democratic Front.): 1976년 5월 14일 카렌민족연합, 신몬주당, 친민족전선(CNF), 라후민주전선(LDF)을 비롯한 소수민족해방 투쟁 조직들이 만든 통일전선.
** 버마연방민족회의(NCUB. The National Council of the Union of Burma): 1992년 9월 22일 버마민주동맹, 민족민주전선, 민족민주동맹해방구(NLD—LA), 버마연방민족연합정부(NCGUB. 망명정부), 현의원협회(MPU)가 참가해서 창설한 정치투쟁 연합전선.

1949년부터 45년을 전선에서 보낸 이 살아 있는 혁명사 앞에 대거리할
만한 이는 아무도 없다.

그러나 1994년 말로 접어들면서 전선을 읽는 이 백전노장의 눈길이 흐
릿해지기 시작했다.

그 무렵 카렌민족해방군 안팎에서 "불교도 전사들이 이탈할지 모른다."
는 소문이 돌아 국경이 매우 뒤숭숭했지만 보 먀는 꿈쩍도 안 했다.

그동안 카렌 사회 주류인 불교도 전사들은 전통적으로 소수 기독교도
가 카렌민족연합을 쥐락펴락해온 걸 마땅찮게 여겨왔다. 그러던 1993년
말, 승려 우 투짜나(U Thuzana)가 메너플라우 산꼭대기에 사리탑을 세우
겠다는 걸 카렌민족연합 지도부가 '정부군에게 타격점을 준다.'며 나무라
자 불자들이 들고 일어났다. 그 판에 기독교도 군 지휘관들이 불자들을 말
린다며 행짜를 부렸다. 그러자 불교도 전사들이 지도부에게 책임자를 처
벌하라고 대들면서 항명으로 치달았다.

이어 1994년 말, 카렌 지도부가 메너플라우에서 모든 종교 행위를 금지
하면서 집안싸움은 결국 돌이킬 수 없는 길로 빠져들고 말았다.

12월 3일, 카렌민족해방군 제1여단, 제6여단, 제7여단 그리고 제19대
대, 제21대대, 제24대대 소속 불교도 전사 180여 명이 뛰쳐나가 동맹군
보급선이 걸린 살윈 강과 모에이 강이 만나는 최대 전략요충지 투므웨타
(Thu Mwe Hta)를 점령했다.

메너플라우는 흔들렸다. 그러나 보 먀 입에서 나온 말은 딱 한마디.

"반란군 쓸어버려!"

보 먀 오른팔인 라와디 대령(Col. Lawadi)이 "시간을 달라. 부하들 되돌
릴 수 있다."며 애타게 졸랐으나 보 먀는 본체만체했다.

전선에서는 "기독교도가 불교도를 잡아들이고 있다."는 엄펑스런 소문

이 꼬리 물며 불교도 이탈을 부추겼다.

이틀 뒤인 12월 5일, 투므웨타에는 불교도 전사 1천여 명이 모여들었고 우 투짜나를 지도자로 내세운 빤 위 대위(Cap. Pan Wee)와 카렌민족방위기구(KNDO) 쪼 탄 준위(WO. Kyaw Than)가 민주카렌불교도군이라는 이름을 내걸었다.

다급해진 카렌민족연합 지도부는 마웅 마웅 소장(Maj. Gen. Maung Maung), 제7여단장 테인 마웅 준장(Brig. Gen. Thain Maung), 카렌민족 방위군 부사령관 투 투 레이 대령(Col. Htoo Htoo Lay)을 투므웨타로 보냈으나 '반란군' 마음을 되돌리지 못했다.

12월 셋째 주 다시 카렌민족연합 사무총장 소 바 틴 세인(Saw Ba Thin Sein), 탐라보 장군(Gen. Tamla Baw), 버마민주동맹 사무총장 카잉 소 나 잉 아웅(Khaing Saw Naing Aung), 버마학생민주전선 의장 나잉 아웅을 협상대표로 보냈으나 이번에도 빈손으로 되돌아왔다.

남은 일은 어제의 동지를 향한 공격뿐.

1995년 1월 3일 카렌민족해방군은 반란지 투므웨타를 되찾았다. 그러나 그 전투가 마지막 승전보가 될 줄이야.

밀려났던 민주카렌불교도군은 1월 중순 버마 정부군이 등 뒤에서 때려주는 엄청난 포격과 병참 지원을 받으며 메너플라우 둘레 모든 전략 거점을 치고 들었다.

그렇게 민주카렌불교도군은 종교적 동질성을 앞세워 어제의 적이었던 정부군과 손잡고 같은 민족을 향해 총부리를 돌렸다.

메너플라우는 뒤틀렸다. 카렌민족해방군이 1천여 명씩을 배치한 메너플라우 북부 살원 강을 낀 9km 지점 노데이(Nor Dey) 방어선도, 15km

지점 매파(Mae Pa) 방어선도, 남부 모에이 강을 낀 노타(Nor Ta) 방어선
도 모조리 민주카렌불교도군과 정부군 협공에 조여들었다.

1월 19일 기어이 메너플라우에 포탄이 날아들었다. 지휘부와 작전사령
부를 안전지대(타이 영내)로 옮긴 뒤라 치명타는 면했지만, 이 포탄으로
동맹군 심리적 마지노선은 무너졌다.

1976년 카렌민족해방군이 메너플라우에 해방구를 트고 혁명본부를 세
운 뒤, 이날처럼 동맹군 심장이 뻥하니 뚫린 적은 없었다.

1992년 3월 14일, 그 치열했던 '잠자는 개(Sleeping Dog)' 전선이 밀리
면서 정부군 포탄이 보 먀 사무실 앞마당까지 날아들었을 때도 메너플라
우를 의심한 이는 아무도 없었다.

1월 23일, 남부 노타 방어선 쪽으로 정부군 최정예 1천여 명이 쳐들어
왔다. 북부 노데이 방어선과 매파 방어선 쪽에는 민주카렌불교도군 3백여
명이 상륙했다. 엄청난 화력을 앞세운 정부군과 민주카렌불교도군은 이
내 모든 방어선을 무너뜨리고 세 방향으로 메너플라우 5km 지점까지 치
고 들어왔다.

남과 북으로 나눠 메너플라우를 맡은 라와디 대령과 로저 대령(Col.
Roger)은 최후의 일각을 외치며 전선을 이끌었다.

"지금부터 자동 발포명령으로 바꾼다. 전방 동체, 무조건 발포하라."

전선을 휘어잡아왔던 라와디 대령이 소리쳤다. 그러나 명령이 먹히지
않았다. 중대, 소대 지휘관들이 어제까지 동지였던 민주카렌불교도군을
쏠 수 없다며 움직이지 않았고 전사들은 전의를 잃었다. 그로부터 25일까
지, 3일 동안 민주카렌불교도군도 공격을 멈춰 메너플라우 방어선은 쥐
죽은 듯 고요했다.

1월 26일 운명의 날이 밝았다.

0700시, 로저, 라와디, 투 투 레이 대령이 작전회의를 하던 중 무전기가 울렸다.

"아이들 빼!"

보 마의 후퇴 명령이 떨어졌다.

라와디는 펄펄 뛰었다. "한 줌꺼리 배신자들에게 메너플라우를 어떻게……."

로저 눈에는 이슬이 맺혔다. 투 투 레이는 넋이 빠졌다.

카렌 독립을 꿈꾸었던 이상향 메너플라우, 그 최후의 날은 그렇게 덧없이 무너졌다.

해거름이 모에이 강을 덮을 무렵, 라와디가 마지막 명령을 내렸다.

"불 질러!"

1800시, 전사들은 젖은 눈으로 메너플라우를 불태웠다.

2330시, 모든 전사들을 안전지대로 철수시킨 로저와 라와디는 불길에 휩싸인 메너플라우를 뒤로한 채, 마지막 배를 타고 떠났다. 다시는 돌아올 수 없는 길을.

'내부 적으로부터 무너진다.'

카렌민족해방군은 혁명사의 고질 대목을 증명하고 말았다.

>>그날 이후

메너플라우를 잃은 민주혁명·민족해방 전선은 하염없이 무너져내렸다.

2월 16일 버마학생민주전선 다운윈 본부도 정부군 손에 넘어갔다. 학생군은 타이 정부에 무장해제당한 채 '비공식적'으로 살윈 강을 넘어 타이 산악 양니우에 피난지를 얻었다.

학생군 무장투쟁은 그 길로 한물갔다.

4일 뒤인 2월 20일, 난공불락 요새로 여겼던 카렌민족해방군 완카 기지마저 무너지면서 혁명·해방 전선은 뿔뿔이 흩어졌다. 모든 해방·혁명 조직들이 타이 국경도시 매솟(Mae Sot)으로 삶터를 옮겼다. 카렌은 십만여 명 웃도는 난민들을 타이 영내로 쏟아냈다.

그로부터 깃발만 남은 해방·혁명 전선은 정부군이 때리면 마지못해 되받아치는 맥 빠진 신세가 되었다.

메너플라우가 무너지면서 위기감이 높아진 각 소수민족해방군들은 국법질서회복평의회와 손잡고 하나씩 하나씩 떨어져나갔다.

1995년 3월 21일 카레니군에 이어 6월 29일 몬민족해방군이 국법질서회복평의회와 평화협정을 맺었고, 1996년 1월 최대 화력을 지녔던 몽따이군 사령관이자 '마약왕'으로 불렸던 쿤 사가 손들고 랭군으로 떠나면서 전선은 숙졌다.

그렇게 해서 국경 전선은 카렌민족해방군에다 정부군과 맺었던 휴전을 3개월 만에 깨고 되돌아온 카레니군 그리고 몽따이군에서 떨어져 나온 산주군(SSA) 정도가 가까스로 명맥만 잇고 있다.

막다른 벼랑에 몰린 카렌민족연합은 몸부림쳤다. 세계 최장수 게릴라 지도자 보 먀(당시 73세)는 2000년 1월 27일 카렌민족연합 제10차 대회에서 기꺼이 의장 자리를 털었다. 보 먀는 젊은 세대가 요구한 선거를 받아들였고, 선거에서 이긴 소 바 틴 세인(당시 사무총장)

에게 의장 자리를 넘김으로써 혁명 전선에 새로운 민주 바람을 일으켰다.

보 마는 2006년 12월 23일 혁명 없는 세상으로 영원히 떠났다.

메너플라우 최후를 온몸으로 맞았던 야전사령관 라와디 대령은 술 타령이 늘고 사고를 자주 쳐 중령으로 강등당하는 남우세를 겪다가 2002년 5월 돌아올 수 없는 길로 떠났다. 그러나 아직도 국경 사람들 마음속에 라와디는 게정꾼이 아닌 전사로 남아있다.

'잠자는 개', '메너플라우', '완카', '보 마', '라와디'.

카렌민족해방투쟁의 상징들이 하나둘씩 사라지면서 국경 혁명 전선도 서서히 저물고 있다.

카렌민족해방군이 무너지면서 버마-타이 국경의 민족해방·민주혁명 전선은 급격히 시들어갔다. 1994. 4. 26. 메너플라우. 버마. ⓒ정문태

Interview
아웅산 수찌 민주운동 지도자

아웅산 수찌,
버마를 안고 갈 수 있을까?

1995년 7월 21일, 랭군, 버마

ⓒ정문태

'아웅산 수찌', 1980년대 말부터 버마 국경 민주혁명, 민족해방 전선을 취재해오면서 그야말로 귀에 딱지가 앉도록 들었던 이름이다. 국경 사람들에게 그 이름은 '민주주의'였고 '어머니'였다. 또 희망이고 위안이었다.

하니 그 이름은 누구도 감히 대들거나 넘볼 수 없는 '성역'이었다. 그 이름은 적과 동지를 가르는 '경계선' 노릇까지 했다.

나는 절대자를 믿지 않는 못된 버릇 탓에 그 국경의 우상과 심하게 다투곤 했다. 혁명 동력이 아웅산 수찌에서 시민으로 옮겨가야만 버마 앞날이 있다고 믿었던 까닭이다.

그러면서 그 우상을 내 눈으로 훑어볼 수 있는 날을 손꼽아 기다렸다.

1995년 7월 중순, 르완다 취재를 마치고 방콕으로 되돌아온 나는 아웅 산 수찌가 가택연금에서 풀렸다는 소식을 듣고 곧장 랭군으로 날아갔다. 이미 외신기자 3백여 명이 인터뷰를 신청해놓고는 그이 집 앞에 진치고 있 었다. 아웅산 수찌 인기는 하늘을 찔렀다. 내로라하는 국제 언론사뿐 아니 라, 여성잡지와 패션잡지에다 항공사 기내지까지 달려들었다. 아득했다.

그이가 쉬지 않고 하루 열 개씩 인터뷰를 받아도 내 차례는 한 달 뒤에 올까 말까 했으니.

이런 인터뷰라면 2등은 쓸모없는 짓. 무조건 첫 인터뷰를 잡아야 했고, 어떻게 하든 아웅산 수찌 손에 직접 사연이 닿도록 하는 길밖에 없었다. 온 갖 애를 쓴 끝에 아웅산 수찌가 인터뷰를 주기 시작한 첫날인 7월 21일, 〈BBC〉, 〈CNN〉에 이어 시간을 따냈다. 모든 언론들에게 주어진 시간은 똑같이 25분. 겉치레 인터뷰라는 뜻이었다.

"김대중 씨는 잘 지내는가?"

아웅산 수찌가 접견실로 들어서면서 던진 첫마디였다.

털어놓자면, 나는 그이에게 보낸 편지에 '김대중'을 팔았다.

'버마 민주화를 지지해온 김대중과 한국 시민들이 당신을 걱정했고……'

그이 눈길을 잡을 만한 미끼가 '김대중'이란 단어라고 여겼기 때문이다. 그 '김대중'을 헐값에 판다거나 거짓이 아니라 믿었지만, 아무튼.

25분, 마음이 급했다. 바로 인터뷰에 들어갔다. 모든 언론들이 눈길을 꽂은 아웅산 수찌 개인이나 별 볼 일 없는 랭군 정치보다는 국경 혁명, 해 방 전선 쪽에 초점을 맞췄다.

그러나 그이는 국경을 제대로 짚어내지 못했다. 오랜 가택연금을 놓고 보면 아주 이해 못 할 바도 아니었지만, 국경 사람들이 목 놓아 외쳐왔던 그 '아웅산 수찌'는 없었다. 국경의 '우상'은 추상적인 화법과 명상을 즐기는 신비주의자로 다가왔을 뿐.

:: (가택연금) 6년 어떻게 견뎌왔는가?

꾸준히 명상했다. 때맞춰 운동도 하면서. (창문 쪽 가리키며) 잡념 지우려고 뜨개질도 엄청나게 했다. 저 많은 커튼들을 다 손으로 짰으니. 두어 해 전부터는 목과 허리가 아파 그만뒀지만. 사실은 하루 온통 일과 씨름해도 마음먹은 걸 다 채울 수 없을 만큼 빠듯하게 보냈다. 바깥세상과 나를 이어주는 유일한 길인 라디오에 늘 귀 기울였고.

:: 7월 10일 풀려난 뒤, 당신은 넬슨 만델라(Nelson Mandela)식 화합과 대화를 강조했다. 남아프리카공화국과 버마의 역사, 정치, 사회적 배경이 매우 다른데?

매우 다르다고 할 수는 없다. 투쟁 역사는 같다. (가택연금 풀리고) 첫 번째 성명서에서 두 나라의 민주주의 형태와 흑백갈등 같은 다른 점들을 밝혔다. 나는 노선을 그렇게 말했을 뿐이다. 예컨대 그쪽이 흑백갈등 풀었듯이, 우리도 소수민족 문제 풀 수 있다는 뜻에서.

:: "나라마다 어울리는 민주주의가 따로 있다."는 당신 말은 독재자들이 늘 즐겨온 표현이라 이용당할 위험이 있는데, 버마에 가장 잘 어울리는 민주주의는 어떤 건가?

그건 (좋은 쪽으로) 나아가는 민주주의 눈여겨보자는 뜻이었다. 모든 나

라들이 제 몸에 맞는 민주주의 만들어왔다. 버마에 가장 어울리는 민주주
의를 말하긴 힘들지만, 기본적인 정의와 제도 없이는 민주주의 할 수 없다
는 원칙을 강조했던 거다.

:: 8888 항쟁 뒤부터 국경 상황 크게 바뀌었다. 민주화와 소수민족 문제
어떻게 풀어갈 건가? (그이는 풀려난 뒤 어떤 계획도 밝힌 바 없고 국법질서회
복평의회를 나무란 적도 없다.)

　민족통합 문제는 1988년에도, 오늘도 똑같은 과제다. 소수민족과 버마
인 사이에, 군사정부와 민주세력 사이에, 또 사회 구성원들 사이에 믿음을
바탕 삼아 '통합 시간표' 만들어야 한다. 버마 역사에서 민족문제는 늘 핵
심이었고 앞으로도 그럴 것이다.

:: 민주혁명, 민족해방 전선은 당신에게 큰 기대 걸고 있다. 무장투쟁 벌
이고 있는 8888 항쟁 주역들인 버마학생민주전선과 버마민주동맹에게 어
떤 메시지를 전하고 싶나?

　(아주 매몰차게) 나는 그 학생들에게 국경으로 가라 한 적 없다. 떠나는
게 문제 해결 방법 아니라고도 했다. 무장투쟁은 우리 노선 아니다. 난 처
음부터 비폭력 노선 내걸었다. 그 학생들에게 보낼 수 있는 메시지는 고향
으로 돌아와 함께 버마를 만들어가자는 것이다. 버마민주동맹 같은 민주
혁명, 민족해방 단체들에게는 버마 앞날이 통합에 달렸다는 뜻을 전하고
싶다. 나는 그이들 돕겠다는 약속을 반드시 지킬 것이다.

　(여기서 인터뷰가 한참 끊겼다. 버마학생민주전선 무장투쟁을 놓고 서로 핏대를
올린 데다, 그이에게 국경 전선 상황을 설명했던 탓이다. 이미 분위기는 깨졌다.)

:: 당신이 지나치게 서구중심주의를 좇는다며 말들이 많다. 아시아의 단
결이나 제3세계 연대 같은 걸 중심에 놓을 수는 없는가?

(매우 날카로운 목소리로) 누가 그런 말 하던가? 난 그런 말 들어본 적 없
다. (퉁명스럽게) 우린 1948년 독립 때부터 1962년 네 윈 쿠데타 전까지
서양식 민주주의 하면서도 아시아 국가들과 좋은 관계 맺었다. 이런 문제
로 나를 비판한다는 이야기 들은 바 없다.

:: 버마와 한국 현대사는 '식민지', '독재', '1960년대 경제개발' 같은 비
슷한 경험 지녔다. 한국에 대한 당신 이해를 들어보자.

우리 민주화운동은 김대중 씨 같은 한국 시민들로부터 도움받았고, 앞
으로도 그 도움이 이어졌으면 한다. 민주화와 경제개발 함께 이룬 한국을
존경해왔다.

:: 앞으로 정치 일정과 투쟁 계획은?

버마 앞날 밝다. 한때 동남아시아에서 가장 잘나가던 버마가 다시 한 번
이 지역을 이끌 것으로 믿는다. 정치 일정은 아직 밝힐 수 없다. 동지들에
게 도움말 주는 노릇만 해온 내가 언론에 계획을 밝힐 만한 입장도 아니
다. 나는 독재자가 아니다. 그저 민주 정당 구성원으로 따라갈 뿐이다.

멋쩍은 인터뷰가 끝났다. 서먹서먹한 웃음 끝에 자리를 털었다.

실망이 컸다. 아니다. 기대가 너무 컸는지도 모르겠다. 물음과 답이 따
로 놀아, 뭘 캐고 말고 할 만한 꺼리마저 나오지 않았다. 그냥 답답하고 싱
거운 만남이 되고 말았다.

다시 만난 아웅산 수찌

1996년 7월 30일

꼭 1년 만인 1996년 7월 23일, 아웅산 수찌를 다시 만났다. 그이는 지난 1년 동안 좀 넉넉해진 듯 보였다. 좀 더 웃었고, 말씨도 덜 날카로웠다. 1년 전 인터뷰 때 버마학생민주전선 무장투쟁을 놓고 핏대 올린 기억을 더듬어 똑같은 질문을 다시 던져보았다.

그이는 "민주화 투쟁에 여러 길이 있다. 만약, 군인들과 마주 앉으면 '학생 무사귀환'을 의제로 올리겠다."고 밝혀 367일 전과 달리 무장투쟁은 인정하는 듯 했지만, 여전히 상황을 꿰뚫어보지는 못했다.

3백여 명 전사자(질병, 사고 포함)를 낸 버마학생민주전선의 반독재 무장투쟁을 '무사귀환' 쯤으로 얼버무린다는 건 아웅산 수찌와 국경 전선 사이에 엄청난 틈이 있다는 뜻이다. 국경 혁명 전선에 꽃다운 청춘을 바친 이들이 고작 '무사귀환'을 목표로 삼았을까?

나는 지난해 아웅산 수찌를 인터뷰한 뒤 국경에서 버마학생민주전선 의장 나잉 아웅과 모 티 준을 비롯해 많은 이들과 이야기를 나눴다. 아웅산 수찌가 무장투쟁을 달갑잖게 여긴다는 사실을 알게 된 학생군은 그이에게 줄기차게 편지를 보내 국경 상황을 알렸다. 그 편지들이 얼마나 큰 몫을 했는지 알 수는 없지만, 두 번째 만남에서 학생군을 보는 그이 눈길이 달라진 것만큼은 틀림없었다.

그러나 아웅산 수찌는 아무런 '몸놀림' 없이 비폭력만 노래했다. 그이는 모든 정치세력과 소수민족들에게 민족민주동맹(NLD)을 굴대 삼자는 말만을 무슨 전략이나 되는 것처럼 되풀이해왔다. 이미 민족민주동맹은 정당으로서도 민주화운동 줏대로서도 그 몸이 말을 안 듣는 상태다. 민족민주동맹은 정책투쟁은 제쳐두고라도 그 흔한 대중 시위 한번 제대로 끌어낸 적 없다.

하니, 아웅산 수찌가 말해온 비폭력 투쟁이 무얼 뜻하는지 도무지 알 길이 없다. 비폭력이란 건 온몸으로 폭력에 맞선다는 가장 강력한 최후, 최고 투쟁 방법을 일컫는 말인데, 아무리 생각해봐도 민족민주동맹에 어울리는 말이 아니다.

역사는 그냥 가만히 있는 걸 비폭력투쟁이라 부른 적이 없으니.

8888 항쟁 뒤부터 버마 반독재 민주화투쟁은 국경 민주혁명 단체들과 소수민족해방군이 끌어왔다. 해서 군인 독재자들이 랭군은 거들떠보지도 않은 채 국경 전선에 온 힘을 쏟았다. 이건 민주, 해방 혁명 동력이 아웅산 수찌와 민족민주동맹이 아니었다는 증거다.

'우상'과 '혁명'은 함께 살 수 없다. 그러나 버마 국경 전선에서는 그 둘이 어우러지면서 '아웅산 수찌'를 키워냈다. 버마 국경 전선의 혁명고착화는 필연적인 결과였다.

미얀마? 버마?

1999년 11월 27일, 방콕

"세계지도에도 '미얀마'로 나오는데, 몇몇 언론이 정체 없는 '버마'로 쓰고 있다."

1999년 11월 25일 마닐라 아세안 회담장으로 가던 길에 방콕을 들른 버마 외무장관 윈 아웅(Win Aung)이 아주 언짢게 기자들을 탓했다.

이 '미얀마'와 '버마'를 놓고 많은 이들이 헷갈려왔다.

나라 안팎 언론들마저 뒤죽박죽 섞여왔으니 그럴 법도 하다. 서양 언론은 아직껏 '버마'를 즐겨 쓰지만 한국과 일본을 비롯한 아시아 언론은 주로 '미얀마'라 불러왔다. 한국 언론 가운데는 〈한겨레21〉만, 그것도 기자에 따라 '버마'로 적어왔다. 한 회사인 〈한겨레〉 신문도 '미얀마'로 쓰고 있다.

나라 밖 언론을 견줘보면, 다라고 할 순 없지만 언론사의 정체성과 맞닿아 있다. 진보 색깔을 지닌 언론사들은 '버마'로, 그 반대쪽은 '미얀마'로 불러들 왔으니. 그런 면에서 보자면 〈한겨레〉와 〈조선일보〉는 한통속이다.

마찬가지로 학계에서도 연구자들의 정치적 신념에 따라 '버마'와 '미얀마'로 갈려왔다. 외교판에서는 이념이나 정치성과 상관없이 공식 문서에 '미얀마'로 쓰고들 있으나, 외교관들 입에서는 여전히 '버마'란 말이 튀어나온다. 덧붙이자면 미국 정부 자료에는 '버마'와 '미얀마'가 뒤섞여 나온다.

'미얀마'란 말은 1988년 민주항쟁을 총칼로 짓밟은 군사정부가 1989년 느닷없이 '버마'를 버리면서부터 입에 올랐다. 그때 수도 이름도 랭군에서 양곤으로 바꿨다.

윈 옹 외무장관은 "버마란 아무 뜻도 없다. 영국 식민주의자들이 붙인 이름일 뿐이다. 미얀마는 초기 정착민들이 스스로를 미얀마라 부른 데서 비롯되었다."고 토를 달았다.

그동안 군사정부는 '미얀마'라는 새 국호를 앞세워 버마의 '미얀마화'에 온 정열을 다 바쳤다. 그 미얀마화는 선동적 민족주의를 앞세워 군사정부 정당성을 내대는 연장 노릇을 했다. 얼마 전 실권자 킨 뉸 장군(Lt. Gen. Khin Nyunt)이 "미얀마식 전통으로 외국문화 침투를 막고 신식민주의자들을 물리치자."고 소리친 뒤론 교과서와 텔레비전이 18세기 식민투쟁 영웅담을 도배질하고 있다.

반대쪽 민족민주동맹 부의장 띤 우(Tin Oo)는 "다민족 국가인 우리한테 어울리는 국호는 버마뿐이다. 미얀마는 옛 만달레이 왕국만을 뜻한다."*고 풀이했던 적이 있다. 민주, 민족 혁명 세력들이 '버마'를 우기는 까닭은 그런 역사적 배경과 더불어 학살 군사정권이 불법으로 바꿔버린 나라 이름을 받아들일 수 없다는 의지 때문이다. 더 중요한 건, 아직도 시민들이 '버마'라 부르고 있다는 사실이다.

답은 그렇게 나와 있다. '버마'와 '미얀마' 가운데 골라잡는 건 쓰는 이들 몫이다. 불법 학살 군인집단을 따를 것인지, 시민을 따를 것인지. 한국 언론도 이쯤에서 깊이 생각해봐야 한다. 정부도 아닌 언론이 '외교'나 '공

* 띤 우 인터뷰. 1995년 7월 18일. 정문태

식'을 따르는 것도, 더욱이 정치적 신념을 무슨 표기통일법에 맞춘다는 것
도 모두 열적은 일 아니겠는가?

　예컨대 '버마학생민주전선(All Burma Students' Democratic Front)'이라
는 고유한 조직 이름을 '미얀마학생민주전선'으로 적은 걸 봤다. 마찬가지
로 버마민주동맹(Democratic Alliance of Burma)을 '미얀마민주동맹'으로
적는 것도 봤다. 이 세상에 '미얀마학생민주전선', '미얀마민주동맹' 같은
조직은 없다. 한술 더 떠 '미얀마 독립 영웅 아웅산 장군' 같은 웃지 못할
기사들도 흔히 본다. 이건 '위화도에서 군대를 돌린 대한한국 첫 임금 이
성계'처럼 얼토당토않은 표현이다. 버마 역사와 시민을, 버마 민족, 민주
혁명을 너무 욕되게 하는 짓들이다. 이런 '장난'을 언제까지 치면서 독자
를 헷갈리게 할 것인가?

길 잃은 혁명, 길 없는 로드맵

2003년 9월 5일. 매솟, 버마-타이 국경

"아웅산 수찌 풀지 않으면 버마를 아세안에서 쫓아내야 한다."

지난 7월 20일, 아세안의 이른바 '내정 불간섭 정책' 선봉장이었던 말레이시아 총리 마하티르(Mahathir Mohamad)가 목소리를 높였다.

일주일 뒤, 타이 총리 탁신(Thanksin Shinawatra)이 "버마 스스로 문제 푸는 게 원칙이지만, 타이 중재안을 따른다면 모든 걸 돕겠다."며 로드맵을 들고 나왔다.

7월 31일 방콕에 들른 버마 외무장관 윈 아웅은 "버마 문제는 버마 안에서 푼다."며 시무룩하게 대꾸했다.

한 달 뒤인 8월 30일, 버마 군사정부 실권자 킨 뉸 장군은 '국가 안정, 민족 화해, 헌법 제정, 현대 국가 건설'이라는 4대 정치 목표와 민족대표자회의 재소집을 비롯한 7개 정치계획을 담은 로드맵을 들이댔다. 그러나 1988년부터 줄곧 외쳐온 것들과 말씨만 바꾼 재탕인 데다, 고갱이인 '민주화 시간표'가 빠져 아무런 믿음을 주지 못했다.

지난 5월 30일 군인들이 아웅산 수찌를 다시 가택연금 하자 국제사회는 앞다퉈 군사정부를 두들겼다. 미국은 곧장 금융봉쇄로 목을 조였고, 유럽연합과 일본에다 그동안 군사정부 뒷심이었던 중국까지 나서 아웅산 수찌를 풀라고 대들었다. 일찍이 보기 힘든 풍경이었다.

버마 국경 민족해방, 민주혁명 세력들도 국제사회 장단에 후끈 달아올랐다.

'대버마 경제 봉쇄를 지지한다. 국제사회가 적극적으로 개입해달라.'

해방, 혁명조직 연합체인 버마연방민족회의는 성명서를 쏟아내며 들떴다.

그런 국경 분위기를 되튕긴 건 버마공산당 서기장(서리) 아웅 텟(Aung Thet)*뿐이었다.

그이는 "경제봉쇄가 시민만 괴롭힐 수도 있다. 어떤 뜻에서도 미국의 버마 개입은 인정 못 한다. 이라크와 아프가니스탄이 떠오른다."며 해방, 혁명 단체들을 싸잡아 나무랐다.

9월 2일 또 다른 로드맵이 나타났다. 이번에는 카렌민족연합을 비롯한 국경 쪽 8개 소수민족 무장투쟁 단체와 버마 안쪽 10개 소수민족 정당연합체인 연합민주민족동맹(UNLD)이 '버마연방 재건을 위한 로드맵'을 들고 나섰다. '평화적 해결, 정치적 대화, 시민 의지 존중, 시민 권리 보장, 소수민족 언어·종교·문화 보호와 인정, 연방의 헌법적 권리 보장'이라는 6대 원칙을 담은 이 로드맵은 아웅산 수찌의 민족민주동맹을 비롯해 1990년 총선에서 이긴 정당들과 군부 그리고 소수민족대표가 참여하는 3자회담에서부터 국민투표와 총선까지를 4개년 계획표에 제법 자세히 다루었다. 그러나 이 로드맵도 꼼꼼히 뜯어보면, 중재에서부터 사회개발까지 모든 것을 국제사회에 기댄 또렷한 한계가 드러난다.

* 아웅 텟 인터뷰. 2003년 9월 1일. 정문태

아웅산 수찌가 다시 갇히고 이제 석 달 보름이 지났다. 국경은 '희망'을 달고 있지만, 국제사회 목소리는 벌써 잦아들었다. 8888 항쟁 뒤부터 아웅산 수찌가 가택연금 당할 때마다 그랬던 것처럼, 국제사회는 이번에도 또 '반짝' 소리 한번 질러보고는 말 모양이다.

짙은 먹구름이 깔린 국경에는 드문드문 고개 내미는 '해'를 좇아 울고 웃는 애닯은 얼굴들이 스쳐간다. 길 잃은 혁명, 길 없는 로드맵, 2003년 9월 버마 국경 풍경이다.

Interview
띤 아웅(Tin Aung) 민족민주동맹 해방구 의장

국경, 국제사회를
애타게 부르다

2003년 9월 3일, 매솟, 타이-버마 국경

:: 민족민주동맹 해방구는 요즘 뭘 하나?

각국 정부에 열심히 로비하고 있다.

:: 어떤 정부들인가?

유럽연합, 미국, 아세안 모두.

:: 뭘 로비하나?

국제적 압박.

:: 어떻게?

유엔 통해서.

:: 그러려면 버마 안건을 올려야 하는데, 그걸 누가?

밝히기 힘들다.

:: 왜?

아직 진행 중이니까.

:: 그 참, 비밀도 아닌 걸 갖고. 당신들이 바랐던 미국의 버마 경제봉쇄 효
과 있겠나? 이라크처럼 시민만 골탕 먹는 거 아니겠나?

목 졸릴 놈들 따로 있다. 이권 쥐고 있는 군부와 그 가까운 이들.

:: 1989년부터 경제제제 해왔지만 타이, 중국 국경 통해 다 새나갔다.

그건 맞다. 그래서 유엔 통한 진짜 봉쇄 원했던 거다. 이번 미국 봉쇄는
좀 다르다. 금융까지 막았으니. 워싱턴 주재 버마대사관도 돈줄 막혀 애
먹는다고 하더라.

:: 민족민주동맹은 왜 미국 개입 바라나?

현실론이다. 미국이든 유럽연합이든 다 좋은데, 반드시 유엔 깃발 아래.

:: 유엔이면 다 되나? 군사 개입까지도.

차례는 있겠지. 경제 봉쇄해도 안 되면, 유엔평화유지군도 생각해볼 수
있고.

:: 근데, 왜 일찌감치 나서 외세 개입 환영 나팔 부나? 그쪽은 생각도 않는데.

　대화할 생각도 없는 군부가 아웅산 수찌 또 가택연금했다. 우린 달리 택할 길이 없다.

보 먀, 독재자의 땅으로 들어가다

2004년 2월 18일, 카렌민족해방군 6여단

"보 먀가 랭군에 갔다 왔다."는 말이 나돌자 국경은 까무러쳤다.

2월 18일 버마-타이 국경 카렌민족해방군 6여단 지역은 평화인지 뭔지는 알 수 없지만 쥐 죽은 듯 고요했다. 1995년 3월 카레니군, 그리고 같은 해 6월 몬민족해방군이 군사정부와 휴전협정을 맺었던 그 땅에서 느꼈던 바로 그 기운이다.

보 먀의 랭군 방문으로 한동안 뜸했던 국경 말문이 다시 터졌다.

민족민주동맹 해방구는 '카렌민족연합과 국가평화개발평의회(SPDC)*의 휴전회담을 지지한다.'고 공식 성명을 내놓았지만, 뒤에서는 가타부타 말들이 많았다. 띤 아웅 의장은 "휴전 다음엔 정치협상인데, 거기서 밀리면 휴전도 깨지고 그 책임이 모두 혁명 전선으로 넘어온다. 카렌 혼자 일이 아니다."며 보 먀가 혼자 북 치고 장구 친 걸 마뜩찮게 여겼다.

민주개발네트워크(NDD) 의장 쪼 쪼(Kyaw Kyaw)는 "상징성 지닌 보 먀가 랭군 갔다는 게 문제다. 군인들 선전거리로 말려들었다."며 거들었고.

카렌민족연합 안에서도 보 먀 '독선'이 또 도졌다고 언짢아하는 이들이

---

* 국가평화개발평의회(SPDC, State Peace and Development Council): 1997년 국법질서회복평의회(SLORC)를 개칭한 버마 군부사정부의 최고 권력 기구.

많다.

사무총장 만 샤 라판(Mahn Shar Lapan)은 "보 먀가 랭군 간다는 걸 말렸더니, 그이가 떠나기 바로 전까지도 안 간다고 했다. 협상대표 21명도 보 먀가 혼자 뽑아갔다."며 뒤통수 맞은 기분을 털어놨다. 사무총장마저 몰랐다는 건 카렌민족연합의 정치가 전혀 돌아가지 않았다는 뜻이다.

게다가 회담 대표단 가운데 정치를 아는 이는 투 투 레이(Htoo Htoo Lay) 부사무총장과 츨 투 윈(Kwal Htoo Win) 타보이 지역 의장뿐이고 나머지는 모두 하위 야전 지휘관들이라 회담 수준마저 의심스럽게 했다. 누구보다 군사를 잘 아는 탐라보 장군과 정치를 잘 아는 만 샤 라판이 빠진 대표단을 '동네 협상단'이라 비꼬아도 할 말이 없게 생겼다.

소수민족해방 전선도 휴전회담을 쌀쌀맞게 대했다. 카레니민족진보당 사무총장 라이몬드 투(Rimond Htoo)는 "정치는 생각지도 않은 터무니없는 휴전회담이다."고 대수롭잖게 여겼다.

샨주군(SSA) 대변인 쿠르 센(Khur Hsen)은 "카렌이 벌목권 인정받는 대신 휴전한다면 평화에도 안전에도 전혀 도움되지 않는다."며 아주 못마땅하게 여겼다.

2004년 2월, 국경은 아직도 어둡고 답답하기만 하다. 랭군 독재자들은 마지막 고지로 여겨온 카렌이 총 내리는 순간만을 손꼽아 기다려왔다. 그러나 랭군의 평화를 국경의 평화로 받아들이기에는 너무 고단한 상상력이 필요하다. 틀림없는 사실 하나, 보 먀가 랭군을 갔다 왔든 말든 막다른 골목에 몰려온 국경 민족해방, 민주혁명 전선에는 아직껏 평화의 갓밝이 기운조자 차오르지 않았다.

Interview
보 먀 카렌민족해방군 사령관

세계 최장수 게릴라 지도자, 평화를 탐색하다

2004년 2월 18일, 매솟, 타이-버마 국경

ⓒ정문태

"날 믿어도 돼. 휴전협정 절대 없다. 독재정권 무너질 때까지 싸운다."

1993년 여름, 그이는 밀담 낌새를 채고 찾아간 나를 "쓸데없는 소리 말라."고 타박했다.

"못 만날 것도 없잖아. 그렇더라도 휴전협정은 없어."

1993년 가을, 그이는 밀담 정보를 안고 찾아간 나를 "놈들을 떠보는 거다."며 다독였다.

11년이 흐른 2004년 2월 18일, 비선을 통해 얻은 1월 16일 휴전회담 기록 테이프를 샅샅이 훑어보고 찾아간 내게 그이는 의젓하게 말했다.

"50년 넘은 이 전쟁을 어떻게든 끝내야 하지 않겠어? 그쪽도 평화를 바라는 듯하니."

지난 1월 15일 보 먀는 휴전협상단 21명을 이끌고 랭군으로 갔다. 7단계 로드맵을 내건 국가평화개발평의회 실권자 킨 뉴 장군은 마지막 남은 실질적 무장투쟁 세력인 카렌을 잡고자 버마공군 5001호 특별기를 방콕에 띄워 보 먀를 모셔갔다.

그사이 세상도 보 먀도 많이 변했다. 1948년 버마 독립과 함께 시작한 카렌 민족해방투쟁은 현대사에 최장기 분쟁 기록을 세우며 거세게 달려왔으나, 1995년 메너플라우가 무너진 뒤부터는 크게 움츠러들었다. 카렌 민족해방군이 흔들리면서 국경 민족해방, 민주혁명 세력들도 시들어버렸다. 영원할 것만 같았던 전설적인 게릴라 지도자 보 먀 얼굴에도 세월이 묻어났다. 천하장사로 소문난 그이가 병원 신세 지는 일이 잦아졌고, 몸놀림도 눈에 띄게 둔해졌다. '투쟁' 상징이었던 그이 입에서는 어느덧 '평화'가 흘러나왔다.

:: 휴전회담 기록 테이프 보니 회담이 아니라 무슨 잔치 같던데, 신났겠더라?

(신난 얼굴로) 신은 무슨 신, 그날이 마침 내 생일이라 축하한다고들.

:: 55년 만에 간 랭군은 어떻던가?

그저 그렇지, 뭐. 대접은 잘 받았지만 신명이야 났겠어.

:: 테이프 보니, 회담에서 킨 뉴은 당신을 쁘라 티(Pla Htee. 아저씨)라 부르던데, 왜 당신은 그이를 보족(Bojoke. 장군)이라 불렀나? 그건 킨 뉴이

당신 인정하지 않겠다는 뜻인데?

그이가 나보다 한참 아래라 친근감을 보인다고……. 나까지 그럴 건 없잖아.

:: 킨 뉸은 만나보니 어떻든가?

뭐, 그저 보통 사람이지. 별다른 인상 받은 것도 없고.

:: 이번 휴전회담은 누가 먼저 하자고 들었나?

그야 국가평화개발평의회지.

:: 왜 그쪽이 달려들었다고 보나?

국제사회 압력에 몰리기도 했고, 또 그쪽도 평화 바랐겠지.

:: 이번 회담 놓고 카렌 안에서나 혁명단체들 쪽에서 많이 언짢아들 하더라.

(소리 높이며) 어떤 놈들이, 어떤 언짢음? 평화 하자는데 누가? 그러면 자기들이 나서 싸우든지. 싸우지도 않는 것들이 평화도 싫다면?

:: 랭군 가기 전에 문제 있었던 건 사실이다. 지도부에 알리지도 않고 협상단도 혼자 꾸렸고?

이것저것 다 따지면 아무 일도 안 돼. 내가 문만 열겠다는 거야. 내 눈으로 놈들 확인해보고 될성부르면 그때 공식적으로 하겠다는 뜻이었어.

:: 1990년대 초에도 그쪽과 마주 앉았지만 결국 깨졌다. 그때와 이번은

뭐가 다른가?

　그때는 우리한테 무장해제 조건 들이댔다. 이번엔 그런 게 없으니 좀 낫다.

　:: 카렌민족연합 쪽은 휴전회담에 어떤 조건 들고 갔나?

　무조건 휴전하고 평화회담으로 넘어가자는 게 다. 조건 걸면 될 일 없다.

　:: 이번 휴전회담에 타이 정부가 개입했다던데, 어느 선까진가?

　아니다. 타이 정부가 다리 놓겠다고 나섰지만 외세 개입 걱정한 랭군이 마다했다. 랭군이 우리 쪽으로 바로 연락해왔다.

　:: 타이 정부와 카렌민족연합 관계는 어떤가? 현 탁신 정부와 그전 추안 (Chuan Leekpai) 정부를 견줘보면.

　그저 그렇다. 추안 때야 음양으로 도움받았지만, 탁신은 사업가 마인드라…….

　:: 이번 휴전회담에서 문서로 남긴 게 아무것도 없다. 실효성, 합법성 같은 게 있겠나?

　그쪽이 휴전 깨면 문서 있어도 쓸모없다. 50년 넘게 싸웠다. 휴전 깨면 싸우면 되고.

　:: 깨질 수 있다는 건가?

　그렇지. 우리 쪽에서 깰 일이야 없지만, 그쪽이 어떨지는 알 수 없으니.

:: 휴전회담하고 온 뒤로도 심심찮게 전투 벌어졌는데?

맞다. 정부군이 몇 차례 치고 들어와서.

:: 그러면 뭔가, 휴전이랄 것도 없잖아?

달라진 게 있다. 킨 뉸과 핫라인이 생겼다는 건데, 공격받자마자 그이를 불러 따졌더니 이내 정부군이 공격 멈추더라. 언제까지 갈지 알 수 없지만, 아직은 굴러가고 있다.

:: 기록 테이프 보니, 민주카렌불교도군이 참가하면 당신은 로드맵에 따른 민족대표자회의(National Convention)에 나서지 않겠다고 아주 강하게 말하던데?

걔들 나쁜 놈들이잖아.(웃음) 카렌 대표성 지닌 건 카렌민족연합뿐이니.

:: 앞으로 회담은 어떻게 될 것 같나?

대표단 주고받으며 분위기 이어가는 게 중요하고, 휴전협정 마무리되면 정치회담으로 넘어가야겠지. 그다음에, 만약 이익거리가 있다면 민족대표자회의에도 갈 거고.

:: 카렌이 50년 넘게 끌어온 무장투쟁 접는 중이라고 봐도 좋은가?

아직 군사적 협정 맺은 건 아니지만, 제대로 휴전이 지켜지고 정치협상까지 잘 이어진다면, 그럴 수도 있지. 희망이 없진 않지만 아직 갈 길 멀다.

:: 킨 뉸이 선물 주던데 뭐던가? 당신은 그이에게 뭘 주었고?

은에다 옥 박은 목욕용 물 바가지였어. 난 카렌 전통옷 한 벌 줬고.

철옹성의 비밀 권력투쟁

2004년 10월 23일, 매솟, 타이-버마 국경

"카렌 휴전협상 대표단 랭군 한 곳에 감금 상태."

10월 21일치 〈방콕 포스트*Bangkok Post*〉를 비롯한 타이 신문들은 〈로이터*Reuter*〉를 따서 대문짝만 한 기사를 올렸다.

"나 여기 있다. 감금이라니?"

카렌 협상단장 투 투 레이는 그 보도 하루 전 타이-버마 국경 매솟에 돌아와 있었다.

부단장 데이비드 토우(David Htaw. 카렌민족연합 중앙집행위원)는 "10월 18일 군정보국(MIA) 쪼 테인 부국장(Brig. Gen. Kyaw Thein)과 그쪽 대표 4명 만났다. 근데 19일 아침, 일정 짜는 산 쁘윈 대령(Col. San Pwint)이 회담 미루자고 해서 되돌아왔다."고 했다.

이런 황당한 기사가 나갔던 건, 10월 19일 저녁 랭군 국영 텔레비전과 라디오가 킨 뉸 총리 퇴진 소식을 전한 데 이어, 타이-버마 국경 딱(Tak)에서 이동 내각회의를 열던 탁신 타이 총리가 "킨 뉸이 가택연금 당했다."고 밝히자 랭군 군사정부 쪽 뉴스 캐기를 하늘의 별 따기로 여겨온 외신들이 19일부터 무늬만 비슷해도 마구잡이 기사를 날린 탓이다.

지금까지 드러난 건, 10월 19일 킨 뉸이 가택연금 당했고 국가평화개발평의회 제1사무총장 소 윈 중장(Lt. Gen. Soe Win)이 새 총리가 되었다는 사실뿐이다. 온갖 말이 나도는 가운데 외신들은 쿠데타 또는 친위쿠데타로 보도하고 있다.

그러나 킨 뉸이 총리였고 권력을 지녔던 건 맞지만, 최고 권력기구인 국가평화개발평의회 의장 탄 쉐 장군(Gen. Than Shwe)이 버티고 있어 쿠데타란 말을 갖다 붙이긴 어렵다. 게다가 국가통치기구인 국가평화개발평의회가 킨 뉸을 체포했다는 건 친위쿠데타와도 거리가 멀다.

따라서 이번 일은 군부 안 권력투쟁이라 부를 수밖에 없다. 이미 그 낌새는 지난 9월 중순 킨 뉸이 쥐고 있던 군정보국 요원 2백여 명과 국경무역을 맡았던 킨 뉸 측근들이 중국 국경 무세(Muse)에서 체포당할 때부터 새나왔다.

이어 군사정부 '얼굴마담' 윈 아웅 외무장관과 킨 마웅 윈(Khin Maung Win) 외무차관이 10월 8일 하노이에서 열릴 아시아유럽정상회의(ASEM)를 2주 앞둔 9월 말 갑자기 바뀌면서 의문을 키웠다. 같은 날 킨 뉸 사람이던 농업장관 뉸 띤 소장(Maj. Gen. Nyunt Tin), 통상장관 삐 소네 준장(Brig. Gen. Pyi Sone), 교통장관 라 민 스웨 소장(Maj. Gen. Hla Myint Swe)도 쫓겨났다.

그즈음 국가평화개발평의회 제1사무총장 소 윈이 이들을 갈아치웠다는 말이 퍼지면서 권력투쟁설이 불거졌다.

그리고 한 달 뒤 10월 19일, 킨 뉸은 수감 중이던 군정보국 부하들을 만나고자 만달레이 형무소를 찾은 자리에서 체포당했다. 국가평화개발평의회는 10월 18일 킨 뉸의 발판이었던 군정보국을 장악한 데 이어 22일 국가정보국(NIB)마저 폐쇄해 잠재적 저항 세력을 잠재웠다.

군부 내 권력투쟁설은 1990년대 후반부터 심심찮게 흘러나왔다. 그 중심에는 국가평화개발평의회 제1사무총장으로 군정보국과 국가정보국을 휘어잡았던 킨 뉸과 국가평화개발평의회 부의장이자 방위군(NDS) 부사령관으로 병력을 움직일 수 있던 마웅 예 장군(Gen. Maung Aye)이 있었다.

킨 뉸과 마웅 예의 팽팽했던 힘은 2002년 네 윈 장군의 사위와 손자들이 긴 쿠데타 모의설이 터지면서부터 깨지기 시작했다.

1962년부터 1988년까지 독재자로 악명 떨친 네 윈은 비록 권력에서 비껴나 있었지만 여전히 최고참 장군으로 군부 안에 키워둔 수많은 '아이들'을 거느리고 있었다. 킨 뉸도 그 가운데 한 명이었다. 그러나 킨 뉸은 국가평화개발평의회 의장으로 군부 강경파를 이끌어온 탄 쉐와 마웅 예가 네 윈 가족들을 쿠데타 모의 혐의로 체포해 사형선고를 내리는 동안 손 한 번 쓰지 못한 채 밀리고 말았다. 그로부터 권력 굴대가 탄 쉐 쪽으로 빠르게 기울었다. 6개월 뒤인 2002년 12월 네 윈이 죽자 탄 쉐는 실권자가 되었다.

10월 23일 현재, 아직껏 바깥 세상에 알려지지 않았지만 국경 혁명단체들이 첩보한 국가평화개발평의회의 체포자 명단 34명 가운데는 내무장관 띤 라잉 대령(Col. Tin Hlaing)과 복지장관 세인 트와 준장(Brig. Gen. Sein Htwa) 그리고 군정보국 핵심들인 킨 아웅 준장(Brig. Gen. Khin Aung)을 비롯한 준장 5명과 대령 6명도 들어 있다. 체포자 명단에서 눈길을 끄는 이는 인터넷 회사인 파간 사이버테크(Pagan Cybertech)를 맡아온 테인 윈 소령(Maj. Thein Win)이다. 이 자는 타이 총리 탁신의 회사인 친 새틀라이트(Shin Satellite Co.)와 킨 뉸의 아들 예 나잉 윈(Ye Naing Win)이 함께 세운 40억 바트(1,200억 원)짜리 통신설비 사업을 다뤄왔다.

국가평화개발평의회는 킨 뉸 체포 5일 전인 10월 14일 킨 뉸이 꾸려왔던 군정보국 사업체 셋 가운데 피닉스 관광(Phoenix Tour)과 무역업체 스리 스타(Three Star)를 폐쇄했다. 또 10월 22일 국가평화개발평의회가 폐간시킨 17개 언론사 가운데는 예 나잉 윈이 발행해온 월간 비즈니스 뉴스 잡지〈리빙 컬러 *Living Colour*〉도 들어 있다.

이건 국가평화개발평의회가 킨 뉸을 겨냥해서 꼼꼼하게 계획을 세웠다는 증거고, 한편으로는 군부 내 권력투쟁이 이권과도 맞물려 있다는 사실을 보여준 대목이다. 국가평화개발평의회가 킨 뉸을 체포하면서 부정부패 혐의를 들이댄 것도 눈여겨볼 만하다.

국가평화개발평의회 의장이자 국방장관, 그리고 방위군 최고사령관인 철권 강경파 탄 쉐는 킨 뉸을 걷어내면서 그동안 나돌았던 '버마 실권자가 누구인가?'란 물음에 마침표를 찍게 했다.

그리고 탄 쉐를 줏대 삼아 마웅 예(국가평화개발평의회 부의장. 방위군 부사령관. 육군참모총장), 8888 항쟁 때 22사단장으로 시민 학살 악명을 떨친 새 총리 소 윈 중장, 이스라엘군에서 훈련받은 군정보국장 민 스웨 준장(Brig. Gen. Myint Swe. 전 랭군사단장)으로 이어지는 초강경파 라인이 태어났다.

이들이 바로 지금까지 민족민주동맹을 비롯한 민주, 민족 혁명 세력들과 국제사회에 그나마 온건파로 비쳐온 킨 뉸을 못 잡아먹어 안달했던 인물들이다.

더욱 갑갑해질 버마 앞날을 보여준 사건이다.

적진, 완카로!

2005년 7월 31일, 완카, 민주카렌불교도군 특수대대 본부, 버마

'전선기자에게 적진은 없다.'

전선기자에게 중립성을 떠맡긴 이 고전은 백번 맞는 말씀이다. 근데, 그 중립성으로 무장한 공룡자본 언론들이 쏟아내는 온갖 비틀림과 거짓말이 판치는 세상에서는 아주 위험한 말이기도 하다. 게다가 시민을 죽이고 정부를 빼앗은 군사정권이 취재 대상이라면, 그 군사정권이 "짖는 개를 때려죽이겠다."고 기자를 을러멨다면 더 그렇다.

그 중립성이 누구를 이롭게 할 것인가를 먼저 생각하지 않을 수 없다는 뜻에서다.

8888 민주항쟁, 그리고 17년이 흘렀다. 국경 전선은 그 항쟁의 유산을 모조리 까먹어버린 채 헤매고 있다. 혁명과 해방 의지가 넘나들던 모에이 강도 그날 그 강이 아니다. 모에이가 휘감은 물도리동 완카, 카렌민족해방군 난공불락 요새로 세계 게릴라전사에 가장 치열한 전투 기록을 남긴 일도 모두 흘러간 옛 일일 뿐이다.

완카에 이는 회오리바람은 덧없는 세월 앞에 우두커니 선 내게 1995년 2월 20일을 몰고 왔다. 시꺼먼 포연에 가려 마지막 가쁜 숨을 헐떡이던 그 완카를 코빼기 앞에 두고 타이 국경수비대에 걸려 발만 동동 굴렀던 그

날, 1990년대 초부터 완카를 드나들었던 유일한 기자로서 그 최후의 날을 기록하지 못했던 아픔이 되살아났다.

그날 그 새벽녘, 어렴풋이 버마 깃발이 오르고부터 완카는 '적진'이 되고 말았다. 그로부터 10년 동안 모에이는 건널 수 없는 강으로, 완카는 디딜 수 없는 땅으로 바뀌어버렸다.

군사정부한테 '짖는 개'로 찍혔던 나는 그동안 완카를 차지한 민주카렌불교도군을 취재하고자 여러 차례 문을 두드렸지만 대꾸 한마디 듣지 못했다. 이번에도 아니면 완카를 지워버리자고 마음먹었던 7월 어느 날, '적군'한테서 전갈이 왔다.

7월 31일 허겁지겁 모에이 강 둑으로 달려갔다. 마중 나온 안내병을 따라 강을 건너자 도요타 사륜구동이 기다리고 있었다. 카렌민족해방군 시절, 강 건너기 무섭게 땅속 2미터 벙커로 들어갔던 그 숨 막히는 완카가 아니었다. 성한 건물 하나 없는 초토였던 그 땅엔 깔끔한 병영이 들어서 있었다.

사령부에 닿자 낯익은 얼굴이 손을 내밀었다.

"아니, 자네가……. 그, 그."

1990년대 초 버마 정부군과 치고받던 카렌민족해방군 본부 메너플라우에서 '나는 전선기자로 너는 해방 전사로' 만났던 그이를 십 수 년이 지난 뒤 '적장'으로 다시 만나는 순간 말문이 막혔다. 갓 스물 넘긴 앳된 얼굴이었던 그이는 어느덧, 민주카렌불교도군 최정예 특수대대 1천여 명을 호령하는 칫 투 대령(Col. Chit Thu)으로 변해 있었다.

전선 회상은 세월을 뛰어넘어 닫혔던 마음을 활짝 열게 했다. 둘러앉은 부하들에게 그 시절 무용담을 늘어놓던 칫 투는 "친구니까, 뭐든지 물어봐도 좋다."고 통 크게 나왔다.

칫 투 대령. 999특수대대장. 2005. 2. 22. 완카. 버마.
ⓒ정문태

"오면서 보니 다리 놓던데, 길(모에이 강-완카-파안 4차선 도로)도 닦았다며, 돈이 어디서?"

"열심히 사업했잖아. 나무도 팔고 장사도 하면서."

"버마 정부군과 손잡은 대가로 벌목권 얻었다는 소문 있던데, 그랬구나."

"그쪽과 상관없다. 우리 나무 잘라 타이에 파는 거다. 참, 한국 무역업자 소개 좀,"

"그런 건 한국무역관 가서 알아봐라. 그보다 자네 아이들 무기 굉장한데, 어디서 났나?"

"어디서 나긴, 수입했지."

"야간투시경에 최신 저격용 총, 미군 사막복까지 걸쳤더라. 타이군에서 빼돌린 거지?"

"삐돌리긴, 샀지. 비정규군 중에서는 우리가 세계 최강일 거야."

"세계 최강은 좀 그렇고, 버마 정부군보다는 나은 거 같더라."

실제로 이자들 장비와 무기는 반대쪽 카렌민족해방군에 견줘보면 엄청났다. 스리랑카 정부군에 맞서온 타밀 타이거(Tamil Tiger)를 빼고 나면 어떤 게릴라 전선에서도 보기 힘든 화력이었다.

"너, 차기 사령관감이다. 돈도 화력도 있겠다, 완카까지 끼고 있으니."

"때 되면! 화력은 내가 최고지. 돈이야 만들면 되고."

칫 투는 현실인지 야망인지 알 수 없지만 거리낌 없이 되받았다. 그이에게 '차기'를 꺼낸 건 알랑거림도 넘겨짚음도 아니었다. 버마 정부군에 매달린 민주카렌불교도군 '노땅'들이 군을 휘어잡지 못한 판에, 칫 투는 군사력뿐 아니라 민주카렌불교도군 돈줄인 국경무역 중심지 완카까지 지녔기 때문이다. 마음만 먹으면 무슨 일이든 벌일 수 있는 자리다.

자신감이 펄펄 넘치는 칫 투를 찔러봤다.

"젊은이들끼리 맘 맞춰 (카렌) 통일해라."

"우리 젊은이들 사이에는 아무 문제없다. 통일이 모두들 바람이고. 두 쪽 젊은 지휘관들끼리는 자주 어울린다. 늙다리들 가고 나면 통일할 수 있다."

"가만, 두 쪽 지휘관들이 서로 어울린다고, 누군데?"

"주로 카렌민족해방군 6여단, 3여단 쪽 젊은 지휘관들. 어쩌다 술도 한 잔씩 하고."

"그럼, 죽어도 어울릴 수 없는 그쪽 늙다리들은 누군가?"

"탐라보 장군, 만샤 카렌민족연합 사무총장 같은 이들과는 죽었다 깨나도 안 된다."

"그쪽 핵심들인데, 그이들 빼고는 말이 안 되지."

"말도 안 통하는 그 늙은이들이, 그 강경파들이 절대 협상 않는다고 소리쳐왔잖아."

"보 먀는 괜찮고?"

"보 먀야, 여전히 존경하지. 반대쪽에 계시지만, 우리들에겐 영원한 영웅이잖아."

"그 참, 뜻밖이다. 10년 전쯤, 강경파 보 먀가 싫다고 뛰쳐나간 게 너희들이다."

"그건 오해다. 보 먀가 싫었던 게 아니라 그 둘레를 감싼 이들이 문제였다."

한번 열린 그이 입에서는 놀라운 사실들이 줄줄줄 풀려나왔다.

"얼마 전엔 우리 지도자 우 투짜나와 함께 매솟 병원에 입원해 있던 보 먀 찾아가서 두 번이나 만났다."

"우 투짜나까지 보 먀 만났다고?"

"우 투짜나가 병원비도 내줬다."

그동안 국경에선 두 진영이 만난다는 소문이 돌긴 했지만, 당사자 입을 통해 이름까지 나온 건 처음이었다. 게다가 보 먀와 우 투짜나가 만났다는 건 소문에도 오른 적 없었다.

지금까지 카렌민족해방군과 민주카렌불교도군은 서로 '형제살해극'을 벌이며 결코 함께 갈 수 없는 철천지원수로 여겨왔던지라, 두 지도자의 만남은 떠올리기조차 힘든 일이었다.

"그러면 다 됐네. 통일해라."

"우린 이미 준비된 상태다. 그쪽에서 우리 쪽으로 들어오면 된다. 우리가 병력도 3배쯤 많고, 카렌 땅을 우리가 거의 다 갖고 있으니까. 경제적으로도 그렇고."

"현실만으론 안 된다. 정당성, 역사성, 그런 게 있다. 너희들이 그쪽으로 들어가면 몰라도."

"현실 깔보면 못 하는 거지. 우리보고 더 작은 쪽으로 빨려 들어가라면 되겠나?"

"어느 쪽으로 빨려 들어가고 말고 할 일이 아니다. 같이 가는 거지."

"그쪽 전사들 가운데 우리 쪽으로 넘어온 이들이 숱하다. 그게 뭘 뜻하겠는가."

그이 말에서 통일 못 하는 까닭이 드러났다. 현대사에서 60년짜리 최장기 민족해방투쟁 기록을 세운 카렌민족해방군은 나라 안팎이 모두 그 역사성을 인정하는 카렌족의 유일한 세력이다. 그렇게 버마 민족해방, 민주혁명 상징성을 지닌 카렌민족해방군에게 칫 투처럼 '덩치'를 들이대며 통일을 말한다는 건 국경 농담거리에 지나지 않는다.

지난 17년 동안 국경을 쫓아다닌 내 눈에 보이는 카렌 통일은 오직 한 길뿐이다. 불신과 분열 책임 지닌 두 쪽 지도부가 모두 물러나고, 민주카렌불교도군이 버마 정부군과 손 끊는 일이다. 통일이 공멸을 피하는 길이라는 처절한 깨달음 없이는 그 길로 들어설 수도 없다.

민주카렌불교도군에게 가장 켕기는 대목인 버마 정부군을 입에 올려도 칫 투는 씩씩했다.

"버마 정부군과 손 털 때도 되지 않았나, 언제까지 이럴 건가?"

"우리가 비록 그쪽과 손잡았지만, 카렌 해방시킨다는 생각을 그만둔 적은 없다."

"손잡았다고? 조종당한 거지. 해방하겠다는 놈들이 적과 손잡고 형제 공격 하나?"

"조종당한 거 아니다. 우린 독자적인 군사작전 벌여왔다."

"전선에서 정부군 길잡이나 하는 게 독자적인 작전인가? 정부군이 카렌 땅 점령하면 따라 들어가서 현장 거두는 게 독자적인 작전이냐? 말 같은 소리를 해야지."

"우리 사정 잘 모르잖아? 상황 바뀌고 때 되면 정부군에 맞서 싸울 준비해왔다."

"그때가 언젠데? 준비는 또 무슨 준비를."

"정부군과 그리 편치는 않다. 그쪽이 우리 경제는 독립성 인정하지만, 군사적으로는 좀 누르는 편이라."

"그렇지. 다 아는 얘기지."

칫 투는 민주카렌불교도군 지도부 가운데 처음으로 정부군과 불편한 관계를 시인했다.

"정부군이 우리한테 총 내리라고 우기면, 우린 바로 총부리를 그쪽으로 돌릴 거다."

"그쪽이 우기기 전에 먼저 총부리 돌리고 카렌민족연합과 손잡으면 해볼 만할 텐데?"

"두 쪽이 합치면 엄청나지. 1990년대하곤 무장이나 화력이 다르니까."

"평화 하든지 전쟁 하든지, 부디 하나로 뭉쳐라."

버마 정부군이 하루 수천 발 포탄을 퍼부어대는 통에 모든 생명체가 땅속으로 내려갔던 완카, 그 땅 위에는 이제 사람들이 살고 있다. 물도리동 윗목 신완카 쪽 쉐코욱쿠(Shwe Kouk Ku) 주민 7천여 명은 편해 보인다. 마을 한가운데는 절 둘과 교회 둘이 나란히 앉아 있고, 특수대대 사령부를 끼고 시장과 군사훈련장 학교와 군용병원이 들어섰다.

민주카렌불교도군은 지난 10년 동안 형제를 버리고 적과 의형제를 맺은 대가로 많은 것을 얻었음이 드러났다.

그럼에도 민주카렌불교도군은 버마 민족해방, 민주혁명 전선의 슬픈 상징으로 남아 있다.

허깨비만 판치는 국경 전선

2005년 7월 31일. 카렌민족해방군 6여단

8888 항쟁 17주년이 가까워 온다.

'민주주의'란 말만 끄집어내도 저절로 눈물이 핑 돌던, 그 불같은 시절은 갔다. 먹을거리가 없어도 '혁명', '해방' 한마디면 절로 힘이 솟던 그 국경은 온데간데없다.

오늘, 그 땅에는 허깨비에 휘둘린 패배주의만 돌아다닌다.

'외세 도움 없이는 버마 상황을 바꿀 수 없다.'

그 많은 해방, 혁명 조직들이, 그 많은 회의 끝에 내린 결론이다.

새삼스럽다. 이미 버마 해방, 혁명 전선에는 온갖 외세가 들끓고 있다. 랭군 폭격만 안 했을 뿐, 정치·군사까지 다 들어와 있다. 무장투쟁 조직들도 난민구호 단체들도 저마다 그 외세를 얻겠다고 정신없이 다퉈왔다.

국경이 열망해온 그 외세는 미국이고, 그 미국은 오래전부터 깊숙이 들어와 있었다. 국무부, 중앙정보국, 공화당, 민주당이 뿌려댄 돈이 혁명, 해방 조직들 밑천이었다.

그런 게 눈꼴사나워 기자들이 하나둘씩 국경을 떠났다. 기자 없는 혁명, 해방 전선이 쏟아낸 성명서들은 강아지가 물고 다녔다. 그렇게 국경은 세상으로부터 잊혀졌다.

요즘 국경에는 두 가지가 유행이다. '조직 만들기'와 '외국 가기'다. 하루에 하나씩 새 조직이 늘어나는 판이다. 모두들 해방, 혁명을 내걸고 정치를 하겠다는데, 하는 일로 봐서는 시민단체나 비정부기구(NGO)다. 저마다 외국 정부, 기업, 구호단체 돈줄을 얻어내 난민지원 프로그램이나 소수민족 교육 프로그램을 돌리며 살아가고들 있다.

늘어나는 조직 수만큼이나 돈줄 다툼도 심해져 국경이 온통 장사판 같은 느낌이 든다.

아니면 외국행이다. 수많은 혁명 지도자들이 "더 배워서 조국에!"라는 장엄한 말을 남긴 채 살 길 찾아 떠났다. 전사들 사이엔 "더 벌어서 조국에!"란 말이 생겨났다.

그러나 지난 17년 동안 더 배워서 조국 혁명 전선으로 돌아온 이들도, 더 벌어서 민족해방 전선으로 돌아온 이들도, 나는 결코 본 적이 없다.

"외국으로 간 동지들 수백 명이 한 달에 10달러씩만 보태줘도 숨통이……."

버마학생민주전선 사무총장 서니 말마따나 떠나면 모두 함흥차사였다.

"그렇게들만 했다면, 거북살스럽게 미국 정부나 정당에 손 벌릴 일 없지."

카렌민족연합 사무총장 만 샤가 손사래 쳤듯이.

버마 민족해방, 민주혁명 전선은 그렇게 저물고 있다. 군사정부가 로드맵을 내걸고 영구집권 기획을 현실로 옮겨가고 있든 말든.

길 잃은 국경 전선은 장맛비에 젖어 눅눅한 17년 추억만 떠올리고.

민 꼬 나잉이 조직한 '88세대 학생'은 2007년 8월부터 대중 시위를 벌이며 9월 승려 시위를 끌어낸 실질적인 동력이
되었다. 88세대 학생들의 쉐다곤파고다 앞 시위. 2007. 9. 28. 랭군. ⓒABFSU

승복혁명

2007년 10월 5일, 타이-버마 국경, 카렌민족해방군 6여단

긴가민가했다. 바람이 영 없진 않았지만, 그렇다고 죄어치고 매달릴 만큼은 아니었다.

"(버마) 전국 승려들 조직해놓았고, 지난 9월 9일 군사정부에게 17일까지 답하라며 4개 조건 내걸어 놨다. 내 몰라라 하면 18일부터 투쟁 들어간다."

9월 16일 버마승려동맹(All Burma Monks' Alliance) 만달레이 지도자 캐 메인다(Khae Meinda) 스님과 전화로 이야기를 주고받을 때까지만 해도 그랬다.

열흘 전쯤인 9월 5일 빠꼭꾸(Pakokku)에서 기름 값을 내리라고 외치던 승려들을 군인이 폭행한 사건을 놓고 버마승려동맹이 "빠꼭꾸 만행 사죄, 기름값 인하, 아웅산 수찌와 정치범 석방, 야당과 대화"를 내걸었다는 말을 들었을 때도 그런가 보다 여겼다. 그 조건들이 새롭지도 않았고, 어차피 군인들이 갑자기 승려 앞에 머리 조아릴 일도 없을 테니.

불교사회에서 승려라, 그래, 마지막 희망이었다. 버마 안에서는 군인들에 맞설 만한 전국 조직을 갖춘 집단이 승려뿐이었다. 해서 시민들은 아닌

줄 알면서도 그 승려들이 꼬인 정치를 풀어주길 애타게 기다려왔다. 8888 항쟁이 군홧발에 짓밟힌 뒤로는 학생운동이라야 밀선 통해 서로 안부나 주고받는 상태였고 또 아웅산 수찌가 이끄는 민족민주동맹은 정치력도 투쟁력도 없는 무늬만 정당이었으니.

그렇게 20여 년 동안 그 마지막 희망을 채워주지 못한 승려들은 존경과 불신을 한 몸에 받아왔다.

승려들이 내건 최후통첩일인 9월 17일, 버마승려협회(All Burma Monks Union) 대변인 격인 아무개 스님(신변보호용 익명)은 "대꾸 없다. 군인들이 고승들에게 선물 돌리며 시위 막아달라고 했을 뿐. 오늘 자정까지 기다려보고 내일부터 시위 들어간다."며 전화에 대고 힘껏 외쳤다.

그이는 "적어도 6개 도시에서 일어난다. 부처님 가르침 좇아 도덕적 방법 택할 것이다."고 좀 흐릿하게 말을 굴렸다. 그래서 또, 긴가민가했다.

하루 뒤인 9월 18일, 랭군과 만달레이에서 2만 명 넘는 승려들이 쏟아져 나왔다는 급전을 받았다. 정신이 아찔해졌다. 허겁지겁 다시 그 스님들을 찾았지만 전화 연결이 안 됐다. 9월 24일부터는 전화가 아예 먹통이 돼버렸다.

타이-버마 국경 쪽 혁명단체들을 끼고 버마 안 밀선을 부지런히 두드렸다. 학생운동가들과 선이 닿았다. 9월 23일, 전설적인 학생운동가 민 꼬 나잉과 함께 '88세대 학생(88 Generation Students)'을 조직한 테이 찌웨(Htay Kywe)는 "승려들이 시민 동참 외쳤고, 우리 조직도 함께해왔다. 이번이 마지막 기회다."며 의지를 불태웠다. 라 묘 나웅(Hla Myo Naung)은 "승려와 시민이 함께 지하조직을 꾸렸다. 군인들 무력진압에 맞설 준비가 돼 있다."고 밝혔다.

88세대 학생은 8월 21일 기름 값 인상 반대를 외치며 랭군에서 시위를 벌여 9월 5일 빠꼭꾸 승려시위를 이끌어낸 주인공들이다.

14~15년간 감옥살이를 했던 두 학생운동 지도자 말을 엮어보면, 이번 승려 시위는 버마승려동맹이라는 비선조직 아래 오래전부터 투쟁해온 버마청년승려협회(ABYMU), 랭군을 발판 삼은 랭군청년승려협회(YMUR), 만달레이에 터다진 버마승려연맹연합(ABFMU) 그리고 얼마 전 조직한 청년학생승려조직(YSMO)이 함께 이끄는 것으로 보인다.

9월 18일부터 승려들이 앞장선 시위대는 십만 명을 넘어섰고, 9월 26일 군인들 발포로 승려 십여 명이 사망했다.

이번 승려시위는 그동안 대표적인 승려운동으로 꼽혔던 '1990년 보이콧'과 큰 차이를 보였다. 1990년 민족민주동맹이 승리한 총선 결과를 군인들이 뒤엎자, 승려들이 군인 보시를 거부하면서 많은 이들이 체포, 구금, 투옥, 살해당하고 지도자인 우 예와타(U Yewata) 스님도 옥사했던 그 운동은 처음부터 절을 투쟁공간으로 삼아 시민과 제대로 선을 달 수 없는 한계를 보였다.

그러나 이번에는 승려들이 길거리로 뛰쳐나와 대중 시위를 벌이면서 시민들 속으로 파고들어 사회적 파급력을 크게 키워놓았다. 무엇보다 이번 승려 시위는 기획과 조직에서부터 재외 망명단체들과 손잡고 버마 사안의 국제화를 꾀했다는 대목이다.

실제로 버마-타이 국경 혁명단체들도 깊이 파고들면서 8888 항쟁 뒤 처음으로 버마 안팎이 손을 잡고 대중 시위를 끌어냈다.

"버마 안쪽 조직들이 할 수 없는 홍보와 선전을 우리 쪽에서 대신했다."

버마민주포럼(FDB) 사무총장 나잉 아웅은 국경 혁명단체들이 버마 안 팎을 잇는 다리 노릇 했음을 밝혔다. 민주개발네트워크 의장 킨 오말(Khin Ohmar)도 "버마 안 조직들에게 무선 전화기와 컴퓨터 같은 장비를 제공했다."는 사실을 숨기지 않았고, 버마학생민주전선 사무총장 서니도 "버마 안쪽 학생 운동가들과 선을 달고 이번 시위를 도왔다."고 귀띔했다.

버마 안쪽과 국경이 손잡은 이번 시위는 그야말로 '통신혁명'이라 부를 만했다. 군사정부로부터 비자를 받지 못한 외신기자들은 국경에 앉아서 버마민주포럼과 버마학생민주전선 같은 국경 혁명단체들이 보내주는 버마 안쪽 사진과 정보를 거의 실시간 이메일로 받아볼 수 있었다. 디지털 카메라, 무선전화기, 인터넷으로 무장한 시민들은 군사정부의 국경 봉쇄와 전화선 차단을 비웃으며 정보를 흘려냈다. 기자들이 사진 한 장 밖으로 내보내기 힘들었던 8888 항쟁 때와 견줘보면 실로 엄청난 변화였다.

아주 오랫동안 기다렸던 승려들 투쟁 소식에 버마-타이 국경도 크게 들떠 있다.

신몬주당 사무총장 나이 한 타르(Nai Han Thar)는 "시민 대신한 그 승려들을 한없이 존경한다. 국경도 나설 때가 왔다."며 기쁨을 감추지 못했다.

버마연방민족회의 의장이자 카렌민족해방군 사령관인 탐라보 장군은 "버마연방민족회의, 버마민주동맹, 민족민주전선이 모두 함께하는 통일전선 만들어 (버마) 안쪽 도울 계획이다."며 무장봉기도 한 방법이라고 덧붙였다.

민족민주동맹해방구 전 의장 틴 아웅은 "유엔과 국제사회가 나서야 한다. 승려 살해한 군인들 총질 멈추게 할 수 있는 건 국제사회 압력뿐이다."고 또 그 국제사회 개입 타령을 잊지 않았고.

국경 쪽 민족해방, 민주혁명 단체들은 이렇듯 저마다 이번 승려 시위를 군사독재 타도 총력투쟁 계기로 삼겠다며 전의를 불태우고 있다.

Interview
감바라 스님(Gambara) 버마승려동맹 지도자

"이번에 호락호락 물러나지 않는다"

2007년 10월 4일, 매솟, 타이-버마 국경

9월 26일 군인들이 승려 시위대에 총질하면서부터 전화선을 잘라버렸다. 일주일 넘도록 버마 안쪽과 선을 댈 수 없었다. 그러던 10월 4일 랭군시간 16시, 버마승려동맹 지도부 가운데 한 명으로 이번 시위를 이끈 감바라 스님과 선이 닿았다.

"군인들이 어젯밤(10월 3일)에도 랭군 남부 옥칼라파와 팅앙윤 절을 공격했다."고 말문을 연 스님은 시간 쫓치는 기운이 또렷했다.

"승려들 노여움을 이루 말로 다 할 수 없다."는 그이 목소리에 고단함이 묻어났다.

거의 모든 큰 절들이 짓밟히고 닫힌 지금, 그이가 밝힌 사망 승려 3백여 명과 잡혀간 승려 2천여 명은 군사당국이 말한 사망 11명과 엄청난 차이가 났다. 앞으로 작은 절들까지 낱낱이 파보면 그 피해가 크게 늘어날 것이라고 했다. 그이는 "군인들이 마치 적진 공격하듯 절을 부수고 불기들을 깨트렸고, 적군 다루듯 승려들을 짓밟은 다음에 문을 걸어 채웠다."며 '경고효과' 노린 계획적인 군사작전이라 불렀다.

"군인들이 절에 쳐들어온 건 시위 막겠다는 게 아니라, 자신들이 원하면 뭐든 할 수 있다는 걸 시민들에게 보여준 거다."며 시민들이 쉽게 나서지 못할 것으로 내다봤다.

잠시 뜸 들인 그이는 "승려들이 불법(佛法)에 따라 계속 저항할 것이다."며 굳은 속뜻을 내비쳤다.

현재, 감바라 스님이 이끄는 버마승려동맹을 비롯한 각 승려단체들은 군인들의 공격과 감시 속에서도 시민들과 함께 싸우고 있다고 한다.

그이는 승려와 시민이 함께 만든 시민거부위원회(PBC)가 '암전운동' 같은 일을 벌이고 있다며 "10월 5일부터 7일까지 시민들이 절을 찾아 예불을 올리도록 해서 자연스레 다시 조직을 다듬겠다."고 밝혔다. 이 '예불운동'은 시민행동위원회(PAC)가 이끈다고 일러주었다.

전화를 끊기 전, 그이는 한마디 덧붙였다.

"국제사회가 함께할 수 있는 길을 찾고 있는데, 아직 날짜를 정하진 않았지만 10월 7일을 겨냥해서 '국제행동의 날'을 선포할 계획이다. 그날 하루만이라도 세상 승려들과 신도들이 버마와 함께했으면 좋겠다."

감바라 스님이 전해주는 버마 안 소식을 묶어보면, 이번 시위는 지나가는 바람이 아니라 제법 머물면서 기압에 따라 '태풍급'으로 바뀔 가능성도 보인다.

그 전에 있었던 크고 작은 승려 시위에 비해 이번에는 꼼꼼하게 준비해온 조직이 있다는 사실을 눈여겨볼 만하다.

Interview
탄 케(Than Khe) 버마학생민주전선 의장

버마학생민주전선이
고민이다

2007년 10월 4일, 매솟, 타이-버마 국경

모두들 살이 찌고 배가 나왔다. 숙진 전선이 사람들을 그렇게 바꿔버렸다. 혁명 고착화가 그렇게 '뱃살'로 튀어나왔다. 한동안 그 '뱃살'들 보기가 불편해서 잘 찾지 않았다. 그러다가 이번 9월 승려 시위가 터지고 오랜만에 국경을 찾았다. 함께 전선을 달렸던 반가운 얼굴들은 이제 저마다 총대신 '정치'를 열심히들 갈고 닦고 있다.

:: 이번 시위 감상법이 뭔가?

너무 놀랐다. 시위가 크기도 했지만, 군인들이 승려들에게 총질까지.

:: 크기야 그렇다 치더라도 총질이야 그쪽 전통이잖아?

그게 승려들을 바로 향했으니.

:: 처음도 아니다. 근데 버마학생민주전선은 이번에 뭘 했나?

(버마) 안쪽 지하조직 통해 시위대에 힘 보탰다.

:: 이미 일은 터졌고, 앞으로 버마학생민주전선은 어떻게 할 건가?

무장투쟁과 정치투쟁 같이 하면서. 이번 시위 불씨 살려가는 게 목표고.

:: 무장과 정치 같이 하겠다는 그 추상적인 전략, 10년도 넘었다.

언론이나 국제사회가 너무 모른다. 우리가 무장투쟁한다고 욕하더니 이번에 안쪽에서 시위 터지자 이젠 또 국경은 뭘 하고 있느냐고 나무란다.

:: 애매한 면 있다. 그렇다고 버마학생민주전선이 잘 굴러온 건 아니잖아. 전 지도부 봐라. 정치투쟁이라고? 혁명단체와 시민단체는 다른 거 아닌가?

아픈 말이다. 그래서 다시 조직 가다듬고 있는 중이다.

:: 뭘 어떻게 가다듬는다고? 왜, 이번 시위 터지고 나니까 버마학생민주전선으로 사람들이 몰려들기라도 하던가? 돈줄도 왕창 늘어났고?

왕창은 아니지만, 문 두드리는 이들이 많아졌다. 싱가폴에서 일하는 이들도 무장투쟁 참여하겠다고 연락이 오고, 기부금 낼 방법을 묻는 이들도 있고.

:: 그런 것보다, 버마학생민주전선 거쳐 간 2천여 명을 다시 끌어들이는
게 중요하다. 외국에서 잘 살고 있는 그이들 돈도 뜯어내고 조직도 키워
야 한다. 서니(버마학생민주전선 사무총장)는 그이들을 '배신자'라고까지
하더라.

　(긴 침묵 뒤) 지금이 그 기회라고 여겨 안에서도 가다듬고 있다.

:: 심각할 것도 없다. 내 말을 애정으로 여기면 된다.

　사실은 이것저것 힘들다. 대놓고 안쪽(정부군)을 공격할 수도 없고, 그렇
다고, 안쪽 밀선 이용하면 국가평화개발평의회가 현재 공개 조직인 88세
대 학생들까지 모조리 버마학생민주전선과 묶어 테러리스트로 몰아버릴
테니.

:: 어려울 거 없다. 조직 다듬고 '싸우는 공작' 깃발을 국경에 휘날리기만
해도 된다. 나머지는 누가 뭐래도 다 역사다. 버마학생민주전선 무장 수준
으로 내부에 들어간다는 것도 현실성 없고, 밀선 수준으로 봉기 일으킬 수
도 없다. 어쨌든, 이번 시위가 이어질 것으로 보나?

　희망이라기보다, 반드시 그렇게 되어야 한다. 이번이 우리 세대에게는
마지막이다. 해서, 우리도 그쪽 돕겠다고 온 힘 쏟아붓고 있다.

불발로 끝난 승복혁명 그리고 또 2년

2009년 7월 3일

2007월 9월 중순부터 버마 안팎을 뜨겁게 달궜던 승려 시위는 군인들의 유혈진압으로 보름 만에 끝났다.

군사정권은 '사망 13명'만 밝힌 채 입을 닦았다. 유엔은 사망자를 30~40명쯤으로 내다봤고, 승려시위를 도왔던 88세대 학생 쪽에서는 사망자 138명을 사진과 함께 내놨다. 버마 시민들 사이에는 수백 명이 살해당했다는 말들이 나돌고 있다.

승려 시위에 이어 곳곳에서는 검거 열풍이 불었다. 군사정권은 체포자 수를 밝힌 적 없지만, 독재 군인을 대변해온 신문인 〈뉴 라이트 오브 미얀마New Light of Myanmar〉는 10월 11일치에서 2,100명 체포 사실을 보도했다. 그러나 국경 혁명단체들이 내부 밀선을 통해 조사한 자료에는 체포당한 이들이 5,000~6,000여명에 이른다.

그리고 승려 시위에 앞서 8월 중순 랭군 시위를 이끌었던 민 꼬 나잉*은 8월 21일 88세대 학생 조직원 22명과 함께 체포당한 뒤 65년 형을 받고 현재 산 주 쳉통 형무소 독방에 갇힌 것으로 알려지고 있다.

---

* 민 꼬 나잉(Min Ko Naing): 버마학생연합(All Burma Federation of Student Union)을 조직해 8888 항쟁을 이끈 학생운동 지도자로 1988년 체포당해 20년형을 선고 받고 복역 중 2004년 석방되었다. 2005년 다시 투옥당한 뒤 풀려난 그이는 2007년 8월 21일 시위로 체포당해 현재 감옥에 있다.

돌이켜보면, 88세대 학생이 이끈 8월 시위와 승려들이 앞장선 9월 시위
는 군인들이 잔혹하게 승려와 시민을 살해하고 폭행하는 장면을 신세대
젊은이들에게 보여주면서 정치적 각성 기회를 주었다는 '위안거리'만 남
긴 채 덧없이 끝나고 말았다.

랭군도 국경도 20년 만에 찾아온 기회를 날려버렸다. 아무런 정책도 해
법도 내놓지 못했던 민족민주동맹은 이번에도 박수만 치며 맴돌았다. 이
미 무장투쟁 전력과 전의마저 잃어버린 국경도 흥분만 하다 말았다.

2008년 5월 10일, 군인들은 14년 동안 끌어왔던 이른바 민족대표자회
의 이름으로 만든 새 헌법을 국민투표에 붙였다. 5월 2일 랭군을 비롯한
버마 남부지역을 강타한 사이클론 나르기스(Nargis)로 146,000여 명이 목
숨을 잃었고 100억 달러에 이르는 재산 피해를 낸 대재앙 앞에서도 군인
정권은 아랑곳없이 투표를 강행했다. 군인들은 민족민주동맹을 비롯한 야
당들이 거부한 그 투표가 92% 찬성표를 얻어 이른바 '민주화를 향한 7단
계 로드맵'의 첫걸음이 성공했다며 2010년 5월 다당제 선거를 하겠다고
떠들어댔다.

인도네시아 독재자 수하르또 정권이 군의 정치 참여를 보장하고자 써먹
었던 이른바 '드위풍시(dwifunsi. 군의 이중역할)'를 본떠 만든 새 헌법은
하원 224석 가운데 56석을 그리고 상원 440석 가운데 110석을 군부 몫으
로 못 박았다. 게다가 그 헌법에는 영국인과 결혼한 아웅산 수찌를 겨냥해
'외국인과 결혼한 이들은 공직에 참여할 수 없다.'는 조항까지 담았다.

민족민주동맹을 비롯한 소수민족들은 위 두 가지 악질 조항을 고치지
않는다면 2010년 선거도 거부하겠다는 뜻을 밝혔지만, 군인들은 대화 채
널마저 굳게 닫아버린 상태다.

따라서 새 헌법을 놓고 치른 2008년 국민투표에 이어 2010년 총선도

버마 사태를 푸는 실마리가 될 수 없을 것으로 보인다.

한편 버마 군사정권의 합법성을 부정하면서도 유엔이나 국제기구에서 그 군인들의 대표성을 인정하는 엇갈린 태도를 보여왔던 국제사회는 지난 20년 동안 그랬던 것처럼 2007년 승복혁명 뒤에도 또 반짝 소리만 지르고 말았다. 미국과 유럽연합은 버마 군사정권 지도부와 그 가족들에게 비자 발급을 제한했고 은행구좌를 동결하며 금융제재를 가했다. 또 군사정권 돈줄인 보석과 목재 수입을 금지하는 경제봉쇄령을 내렸다.

그러나 그런 '선전용' 금융·경제 봉쇄는 전혀 새로운 일이 아니었다. 이미 20년 전부터도 있었지만, 버마 군인들은 중국과 타이를 낀 국경무역으로 거뜬히 견뎌왔다. 그러다 보니 지난 20년 동안 국제사회가 휘두른 대버마 경제봉쇄는 아무런 실효를 거두지 못했다.

마찬가지로, 아웅산 수찌가 그이 집으로 헤엄쳐 들어온 한 미국인을 신고하지 않았다는 죄목에 걸려 가택연금이 끝나가던 올 5월 18일 인세인 형무소에 갇혔을 때도 국제사회는 다시 군인들을 비난하며 한동안 요란한 소리만 질러대다 말았다.

그렇게 버마에서 무슨 일이 터질 때만 잠깐씩 떠들고 마는 국제사회의 일회성 비난에 버마 군인들은 이미 만성이 된 지도 오래다.

그런 가운데 2009년 7월 3일, 느닷없이 유엔 사무총장 반기문이 버마로 들어갔다. 지난해 사이클론 나르기스 때 버마를 방문한 데 이어 두 번째다.

그러나 그이의 방문을 놓고 버마 안팎 민주단체들은 유엔이 국제사회로부터 고립당한 버마 군인들에게 '홍보거리'로 말려든다며 발끈했다. 오랫동안 국제사회를 무시해온 군인들과 머리를 맞대봐야 반기문이 눈에 띄는 결과를 들고 나오기 힘들다고 판단했던 탓이다.

예견이라도 한 듯, 그이는 이번 방문을 놓고 "승패의 문제가 아니다(It's not make or break.)"고 밝혔다. 그렇다면 유엔 사무총장은 버마로 들어가지 말았어야 옳다.

유엔 사무총장이 학살정권 독재자와 마주 앉는다면, 그건 최후의 담판이어야 한다. 유엔 사무총장은 실무를 맡은 비서나 보좌관이 아니라 국제사회에서 버마 사안을 다룰 수 있는 최고, 최후의 열쇠를 쥔 상징적인 인물이기 때문이다.

결국, 이틀 동안 버마 방문을 마치고 7월 5일 방콕으로 돌아 나온 반기문은 "크게 실망했다(deeply disappointed)."는 말로 아무런 성과가 없었음을 자인했다. 그나마 그이가 들고 나왔어야 할 상징성을 지닌 '선물'인 아웅산 수찌 면담마저 실패했다. 그이는 군인 독재자를 향해 그 흔한 비난 성명마저 날리지 못했다.

반기문은 이번 버마 방문에서 핵심 사안인 '아웅산 수찌 석방'과 '군부와 야당 대화' 가운데 어느 것도 끌어내지 못해 이미 차기 사무총장 자리를 놓고 힘겨루기가 벌어진 판에 유엔 운영마저 큰 부담을 안게 될 것으로 보인다.

지난해 사이클론 때 유엔은 반기문 사무총장의 버마 방문으로 군인들이 유엔 지원단을 받아들였다고 자찬했으나, 그 과정에서 반기문이 독재자 탄 쉐를 만나고자 애쓰는 모습을 비쳐 세계 시민사회의 눈살을 찌푸리게 했던 전력이 있다.

이번에도 유엔 쪽에서는 "반기문의 방문으로 버마 군인들에게 국제사회가 버마 민주화에 큰 관심을 보이고 있다는 사실을 확인시켜주었다."며 추상적인 말들만 흘려냈다.

　　이에 국제 언론들이 반기문의 랭군 방문을 두들기자 유엔 사무총장 진
영에서는 서구 언론들의 의도적인 때리기라며 섭섭함을 드러내기도 했
다. 반기문 쪽은 상황을 잘 못 읽었거나, 한국 외무장관과 유엔 사무총장
자리를 착각했던 게 아닌가 싶다. 본디 유엔 사무총장이라는 자리는 걸음
걸이마다 비판이 따라붙는 데다, 적어도 국제 언론이 반기문의 랭군 방문
을 때렸던 건 그만한 사연이 있었던 까닭이다.

　　시민단체들마저 일찌감치 반기문 버마 방문에 의문을 달았던 일을 유
엔은 몰랐을까? 몰랐다면 직무유기고, 알았다면 사기다.

　　유엔은 버마 군인들이 자신들에게 독설을 퍼부어왔던 서양 정부 쪽 중
재자보다 아시아 출신으로 외교적 수사를 즐겨왔던 반기문에게 호감을
지닌 것으로 판단해 사무총장으로서 최대 업적이 될 수도 있는 '버마 카
드'를 뽑아들었을 가능이 크다.

　　그러나 유엔 사무총장 업무가 '도박'으로 비쳐서는 안 된다. 반세기 넘도
록 압제에 시달려온 버마 시민들에게 유엔은 마지막 희망이다. 국제사회
대표인 유엔 사무총장 한 걸음 한 걸음에는 세계사적 의미가 담겨 있다.

　　결국, 반기문 유엔 사무총장은 지난 20년 동안 버마를 놓고 변죽만 울
려온 국제사회의 서글픈 자화상이 되고 말았다.

Cambodia

국제사회,
역사를 재단하다

킬링필드, 주권과 인권이 충돌한 크메르 루즈 혁명의 결과다.

킬링필드, 그러나 미국이 먼저 저질렀다.

킬링필드, 기어이 국제사회가 심판대에 올렸다.

킬링필드, 그 심판대에 미국은 없다.

킬링필드, 누가 역사를 심판할 것인가?

-2009년 2월 17일 정문태 일기 가운데

캄보디아 현대사를 위한 변명

2009년 7월 20일

'킬링필드(Killing Fields)', '크메르 루즈(Khmer Rouge)', '뽈 뽓(Pol Pot)'

30년도 더 지난 해묵은 이 말들이 아직껏 캄보디아를 짓누르고 있다.

1970년대에서 한 발짝도 나아가지 못했다는 뜻이다.

풀어야 하고, 벗어나야 한다.

사람들 가슴에 맺힌 응어리를 벗겨주는 일도 중요하지만, 무엇보다 30년

넘게 나라 안팎에서 그 단어를 팔아 이문을 챙겨온 이들을 쫓아내야 캄보

디아의 미래가 있기 때문이다.

길은 있다. 그것도 눈에 빤히 보이는, 모르는 이가 없는 길이다.

인민학살을 말끔히 갈무리하면 된다.

그 학살 전모를 파헤치고, 해코지한 이들에게 책임을 지우고, 희생자를

보듬고, 기록을 남기는 일이다.

이건 새로운 길도 아니다. 지난 30년 동안 그 인민학살은 이미 법정에

서기도 했고 수많은 여론재판에서 몰매를 맞아왔다. 그러나 문제는 홍정

이었다. 강대국의 잇속을 대변해온 이른바 '국제사회'가 온갖 협잡을 부리

면서 캄보디아 독재자들과 어울려 분탕질만 친 탓에 그 길을 바로 갈 수

없었을 뿐이다.

더 큰 문제는, 그런 캄보디아를 뒤집어 보는 일에 내남없이 너무 인색했던 태도다.

지난 30년 동안 국제사회가 줄기차게 외쳐왔던 대로, 과연 그 인민학살 책임을 모조리 뿔 뿔이 이끌었던 크메르 루즈에게 뒤집어씌우고 한 시대를 접어버릴 수 있을까?

있다면, '음모'다.

근데, 불행하게도 그렇게 흘러왔다. 그래서 30년이 지났지만 아직도 캄보디아는 역사에 사로잡혀 옴짝달싹도 못하고 있다.

해서 캄보디아를 보겠다면 '용기'가 좀 필요하다. 그냥 책에서 배운 대로, 신문에서 읽은 대로, 영화에서 본 대로, 동네 사람들한테 들은 대로 따라가서는 그 '음모'에 빠지기 십상이다. 역사 '역'자에서부터 다 뒤집어야 한다. 그래야 진짜 캄보디아가 보인다.

캄보디아 현대사를 읽는 조건은 두 개다. 하나는 크메르 루즈가 집권했던 민주깜뿌찌아(Democratic Kampuchea. 1975년 4월 17일~1979년 1월 6일)를 다시 보는 일이고, 다른 하나는 그 캄보디아 현대사를 쥐고 흔들었던 국제사회의 속임수에 말려들지 않는 일이다.

이 조건을 따라가자면, 좀 괴롭겠지만 크메르 루즈 정체에서 인민학살 집단과 민족해방투쟁을 분리해야 한다. 그래야 학살도 역사도 바로 보이기 때문이다. 지금처럼 학살만으로 그이들을 본다면 곧장 음모에 빠지고 만다.

'크메르 루즈는 캄보디아 비극사에 발판을 깔았던 프랑스 식민주의자와 캄보디아 현대사를 유린했던 미국에 맞선 해방전쟁을 승리로 이끌며 민족해방투쟁사에 빛나는 기록을 남겼다.'

크메르 루즈의 이 주권투쟁 대목을 인정하지 않고는 크메르 루즈가 왜 태어났고, 어떻게 인민 지원을 받으며 해방전쟁을 벌였고, 어떻게 인민을 학살했고, 또 베트남 침공으로 무너진 크메르 루즈를 국제사회가 어떻게 지원했는지가 도무지 드러나지 않는다. 게다가 캄보디아 인민을 학살한 미국도 결코 밝혀낼 수 없다.

그런 다음에 주권과 인권이 충돌한 사건인 크메르 루즈의 인민학살을 보면 된다.

알려진 대로, 해방혁명투쟁에 성공한 크메르 루즈의 민주깜뿌찌아 정부는 1,346일 동안 프랑스와 미국에 빌붙었던 이들을 처벌하는 과정에서 수많은 인민을 살해했다.

흔히들, '주권은 인권으로부터 나오고 그 주권은 인권을 지켜줄 의무가 있다.'고 말한다.

그러나 주권투쟁에 온 힘을 쏟았던 크메르 루즈는 그 주권과 인권의 조화를 이뤄내지 못해 결국 인민을 학살하고 말았다. 역설적이게도, 캄보디아 현대사에서 처음으로 외세에 휘둘리지 않는 진정한 독립 정부를 세웠던 민주깜뿌찌아 기간 동안 인권이 크게 짓밟혔던 셈이다.

세계사를 보면 주권과 인권은 끊임없이 충돌해왔다. 특히 냉전 기간 동안 그 충돌은 극에 달했다. 예컨대 미국은 한국, 베트남, 캄보디아를 비롯해 세계 전역에서 수많은 시민을 학살했고 그 전통을 오늘날 아프가니스탄과 이라크에서 대물림하고 있다. 또 인도네시아의 수하르또 정권은 3백만 명에 이르는 시민을 빨갱이로 몰아 학살했다. 그러나 인권을 짓밟은 그 모든 학살사는 하나같이 주권의 논리에 묻혀버렸다.

해서, 모든 학살을 밝혀내고 끝까지 그 책임을 물어야 옳다. 그게 크메르 루즈든 누구든.

다만, 공정한 게임의 법칙이 필요하다.

크메르 루즈를 단죄하겠다면, 캄보디아 인민학살에 책임 있는 모든 이
들을 함께 심판대에 올려야 한다. 식민주의자 프랑스, 인민학살자 미국,
침략자 베트남 그리고 크메르 루즈를 도왔던 중국과 영국을 비롯한 유럽
국가들을 모조리 한 법정에 세워 사실을 밝혀내야 한다.

강대국들이 '국제사회'란 이름 뒤에 숨어 마음껏 짓밟고 인민을 학살해
온 캄보디아 현대사를 '뽈 뽓의 크메르 루즈가 저지른 인민학살'이라는 단
한 마디로 덮어버릴 수는 없다.

캄보디아 현대사를 〈킬링필드〉란 영화 하나로 읽는 건 역사에 대한 해작
질이다. 그 '국제사회'의 속임수를 보지 않는 캄보디아 현대사는 반역이다.

그래서, 그 '국제사회'는 죽어라고 캄보디아 현대사에서 달아나고자 갖
은 음모를 꾸며왔다. 그게 결국 이름 하여 '캄보디아 특별재판'으로 드러
났다. 그 재판은 캄보디아 현대사의 모든 책임을 크메르 루즈에게 떠넘기
고 영원히 역사로부터 도망치겠다는 그 '국제사회'가 인류의 심장에 꽂은
비수다.

'국제사회'를 빼놓고는 캄보디아 역사를 결코 읽어낼 수 없다.

나는 지난 20년 동안 캄보디아를 취재하면서 배웠다.

'뒤집어 보지 않는 역사는 배반이다.'

Interview
훈 센(Hun Sen) 총리

크메르 루즈로
치고 나가다

1996년 10월 8일, 프놈뻰

ⓒ정문태

"남한 기자는 만날 수 없다."

노로돔 시아누끄(Norodom Sihanouk) 왕, 노로돔 라나릿드(Norodom Ranariddh) 총리, 훈 센 총리한테서 돌아온 대거리는 늘 이랬다.

시아누끄야 "어려울 때 도와준 이는 김일성밖에 없다. 결코 북한 등지지 않을 거다."고 입버릇처럼 말해왔으니 그렇다 치더라도, 두 총리마저 외신기자 국적을 따진다는 건 지나쳤다.

근데, 캄보디아-한국 수교 바람이 불면서 세상이 좀 바뀌었다. 그동안 캄보디아 정치판 모가비들 가까이 갈 수 없었던 내게도 길이 보였다.

"서울도 갔다 온 마당에 남한 기자라고 못 만날 일 있나?"

훈 센 쪽에서 화끈한 답이 왔다.

'10월 8일 오후 2시. 총리 집무실.'

훈 센은 마구 질러대는 정치가로 악명 높지만 외신기자들에게는 제법 인기가 있다. 별 외교적 수사 없이 내키는 대로 쏟아내는 말이 한마디로 좋은 먹잇감이기 때문이다.

인터뷰도 그랬다. 의전 없이 통역 하나만 달고 나타난 그이는 앉자마자 담배부터 빼물었다.

:: 지난 7월 서울 갔던 일은 어땠는가?

(담배 권하면서) 아주 역사적이었다. 다 잘됐다. 두 정부가 진짜 쓸모 있는 말 나눴고.

:: 캄보디아 재건에 한국이 어떻게 함께할 건지도?

바로 그거다. 그동안 국교 없어 귀한 시간 잃었고, 크게 밑졌다. 한국 정부 도움도 필요하지만 기업과 개인이 캄보디아에 투자해 서로 보탬 되는 길 찾았으면 한다.

:: 자본들은 캄보디아 하면 '위험'부터 떠올리는데, 지켜줄 수 있나?

안전, 걱정마라. 내가 몸소 투자자들 챙긴다. 투자보장은 이미 법으로 해왔다. 머잖아 한국과 국교 맺고 투자촉진법도 만든다. 이 인터뷰 바로 전에 한국 외교부 대표 만나 함께 뜻을 모았다. 지금 당신 통해 하는 이 말이 한국 투자자들에게 첫 공식적인 투자보장 선언인 셈이다.

:: 당신이 서울 가기까지 어려움 많았다고들 하던데? 내각에선 이엥 몰리
(Ieng Mouly) 공보장관, 참 쁘라시드(Cham Prasidh) 상업장관 같은 몇몇
만 수교 민 것으로 알려지고.

난 군인이었고, 늘 위험 속에서 살았다. 내 일은 국익 놓고 싸우는 거다.
나는 조선민주주의인민공화국 볼모 아니다. 타이완과 수교는 좀 미루더
라도, 한국과는 더 미룰 수 없다.

:: 두 개 한국 놓고 당신 입장은 뭔가?

두 개 한국이란 건 남북한 서로 국내 문제다. 내게 두 한국은 다를 게 없
다. 서울에서 김영삼 대통령과 이수성 총리에게도 그렇게 말했다. 한국이
둘이라 힘든 건 대사관 둘 꾸리는 일뿐인데, (담배 권하고 불 붙여주며) 우
릴 봐서라도 그걸 하나로 합쳤으면 좋겠다.(웃음)

:: 한국 정부와 수교협상 어디까지 나갔나?

1991년부터 듬성듬성 해오다 이제 경제, 사회, 문화, 군사까지 이야기
한다. 다 됐다.

:: 군사라고? 두 한국 사이에서나 국제관계에서 볼 때 이건 날카로운 건
데.

캄보디아, 독립국가다. 누구와 어떤 관계 맺든, 왜? 서울 가서 군사협력
도 꺼냈다. 김 대통령이 선물로 준 2백만 달러를 군도 쓸 수 있는 기계, 장
비로 받을 거고.

:: 군도 쓸 수 있는 장비라니?

국가 재건에 군을 빼야 하나? (뜸들이다가) 사실은 중고 탱크 달라고 했지만 (한바탕 웃고) 불도저 같은 중장비 받을 계획이다. 다른 나라와도 그런 관계 맺었다.

:: 다른 어떤 나라?

이스라엘. 장비와 군사훈련 받는(이스라엘과의 군사협력을 총리가 처음으로 공식 인정했다).

:: 정치로 가자. 지난주 크메르 루즈 지도자 몇몇이 타이 국경 넘었는데?

타이 총리한테 그이들 잡아서 우리 쪽에 넘겨달라고 말해뒀다.

:: 누온 찌아(Nuon Chea. 깜뿌찌아공산당 부서기장 겸 전 국회의장), 손 센(Son Sen. 전 국방장관), 따 목(Ta Mok. 최고사령관) 같은 이들도 되돌아오면 사면하나?

그건 그때 가서 다시 이야기하자. 아직 이르다. 그이들이 저지른 일과 앞으로 사회에 어떤 보탬될 건지 묶어서 가늠하겠지만, 어떤 '선물' 들고 오는가도 눈여겨봐야 한다.

:: 나라 안팎 거센 비난 무릅쓰고 크메르 루즈 핵심인 이엥 사리(Ieng Sary. 전 외무장관)는 왜 사면했는가?

지난 8월 그이가 손들면서 크메르 루즈는 군사 80% 잃었고 줏대인 누온 찌아마저 흔들리고 있다. 사면, 그만한 값어치 있다. 내전 끝내고 평화로 가는 길목 열었다.

:: 이엥 사리 입장은 어떻게 보는가? 배반인가 항복인가, 아니면 정치 놀음인가?

군사, 정치적 꼼수 지녔다고 보지 않는다. 그럴 수도 없다. 그이한텐 헌법과 정부 존중하는 길밖에 없다. 해서 그이는 지금 뽈 뽓에 맞서고 있다.

:: 얼마 전부터 당신은 '1997년 말'을 외쳐왔다. 그때 크메르 루즈 끝장난다는 뜻인가?

뽈 뽓 죽기 전엔 안 끝난다. 1997년 말까지 크메르 루즈가 전멸한다는 건 아니고, 점령지와 주력 잃어 분쟁 끝낼 수 있다는 뜻이다. 이엥 사리 손든 뒤부터 이미 전선은 숙졌다.

:: 라나릿드 제1총리와 사이에 자주 찢어지는 소리가 들리는데, 정부 안쪽은 어떤가?

당신은 미리 대답 들고 묻는데, '예', '아니오'로 답 못 한다. 연립정부 쓸 만하다. 한 당이 다 먹겠다고 다른 당 깔보진 않는다. 민주주의, 서로 생각 다를 수밖에 없고.

:: 1998년 총선 뒤엔 단독정부 될 것 같나?

단독정부야 힘들더라도, 총리가 둘인 지금 같은 연립정부는 끝나리라 본다. 새 정부는 앞으로 10년 넘게 내다보는 식이 될 것이고.

:: 벌써 10년 가까이 총리 해놓고, 또 10년 내다보겠다는 건 장기집권 하겠다는 소린데?

욕심 없지만, 내 나이 겨우 마흔넷이다. 10년 뒤라야 쉰넷이다. 은퇴,

너무 젊지 않나? 일흔 넘었는데 총리하겠다는 이(시아누끄 왕)도 있다. 그
나이에 총리하겠다는 거나, 나처럼 어린 나이에 은퇴하겠다는 거나, 다 좀
야릇하지 않나?

:: 시아누끄 왕 가고 나면 캄보디아 입헌군주제는 어떻게 될 것 같나?

입헌군주제 이어진다. 그이 만수무강 빌 따름이다. 다 국가 재건에 보탬
되니까.

훈 센 인터뷰 뒤

2008년 12월 20일

그렇게 1996년 10월 훈 센과 어렵게 말문을 트고는 세 번 더 단독 인터뷰로 마주 앉았다.

그 가운데 1997년 7월 인터뷰는 많은 이야깃거리를 남겼다. 훈 센이 유혈쿠데타로 라나릿드 총리를 쫓아내자 모든 외신기자들이 훈 센을 잡겠다고 밤낮없이 뛰던 때였다. 그 무렵 호텔 앞방, 옆방에 묶었던 〈BBC〉, 〈CNN〉을 따돌리고 일주일 만에 훈 센을 낚자 동료들은 "왜 한국 언론이 먼저냐!"며 떠들어댔다. 어떤 이는 "꿍꿍이가 있다."고 헛소리까지 했다.

흔한 일이지만, 특종 대가를 따가운 시샘으로 치렀다.

그 인터뷰는 뒤도 참 별났다. 인터뷰를 마치자마자 훈 센은 비서들에게 버럭 소리를 질렀다. 한참 만에 숨을 고른 그이는 어리둥절한 내게 촬영테이프를 빌려줄 수 있는지 물었다.

"이 인터뷰를 꼭 찍으라고 했는데, 이자들이 무슨 생각을 했는지⋯⋯."

훈 센이 덧붙이는 말을 듣고서야 갈피를 잡은 나는 '절대 짜깁기하면 안 된다.'는 조건 달아 복사본을 약속했다. 본디 취재 내용은 죽었다 깨나도 밖으로 돌릴 수 없는 것이지만, 그 인터뷰가 캄보디아 안팎 언론 대표성을 지녀 홀로 움켜쥐면 얄궂은 꼴이 되는 데다 인터뷰 준 사람 사정을 야멸스레 마다하기도 힘들었기 때문이다.

11시에 인터뷰를 마치고, 12시 30분에 복사본을 넘겼는데 14시부터 정부 방송인 〈TVK〉가 손대지 않은 날것을 하루 종일 되풀이 내보냈다.

한 나라 총리가 기자 앞에서 화를 내는 것도, 또 외국 언론에 준 인터뷰를 걸러내지 않고 나라 안에 방송하는 것도 모두 흔치 않은 일이었다. 그만큼 급했다는 뜻이다. 그 즈음 온 세상이 쿠데타를 욕해대자 훈 센은 어떻게든 모습을 드러내야 할 판이었으니.

해서 그날 〈TVK〉로 내보낸 인터뷰는 캄보디아 국내용이라기보다는 오히려 국제용 성격이 짙었다.

근데, 훈 센이 왜 군이 한국 언론(〈KBS〉로 보도)에 첫 인터뷰를 주었을까?

속내야 알 길 없지만, 훈센이 자신을 늘 씹어왔던 서양 언론에 견줘 한국 언론을 '만만하게' 여겼거나, 인터뷰 경험이 있던 나를 '편한 상대'로 여겼거나, 둘 가운데 하나가 아닌가 싶다.

그로부터 훈 센은 거침없이 권력을 휘두르는 독재자로 나섰다. 서른두 살에 총리가 되어 아시아 현대사를 통틀어 최연소 총리 기록을 세웠던 훈 센은 이제 최장기 집권 기록을 좇아가고 있다.

벌써 25년을 채웠다. 머잖아 수하르또 전 인도네시아 대통령의 28년 기록을 갈아치울 것으로 보인다.

훈 센은 "민주선거로 뽑힌 나를 독재자라고 욕할 수 있나?"며 내게 핏대를 올렸지만, 권력과 금력으로 낚아챈 선거를 놓고 민주주의다 아니다를 따질 순 없는 노릇이다.

군인과 경찰을 부려 반대자를 짓밟고, 선거를 비틀고, 삿된 돈 끌어대고, 언론을 타박하고, 시민을 협박하고, 그렇게 권력 늘려가는 게 독재자들 버릇이라고 본다면 훈 센은 달리 할 말이 없다.

내 경험으로 볼 땐, 그것도 아주 꼼꼼한 기획형 독재자다.

그이가 했던 말들 가운데는 시간이 한참 지난 뒤에 되새겨볼 만한 것들이 많았다.

훈센이 1996년 인터뷰에서 "단독총리 정부로 10년 뒤를 내다보겠다." 고 했던 말이나, 1997년 인터뷰에서 "때 되면 킬링필드 미국 쪽 책임도 묻겠다."고 했던 말은 그 뒤 모두 정치적 뼈대가 되었다.

훈 센은 1997년 쿠데타로 단독총리가 돼 아직껏 정권을 잡고 있으며, 크메르 루즈 국제범죄재판 건은 미국 책임론을 들먹이며 지난 10년 동안 국제사회와 밀고 당기기 해왔다.

한마디로, 녹록찮은 독재자란 뜻이다.

Interview
이엥 사리 민주깜뿌찌아 부총리, 외무장관

이엥 사리 투항,
크메르 루즈 막장이 보인다

1996년 9월 24일, 프놈말라이(Phnom Malai)

ⓒ정문태

'브라더 넘버 스리'로 불렸던 이엥 사리는 뽈 뽓과 동서 사이로 크메르
루즈 줏대 가운데 한 명이다. 1979년 베트남군에 밀려난 뒤 타이 국경 프
놈말라이와 빠일린(Pailin)에 요새를 꾸려왔던 이엥 사리는 지난 8월 캄보
디아 정부에 투항했다.

그동안 바깥세상과 담쌓고 지낸, 역사책에서나 만날 수 있던 이엥 사리
와 어렵사리 선을 달았지만 이번에는 또 국경 '개구멍'마저 틀어막은 타이
정부가 발목을 잡는다.

9월 24일 이른 아침, 망설이는 크메르 루즈 밀선을 부추겨 타이 국경수

비대를 따돌리고 캄보디아로 숨어들었다.

프놈말라이는 쥐 죽은 듯 고요하다. 비닐로 가려놓은 탱크와 야포들은 엉거주춤한 평화와 전쟁 사이를 가리킨다. 헬리콥터가 내려앉는다. 캄보디아 정부군 여남은과 타이 군인 네댓이 튀어나와 어디론가 쏜살같이 사라진다. 두어 달 전만 해도 상상할 수 없던 장면이다.

1975년 프놈뻰 입성에 맞춰 혁명과업 제1호로 국제무역과 화폐통용을 막았던 그 사회주의자들은 온데간데없고, 프놈말라이에는 타이 돈으로 사고파는 타이 것들이 넘쳐난다.

마을 한 모퉁이 정자에 앉아 이엥 사리를 기다린 지 30여 분, 때깔 나는 도요타 사륜구동이 누런 먼지를 일으키며 달려왔다. 미소 띤 이엥 사리 뒤로 한 여성이 따라 내렸다.

키우 티리트(Khieu Thirith)? 뽈 뽓의 아내 키우 뽀나리(Khieu Ponnary) 동생이자 이엥 사리 아내로 민주깜뿌찌아 사회복지장관과 크메르 루즈 중앙위원을 했던.

역사 한 줄이 더 제 발로 찾아들었다.

:: 왜 투항했나?

해묵은 것들이 얽혔다. 내가 뽈 뽓 곁에 있는 한 캄보디아가 나아질 수 없다는 생각이 들었다. 전부터 프놈말라이와 빠일린 인민들이 뽈 뽓 떠나자고 우겼지만, 참았다. 난 조국 해방하겠다고 애썼는데, 뽈 뽓은 1970년 론 놀(Lon Nol)의 쿠데타 뒤 나를 시아누ㄲ 왕 특사로 베이징에 보내버렸다. 돌아온 뒤에도 그이는 나를 업신여겼고.

:: 크메르 루즈가 많은 이들 숙청했다. 뽈 뽓과 사이 나빴는데 어떻게 살아남았나?

특사로, 외무장관으로 국제사회에 알려진 나를 해코지했다면 중국이 가만있었겠나.

:: 별 걱정을. 그 시절 중국은 뽈 뽓 힘껏 밀었다.

뽈 뽓은 내가 바깥을 돌았으니 안 사정이 어두워 별 것 아니라 여겼을 수도 있고.

:: 투항 바로 전 사정부터 들어보자.

8월 들어 450사단(프놈말라이)과 415사단(빠일린) 살핀다고 따 목과 누온 찌아가 왔다. 이쪽에선 그 둘을 잡고 뽈 뽓 치자고 외쳤지만, 나는 망설였다. 근데 뽈 뽓이 8월 10일 크메르루즈라디오(⟨*Radio of the Provisional Government of National Union and National Salvation of Cambodia*⟩)로 '돈 훔쳐 달아난 배신자 이엥 사리, 이 찌안(Y Chhean. 415사단장), 속 피압(Sok Pheap. 450사단장)을 치라.'고 명령했다. 이쪽 군인들이야 그 명령을 내박찼지만.

:: 크메르 루즈 다른 지도자들도 손 털 것 같나?

뽈 뽓이 돈줄은 쥐고 있지만, 내가 떠나면서 군사는 70%쯤 잃었다. 모두들 흔들리고 있다. 시간문제다. 해서 뽈 뽓이 조직 새로 다듬는다며 농민당인가를 만들고 있다.

:: 역사 보자. 1970년대 인민학살 책임은 누가 걸머져야 하나?

뿔 뿟이다.

:: 크메르 루즈 최고지도부였던 당신도 떠맡아야겠지?

그 시절 나는 그런 자리에 없었고, 그런 일조차 몰랐다.

:: 당신은 정치상임국(최고의사결정기구) 위원, 부총리, 외무장관이었다. 그렇게 말해도 되나?

학살 몰랐으니 책임질 수도 없다. 뿔 뿟, 누온 찌아, 손 센이 저질렀다.

:: 그런 말을 사람들이 믿겠는가?

문서나 기록 봐라. 어디에도 내 이름 없다. 외국에 다니느라 나중에 알았다.

:: 나중에 알았다고? 그러면 알고 있는 거라도 들어보자. 얼마나 죽었는가?

(키우 티라트가 귓속말로 한참 이야기한 뒤에) 크메르 루즈 문서에는 3만 명쯤. 내 생각엔 그보다 훨씬 많은, 한 1백만 명쯤? 정확한 건 들은 적도 없고 정보도 없다.

:: 당신은 국왕 사면받았으니 국내법으로야 끝났지만, 국제재판은 어떻게 할 건가?

그건 캄보디아 인민만이 가능할 수 있다. 국제사회가 재판할 수 없다.

:: 그 말은 캄보디아 인민이 당신을 국제재판에 부친다면 받아들이겠다

는 뜻인가?

(얼굴이 굳어졌다. 키우 티라트와 다시 얘기한 뒤) 그건 역사의 한 장이었다. 시간 지나면 진실 드러난다. 지난 일보다는 이제 캄보디아 재건 말할 때다.

:: 범죄 묻어놓고, 어떤 역사를? 잘못 책임지는 사람도 없는 마당에 재건이니.

(비웃음인지 헛웃음인지 그저 웃더니 말을 자르며) 그만하자. 이젠 나를 크메르 루즈라 부르지도 마라. 민주국민통일운동(Democratic National Unity Movement) 의장이라 불러라.

:: 난데없이 들고 나온 그 민주국민통일운동은 다 뭐며, 그걸로 뭘 하겠다는 건가?

첫째 사회복구·통합·종전, 둘째 지역개발, 셋째 인민 권리보장 목표 삼아.

:: 당신, 어디로 가고 있나? 정치판으로 가겠다는 소리처럼 들리는데?

정치, 뜻 없다. 세 가지 이뤄지면, 꽃밭 가꾸며 살 것이다. 내 나이 이미 일흔둘이다.

이엥 사리가 내민 투항 앞뒤를 다룬 문서(DNUM 조사자료센터) 11장엔 한마디로 '뽈 뽓을 죽임으로써 내가 살겠다.'는 처절한 몸부림이 담겨 있었다. 뽈 뽓을 '깡패', '학살자'로 적은 이 문서는 모든 학살과 실정 책임을 뽈 뽓에게 떠넘겼다.

뽈 뽓은 앙갚음을 외쳤지만, 현재 3천여 병력만 남은 데다 보석광산과 벌목지로 금고 노릇을 해왔던 빠일린과 프놈말라이를 잃어 되살아나기는 힘들 것으로 보인다. 게다가 크메르 루즈 강경파 누온 찌아, 손 센, 니꼰 (Nikorn. 320사단장), 미아스 무트(Meas Muth. 중앙위원. 따 목 장군 사위)마저 9월 들어 줄줄이 타이 국경을 넘었다.

이엥 사리 투항 물살이 셌다. 지난해부터 심심찮게 손들고 나오던 크메르 루즈 군인들이 이제 8천여 명으로 불어났다. 이엥 사리는 "인민(크메르 루즈) 1만 명을 죽일 것인가, 아니면 지난 일을 잊을 것인가?"며 으르대고 있다.

캄보디아 흥정판

1999년 1월 20일, 프놈뻰

"인민들에게 빈다."

크메르 루즈 최고 지도자였던 누온 찌아와 키우 삼판은 그렇게 한마디 던지고 1998년 12월 25일 투항했다. 4월 15일 뽈 뽓이 숨지고 여덟 달 만이었다.

훈 센 총리는 "옛일을 덮고 얼룩 없는 21세기를 향해 가자."며 흥분했다. 둘은 프놈뻰에서 큰손님 대접을 받은 뒤, 1996년 투항한 이엥 사리의 독립구 빠일린에 삶터를 차렸다.

그러나 국제사회는 크메르 루즈 우두머리들을 재판에 부치자며 훈 센을 몰아붙이고 있다. 그동안 '수갑 대신 꽃다발'을 내걸고 크메르 루즈를 손들게 한 훈 센은 "투항과 평화를 맞바꿨다."며 국제재판을 거세게 뿌리쳤으나, 얼마 전부터 여론이 들끓자 "누구도 정의로부터 도망칠 수 없다. 국제사회도 함께 법정에 서야 한다."며 흥정판을 벌여놓았다.

"뽈 뽓, 이엥 사리는 이미 사형선고 받았다. 한 범죄로 두 번 법정에 세울 수 있나?"

훈 센 말마따나, 1979년 크메르 루즈의 민주깜뿌찌아 정부를 쫓아낸 친베트남 정부 깜뿌찌아인민공화국(People's Republic of Kampuchea

1979~1993년) 법정이 그이들에게 사형을 선고했다. 근데 미국과 유엔이
나서 크메르 루즈를 오직 합법정부라 우기면서 그 재판 결과도 흐지부지
되고 말았다. 그렇게 국제사회는 반베트남연합전선을 외치며 자신들이
불법학살 집단으로 찍었던 크메르 루즈를 캄보디아 합법정부로 인정하는
극단적 착란 증세를 보였다.

  "캄보디아내전 종식 다뤘던 1991년 파리평화협정(Paris Peace Accords)
때, 크메르 루즈 학살 건 꺼낸 나를 협상 부적격자라고 욕했던 이들이 이제
와서 학살 책임 묻겠단다."

  훈 센 말 속에는 원칙도 기준도 없는 국제사회가 고스란히 담겨 있다.

  그러니 국제재판을 외쳐온 미국, 영국, 프랑스는 소리만 높였지 정작 몸
은 굼뜰 수밖에 없었다. 국제재판이 크메르 루즈를 도왔던 공범인 자신들
을 벨 수도 있는 날카로운 양날을 지녔기 때문이다. 해서 이들은 크메르
루즈 집권기간(1975~1979년)만 재판에 부치자고 우겨왔다. 특히 미국은
1969~1973년 사이 캄보디아 불법 폭격으로 60~80여만 인민을 죽였을
뿐 아니라, 1970년 시아누끄 정부를 론 놀 쿠데타로 무너뜨린 주범이기도
하다.

  이렇듯 국제재판은 처음부터 크메르 루즈한테 모든 책임을 덮어씌워
캄보디아 현대사로부터 달아나겠다는 강대국들 꿍꿍이가 숨어 있었다.

  이즈음 국제재판 되받아치기로 한창 몸값 올리는 훈 센도 셈판을 깔았
다. 크메르 루즈를 무너뜨려 평화 깃발잡이로 치고나가겠다는 국내용과
국제재판을 흥정거리 삼아 쿠데타를 인정받겠다는 국제용을 한꺼번에 튕
기고 있다.

  그러나 훈 센이 넘어야 할 고개들은 만만찮아 보인다. 무엇보다 크메르

루즈가 호락호락하지 않다. 비록 뿔 뿌리 사라졌고 크메르 루즈 몸통이 떨어져나갔지만 그동안 군사를 이끌어온 초강경파 따 목이 건재하다는 사실을 놓고 보면, 훈 센이 승리를 말하기엔 아직 이르다. 산전수전 다 겪은 크메르 루즈를 정부군이 박멸할 수 있다고 보는 이들은 아무도 없다. 제 발로 걸어 나오지 않는 한, 지금껏 어떤 군대도 크메르 루즈를 무릎 꿇린 적 없다. 훈 센이 왜 그렇게 크메르 루즈 투항에 매달려왔는지 눈여겨볼 만한 대목이다.

다만 따 목 움직임이 변수일 뿐이다. 얼마 전 타이 국경 쪽에서 2천여 군사를 새로 조직해 무력시위를 벌였던 따 목이 한편으로는 투항설을 흘리고도 있다. 지난해 말 투항한 누온 찌아와 키우 삼판 대접을 지켜보고 마음을 굳히겠다는 뜻으로 읽을 만하지만, 아직 그이 동선을 섣불리 말하기는 힘들다.

훈 센에겐 정치판도 수월치만은 않다. 정치적 무게는 예전만 못하지만 훈 센의 최대 정적인 하원의장 라나릿드 왕자가 "시아누끄 왕에게 진언해서 크메르 루즈를 반드시 법정에 세우겠다."고 이빨 갈며 흔들어대는 탓이다.

게다가 원조에 목매단 캄보디아 경제도 훈 센 숨통을 조르고 있다. 국제사회가 캄보디아 원조를 크메르 루즈 국제재판과 엮겠다고 나선 마당에 훈 센이 다짜고짜 억지만 부리기는 힘들기 때문이다.

해서 훈 센 강공책은 더도 덜도 아닌 흥정판 키우기로 볼 만하다. 국제사회의 압박 속에서 밀고 당기며 정치적 이문을 챙기겠다는.

유엔 법률전문가들이 몇 주 안에 가름할 크메르 루즈 지도자들 기소에 따라 캄보디아의 21세기는 다시 한 번 크게 흔들릴 것이다. 그러나 크메르 루즈의 인민학살을 심판할 만한 도덕적 순결을 지닌 나라가 없다는 게 세계사의 빈정거림으로 남아 있다. 크메르 루즈를 처벌하겠다면, 미국을 비롯한 모든 관련국들이 캄보디아 인민들에게 사죄부터 하고 함께 법정에 서서 범죄 사실을 낱낱이 털어놓아야 옳지 않겠는가?

킬링필드 유골의 정치경제학, 그 뿌리는 역사왜곡이다. 1995. 4. 16. 쁘렉뜨렝. ⓒ정문태

| 감춘 역사 |

베트남의 캄보디아 침략은 왜 말이 없나?

2001년 4월 20일, 방콕, 타이

베트남전쟁이 끝난 '1975년 4월 30일'을 아는 이들은 많아도, 베트남이 캄보디아로 쳐들어간 '1978년 12월 25일'을 떠올릴 만한 이들은 흔치 않다.

베트남-캄보디아 전쟁은 그렇게 잊혀져버렸다. 그 전쟁을 놓고 옳으니 그르니 말싸움 한번 제대로 벌여본 적 없고 사실조차 한번 파보지 못했다.

좌파 쪽은 사회주의 형제끼리 치고받은 첫 전쟁인 베트남의 캄보디아 침략에 입을 닦았다. 반미·반제 민족해방 전쟁을 치른 베트남공산당에 딴죽 걸려면 고달픈 인생을 다져먹어야 했을 테니.

우파 쪽은 미국과 영국을 비롯한 자본주의 맹주들이 크메르 루즈를 도와 베트남공산당에 맞섰던 사실마저 파묻어버렸다. '큰 악마'를 치겠다고 '작은 악마'를 도왔다는 구실 앞에 구시렁댈 수 없었을 테니.

하여 20여 년이 지났건만 베트남이 왜 사회주의 형제나라 캄보디아를 쳤는지조차도 또렷이 밝혀지지 않았다. 한참 늦었지만, 이제라도 그 밑감을 들쳐보자.

마르크스-레닌(Marxism-Leninism)을 내걸었던 베트남공산당(CPV)과 마오(Maoism)를 좇았던 깜뿌찌아공산당(CPK. 크메르 루즈)에게는 각각

러시아와 중국이라는 사회주의 두 줏대가 버텼고, 그 두 강대국은 1960년
대 말부터 국경 충돌로 사이가 틀어졌다.

베트남전쟁 내내 양다리 걸치기로 사회주의 두 맹주한테 도움 받았던
베트남공산당은 1972년 미국과 외교 튼 중국을 '국제사회주의운동 배신
자'라 내치며 러시아 쪽으로 기울었다. 이어 1975년 캄보디아를 해방한
크메르 루즈는 중국공산당(CPC)에 붙어 국경선 문제를 내걸고 베트남을
줄기차게 때렸다.

여기서 먼저 '대리전론'이 등장했다. 그 무렵 상황만 따지자면 사회주
의 두 맹주의 노선 대립과 주도권 다툼이 베트남과 캄보디아 싸움으로 번
졌다고 볼 수도 있지만, 아직껏 대리전이라 부를 만한 증거나 사료는 없
다. 중국이 크메르 루즈에게 베트남 국경 도발을 부추겼다거나 러시아가
베트남의 캄보디아 침공을 거들었다고 볼 만한 실마리도 없다. 오히려 베
트남은 중국에 당한 배신감 탓에 러시아도 못 믿어 캄보디아 침공 전 모스
크바에 알리지 않았던 것으로 밝혀졌다.

그다음은 '보복전론'이다. 베트남공산당은 캄보디아의 국경 도발을 앙
갚음한 것이라 우겨왔다. 그러나 베트남은 1979년 1월 프놈뻰을 빼앗은
뒤 1989년 9월 되돌아갈 때까지 10년 넘게 캄보디아를 식민통치했다. 홑
진 앙갚음이 아니었다는 뜻이다. 베트남공산당의 주민이주 정책이 좋은
본보기다. 베트남공산당은 캄보디아 인구 10%에 이르는 40~60만 베트
남인을 캄보디아로 옮겨 '베트남화'를 밀어붙였다. 베트남공산당은 그 이
주민들을 부려 캄보디아 사회를 감시, 관리하면서 캄보디아 인민들에게
억지로 베트남 말과 역사를 가르쳤다.

뿐만 아니라, 베트남공산당은 헹 삼린(Hang Samrin)과 훈 센으로 꼭두
각시 정부를 만들어 캄보디아를 다스렸다. 베트남 대사는 매일 아침 정치,

군사, 경제, 외교를 맡은 캄보디아 장관들에게 보고를 받은 다음 그날 치일거리를 나눠줬고, 베트남 대사관은 캄보디아 고위 관리들과 정략 결혼시킨 베트남 여성들로부터 정기적으로 정보를 캐내기까지 했다.

그렇다면 이쯤에서 베트남이 지녀온 역사적 욕망을 눈여겨볼 만하다. 베트남은 프랑스가 인도차이나 반도를 삼키기 전부터 어마어마한 중국을 엿보며 인도차이나 반도 모두를 아우르는 이른바 '대베트남' 건설 꿈을 키워왔다. 그 욕망은 코민테른(Comintern)이 베트남공산당에게 인도차이나공산당(ICP)으로 바꿔 캄보디아와 라오스를 하나로 묶는 베트남 중심 연방 국가를 세우라고 부추기면서 성큼 현실로 다가왔다. 베트남공산당은 대미 해방전쟁을 승리로 이끈 다음 그 역사적 욕망을 좇아 라오스에 친베트남 정권을 세웠고, 내친 김에 다음 목적지인 캄보디아를 겨냥했던 것으로 볼 수 있다.

베트남공산당은 1989년 캄보디아에서 군대를 뺐다. 그러나 12년이 지난 오늘 캄보디아는 별로 달라진 게 없다. 식민통치 시절 그 꼭두각시들이 아직껏 총리로 장관으로 군사령관으로 버티고 있다. 그 총리를 베트남 경호원들이 둘러싸고 있다. 캄보디아 상징인 앙꼬르 왓(Angkor Wat)의 입장권 수익마저 고스란히 베트남 회사에 넘어갔다. 캄보디아 땅 어디를 가나 베트남 사람들이 깔렸다.

군대 철수는 그저 보여주기 그림이었다는 뜻이다. 베트남의 캄보디아 침략이 성공했고, 그 땅에는 '대베트남' 욕망이 무럭무럭 자라고 있다는 증거다.

베트남 종전 26년, 그러나 아직 베트남전쟁은 끝나지 않았다. 때린 이도, 맞은 이도, 구경꾼도 입을 닫았다. 잘잘못을 가린 적도 없다. 누구 하나 고개 숙여 빈 적도 없다. 어제의 적들끼리 흘리는 어정쩡한 웃음 속에 앙금은 깊이 쟁여지고만 있다.

베트남 종전기념일마다 단골메뉴였던 '피해자 베트남'을 접어놓고 이번 26주년에는 '가해자 베트남'을 짚어보자. 한국이 베트남에서 저지른 온갖 못된 짓을 사죄하고 되갚는 일이 중요하듯이, 베트남도 옳고 그름을 따져 볼 때가 되었다. 영원한 피해자도 영원한 가해자도 없는 전쟁의 영속성, 그 태갈스런 고리를 끊어버리는 길은 말문을 여는 일에서부터다.

'늦었지만 이제라도 베트남을 말하자.'

베트남 종전 26주년에 축사 대신 띄워 보낸다.

킬링필드, 미국이 먼저 저질렀다

2002년 11월 10일, 방콕, 타이

한때 '문화교실'이란 게 있었다. 요즘도 그런 게 있는지 알 수 없지만, 선생이 학생들을 이끌고 극장에 가는 군대식 문화행사였다. 그렇게 줄지어 가서 본 영화가 〈성웅 이순신〉이었고 〈의적 홍길동〉이었다. 또 〈바람과 함께 사라지다〉 같은 외국 순정물도 있었다.

"전두환 독재 타도" 외침과 최루탄이 하루도 멈춘 날이 없던 1984년, 전국 극장은 눈물바다가 됐다. 〈킬링필드The Killing Filds〉라는 문화교실을 마친 학생들은 길거리로 쏟아져 나온 뒤에도 메케한 최루탄 탓인지, 감동이 식지 않은 탓인지 아무튼 눈물을 찍어댔다.

그 영화는 시대상과 어우러져 학생들 여린 마음을 건드렸고, 이제 중년이 되었을 그날 그 학생들은 지금도 가슴 한쪽에 '킬링필드'를 달고 있지 않나 싶다.

〈킬링필드〉는 시드니 샨베르그(Sydney Shanberg)라는 〈뉴욕 타임스〉 기자와 그를 도운 캄보디아 기자 디트 쁘란(Dith Pran) 사이에 뽈 뽓 집권기(1975~1979년)라는 정치 공간을 집어넣고 만남과 헤어짐 같은 통속적 주제 아래 크메르 루즈를 까면서 한편으로는 미국이 저지른 인민학살을 얍샵하게 숨긴 영화다.

"영화가 실화라고 우기면서 역사를 뒤틀면 음모가 되고 만다."

1975년 4월 17일 크메르 루즈가 프놈뻰을 점령했을 때 시드니 샨베르그와 함께 프랑스 대사관에 마지막까지 남았던 나오끼 마부치(Naoki Mabuchi, 〈*ABC News*〉 카메라맨) 말처럼, 그 시절 현장에 있었던 기자들은 〈킬링필드〉가 인물관계 설정에서도 역사적 사실에서도 모두 '미국 중심주의'를 퍼트린 꿍꿍이가 있는 영화라고 나무랐다.

영화 〈킬링필드〉는 이내 전설이 됐다. 그 전설은 곧 역사로 둔갑했다. 피해자들이 두 눈 빤히 뜨고 살아 있는 기껏 30년도 안 된 캄보디아 현대사는 그렇게 영화에 묻혀 전설 따위나 기록하는 어처구니없는 공간이 되고 말았다.

'킬링필드'든 뭐든 학살을 말하려면, 적어도 아래 세 가지는 짚고 넘어가야겠다.

'누가 죽였는가?', '왜 죽였는가?', '얼마나 많은 이들을 죽였는가?'

헌데, 전설에 따라 미국에서도 한국에서도 똑같은 답이 벌써 나와 있다.

'뽈 뽓의 크메르 루즈', '공산주의 세운답시고', '2백만 명'

그러더니 1997년부터 국제사회는 그 학살범을 족치자고 나섰다. 그러나 처음부터 미국이 쥐고 흔들어온 유엔과 캄보디아 정부가 실랑이만 벌였지, 정작 법정은 열어보지도 못했다.

'누구를 기소할 것인가?', '법정을 어디다 차릴 것인가?', '재판에 드는 돈은 누가 댈 것인가?', '캄보디아와 국제사회가 판사를 몇 명씩 앉힐 것인가?', '형벌을 사형으로 할 것인가 무기형으로 할 것인가?'…… 이런 것들을 정하는 데만도 무려 5년씩이나 흘렸다.

국제재판을 통해 나라 안팎으로부터 정치적 인정을 받겠다는 훈 센 총리 야심과 역사적 책임을 벗어버리겠다는 미국 속셈이 어우러진 흥정 탓이었다.

훈 센은 막힐 때마다 "미군이 저지른 '1969~1973년 학살'도 재판해야 한다."고 맞받아쳤고, 미국과 유엔은 경제 지원을 들먹이며 훈 센을 달래기도 하고 두들겨 패기도 하면서 기어이 자신들 뜻대로 크메르 루즈 집권기간(1975~1979년)만을 재판거리로 만들었다.

미국은 왜 죽기 살기로 '1969~1973년'을 빼자고 우겼을까?

그 답은 아주 홑지다. 그 기간 동안 미국이 먼저 '킬링필드'를 저질렀기 때문이다.

이걸 편하게 제1기 킬링필드라고 한다면, 크메르 루즈가 집권한 1975~1979년 사이에 벌어진 학살은 제2기 킬링필드라 부를 만하다. 캄보디아 인민학살은 그렇게 10년 동안 서로 다른 두 집단이 갈마들며 저질렀다. 따라서 크메르 루즈 집권기간만을 재판한다면 킬링필드 역사를 모두 밝혀낼 수도 없거니와, 모든 책임을 크메르 루즈에게 뒤집어씌우겠다는 미국식 음모를 받아들이는 꼴이 되고 만다.

그동안 킬링필드는 프랑수아 퐁쇼 신부(Francois Ponchaud)가《캄보디아 이어 제로Cambodia: Year Zero》라는 책에서 '크메르 루즈가 2백만 명을 죽였다.'고 떠벌리면서 마치 역사처럼 굳어졌다. 이 책을 학계에서는 이미 오래전 조작이라 판가름했지만 미국 정부는 꾸준히도 성경처럼 떠받들고 있다. 미국이 제1기 킬링필드에서 불법 폭격으로 학살한 인민 숫자를 핀란드정부조사위원회(Finish Inquiry Commission)는 60만 명으로, 이름난 캄보디아 연구자 데이비드 첸들러(David Chandler)나 마이클 위커리(Michael Vickery)는 40~80만 명으로 헤아려왔다.

이어 제2기 킬링필드인 크메르 루즈 집권기간 동안 또 많은 이들이 목숨을 잃었다. 그 기간에 살해당한 희생자 숫자는 연구자나 정치적 배경에 따라 서로 큰 차이가 나지만, 첸들러는 10만 명, 위커리는 15~30만 명으로 꼽아왔다. 핀란드정부조사위원회는 처형, 기아, 질병, 중노동, 자연사를 모두 합해 1백여만 명이라고 밝혔다. 그렇게 해서 연구자들은 80~100만 명쯤으로 어림잡아왔다. 그러나 제2기 킬링필드에서도 모든 사망자 책임을 크메르 루즈에게만 떠넘기기는 힘들다. 미국이 유엔을 비롯한 국제 구호단체들의 캄보디아 지원을 막아 기아와 질병으로 많은 이들이 숨졌고 또 자연사한 숫자까지 보탰기 때문이다.

이렇게 제1기 미국의 학살과 제2기 크메르 루즈의 학살을 모두 합해 10년 동안 150만 명쯤이 숨졌다. 이게 킬링필드 학살사다.

결과만 놓고 보면, 1975년 혁명에 성공한 크메르 루즈는 미국의 꼭두각시 정부 론 놀에게 빌붙었던 공무원, 지식인, 자본가들을 숙청하면서 앰한 인민도 죽인 책임에서 벗어날 수 없다. 그렇다고 미군이 저지른 인민학살 책임까지 모조리 크메르 루즈에게 뒤집어씌워도 된다는 건 아니다.

미국은 인민학살 모두를 크메르 루즈가 저지른 짓이라고 잡아떼겠지만, 프놈뻰에서 1번 국도를 따라 약 35km 떨어진 쁘렉뜨렝 마을을 기억하리라 믿는다. 1973년 B-52 전략폭격기가 마구잡이 때린 그 마을 사람들은 아직도 희생자 유골을 자루에 담아 대물림하고 있다. 기억 안 난다고? 그러면 같은 길 42km 지점, 삼롱끄에이 마을 앞 논에 떨어져 있던 키 120cm에다 지름 21cm짜리 미군 불발탄 두 발을 누가 치웠고 또 분화구처럼 팬 그 많던 폭심지들을 왜 메웠는지 캄보디아지뢰제거센터(CMAC)에 알아보길 권한다.

그마저도 기억이 없다고? 그럼 프놈뻰에서 남쪽으로 베트남 국경에 이르는 어디든 좋다. 어느 마을이든 가보라고 권한다. B-52에 폭격당하지 않은 마을을 찾아낼 수 있다면 미국은 곧장 학살사로부터 자유로워져도 좋다.

캄보디아가 너무 멀다고? 그럼 미국 안에서 찾아보라고 권할 수도 있다. "폭격 명령받고 날아갔으나 군사 목표물이 없었다. 해서 사람들이 모인 결혼식장을 목표물로 삼아야 했다."고 캄보디아 불법폭격*을 고발한 도널드 다우슨 대위(Donald Dawson. B-52 부조종사)를 1973년 6월 19일 명령거부죄로 법정에 세운 기록이 있을 테니.

1969~1973년 미군은 폭탄 539,129톤을 캄보디아에 퍼부었다. 제2차 세계대전 때 미군이 일본에 쏟았던 160,000톤을 3배나 웃돌고, 그 파괴력은 히로시마 핵폭탄 25배에 이른다.

그렇게 캄보디아를 때린 폭탄이 불바다를 만드는 네이팜탄(Napalm)이었고, 자손 대대 치명상을 입히는 고엽제 에이전트 오렌지(Agent Orange)였고, 수천 개 새끼탄을 까 아이들을 집중 살해한 집속탄(CBU)이었다.

그렇다면 처음부터 세상에 드러난 크메르 루즈 쪽 학살 주범 뽈 뽓과 달리, 미국 쪽 학살 주범은 누구였던가? 모든 연구자들은 닉슨(Richard Nixon) 대통령을 주물렀던 키신저(Henry Kissinger) 안보고문(1974년부터 국무장관)을 가리켰다.

"남베트남과 국경 맞댄 캄보디아에서 설치는 베트콩과 깜뿌찌아공산당을 차단해야 한다."

그 무렵 국가안보회의(NSC)를 쥐락펴락하던 키신저의 캄보디아 비밀

---

* 핵무기 수송수단으로 개발한 B-52는 공군전략사령부 소속이었으나, 캄보디아 폭격은 미군 남부베트남사령부가 국방장관에게 보고도 하지 않은 채 불법으로 B-52를 동원했다.

미국 정부가 부정해왔고, 모두가 눈감았지만, 미군의 캄보디아 불법 폭격 증거는 지천에 깔렸다. 1994. 3. 15. 삼롱끄에이. ⓒ정문태

폭격 논리였다.

"캄보디아를 공습한 게 아니라 캄보디아 땅에 발판 다진 베트콩을 공격했을 뿐이다."

1973년 캄보디아 비밀 폭격을 눈치 챈 미국 의회가 공습을 멈추라고 나대자, 키신저가 맞받아친 말이다. 캄보디아 인민 60~80만 명이 베트콩이라서 죽였다는 말과 같다.

키신저, 왜 그를 학살 주범으로 잡아들여야 하는지는 처음부터 또렷했다. 키신저는 전쟁 선포도 하지 않은 중립국 캄보디아를 공격했고, 캄보디아 정부를 불법 쿠데타로 뒤엎었고, 인민들에게 공습경고를 내리지 않았고, 제네바협약(1957년)이 금지한 불법폭탄들을 사용했고, 폭격 지점까지 가리키며 권력을 남용했고, 군 명령체계를 어긴 비밀 전쟁을 했고, 비밀 폭격을 의회에 보고하지 않았고, 그리하여 인민 60만~80만 명을 죽였다. 이게 키신저 죄목이다.

그런 키신저가 1973년 노벨평화상을 받았다. 미국식 킬링필드에 입 닦았던 언론은 키신저를 존경하는 석학님이라 떠들어대며 엄청난 돈을 주고 글 나부랭이나 받는 걸 영광으로 여겨왔다.

살아 있는 크메르 루즈 쪽 학살 책임자로 이엥 사리, 키우 삼판, 누온 찌아, 따 목을 기소하겠다면 적어도 미국 쪽 학살 주범 키신저를 같은 법정에 세워야 옳다. 키신저를 숨겨두고는 킬링필드도 학살재판도 모조리 반쪽짜리가 될 수밖에 없기 때문이다.

미국식 킬링필드 전설을 끊어버리는 일이야말로, 다시는 세계 시민사회가 미국에게 '개죽음' 당하지 않겠다는 선언이며 경고다.

Interview
누온 찌아(Nuon Chea) 깜뿌찌아공산당 부서기장, 민주깜뿌찌아 총리,
깜뿌찌아인민대표회의 상임의장

허방 짚은 혁명을 말하다

2005년 4월 3일, 빠일린, 캄보디아

ⓒ정문태

　목덜미가 좀 뻣뻣했다. 문득, '브라더 넘버 투'를 만난다는 게 나를 거꾸로 뒤집어 깊은 우물 같은 역사 속에 집어넣는 일처럼 느껴져서.

　빠일린에서 타이 쪽으로 30분쯤 달려 국경선이 코앞을 지나는 아주 외딴 곳, 허름한 집 한 채가 눈에 들었다. 입술이 말랐다. 심장박동처럼 두근거리는 나무계단을 밟고 이층 마루에 올라섰다. 몰려드는 햇빛 틈으로 백발 늙은이가 떡하니 앉아 있다.

　사람들이 "학살자"라 불러온 그이, 혁명을 외치며 한 시대를 주름잡았던 누온 찌아는 이제 실패한 역사를 모조리 뒤집어쓴 채 부채질로 하루를 때우지만 아직도 거센 기를 뿜어냈다. 짧은 탐색 끝에 말문 연 그이는 감

추려고 애쓰거나 핑계거리 찾아 꾸물대지 않았다.

역사와 이야기 나눈다는 건, 참 즐거운 일이다. 그게 학살자든 성인군자
든 상관없이.

:: 왜들, 다 그렇게 눈이 문젠가? 키우 삼판도 눈이,

아려서 빛을 못 봐. 방 안에서도 색안경 끼는 게, 수술해야 한대.”

:: 방콕에 좋은 병원들이 많은데?

거기까진 못 가. 타이 정부가 하루짜리 비자밖에는 안 주니. 내가 도망
칠까 봐서.

:: 어렵게 받아준 인터뷰니, 오늘 속 시원히 좀 털어놨으면 좋겠다.

그러세. 넉넉한 답이 될지는 모르겠지만.

:: 밧땀방(Battambang) 시절부터 보자. 어릴 땐 아무래도 집안 영향받을
텐데?

농사짓고 장사해서 가난했지만, 집안 종교가 모두 다를 만큼 자유로운
분위기였어.

:: 누구한테 가장 큰 영향받았니?

그런 건 없다. 늘 애쓰시는 어머니 보며 사람에 대한 연민의 정을 느꼈
던 것 같지만.

:: 그 시절 프랑스에 이어 타이가 잠깐 통치하던 밧땀방 환경도?

프랑스 사람들이 우릴 함부로 대하는 걸 보면서 독립이란 걸 처음 생각
했지.

:: 근데, 그 무렵 학생들이 프랑스로 몰려갔는데 당신은 왜 타이로 유학
갔나?

식민종주국 프랑스도, 식민지 프놈뻰도 싫어서 자유로운 방콕 택했지."

:: 당신이 유학한 탐맛삿 대학(Thammasat University) 사회과학부는 늘
타이 정치 격변 중심에 섰던 곳인데, 그 시절은 어땠는가?

그때도 그랬지. 나도 거기서 타이공산당(CPT)에 도장 찍었고. 근데, 돈
이 없어 절에서 자고 외무부, 우체국에서 허드렛일 하며 학교 다녀 정치운
동은 제대로 못했지.

:: 탐맛삿 출신이면 타이에서도 먹고살 만했을 텐데 왜 캄보디아로 되돌
아갔나?

타이공산당이 밋밋해 캄보디아에 아무 도움이 안 됐어. 그래서 반식민
지 투쟁 줄기차게 벌여온 베트남이 이끄는 인도차이나공산당으로 적을 옮
겼던 거고.

:: 그쪽으로 옮긴 건 캄보디아위원회 부서기장이었던 사촌형 시우 헹
(Sieu Heng) 때문이었나?

아니. 내 스스로 결정한 거야.

:: 캄보디아공산당사 보면 시우 헹이 논란거린데, 론 놀 쪽으로 넘어간 건

배반이었겠지?

　배반이라 할 수 없다. 그걸로 말썽거리 된 적도 없고, 누굴 잡아들인 적
도 없다.

:: 근데, 왜 민주깜뿌찌아(크메르 루즈)가 그이 죽였나? 당신이 명령했다
는 말도 있던데?

　(웃음) 내가 왜 그이를? 그땐, 시우 형이 어떻게 됐는지도 몰랐어.

:: 당신이 깜뿌찌아공산당 쥘 만했는데 뽈 뽓으로 권력이 넘어간 건 시우
형 문제 탓이라고 하던데?

　(뜸들이다가) 그런 건 아냐. 뽈 뽓은 그만한 깜냥 있었고, 그 무렵 흐름이
또 그랬어. 다 말하긴 복잡해. 누가 되었건, 그때 인민들이 우리를 밀었다
는 걸 눈여겨봐야 해.

:: 그로부터 뽈 뽓이 절대권력 쥐었나? 아니면 권력투쟁 같은 게 있었던
가?

　절대권력도, 권력투쟁도 없었어. 우린 민주적 논의구조 지녔던 거니까.

:: 음모인지, 소문인지, 아무튼 당신이 시우 형한테 3만 달러 받은 건 어
떻게 된 건가?

　(폭소) 아니, 그런 걸 어떻게 찾아냈나? 받긴 뭘 받아. 한 푼도 만진 적
없어.

:: 뽈 뽓이 당신 억누르려고 흘린 소문이란 말도 있던데, 뽈 뽓은 뭐래던가?

크메르 루즈 혁명의 꿈은 킬링필드에 묻혔다. 크메르 루즈 지도자들(왼쪽부터 뽈 뽓, 누온 찌아, 이엥 사리, 손 센) 1975.
4. 17. 프놈펜. ⓒAsia Network Documentation Center

뽈 뽓은 그런 사람이 아냐. 그런 걸로 무슨 말 한 적도 없었고.

:: 키우 삼판도 궁금한데, 그는 왜 대통령이면서도 정치상임국 위원이
아니었나? 그는 자신이 아무 실권도 없는 '허깨비 대통령'이었다고 하
던데?

허깨비는 무슨? 정치상임국은 똑똑하다고 잘생겼다고 하는 게 아냐. 투
쟁 경력이 중요한데 그이가 늦게 뛰어든 거지. 스스로 권력 있다 없다 말
하는 것도 나빠. 인민이 가늠할 일을.

:: 지난해 키우 삼판이 자서전 비슷한 책(《*Cambodia's Recent History and
the Reasons Behind the Decisions I Made*》)을 냈는데, 봤겠지? 어떻든가?

봤어. 말하고 싶으면 떳떳하게 해야지, 핑계만 늘어놓을 바에야 뭐 하러

책을…….

:: 투쟁기로 넘어가자. 깜뿌찌아공산당은 돈과 무기를 어디서 얻었나?

어디긴 어디야, 베트남공산당으로부터지.

:: 왜 그쪽이 당신들 도왔고, 당신들은 그쪽 인정하지도 않으면서 왜 받았
는가?

베트남은 미국이 캄보디아에 기지 만들까 두려워 우릴 도왔고, 그러면
서 우릴 먹겠다는 딴 마음도 있었어. 우린 그걸 알면서도 무기와 돈이 필
요했으니 그쪽을 이용했던 거고.

:: 1975년 보자. 왜 민주깜뿌찌아는 프놈뺀에 입성하자마자 소개령 내려
인민을 농촌으로 몰았나?

1969~1973년 사이 베트콩 잡겠다고 캄보디아 폭격해 80만 인민 죽인
그 미국이 세운 괴뢰정부 론 놀 뒤엎고 우리가 프놈뺀 입성했으니 보복 폭
격 걱정할 수밖에는. 폭격 예상하며 프놈뺀에 인민을 그대로 둘 순 없잖
아. 그건 상식적인 결정이었어.

:: 당신 말대로라면 대피령인데, 그게 왜 강제노동으로 바뀌었나?

그때를 봐. 미국에 빌붙었던 론 놀이 다 빼먹고 인민은 먹을거리도 약도
없었어. 농경사회인 우리가 인민을 먹이려면 모두 농사지어야지 도시, 농
촌 따질 수 없었어.

:: 그 모든 걸 누가 결정했나?

(목소리 높이며) 누구 한 사람이 한 게 아냐. 혁명이 내린 명령이야. 사람들은 누가 명령했냐만 자꾸 따지는데, 혁명은 그렇게 한 사람한테서 나오는 게 아냐.

:: 사람이 죽었고, 그 잘잘못 가리자는 거다. 혁명이란 단어에게 어떻게 책임 묻나?

봐, 내가 그 책임을 걸머지지 않겠다는 게 아냐.

:: 그러면 어떻게 그 많은 이들이 죽어나갔나?

말했듯이, 여러 가지가 뒤섞였어. 먹을거리도 없었고, 약도 바닥났고, 거기다가 혁명 빌려 사사로운 감정으로 사람 죽인 놈들이 뒤섞여 그런 일이 벌어졌던 거야.

:: 프놈뺀 입성 전에 미리 내다봤던 일인가?

(손사래 치며) 우리가 인민 살리자고 목숨 걸고 혁명했는데, 그런 걸 상상이나 했겠어?

:: 그런데, 수많은 사람들이 죽었다.

중앙지도부가 혁명 전선을 오롯이 못 다스린 탓이야. 지도부 명령이 현장으로 내려가면서 파벌에 따라 바뀌었고, 또 지도부가 현장 책임자들까지 일일이 살필 수도 없었고.

:: 뭔가? 모든 책임을 현장에 떠넘기는 꼴인데? 기록들 들춰보면 당신이 명령 내린 것으로 볼 만한 게 많다. 투올슬렝(Toul Sleng)* 형무소 고문,

살해 건도 그렇고.

난 발뺌 같은 거 안 해. 내 직책과 과업 거룩했고, 책임진다. 그게 혁명에 바친 내 명예고, 살아온 길이야. 당신이 속말 듣고 싶다 해서 그대로 말했어. (목소리 높이며) 내 삼촌과 사촌 같은 피붙이 40여 명도 그때 죽임 당했어. 내가 미리 알았다면, 그냥 뒀겠어?

:: 아무튼, 그 학살 건으로 국제재판 열릴 텐데. 법정에 설 준비되어 있나?

그들 뜻대로 무릎 꿇지 않을 거야. 미국이나 국제사회에 용서 빌 만한 잘못 없어. 그들이 짓밟았던 내 나라를 지켜낸 게 왜 잘못이야? 이미 오래 전에 내 스스로를 재판했어.

:: 그 자아재판 결과가 뭔가?

그런 건 묻지 마. 목숨 잃은 인민들 앞에 혁명가로서 정치가로서 깊이 뉘우쳤고…….

:: 인민들 앞에 뉘우쳤다고? 그걸 뭘로 보여줄 수 있나?

내 삶을 통한 거야. 맘만 먹었더라면, 나도 얼마든지 대저택에 살았을 거야. 이 보잘것없는 집마저도 누가 도와줘서(이엥 사리의 사위가 빌려준 집). 난 혁명 전에도, 인민대표회의 상임의장 때도 늘 이런 초라한 집에서 살았어.

---

* 투올슬렝(Toul Sleng): S-21(Security prison 21)이라 불렀던 프놈뺀의 형무소로 크메르 루즈가 론 놀 정권에 빌붙었던 정치가, 군인, 공무원, 학자, 기술자들을 조사하면서 17,000여 명을 살해한 곳이라 알려져왔다. 그러나 1979년 프놈뺀을 점령한 베트남군을 통해 그 형무소가 드러나면서 왜곡, 과장 논란에 휩싸이기도 했다.

:: 후회한 적 있나? 당신이 명예로 여기는 그 혁명과 달리 세상은 학살 책임만 묻는데.

인민에게 바친 혁명 결코 후회한 적 없다. 나란 존재는 바다에 떨어진 물 한 방울만도 못해.

:: 크메르 루즈 혁명 30년 되는 해다. 그 혁명을 한마디로 말한다면?

값진 혁명. 외적 몰아낸 뒤, 캄보디아 인민이 노예가 아님을 선언했으니.

:: 근데, 이게 뭔가? 인민은 아직도 배고프고 정치는 남의 나라에 휘둘리고?

정치, 경제, 사회가 모두 고약하다. 근본 안 바꾸면 앞으로도 그래. 혁명 이어져야 해.

:: 말이 너무 어렵다. 그럼 당신들이 만들고자 했던 그 사회는 어떤 것이었나?

우리 꿈은 단촐했어. 인민이 배불리 먹고, 평화롭고, 부정부패 없는 세상.

:: 본보기가 있지 않았겠나? 크메르 루즈 정책이 '공상적 마오이즘' 같은데?

본보기 같은 건 없었어. 우린 캄보디아 현실을 바탕 삼았을 뿐이니.

:: 한번 공산주의자는 영원한 공산주의자란 말이 있다. 어떻게 생각하나?

엉터리다. 진짜 공산주의자라면 바뀌어야 한다. 세상 만물이 바뀌는 주체다. 이념도 허술함 드러나면 마땅히 바뀌가야 하듯이.

:: 주권과 인권이 부딪치면 어떤 걸 먼저 택해야 한다고 믿나?

그 둘은 서로를 받쳐주는, 반드시 함께 있어야 하는 쌍둥이 가치야.

:: 그게 내가 본 깜뿌찌아공산당 역사의 충돌점이다. 깜뿌찌아공산당은 이상과 현실 맞추지 못했다. 주권 좇아 인권 버렸던 게 결국 대량학살 낳았다.

혁명을 평화 때 눈길로는 바로 보기 힘들어. 우리가 해방전쟁 하던 땐 나라 앞세워 총 들고 싸우는 게 최고 가치였다. 그 길에서 희생자도 났고.

:: 크메르 루즈 본부 안롱웽(Anlong Veng) 보자. 1997년 뽈 뽓이 왜 손 센 죽였나?

뽈 뽓일 리 없어. 뽈 뽓은 비서였던 손 센을 가장 믿었고, 손 센이 공금 빼돌려 훈 센에게 투항할 거라는 소문나고도 증거 없다며 묻어버렸어. 손 센 숨졌다는 말 듣고 뽈 뽓이 들고 있던 물잔 떨어뜨릴 만큼 놀라는 걸 봤어. 누가 개인적인 문제로 그이 죽였을 거야.

:: 어쨌든, 손 센 죽은 뒤 뽈 뽓이 당신도 배반할 거라는 생각해봤나? 그 탓에 당신이 1998년 이엥 사리 도움받아 빠일린으로 오게 된 것 같은데?

그런 생각도 없었고, 이엥 사리와도 관계없다. 안롱웽 지켜내기 힘들다고 보았다. 해서 투쟁할 수 있는 곳을 빠일린이라 여겼을 뿐이고.

:: 그 무렵 훈 센 총리와도 협상설이 나돌았다. 그이 도움도 받았겠지?

무슨 도움을, 그런 일 없었다.

:: 내가 훈 센 측근에게 다 들었다. 당신과 훈 센이 만났다고 하던데?

그건 나중 일이야. 훈 센이 키우 삼판, 이엥 사리와 나를 저녁 초대해서.

:: 훈 센이 뭐라던가? 신변 보호와 먹고살 길 약속하던가?

그이가 밥 먹는 자리에서 가족도 소개하고 마음을 터놓더구먼. 여기서
할 말은 없고.

:: 혁명하겠다며 빠일린에 왔지만, 1998년 12월 25일 당신과 키우 삼판
은 훈 센에게 손들었다. '왕국 정체 받아들이고, 시아누끄 왕 받들고, 훈
센 정부 중히 여기고⋯⋯' 어쩌고 하는 3개 항 맹세 담은 투항서 쓸 때 기
분 어땠나?

1998년 4월 15일 뽈 뽓이 죽기 전부터 따 목이 권력 잡자, 키우 삼판이
나 나나 지도자 없는 투쟁이 덧없다고 여겼지. 인민들 더 괴롭히지 말자는
생각 끝에 결정한 거야.

:: 뽈 뽓 누가 죽였나? 뽈 뽓 비서 만났더니, 자살 아니라고 하더라. 또 다
른 이는 뽈 뽓 죽기 전 날, 당신과 따 목과 키우 삼판이 사면받는 조건으로
뽈 뽓을 훈 센에게 넘기겠다고 해서 충격받아 죽었다고도 하고. 미국과 타
이 정보국의 살해설도 나돌았고.

그때 따 목과 키우 삼판과 나는 만난 적도 없다. 누가 그이를 죽여? 뽈
뽓 살해설은 언론이 꾸며냈다. 난 뽈 뽓이 숨진 날 아침에 따 목이 와서 조
문하라고 해 알게 되었고.

:: 뭣 때문에 죽기 전 뽈 뽓을 가택연금 했나, 이미 기력마저 잃은 사람을?

따 목이 뽈 뽓을 떼놨지만 가족들과 함께 살도록 했어. 그건 뽈 뽓에게 쏠리는 바깥세상 비난과 책임을 묻지 못하도록 감춰준 거라고.

:: 그, 말 같지도 않은 소릴. 뽈 뽓을 돌보겠다고?
그렇게 들었어. 따 목이 권력 쥐었고, 뽈 뽓은 힘이 없었으니……

:: 그런 것들이 앞으로 국제재판 열리면 다 붉거질 텐데, 어떻게 할 건가?
뭘 어떻게 해? 열리면 열리는 거고, 그런 거지. 겁날 것도 없고, 불행할 것도 없어. 날 잡아 가두면 약값만 더 들 텐데.(웃음) 그 재판에 수천만 달러 쓴다던데, 국제사회가 진짜 정의 바란다면 그 돈으로 우리 인민들한테 보탬되는 일이나 하라고 해.

한숨도 쉬지 않은 5시간에 걸친 인터뷰가 끝났다. 그이가 지금껏 누구에게도 이런 장거리 인터뷰를 준 적 없다고는 하지만, 내겐 너무 짧았다. 캄보디아 현대사를 주름잡았던 누온 찌아를 읽기에는 터무니없이 짧았다. 속이 더 답답해졌다. 발길이 떨어지지 않았다.
그이는 솥뚜껑같이 크고 묵직한 손으로, 일흔일곱 먹은 노인네라 도저히 믿을 수 없을 만큼 강한 힘으로 악수를 했다.
캄보디아 현대사는 이렇게 거센 손아귀 힘을 지닌 이들에게 볼모로 잡혀왔던 것일까?

Interview
키우 삼판(Khieu Smaphan) 민주깜뿌찌아 대통령

시대를 탓하다

2005년 4월 2일, 빠일린, 캄보디아

©Voja Miladinovic

　온 세상이 말라붙었다. 강도 하늘도 모두 비틀어졌다. 풀마저 시들어버
린 땅은 그림 없는 미술관처럼 걱정스럽고 허전했다. 그 땅에 서 있는 것
이라곤 가뭄 타지 않는 집권 캄보디아인민당 간판뿐이었다.

　마음도 타들어갔다. 좀체 입을 열지 않는, 어쩌다 입을 열어도 인사치레
몇 마디가 다인 늙은이로 소문난 그이와 어렵게 약속을 잡긴 했지만 죽어
라고 인터뷰는 않겠단다. 이틀 동안 아침저녁 그이 집을 들락거리며 '적'
이 아님을 보여주려고 애썼다.

　3일째 되는 날 아침, 그이 마음이 열린 틈을 잽싸게 비집고 들어가 다짜
고짜 판을 벌였다. 한때, 캄보디아 최고 지식인으로 불렸던 그이는 지성을

뽐냈고, 마디마디 빈틈이 없었다. 하여 피 말리는 신경전이 벌어졌다.

:: 역사 한 수 배웠으면 하니, 몇 가지만 (취재노트를 펼친다).
 (손을 크게 저으며) 적지 말게. 내가 무슨 선생도 아니고, 강의도 아니니.

:: (펜을 내리며) 뭐 그리 겁나나? 1950년대 파리 유학시절 공산당 운동
이야기나 들어보자.
 운동이라 할 것도 없어. 독립만 생각했지. 파리 가기 전엔 일본이 캄보
디아 해방시킨다고 믿었지. (크게 웃고) 파리서 알제리, 튀니지에서 온 식
민지 학생들 만나면서 눈만 뜬 거지.

:: 프랑스공산당에 도장까지 찍어놓고?
 파리에 먼저 온 선배 뽈 뽓, 이엥 사리와 동기 키우 꼬마르(Khieu Komar)
같은 이들이 좋아서 따라했던 것뿐이야. 공산당 여학생들 예쁘다는 귀동냥
도 한몫했고.

:: (웃음판 틈타 메모) 그이들이 모두 마르크스주의자였고, 1950년대 프랑
스공산당이 동구 빼면 가장 마르크스-레닌주의 떠받들었는데, 당신은?
 새내기였으니 정치 이념이나 있었겠어. 이것저것 알려고 했을 뿐. 일본
메이지유신에서 뭘 좀 보았고, 중국 협동조합 금융제도에서 느낌 얻는 식
으로, 잡동사니였지.

:: 그 시절 그 분위기 속에서 정치 이념 없었다는 게 얄궂다. 1959년 프놈
뻰으로 돌아와 만들었던 그 신문(〈L'Observateur〉) 사건 탓으로 정치판에

발 들었다던데?

아, 그건 아니야. 격주로 한 1천 부쯤 찍었던 불어판 신문인데, 시아누끄
가 내건 반식민주의와 중립노선을 밀었지. 근데 갑자기 경찰놈들이…….*

:: 1962년 처음 의회로 진출한 뒤 곧 통상장관이 되었는데, 그 시절 뭘 했
나?

깐달(Kandal) 주 사앙(Saang)에서 뽑힌 뒤 노로돔 깐똘 왕자(Norodom
Kantol) 정부에서 무역 맡았지. 내 박사학위 논문 주제기도 했던 캄보디아
의 외환거래 불균형을 잡아보려고 애썼어. 미국 원조에 기댄 채로는 경제
구조도 나아질 수 없고 독립도 할 수 없다고 믿었거든.

:: 그로부터 40년 지났지만 달라진 게 없다. 정부 예산마저 외국 원조에 기
댄 실정인데, 당신 청년시절 꿈과 견줘볼 때 '역사 진보'를 말할 수 있겠나?

역사 진보, 크게 실망했어. 파리평화협정에 따른 정치발전 계획도, 균
형·자주 내건 경제 발전도 모두 이루지 못 한 채 오늘에 이르니…….

:: 1975년 혁명에 성공한 민주깜뿌찌아로 돌아가 보자. 무역금지, 화폐통
용금지 같은 극단성 드러냈던 당신 정부 잘잘못 스스로 따져볼 수 있나?

역사에 완벽함은 없다. 민주깜뿌찌아도 두 얼굴 지녔다. 농경사회인 캄
보디아에서 농민 조직해 독립 지켜낸 건 밝은 면이다. 1973~1975년 성
공적 투쟁은 역사가 증명한다. 근데, 국가 운영 준비 못한 채 1975년 집권
하고부터 어둠이 깔렸다. 인민학살 같은 건 상상도 못 했고. 나는 정책 결

---

* 1960년 우익정권이 그이를 체포해서 발가벗긴 사진을 퍼트린 뒤 그 신문을 없애버렸다.

정권자가 아니라 왜 그런 일들이 벌어졌는지도 몰랐어.

:: 몰랐다고? 당신이 대통령이었고 깜뿌찌아공산당 중앙위원이었다.

　중앙위원회는 최고결정기구가 아냐. 정치상임국 위원 여덟 명, 뽈 뽓, 누온 찌아, 이엥 사리, 따 목, 손 센, 옴 웻(Vorn Vet), 소 핌(So Phim), 님 로스(Nhim Ros)가 다 주물렀어.

:: 살아 있는 누온 찌아, 따 목, 이엥 사리에게 다 뒤집어씌우고 당신은 빠지겠다는 뜻인가?

　책임질 일 있으면 져야지. 근데, 어떻게? 난 공항 가서 외국 정상들 맞는 노릇만 했어. 비서 한 명 없는 대통령 봤나? 정치상임국이 주는 문서 다듬는 게 일이었어. 근데 어떤 책임을?

:: 당신은 민주깜뿌찌아 그린 설계자다. 명령권자만 책임질 일 아니다. 얼마나 죽었는가?

　여기 빠일린으로 오기 전(1998년)까지만 해도 학살 몰랐어. 누가 어떻게 왜 했는지도,

:: 온 세상이 다 아는 일을, 그것도 대통령이 몰랐다고 해도 되겠나?

　참말이야. 난 그런 일이 벌어졌는지조차 몰랐어. 참 안타깝다.

:: 1991년 11월, 당신이 프놈뻰 공항으로 들어오다 맞은 기억나나? 그 사람들이 학살 책임지라며 달려들었잖아. 근데, 1998년까지 몰랐다고?

　내 말은 실상을 깊이 몰랐다는 거지.

혁명에 성공한 크메르 루즈는 미군 폭격 위협과 농업사회 기반 구축을 위해 도시인들을 농촌으로 소개(疏開)했다.
ⓒAsia Network Documentation Center

:: 아무튼, 국제재판 부치겠다는데, 심정 어떤가?

　국제재판은 그이들 일이다. 아무 잘못 없는 내가 그 국제재판 놓고 감 놔라 대추 놔라 할 일도 없고.

:: 국제재판이 당신을 핵심자로 기소할 분위긴데?

　주권 지키려다 벌어진 일인데, 누가 누구에게 책임 묻겠다는 건가? 프랑스, 미국 같은 외세가 우릴 침략하지 않았다면 그런 일도 벌어지지 않았다.

:: 뭐 맞는 말이긴 한데, 그렇다고 인민 죽인 걸 옳다고 우길 순 없고. 어쨌든 당신이 피하긴 힘들다.

　국제사회 힘을 내가 어떻게 물리치겠냐마는, 뭐가 정의인지만은 따져야 해.

:: 뭐가 정의인가?

독립 놓고 전쟁 벌였는데 인권만 내세울 수 있나? 그런 옹근 역사가 어디 있나?

:: 학살 인정한다는 뜻이네?

학살은 이미 역사다. 현실 속에서 그 역사 가늠하는 잣대를 말하는 거야.

:: 법정에 서게 되면 무슨 말 할 건가?

나를 기소한다면, 지금 당신한테 한 말들을 법정에서 그대로 다시 할 거야.

:: 중요한 대목이다. 당신 법정 진술이 곧이곧대로 알려지기 힘들 거고, 미국이 쥐고 흔드는 언론 통해 비틀릴 게 뻔하다. 이래도 기록 못 하게 할 건가?(이미 눈치껏 적어왔지만.)

적는 게 문제가 아니라, 언론이 나를 학살 주범이라고 초드는 게 싫어서야.

:: 잘못 봤다. 이런 기사 나가든 말든, 이미 당신은 핵심으로 찍혀 있다. 피할 생각 말고 옳다면 나서서 밝혀야 한다. 기사 하나로 당신을 기소하고 말고 할 일도 없다.

언론을 믿을 수 없어. '이렇게' 말하면 '저렇게' 쓰는 게 언론이잖아.

:: 사실이다. 그렇더라도 미국에 말려든 이런 반쪽짜리 국제재판 인정하지 않는 이들도 많다. 현실 잘 봐야 한다. 숨겠다는 건, 당신이 겪어온 그

'밀림식' 사고일 뿐이다.

(한참 말이 없다. 얼굴이 붉어졌다.) 사실 나를 너무 귀퉁이로 몰았다는 생각도 들어.

:: 말이 난 김에, 캄보디아 인민 학살한 미군 폭격은 어떻게 생각하나?

해서 내가 정의 물었던 거야. 민주깜뿌찌아를 법정에 세우겠다면 미국도 법정에 세워 모든 사람들이 진실 볼 수 있도록 해야지, 그게 정의고.

:: 훈 센이 당신한테 입 열지 말라고 했다던데, 그이와 사이는 어떤가?

"그런 일 없다. 사이도 그저 그렇다. 훈 센이 나를 달갑잖아 할 거 같은데?

:: 지난 총선 땐 훈 센과 여러 당이 당신 잡으려고 했다대?

(망설이다가) 내가 깨끗하다고 알려져 그랬나 본데,(크게 웃고) 사실은 훈 센 인민당과 야당인 삼라인시당(Sam Rainsy Party) 사람들이 몇 번 찾아왔는데, 내가 마다했어.

:: 캄보디아 정치판도 참, 학살자로 꼽는 당신을 끌어들여서라도 선거 이겨보겠다고. 아무튼, 재판 날짜 잡는 일만 남았다. 걸려들면 감방에서 끝날 수도 있는데, 꿈 같은 게 있을 법도?

캄보디아가 정치, 경제적으로 독립성 지니고 아세안(ASEAN) 일원으로 살아갔으면 좋겠다. 인민들이 킬링필드 잊고 앞날 보고 갔으면 좋겠고.

:: 잊더라도 뭘 알고나 잊어야지, 왜 사람들에게 잊으라고만 하나?

서로 용서해야 캄보디아 앞날이 있다는 뜻이야.

허리도 아프고 골치도 아픈데, 이 늙은이는 흐트러지지 않고 꼿꼿이 다섯 시간을 견뎌냈다. 아무도 모르는 캄보디아 현대사, 그 현대사를 설계하고 이상향을 꿈꾸었던 혁명아 키우 삼판도 '모른다'고만 했다. 역사의 변명은 질기게도 이어지고 있다. 두 눈 빤히 뜨고 있는, 기껏 30년 전 일을 놓고 캄보디아 현대사는 이미 전설이 되고 말았다.

남은 걱정거리, "누가 누구를 심판할 것인가?"

보꾹을 바라보며 드러누운 채 던진 짱돌은 어디로 떨어질 것인가…….

빠일린, 크메르 루즈의 낙원

2005년 4월 1일, 빠일린

1979년 베트남군에 쫓겨난 민주깜뿌찌아 전 부총리 이엥 사리가 요새를 차린 빠일린은 17년 동안 크메르 루즈의 난공불락 해방구였다.

하여 1980~1990년대 인도차이나를 취재하던 기자들은 내남없이 빠일린을 꿈꾸었으나, 1996년 이엥 사리가 투항하기 전까지는 아무도 그 땅을 밟지 못했다.

그러다 1996년 이엥 사리가 손든 뒤 기자로서 가장 먼저 빠일린에 들어갔던 나는 들머리에서부터 크게 헷갈렸다. 혁명은 온데간데없이, 사파이어와 루비 광산에다 엄청난 벌목장에다 타이 국경을 낀 밀무역으로 돈이 흘러넘치는 흥청망청 사회가 눈에 들었던 탓이다.

그 땅을 기웃거리는 이들도 모두 별났다. 한탕 노린 보석꾼들, 정치 좇던 기회주의자들, 얼굴 없는 스파이들, 굶주린 기자들……. 모두 '위험'을 팔아먹고 사는 자들이었다.

그로부터 9년이 흘렀다. 프놈펜에서 370km 북서쪽, 한때 가장 큰 싸움터였던 밧땀방과 빠일린을 잇는 10번 도로 87km는 지금도 상처투성이로 남아 바깥세상으로부터 빠일린을 막아주고 있다. 달라진 건, 그 많던 크메르 루즈 초소들 대신 집권 캄보디아인민당(CPP) 입간판이 빼곡히 들어선

한때 동남아시아 최대 루비광산을 자랑했던 빠일린은 크메르 루즈 혁명의 든든한 뒷심이었다. 1997. 3. 16. 빠일린.
ⓒ정문태

것뿐이다.

이제 역사에서 크메르 루즈는 가고 없다. 그러나 빠일린은 아직도 크메르 루즈의 땅으로 남아 있다. 빠일린 군수는 이엥 사리 경호원이자 크메르 루즈 415사단장을 지낸 이 찌엔이며, 부군수는 이엥 사리 아들 이엥 우트 (Ieng Vuth)다. 준자치를 얻은 빠일린 정부는 세금 한 푼 내지 않고, 오히려 2000년까지 훈 센 정부한테 돈을 받기까지 했다.

현재 빠일린 정부는 캄보디아 정부군 군복으로 바꿔 입힌 크메르 루즈 군인 5백여 명과 경찰 4백여 명에다 민병대 2백여 명을 부리고 있다.

그러나 9년 만에 빠일린은 맥 빠진 땅으로 바뀌었다. 사람들은 루비도 사파이어도 다 바닥났다며 한숨짓고, 산이란 산은 모조리 벌거숭이가 돼 버렸다. 가라오케와 술집이 그나마 '현금작물'로 자라났고, 국경엔 인민들

삶과 동떨어진 카지노만 들어서 있다.

그 빠일린 한구석에는 혁명을 외치며 크메르 루즈를 이끌었던 줏대들이 살고 있다.

1998년 12월 25일, 훈 센 정부에 투항한 '브라더 넘버 투' 누온 찌아와 대통령을 지낸 키우 삼판이 바로 그이들이다. 크메르 루즈 본부였던 안롱 웽에서 넘어온 그이들에게 빠일린은 소도(蘇塗) 노릇을 해왔다.

"이엥 사리, 누온 찌아, 키우 삼판을 법정에 세운다면, 또 전쟁 난다."

빠일린 정부에서 일하는 티트 말처럼, 빠일린 인민들은 누구도 크메르 루즈 국제재판을 받아들이지 않는다. 인민들은 산속에 엄청난 무기를 숨겨놓았다고 믿고도 있다.

크메르 루즈는 전설로 넘어가지 않았다. 적어도 크메르 루즈 낙원인 빠일린에서만큼은.

크메르 루즈는 영원하다

2005년 4월 5일, 프놈펜

크메르 루즈로 더 잘 알려진 깜뿌찌아공산당 족보를 캐다보면 자칫 헷갈리기 십상이다. 크메르 루즈는 1998년 사라졌지만, 그 질긴 뿌리가 아직도 캄보디아를 칭칭 감고 있는 까닭이다.

크메르 루즈(Khmer Rouge)란 말은 시아누끄 전 임금이 저작권을 지녔다. 그이가 1960년대 깜뿌찌아공산당을 붉은 크메르란 뜻을 지닌 크메르 끄로홈(Khmer Krohom)이라 불렀고, 그걸 프랑스어로 받아 크메르 루즈가 태어났다. 그 시아누끄부터 보자. 그는 프랑스 식민 시절인 1941년 국왕이 되었지만 1955년 선거를 통해 정치가로 변신해 총리를 하다 1970년 미국 도움을 받은 론 놀(Gen. Lon Nol) 장군 쿠데타로 쫓겨났다. 이어 1975년 크메르 루즈가 혁명에 성공하자 시아누끄는 프놈펜으로 돌아와 국가수반 노릇을 했다. 시아누끄는 크메르 루즈의 민주깜뿌찌아 정부에서 비록 1년만에 쫓겨났지만 학살의 도덕적 책임으로부터 자유로울 수 없다. 해서 그이는 1993년 다시 국왕이 되어 2004년 물러날 때까지 줄기차게 "킬링필드를 잊자!"고 외치며 국제재판을 마뜩찮게 여겨왔다.

부정부패, 반민주 정치 몸통인 훈 센 총리는 크메르 루즈 동부지역 특수

누가 크메르 루즈에게 돌을 던지랴? 현 캄보디아 정부를 이끄는 핵심들 거의 모두가 직간접적으로 크메르 루즈 세례를 받은 이들이고 보면. 1994. 4. 15. 프놈펜. ⓒ정문태

연대 부연대장이었던 1977년 숙청을 피해 베트남으로 달아났다가 1979년 베트남 침략군과 함께 되돌아와 꼭두각시 괴뢰정부 캄보디아인민공화국에서 외무장관을 거쳐 1985년 총리가 되었다. 이어 훈 센은 1997년 공동총리였던 라나릿드 왕자를 유혈쿠데타로 쫓아내고 1998년 선거를 통해 단독총리 자리를 꿰찼다. 그렇게 한때 크메르 루즈였던 훈 센은 1996년 이엥 사리에 이어 1998년 누온 찌아와 키우 삼판을 투항시켜 크메르 루즈를 끝장냈다. 크메르 루즈 특수연대 부연대장 훈 센의 학살 개입설이 나돌았지만 또렷한 증거는 아직 드러난 게 없다. 훈 센은 국제재판을 흥정판으로 만든 주인공이다.

두 모가비에서 보았듯이, 캄보디아 정치판은 크메르 루즈로부터 자유로울 수 없다. 훈 센의 정치적 스승인 하원 부의장 헹 삼린은 1976~1978년 크메르 루즈 제4보병사단 사단장을 거쳐 1979년 베트남 괴뢰정부에서 대통령을 지냈다. 상원 의장 찌아 심(Chea Sim)은 크메르 루즈 지역 위원장을 했고, 경제·재무장관 끼앗 쫀(Keat Chhon)과 외무장관 호 남홍(Hor Namhong)은 크메르 루즈에서 각각 정무장관과 행정관을 지냈다.

훈센의 권력 사수대인 국방장관 띠아 반(Tea Banh), 군 부사령관 뽈 사로은(Pol Saroeun), 군사고문 미아스 무트(Meas Muth), 내무장관 살 켕(Sar Kheng)도 모두 크메르 루즈에서 잔뼈가 굵은 이들이다.

현 정부 부총리 7명 가운데 3명, 선임장관 가운데 3명, 캄보디아인민당 소속 상원의원 30명 가운데 8명이 크메르 루즈 출신이다. 이렇듯 핵심 권력인 군사, 경제, 외교를 비롯해 의회에도 크메르 루즈 뿌리가 깊이 박혀 있다.

그 크메르 루즈라는 자궁으로부터 태어난 이들이 얼토당토않게 '모성재판' 꼴인 크메르 루즈 학살심판을 하겠다고 나섰다. 그 결과가 어떻게 드러날지 눈여겨볼 만하다.

국제재판, 또 다른 음모?

2005년 4월 5일, 프놈뺀

1990년대 들어 국제 전범재판이 유행처럼 번졌다. 국제사회가 그만큼 정신없이 전쟁놀음을 벌였다는 증거이기도 하고, 달리 보면 국제사회가 전범재판을 새로운 지배 도구로 써먹고 있다는 신호이기도 하다.

전범재판은 르완다, 보스니아에 이어 유고와 이라크로 이어지고 있다. 문제는 그 합법성과 실효성이다. 르완다와 보스니아 전범재판은 10년째 접어들었지만 이렇다 할 결과를 못 내놨다. 유고 전범재판도 밀로세비치 (Slobodan Milosevic) 전 대통령을 잡아놓았지만 거기까지였다. 이라크 전범재판은 후세인(Saddam Hussein) 전 대통령을 어떤 죄목으로 걸지조차 또렷치 않다. 무엇보다 유고는 미군과 나토연합군이 '인도적 공습 (Humanitarian Bombardment)'이란 거짓말로, 이라크는 미군과 그 동맹국이 대량살상무기(WMD)라는 속임수로 전쟁을 벌인 경우라 국제재판의 합법성마저 흔들어놓았다.

그런 국제재판이란 걸 캄보디아에서도 벌이겠다고 떠들썩하다. 30년 전 크메르 루즈 학살을 다룬다며 8년째 실랑이 벌여왔다. 그사이 크메르 루즈 국제 전범재판이라고 했던 말도 슬그머니 사라졌다. '전범재판'이 그냥 '국제재판'으로 바뀌었다. 이름을 바꿨다는 건 역사를 엄청나게 뒤튼 야바

위였다. 한마디로, 1969~1973년 사이 미군이 폭격으로 인민 60~80만 명을 학살한 책임을 묻어버리고 모든 학살 책임을 크메르 루즈에게 뒤집 어씌우겠다는 뜻이다.

유엔은 그런 국제재판 비용으로 자그마치 5천6백만 달러를 매겨놓았 다. 그러나 국제재판을 부추겨온 미국도 유엔도 정작 돈이 없었다. 유엔이 앵벌이로 나서 부자 나라들에게 특별기부금을 보챘고, 캄보디아 정부는 그 돈 100%가 통장에 들어오지 않는 한 재판을 열지 않겠다고 으름장놓 고 있다. 해서 국제재판이 장사판으로 바뀌었다. 지금껏 거둔 돈도 일본이 약속한 2천1백5십만 달러에다 영국, 프랑스, 오스트레일리아가 내겠다는 5백만 달러가 다다. 아직 반도 채우지 못했다. 요즘 유엔과 캄보디아 정부 는 올 8월에 법정을 열겠다며 소리를 높이지만, 또렷한 일정과 계획은 아 무도 모른다. 돈만이 알 뿐.

게다가 아직 국제재판은 기소할 이들을 정한 바도 없다. 가고 없는 크메 르 루즈 최고 실권자였던 뽈 뿟 대신 서열 2위 누온 찌아, 서열 3위 이엥 사리, 서열 4위 따 목 그리고 대통령을 했던 키우 삼판과 투올슬렝 형무소 책임자였던 카잉 궥 이아우(Khaing Geuk Eav)가 될 거라는 말만 나돌 뿐. 게다가 정의를 세우겠다는 국제재판이 처음부터 인권 유린과 차별로 말썽까지 빚고 있다.

누온 찌아와 키우 삼판은 빠일린에서, 또 이엥 사리는 프놈뻰 대저택에 서 잘 살고들 있는데, 따 목과 카잉 궥 이아우는 1999년 아무런 법적 근거 도 없이 체포당해 군 특별형무소에 갇혔다. 재판이 벌어지기도 전에 이미 6년째 형벌을 받고 있는 꼴이다. 국제재판은 이렇게 엉터리없는 절차와 정신머리 속에서 알 수 없는 곳을 향해 가고 있다.

캄보디아특별재판, 반역이다

2009년 7월 12일

기어이, 2009년 2월 17일 캄보디아특별재판(ECCC)을 시작했다.

캄보디아 정부와 유엔 사이에 말이 오가고 12년 만이다. 1979년 민주깜뿌찌아 정부를 쫓아낸 침략군 베트남 입에서 크메르 루즈의 인민학살설이 터져 나오고 꼭 30년 만이다. 미군이 캄보디아 인민 폭격학살을 숨겨온 지 40여 년 만이다.

말 그대로, 아주 '특별한' 재판이다.

역사는 원인과 과정과 결과가 있다. 그 역사를 다루는 재판도 마땅히 그 원인과 과정과 결과를 따져야 옳다.

하물며, 동네 싸움이 벌어져도 '왜 싸웠는지?', '어떻게 때렸는지?', '얼마나 다쳤는지?' 같은 걸 두루 따져 결판을 낸다. 근데, 이 재판은 오직 결과만 다루겠다고 한다. 그래서 '특별재판'이라고 이름 붙였는지도 모르겠다.

이 재판이 지루하게 걸어온 길을 보면 그 '특별한' 성격이 또렷이 드러난다. 이 재판은 캄보디아가 1991년 파리평화협정에 따라 유엔 통치를 거쳐 1993년 새 정부를 세울 때부터 이미 입에 오르내렸다. 눈치를 살피던 미국이 1994년 캄보디아학살재판법(Cambodian Genocide Justice Act)을 만들자 캄보디아 정부가 크메르 루즈를 불법으로 규정해 맞장구치면서 재판 가능성이 튀어나왔다. 그러나 캄보디아 폭격으로 인민을 학살한 데다 크메르 루즈를 지원했던 원죄를 지닌 미국도, 훈 센 총리를 비롯해 크메르 루즈 출신들이 득실대는 캄보디아 정부도 마음만 졸인 채 더 나아가지 못했다. 그러다가 1997년 국제사회 압박을 정치, 경제적 흥정거리로 여긴 훈 센과 라나릿드 공동총리가 마음을 바꾸면서 12월 12일 유엔총회 결의로 코피 아난(Kofi Annan) 사무총장 아래 특별위원을 두고 재판 방식을 조사하기에 이르렀다.

1998년 11월 유엔 전문가그룹이 '국제재판소' 설치안을 제의했고, 코피 아난은 그 안을 1999년 3월 유엔 총회와 안보리에 제출했다. 그러나 크메르 루즈를 지원했던 미국, 영국, 중국이 안보리에서 그 안을 거부해버렸다. '국제'가 몰고 올 책임을 피하겠다는 의지였다.

크메르 루즈 멍에를 안고 있는 훈 센도 국제재판이 캄보디아 사회통합을 깨트린다면서 '국내재판'을 바랐다.

그러자 2000년 4월 미국 상원의원 존 케리(John Kerry)가 '캄보디아와 유엔의 공동 검사, 판사 배치안'을 들고 나섰다. 그 중재안에 따라 2001년 1월 캄보디아와 유엔이 양해각서를 주고받았으나 이번에는 캄보디아 의회가 그 안을 거부했다. 그렇게 헛돌던 이 재판은 2002년 2월 8일 유엔이 협상 포기를 선언하면서 1년 동안 실랑이를 벌이다가, 2003년 3월 3일 미국 국무장관 콜린 파월(Colin Powell)이 프놈뻰에서 담판을 벌여 결국 캄보디아로부터 '항복'을 받아냈다. 그 알맹이는 미국이 국제형사재판소(ICC) 참여국이 아니기 때문에 '이 재판에서 미국 시민을 기소할 수 없다.'는 대목이었다.

참고로, 2002년 7월 설치한 국제형사재판소는 2009년 6월 현재 한국과 유럽 국가들을 비롯한 108개국이 참여하고 있으나 전쟁, 학살, 반인륜 범죄를 저지른 미국 시민을 기소할 수 없다.

이어 유엔은 2주 만인 3월 17일 캄보디아특별재판소(ECCC. The Extraordinary Chambers in the Courts of Cambodia) 설치를 결의했다.

이렇게 재판이 늦잡치게 된 건 크메르 루즈 학살 관련 원죄를 지닌 미국과 캄보디아 정부를 비롯한 국제사회가 모조리 빠져나갈 음모를 꾸며온 탓이다.

그 결과는 '민주깜뿌찌아 범죄 행위 기소를 위한 캄보디아 특별재판소 설치법(Law on the establishment of Extraordinary Chambers in the Courts of Cambodia for the prosecution of crimes committed during the period of Democratic Kampuchea)'에 고스란히 담아 2003년 5월 유엔 총회와 2004년 10월 캄보디아 의회를 각각 통과했다.

그로부터 이 재판은 그동안 '국제재판', '크메르 루즈 국제재판', '국제전범재판'으로 어지럽게 불러왔던 걸 다 접고 '캄보디아특별재판'이라는 이름을 달았다.

국제사회가 돈까지 대며 일일이 간섭하는 재판에서 '국제'가 빠진 대목을 눈여겨볼 만하다. 이 특별재판소 설치법은 제목에서 크메르 루즈가 집권했던 '민주깜뿌찌아' 기간을 또렷이 못 박은 것도 모자라 제1장 총칙과 제2장 권한에 무려 8번씩이나 '특별재판소는······ 1975년 4월 17일부터 1979년 1월 6일까지 기간을 다룬다.'고 겹겹이 쐐기를 박아두었다.

이건 단 하루도 빼고 더함이 없이 딱 크메르 루즈 집권기간만을 재판하겠다는 뜻이다.

그렇게 해서 미국은 1969~1973년 폭탄 539,129톤을 떨어뜨려 캄보디

미군 불법 폭격의 증거였던 쁘렉뜨렝 마을 교회. 1995. 4. 16. 쁘렉뜨렝. ⓒ정문태

이 유골들 가운데 미군 폭격 희생자와 크메르 루즈 학살 희생자를 온전히 가려내는 일은 가능할까? 그 희생자가 어림
잡아 150만인데. 과연 누구에게 킬링필드 책임을 물을 것인가? 1995. 4. 16. 쁘렉뜨렝. ⓒ정문태

아 인민 60~80만 명을 학살한 책임으로부터 빠져나갔다. 그렇게 해서 미국은 크메르 루즈의 반미해방투쟁 직접 원인이 된 1970년 CIA의 론 놀쿠데타 공작 책임으로부터도, 크메르 루즈 집권기간 동안 국제 구호단체들의 캄보디아 지원을 막아 수많은 인민들을 굶어죽게 한 책임으로부터도, 1980년대 크메르 루즈에게 8천5백만 달러어치 무기를 건네준 사실로부터도 달아나버렸다.

미국뿐 아니다. 1980년대 해마다 크메르 루즈에게 1억 달러어치 무기를 제공했던 중국을 비롯해 영국과 유럽 국가들도 모조리 역사로부터 도망쳐버렸다.

이렇게 캄보디아특별재판소 설치는 미국을 비롯한 국제사회가 캄보디아 현대사로부터 도망치겠다는 음모였고, 특별재판소 설치법은 학살 범죄 원인과 과정을 캐지 못하도록 원천봉쇄해 독립국가의 법 정신과 체계마저 짓밟은 야만스런 국제폭력으로 드러났다.

모두 19장 48조로 짠 특별재판소 설치법은 그 증거를 담은 불온한 문서다.

'이 법의 목적은 1975년 4월 17일부터 1979년 1월 6일까지 민주깜뿌찌아의 지도자로서 범죄에 최고 책임이 있고, 캄보디아 형법과 국제 인도주의법과 관례 그리고 캄보디아가 인정한 국제협약을 심각하게 위반한 이들을 재판하는 데 있다.'

이게 총칙인 제1장 제1조다.

이렇게 첫 구절부터 '국제'는 다 빠져나가고 크메르 루즈라는 캄보디아 '국내'만 남았다.

근데 국내 범죄를 다루는 판에 정작 이 법은 국제용 잡동사니다. 식민지

배자로 캄보디아 비극사에 발판을 깔았던 프랑스 법을 본떠 만든 이 법은 국제법 기준을 따르면서 캄보디아 국내법으로 재판하도록 했다.

서로 다른 법이 충돌할 수 있다는 아주 기본적인 사실마저 무시한 이 법은 곳곳에 허점을 드러냈다. 예컨대 프랑스 법에 따르면, 증인이나 참고인들도 변호인 도움을 받을 수 있는데 이 법에는 그런 조항이 아예 없다. 또 재판 절차를 다룬 제10장 제35조에 '피고인은 자신에게 불리한 증인을 신문할 수 있다.'고 밝혀두었지만 그 증인이 응하지 않을 경우 아무런 강제 규정이 없어 피고인에게 불리한 조건까지 담고 있다.

무엇보다 이 법은 '국제'가 빠진 '국제재판'을 바탕에 깔다보니 태생적으로 논리적 모순을 드러낼 수밖에 없었다.

수사를 다룬 제6장 제20조, 제23조에서부터 재판 절차를 다룬 제10장 제33조에 이르기까지 곳곳에 '(캄보디아 국내법에) 규정이 없거나, 해석과 적용이 분명치 않거나, 국제 기준과 부합성이 의문스러울 때는 국제 기준이 인정한 법 절차를 따르도록 한다.'고 박아둔 문구가 좋은 본보기다.

이 법은 제도나 운영 모든 면에서 국제적 성격을 띠면서도 국제범죄를 다루지 못하도록 철저히 막은 캄보디아 국내 법정용이다. 근데 캄보디아 법으로 재판하는 그 국내 법정을 국제법 기준에 따르도록 못 박았다. 한 나라의 법은 역사와 전통과 사회적 산물이고 따라서 모든 독립 국가는 법 해석과 적용을 독립적으로 한다는 기본적인 법 논리조차 짓밟았다. 게다가 이 법이 요구한 그 '국제기준이 인정한 법 절차'란 것도 어떤 경우에 어느 국제법이나 어느 나라 법을 따를 것인지 밝혀두지도 않았다.

그렇게 '국제' 아닌 '국제재판'을 벌이면서 이 특별재판소 설치법은 외국인 수사판사, 검사, 판사를 배치해 처음으로 하이브리드 재판부(Hybrid court. 혼성재판부)를 창조했다. 프랑스의 대륙법체계에 따라 수사판사 (investigating judge)를 두고 예심재판부(Pre-trial Chamber)를 거쳐 검사가 기소한 이들을 1심 재판부(Trial Chamber)가 다루고 상소심은 대법원의 상소심 재판부(Supreme Court Chamber)가 맡는 틀을 갖췄지만 뜻대로 굴러갈지는 의문이다.

먼저 수사를 다룬 제7장 제23조 '수사판사는 캄보디아인과 외국인 1명씩으로 한다.'와 공동검사를 다룬 제6장 제16조 '공동검사는 캄보디아인과 외국인 각 1명씩으로 한다.'고 박은 대목에서부터 캄보디아 정부와 국제사회의 충돌은 피할 수 없게 되었다.

아니나 다를까, 기소 단계에서부터 유엔과 캄보디아 정부는 밀고 당기면서 이미 서로 불쾌감이 극에 달한 실정이다. 유엔은 그동안 실제 학살에 개입한 이들을 기소하자고 우겼지만 캄보디아 정부는 '최고 책임이 있는 크메르 루즈 지도자들을 재판에 붙인다……'고 박은 제2장 제2조를 내세워 크메르 루즈 부서기장 누온 찌아, 대통령 키우 삼판, 부총리 이엥 사리, 사회복지장관 이엥 티리트 그리고 투올슬렝 형무소 소장 카잉 꿱 이아우, 그렇게 다섯 명만 기소하는 데 그쳤다.

그 충돌은 증인 채택 과정에서도 잘 드러났다. 특히 크메르 루즈를 긴 캄보디아 현대사에서 피해자이며 동시에 가해자이기도 한 시아누끄 전 국왕은 학살사건 증인으로 최고 핵심인물이지만 유엔과 캄보디아 정부는 오랫동안 티격거리다가 결국 접고 말았다. 물론 그 속내는 미국과 캄보디아 두 쪽 모두가 시아누끄의 폭로 가능성이 지닌 엄청난 파괴력을 두려워한 탓이었지만, 아무튼.

이렇게 혐의자 기소와 증인 채택 단계에서 불거졌던 충돌은 하이브리

드재판부로 넘어간 재판 과정에서도 그대로 이어질 것으로 보인다.

특별재판소 구성을 다룬 제3장 제9조 '제1심 재판은 캄보디아인 판사 3명과 외국인 판사 2명, 항소심 재판은 캄보디아인 판사 4명과 외국인 판사 3명으로 각각 구성한다.'에 따르면 재판 과정도 다수 판사를 지닌 캄보디아 정부에 휘둘릴 수밖에 없다. 특별재판소 설치법은 그 틈을 메우고자 판결을 다룬 제5장 제14조에 '특별재판소의 판결은 만장일치를 원칙으로 하되 불가능할 경우, 제1심은 5명 가운데 최소 4명, 항소심은 7명 가운데 최소 5명의 찬성표를 요구한다.'며 압도적다수결(supermajority) 원칙을 박아놓았다.

그러나 이 특별재판의 성격과 구조가 처음부터 근본적인 법 논리보다는 정치적 논리에 따라 '캄보디아 대 국제'라는 대결구도로 짜여온 사실을 눈여겨본다면, 초다수결 투표가 벌어질 경우 외국인 판사 최소 1명이 캄보디아인 판사 의견에 동의할 것으로 기대하기는 현실적으로 불가능하다.

따라서 최악의 경우, 이 재판은 판결을 유보한 채 시간만 죽이다가 끝나버릴 수도 있다.

크메르 루즈 최고 지도자였던 뽈 뽓(1998년 사망)과 군 최고사령관이었던 따 목(2006년 사망)이 사라진 상태에서 30년도 더 지난 일을 놓고 학살 명령권자를 밝혀내거나 실질적인 학살 책임자를 가려낼 만한 증거를 들이대기는 쉬운 일이 아니다. 게다가 기소당한 다섯 지도자들이 이미 70대 후반에서 80대 중반을 넘어선 데다 건강 상태들도 좋지 않아 이 재판을 끝까지 끌고 갈 수 있을지마저 의문이다.

결국 국제사회의 정치적 논리에 휘둘린 이 재판은 처음부터 증거를 통한 실질적 단죄보다는 도덕적 책임을 물어 몇몇 크메르 루즈 지도자들에게 돌을 던지고는 학살사를 파묻어버리겠다는 삽질에 지나지 않는다.

논리적으로 따져, 이 특별재판은 국제범죄를 못 다루게 했으니 유엔과 국제사회는 캄보디아 형법에 따라 캄보디아 법정이 재판할 수 있도록 재원과 법률 지원만 하면 그만이었다.

지금껏 유엔은 '캄보디아 법체계가 허술하고, 법 관계자 수준이 낮고, 부정부패가 심하고, 정부가 재판을 왜곡할 수 있다.'며 국제사회가 개입한 특별재판을 우겨왔다.

그렇다면 유엔이 돈줄과 운영을 틀어쥐고 특별재판소설치법까지 만들어 밀어붙인 결과는 어땠는가? 전혀 달라진 게 없다. 캄보디아 재판 관련자들의 자질 문제는 끊임없이 불거졌고, 캄보디아 정부가 법관들을 매수했다든지 재판 운영자금이 부정하게 쓰이고 있다는 말들이 줄기차게 터져 나왔다. 또 재판 과정은 유엔이 외국인 수사판사와 검사까지 붙였지만 기소 단계에서부터 캄보디아 정부 뜻대로 흘러왔다.

국제사회가 개입하고도 나아진 게 아무 것도 없었다는 증거다. 이건 국제사회의 개입 명분이 터무니없었다는 사실을 스스로 폭로한 셈이다. 게다가 애초 2천만 달러로 잡았던 재판 예산은 이미 1억 4천3백만 달러로 늘어났다.

이렇듯 유엔이 개입하고도 재판 품질이 나아졌다거나 부정부패와 정치적 압박이 사라졌다고 볼 만한 꺼리가 없다면, 차라리 처음부터 캄보디아 국내법정에 맡겨 시간과 예산이나마 크게 줄이는 게 옳았다. 그랬더라면 학살에 개입한 국제사회 정체도 드러낼 수 있었을 것이고.

해서 '캄보디아특별재판'이란 이름을 단 이 재판은 출발도 과정도 모두 음모였고 따라서 그 결과도 음모로 끝날 수밖에 없다. 이 재판이 걸고 나온 범죄자 처벌과 사회통합과 희생자 위로는 처음부터 핑계거리였다. 결코, 이 재판이 끝난다고 캄보디아 사회가 학살의 비극사로부터 벗어날 수 없다. 그건 역사가 증명하고 있다. 이런 정치적 재판은 1979년 베트남 괴뢰정부 아래서도 있었다. 인민학살 책임을 물어 뽈 뽓과 이엥 사리를 궐석재판에서 사형선고까지 내렸지만 역사적 상처가 지워지기는커녕 더 도지기만 했다. 그 재판과 이 재판이 다른 건 딱 하나다. 그때는 '선전용'으로 베트남 침략군이 주물렀고 이번에는 '은폐용'으로 유엔을 앞세운 미국이 주무르고 있다는 것뿐이다.

이 재판에서는 캄보디아 비극사에 발판을 깔았던 프랑스 식민주의자들도, 캄보디아 현대사를 짓밟고 인민을 학살한 미국도 볼 수 없다. 그러니 크메르 루즈가 왜 민족해방투쟁을 벌였고 어떻게 인민을 살해하게 되었는지도 나오지 않는다. 오직, 원인도 과정도 모조리 숨긴 채 크메르 루즈에게 모든 책임을 뒤집어씌우고 미국과 국제사회는 그 잔혹사로부터 영원히 도망치겠다는 게 이 재판의 본질이다.

Malaysia

개혁,
시간이 다가오고 있다

마하티르 물러났다고 다 끝난 건 아냐. 그이가 키운 아이들이 아직 쫙 깔렸잖아.
여전히 압제관료주의 사회야. 시민이 일어나야 진짜 말레이시아를 볼 수 있을 거야.

-2005년 11월 11일. 스티븐 간(Steven Gan)과 주고받은 이야기 가운데

마하티르와 악연을 맺어왔던 말레이시아의 하나뿐인 독립언론 〈말레이시아끼니
Malaysiakini〉편집장 스티븐은 커피숍에서도 정치 이야기만 나오면 이내 냉랭해진
다. 그이 말마따나, 아시아를 휩쓸어친 정치적 격변을 요리조리 잘 피해온 말레이시아
에서 과연 시민들이 "안정 속의 압제 대신 혼란 속의 자유"를 택할 용기가 있을지? 말
레이시아가 변화를 꿈꾸며 시험대에 올랐다.

말레이시아 2009년은 변화를 바란다

2009년 8월 25일

'압도적 다수의 시대'가 저물고 있다.

1957년 독립 때부터 단 한 번도 정권을 내놓지 않았던 연합말레이국민기구(UMNO)와 여당연합체인 국민전선(Barisan National)*이 몰고 다닌 '2/3 의석' 같은 말이 사라지고 있다.

2004년 선거 때만 해도, 국민전선이 차지했던 92% 의석을 바라보며 많은 이들이 '민주주의'니 '선거'니 '의회주의'가 한물갔다고 여겼다. 동남아시아에서 가장 안정적인 사회, 경제 구조와 가장 높은 교육 지표를 지닌 말레이시아가 내놓은 그 선거 결과를 놓고 세계시민사회는 배신감마저 느꼈다.

그로부터 4년 뒤, 2008년 선거에서 말레이시아 시민사회가 비로소 정치판에 대꾸했다.

국민전선에 맞선 야당연합인 민중동맹(Rakatan Rakyat)**은 하원 222석

---

* 국민전선(Barisan National): 1957년 독립 때부터 연합말레이국민기구(UMNO)를 중심으로 연립정부를 구성해왔던 동맹(Parti Perikatan)을 대신해 1973년 조직한 여당연합체로 현재 연합말레이국민기구, 말레이시아중국인연합(MCA), 말레이시아인디아인회의(MCA)를 비롯한 13개 정당이 참여하고 있다.

** 민중동맹(Rakatan Rakyat): 2008년 조직한 야당연합체로 안와르 이브라힘(Anwar Ibrahim)이 이끄는 민중정의당(PKR)과 민주행동당(DAP), 전말레이시아이슬람당(PAS)을 비롯한 6개 당이 참여하고 있다.

가운데 82석을 차지해 헌법개정권이라는 정치적 상징성을 지녔던 '2/3'를 최초로 깨트렸을 뿐 아니라, 13개 주정부 가운데 5개를 거머쥐었다. 시민들이 민중동맹에게 몰아준 표 47.8%가 비록 52년 묵은 국민전선을 무너뜨리진 못했지만, 말레이시아 정치사에서 처음으로 '야당'이라는 용어를 쓸 수 있게 만들면서 변화를 바라는 의지만큼은 또렷이 드러냈다.

그 선거 결과, 국민전선 발등에 불이 떨어졌다. 2009년 3월 총리가 된 나집 압둘 라작(Najib Abdul Razak)***은 첫날부터 야당 신문 둘을 복간시켰고 보안법(Internal Security Act) 위반 혐의자 13명을 석방하며 보안법 전면 개정까지 약속했다. 그이는 연합말레이국민기구 총회에서 "경제발전과 교육향상이 정보와 요구와 비판을 지닌 새로운 계층을 낳았다는 사실을 눈여겨보지 않는다면, 그이들 노여움이 증오로 바뀌면서 우리 모두를 버릴 것이다."며 투명성과 책임성을 강조하는 개혁을 다짐하기도 했다.

그러나 나집 정부는 말만 늘어놓았을 뿐, 시민사회의 뜻을 좇아가지 않았다. 다섯 달이 지났지만 이렇다 할 변화나 개혁 낌새마저 풍기지 못했다.

국민전선이 말레이중심주의와 이슬람중심주의를 정치적 무기로 휘둘러온 통에 깊어진 '인종'과 '종교' 불평등도, 보안법에 짓눌려온 인권 상황도 그대로다. 그렇다고 경제가 나아진 것도 아니다. 정부는 다종교주의와 다문화주의를 내건 국가 이념인 '루꾸네가라(Rukunegara)'만을 줄기차게 들이대며 비웃음을 사고 있다. 아직도 국민전선 정부는 바뀐 세상을

*** 나집 압둘 라작(Najib Abdul Razak): 제2대 총리를 아버지로 제3대 총리를 외삼촌으로 둔 정치 가문에서 1955년 태어난 나집은 23세 최연소 의원 기록을 세운 뒤 연합말레이국민기구 요직과 재무장관, 국방장관을 거쳐 바다위(Abdullah Ahmad Badawi) 총리 정부에서 부총리를 지낸 뒤 2009년 4월 총리가 되었다. 그러나 잠수함을 비롯한 무기 거래 부정 혐의와 몽고리아 여성 살해 개입 혐의를 받고 있어 정치적 앞날이 순탄치 않을 것으로 보인다.

실감하지 못한 채 무적불패 시절만 생각하고 있다는 증거다.

요즘 시민들은 말레이시아를 동남아시아에서 가장 안정적으로 이끌어
온 두 축이었던 정치적 연합주의(Consociationalism)와 마하티르 전 총리
가 현대화를 외치며 내걸었던 실제성(Substantiality)을 모두 권위주의 독
재와 같은 말로 받아들이고 있다. 이제 낡은 정치적 틀과 인물로는 더 이
상 말레이시아가 누려왔던 '겉치레 안정'을 보장할 수 없다는 뜻이다.

그럼에도 국민전선 정부가 끝내 스스로 개혁을 거부한다면 결국 자신
들이 개혁 대상이 될 수밖에 없고 말레이시아는 큰 혼란 속으로 빠져들게
될 것이다. 말레이시아가 누려왔던 '상대적 안정'은 우물 속의 평화였을
뿐이다. 필리핀, 타이, 인도네시아를 비롯한 동남아시아 사회들이 겪고 있
는 개혁을 향한 통과의례, 그 '혼란'이 아직 말레이시아에 닿지 않았을 뿐
이다.

시민사회는 이미 2008년 선거로 경고장을 띄워놓았다. 시민들은 52년
집권도 92% 득표도 하루아침에 허물어질 수 있는 뜬구름이란 사실을 똑
똑히 보여주었다.

이제 말레이시아를 눈여겨볼 시간이 다가오고 있다. 아직 갈 길이 험하
고 멀지만, 누구도 압도적 다수를 휘두를 수 없는 시민중심 사회를 향한 아
시아의 실험이 다음 순서로 말레이시아를 기다리고 있기 때문이다.

Interview
마하티르 모하마드(Dr. Mahathir Mohamad) 전 총리

물러난 마하티르,
집권 22년을 말하다

2004년 3월 29일,
뻬다나리더십파운데이션(Perdana Leadership
Foundation), 뿌뜨라자야(Putrajaya)

ⓒ정문태

    그이 얼굴에선 전에 볼 수 없던 편안함이 묻어났다. 인터뷰 내내 흔들림
이 없었다. 걸핏하면 기자들에게 대놓고 핏대를 올리던 그 마하티르는 없
었다. 그이가 가장 예민하게 여기는 부정부패와 족벌 문제를 몇 차례 찔러
도 보았으나, 주특기인 되치기 대신 버티기로 나왔다. 마하티르답지가 않
았다.

    또렷치는 않다. 그게 지난 3월 21일 끝난 총선에서 217석 가운데 198석
을 차지한 정당의 '후견인'으로서 느끼는 만족감 때문인지, 아니면 22년
동안 머물렀던 총리 자리에서 벗어난 홀가분함 때문인지.

:: 요즘 한국 정치, 대통령 탄핵한다고 난린데 보고 있나?

한국 경제는 매우 발전했지만, 정치는 늘 (외교적으로 마땅한 단어 찾으려는 듯 멈칫거림).

:: 불안정?

불안정하고, 정치가 앞으로도 그럴 것 같고……. 노무현 대통령, 너무 자유주의자가 아닌가 싶은 게.

:: 그런 한국,

(질문 끊으며) 너무 지난 일에 매달리는데, 이제 앞날 보고 갈 때다. 우리도 일본 침략 받았지만, 이제 일본을 좋은 사업 상대로 여길 뿐, 지난 일 묻지 않는다. 우리가 동아시아 경제블록이니 아세안+3을 말할 때, 중국이 일본 못미더워하고 일본이 한국 마땅찮게 여기던 때는 이미 지났다.

:: 연합말레이국민기구(UMNO. United Malays National Organization)가 중심인 여당연합 국민전선(BN. Barisan National)이 말레이시아이슬람당(PAS. Parti Islam SeMalaysia) 크게 눌렀는데, 이번 총선 어떻게 풀이할 수 있나?

시민들이 새 총리 압둘라 바다위(Abdulla Ahmad Badawi) 지도력을 좋게 받아들였다는 뜻이다. 무엇보다 경제 안정이 국민전선 압승에 큰 뒷심이었고, 야당이 오히려 도운 면도 있다. 시민들은 지난 1999년 선거 때 말썽거리였던 안와르 이브라힘(Anwar Ibrahim)* 사안을 다시 들고 나선 야당에 신물을 냈으니.

:: 말레이시아이슬람당 참패로 말레이시아에서 이슬람 정치 끝날 것으로 보는가?

아니다. 극단적인 정치성 지닌 그이들은 다시 일어선다. 그이들은 앞으로 5년 동안, 다음 선거 때까지 정부 헐뜯을 것이고, 더 많은 의석 차지할 것이다. 한심한 건, 그런 선동이 먹힌다는 거다.

:: 근데, 이번 선거에서는 왜 말레이시아이슬람당이 참패했나?

나를 엄청나게 미워하고 때렸던 그이들이 다시 새 총리 바다위를 할퀴었지만 바다위가 대꾸하지 않아 공격지점을 잘 못 찾던 탓이다. 또 그이들이 들고 나온 '옳은 무슬림이 아니면 지옥으로 떨어진다.'는 말이 처음엔 먹혔지만 시간이 지나면서 시민들이 그런 걸 따분하게 여겼다.

:: 시민들이 말레이시아이슬람당에게 등 돌린 게 따분함 탓이었다는 말인가?

한 부분이었다. 그보단 연합말레이국민기구가 젊은 세대를 받아들였고, 무엇보다 여성 조직 키운 게 큰 힘 됐다.

:: 새 정부로 이야기 옮겨보자. 새 내각은 만족할 만한가?

옛 인물도 있지만 새 인물도 있다. 그리 나쁘지 않은 듯싶다. 어떻게 돌아갈지는 좀 더 지켜보자.

* 안와르 이브라힘(Anwar Ibrahim): 마하티르 정부에서 부총리 겸 제2인자였던 안와르는 부정과 동성애 혐의를 받아 투옥당하면서 정치적 박해 논란을 일으켰고, 그 과정에서 반마하티르 정서를 지닌 국제사회와 말레이시아 내 야당들로부터 민주화의 상징처럼 떠올랐다.

:: 새 내각이 시원찮다는 소리로 들리는데?

아, 그렇게 말할 순 없다. 옛 사람들은 경험으로 받치고, 새 사람들은 열심히 일할 것이니.

:: 미리 내다본 일이라 놀랄 건 없지만, 변화 외친 바다위를 놓고 보면 매우 실망스런 내각이다.

내각이 움직이기도 전에 뭐라 말하긴 힘들다. 나도 선거 전엔 새 정부가 장관들을 모두 바꿀 것으로 여겼는데, 아마 마지막에 실용성을 택한 게 아닌가 싶다. 당신처럼 실망하는 이들도 있겠지만, 그 인물들이 이번 선거를 승리로 이끌었는데 모두 쫓아낼 수야 없지 않았겠나.

:: 당신 시절을 되돌아보자. 스스로 잘했다고 꼽을 만한 게 있나?

다인종국가인 말레이시아에서 이뤄낸 조화다. 내가 총리 되자, 리콴유(싱가폴 전 총리)가 나를 극단주의자라 불렀고, 중국계가 나를 죽어라고 반대했다. 나를 거칠게 보는 이들 이해시키고자 애썼고, 결국 조화 이뤄냈다. 해서 1969년 인종폭동** 같은 건 되풀이되지 않았다.

:: 부의 분배를 인종조화정책 핵심이라고 늘 말해왔는데, 얼마나 이뤄냈나?

1969년까지는 다수 말레이계가 고작 2%를 지녔던 데 비해 소수 중국계가 30% 넘는 부를 차지했다. 그걸 신경제정책(NEP)의 분배 목표(말레이

** 1969년 인종폭동: 이른바 '5월 13일 사건'으로 부르기도 하는 중국계와 말레이계 사이의 인종폭동. 그 과정에서 군경의 유혈진압으로 5월 13일부터 7월 31일까지 2천여 명에 이르는 사망자(정부 공식 발표 196명)가 발생했다.

계 최소 30%, 중국계와 인디아계 40%, 외국인 30%)로 바로잡아 공평하게 가
고 있다. 각 인종 공동체가 그 크기에 어울리는 부를 지니게 하자는 이상
까지 닿진 못했지만.

:: 그러면 총리 22년 동안 흠집을 남긴 족벌주의나 부패 같은 건 어떻게
생각하나?

  족벌주의, 부패로 나를 욕하는 건 받아들일 수 없다. 내가 택한 이들이
성공하면 모조리 족벌 꼬리표 붙였는데, 그이들이 모두 실패해야 한다는
논리인가? 그게 다 실패하면 신경제정책도 끝장날 수밖에 없다. 부패, 그
건 기록에 다 나와 있다. 내가 총리가 되고 처음 했던 말과 일이 부패 추방
이었다. 부패 척결, 안 한 적도 흘려 넘긴 적도 없다. 족쳐왔지만, 또렷한
증거 잡기 어려웠다. 부패 문제는 누구도 다루기 어렵고, 또 늘 진행형이
다. 유럽, 일본에서도 마찬가지다. 부패 줄일 수 있지만, 그게 사라지지는
않을 것이다.

:: 당신이 '악'이라 외쳤던 그 테러리즘이 진짜로 지역안보에 영향 미치는
가?

  이 지역에선 힘으로 정부 뒤엎겠다는 이슬람근본주의가 문제다. 말레
이시아에서도 그런 이들이 군 무기 훔쳤고, 파키스탄 유학 가서 알카에다
(Al-Qaeda)와 선 달고 와서 정부 타도 외쳤고, 기독교도 죽이기도 했다.
보안법(ISA)으로 맞섰기에 망정이지……. 인도네시아 쪽과 손잡은 말레
이시아 조직원을 모두 잘라버리진 못했지만. 어쨌든, 지금 필리핀을 비롯
한 아세안 쪽 모두가 흔들린다. 테러리즘은 국경 없다.

:: 말이 난 김에, 이 열린 세상에 당신은 아직도 보안법이 필요하다고 믿는가?

보안법은 예방법이다. 누군가가 국민을 죽이거나 국가를 흔들어댈 가능성 있다면, 범죄 전에 막는다는 뜻이다. 근데 사전에 그 증거를 법정에서 밝히기가 어려우니 예방법은 법원으로 가지 않을 뿐이다.

:: 인권 유린과 권력 남용이라 욕먹어왔는데도?

증거, 조사 다 거쳤다. 변호사와 인권단체도 만나게 했다. 정부는 6개월마다 재조사한다. 문제없으면 풀어준다. 보안법도 법 안에 있다. 선진국들은 법 없이도 체포, 감금해왔다. 미국이 탈레반이라며 불법 체포, 감금해온 관타나모 미군기지 봐라. 말레이시아에서는 선거 때마다 야당이 보안법 없애자고 대들었지만, 시민들은 우리한테 표 던졌다. 보안법 원한다는 뜻이다. 보안법이 자신들을 지켜준다는 걸 잘 알고 있다.

:: 당신이 이슬람주의 욕해온 건 이슬람이 본디 세속적 개발과 함께할 수 없다고 믿었던 까닭인가?

사람들이 이슬람 잘못 알고 있다. 이슬람은 삶의 방법이지 예배 방법이 아니다. 우리 일(개발)은 이슬람 속에 있다. 이슬람이 개발론과 부딪친다는 건 해석 문제다. 말레이시아가 이슬람 국가지만 여성들이 온몸을 가리지 않듯이. 그런 건 이슬람 가르침 아니다. 개발은 세속 국가와 이슬람 사이에 다를 게 없다.

:: 그래서 이슬람법 대신 식민주의자법(영국법)을 쓰고 있는 건가?

만약 현실법(영국법) 버리면 온 나라가 불길에 휩싸인다. 곧바로 인종

분쟁 터질 것이고. 법은 무슬림과 비무슬림 모두한테 똑같아야 한다. 그래서 그 법을 쓸 뿐이다.

:: 당신이 외쳐온 서양 패권주의 위험성 말해보자.

2천 마일 떨어진 중국은 우릴 친 적 없지만 8천 마일 떨어진 포르투갈은 우릴 공격했다. 서양은 자신들 이상과 가치 받아들이라고 내댔다. 이젠 동성결혼도 받아들이라고 다그친다. 민주주의와 인권 내세워 종교 관습까지 자기들 따르라고 우긴다. 우리 무슬림이 우리 종교인 이슬람마저 다잡지 못한다고 욕해왔다. 해서 서양이 밀어붙이는 가치를 바라지도, 받아들일 수도 없다. 자유무역 봐라. 그쪽 큰 은행이 말레이시아에 들어오면 우리 은행들 모두 망한다. 그쪽은 국제통화기금(IMF) 내걸고 한국과 아시아 회사들 모조리 헐값에 먹었다. 진실 말해온 나를 그이들은 반서구주의자라 불렀다. 내가 거짓말 했나?

:: 당신이 외쳐온 아시아적 가치(Asian Values)의 출발점도 바로 그곳인가?

예부터 서양은 매우 개염스러웠지만, 그래도 반독점법은 있었다. 근데 요샌 그이들이 온 세상 다 먹어버렸다. 우리(아시아) 쪽에서는 나라 사이에도 부를 나누고자 했지만 그이들은 달랐다. 예컨대, 그이들은 우리가 자동차 만들려고 하자 '왜 자동차 만들고 싶어 하나? 우리(서양)가 더 싸고좋은 자동차 만들 수 있으니, 너희는 그만 두라.'고 우겼다. 이어 우리가 자동차 만들었더니, 그이들은 '우리 자동차가 들어가서 너희와 경쟁할 수 있도록 국내시장 열라.'고 윽박질렀다. 그이들이 연간 1천만 대 만드는 동안 우린 고작 30만 대 만든다. 공정한 경쟁 말할 수 있겠나? 그이들 사고는 가장 큰 놈이 다 먹어치우겠다는 거다. 그건 우리 가치가 아니다. 공평하자는 게 아시아적 가치의 뿌리다.

:: 결론 대신 '마하티르 없는 말레이시아의 앞날'을 말해보자.

말레이시아 사람들은 다른 이들과 나누기 좋아하고 아주 실용적이다. 해서 나는 말레이시아가 흔들리지 않고 잘 나아갈 것으로 본다. 내가 있건 없건.

:: 새 정부에 한마디 한다면?

무슬림이든 제3세력이든 위험한 이들 가려내고 막는 게 가장 중요하다. 투표로 정부 바꿀 순 있지만, 무력이나 전쟁으로 뒤엎을 순 없다는 걸 깨닫게 하는 일이다.

:: 그동안 당신은 "박정희와 한국을 엿보았다."고 해왔는데, 한국의 앞날도 보이는가?

우리가 동쪽으로 고개 돌렸을 때, 한국을 보았다. 우린 학생들을 보내 한국을 배웠고, 한국을 교훈 삼았다. 박정희가 밀었던 재벌 놓고 욕들 하는데, 나는 그 재벌 없었다면 한국은 발전하기 힘들었다고 본다. 한국 사람들은 열심히 일해왔고 한국은 큰 산업국가가 되겠지만, '슈퍼파워'를 목표로 삼지는 않으리라 믿는다. 그쪽엔 일본과 중국도 있다. 한국은 그들 속에서 공존하는 길을 찾으리라 본다.

말레이시아의 도전—마하티르 없는 마하티리즘

2004년 4월 1일, 꾸알라룸뿌르

"아냐, 아냐, 아냐. 난 이미 오래 전에 물러나겠다고 마음 굳혔어……."

2003년 10월 31일, 22년 동안 말레이시아를 주름잡았던 총리 마하티르는 결국 흐느끼고 말았다.

"제발, 제발 우리 곁을 떠나지 마세요."

갑작스레 은퇴를 밝힌 마하티르 앞에서 추종자들은 눈물로 읊조렸다.

마하티르는 선거와 의회를 거친 합법 총리였지만 장기집권과 독선적인 성격 탓에 '독재자' 인상을 강하게 심었다.

사람들은 그이가 정치를 더디게 했지만 경제는 키웠다며 박정희와 곧잘 견주었다. 그이는 박정희의 재벌 키우기를 엿보면서 국영 원유회사 뻬뜨로나스(Petronas)와 자동차회사 쁘로똔(Proton) 같은 대기업을 앞세워 신경제정책(NEP)을 몰아붙였다.

마하티르는 1997년 아시아를 휩쓴 경제 위기 속에서 국제통화기금(IMF)을 뿌리치고 대신 자본통제라는 모험을 통해 거뜬히 난국을 뛰어넘어 반제국주의를 바탕 삼은 자신의 민족주의 경제관이 헛소리가 아니었음을 보여주기도 했다. 그렇게 경제 위기를 넘어 5.2% 성장을 기록한 2003년 10월, 그이는 집무실을 떠났다.

"사회가 붙잡고 시민이 고마워할 때, 꼭대기에서 내려왔다. 마하티리즘이 아직 입에 오르내리는 까닭이다."

정치학자 화리쉬 누르(Farish Noor) 말마따나, 마하티르는 아시아 정치가들 가운데 스스로 떠날 때를 안 아주 드문 인물이었던 것만큼은 틀림없다.

그러나 영원할 것 같았던 마하티르도 이제 서서히 도마에 오르고 있다. '국가 독립성', '현대적 이슬람주의', '경제개발'로 매길 만한 마하티리즘(Mahathirism)도 주인공 마하티르가 사라지자 이내 심판대에 올랐다.

조모 순다람 교수(Jomo Kwame Sundaram. 말라야 대학 경제학)는 "마하티르가 미국의 신자유주의에 맞선 걸 큰 자랑거리로 여겼으나, 결과는 민족주의 수사학에 지나지 않았다. 쓸모없기는 국제통화기금 조언과 마찬가지였다."며 마하티르가 족벌에게 사업권을 넘기면서 독점에다 금융까지 덧붙여준 결과 "국내에서 경쟁 거친 뒤 국제시장으로 나선 한국과 타이완 기업에 밀릴 수밖에 없었다."고 날카롭게 몰아붙였다. 마하티르 족벌이 경제 근본을 말아먹었다는 조모는 "마하티르 신화란 건 언론 주무르며 만들어낸 선전일 뿐이다."며 세계사에서 정치 발전 없는 경제개발은 늘 빈껍데기였다고 덧붙였다.

역사학자 쿠케이 킴(Khoo Kay Kim)은 "민족주의 신경제정책이 개발만 외쳤을 뿐, 복지와 농업을 업신여겼다. 빈곤층이 1970년대 49%에서 1990년대 15%로 줄었다지만, 도시와 농촌 그리고 인종 사이의 불균형은 더 커졌다."며 뒤틀린 노느매기를 마하티리즘이 지닌 환상이라 불렀다.

어쨌든, 22년 동안 정치를 짓누르며 경제개발 하나로 거칠게 달려왔던 마하티르는 마지막 순간 되돌릴 수 없는 자폭수를 두고 말았다. 그이는 한

때 자신이 가장 총애했던 제2인자 안와르 이브라힘 부총리를 부패와 동성
애 혐의로 잡아 가두면서 스스로 목을 조았다. 안와르를 향한 동정심은 민
주화운동 밑감이 되었고, 1999년 선거에서는 말레이시아이슬람당이 '반
마하티르' 하나만 외치고도 두 개 주를 거머쥐었다. 마하티르는 고향 꺼다
(Kedah)에서조차 쓴맛을 봤다.

그리고 2003년 10월 마하티르는 떠났다.

이어 다섯 달 만인 올 3월 21일 마하티르는 자신의 '상속자'를 뽑는 총
선을 앞두고 "나를 미워했던 이들도 내가 정치판을 떠났으니 연합말레이
국민기구를 찍지 않을 까닭이 없다."며 여당연합 지지를 호소했다.

아직도 마하티르를 팔아먹을 수 있다고 믿었던 연합말레이국민기구는
말레이시아이슬람당과 한판 승부를 가려야 할 꺼다로 마하티르를 불러냈
다. 마하티르는 내친 김에 주특기인 '도발성'을 드러내며 말레이시아이슬
람당을 몰아붙였다. 그러자 '상속자'들은 오히려 역효과를 두려워하며 다
시 마하티르와 거리를 두는 촌극을 벌였다.

어쨌든 마하티르가 떠난 뒤 처음 치렀던 총선에서 여당연합인 국민전
선은 빠라 현상(Pak Lah. 바다위 총리를 일컬음)을 일으키며 의석 90%를
차지했다. 시민들은 공격적인 마하티르와 달리 부드러움을 걸치고 '부패
척결', '경제개발', '대안적 진보', '관용적 현대 이슬람'을 담은 이른바 이
슬람 하다리(Islam Hadhari. 이슬람 통치)를 들고 나온 바다위에 몰표를 던
졌다. 바다위는 이번 총선에서 "모두 새 인물로 바꾸겠다."고 개혁을 외쳐
야당 지지자들 마음마저 사로잡았다.

그러나 바다위가 새 내각을 드러내자 시민들은 몹시 언짢았다. 내각과
주 정부 요직엔 여전히 마하티르 충성파가 즐비했던 탓이다. 그렇게 바다

이슬람주의의 도전은 말레이시아 미래를 읽는 중요한 잣대 가운데 하나로 떠올랐다. 말레이시아이슬람당이 큰 영향력
을 지닌 뜨렝가누 주. ⓒEunice Lau

위는 첫 시험에서 마하티르를 그대로 베끼며 몸을 사렸다.

바다위가 마하티르의 모든 잘잘못을 이을지 어떨지 아직까지는 뚜렷치
않지만, 지금껏 드러난 사실만 놓고 보면 한동안 '마하티르 족쇄'를 풀기
는 힘들 것으로 보인다.

정치학자 짠드라 무자화르(Chandra Muzaffar)는 "마하티르가 현대적
이슬람 아래 말레이시아를 가꾸겠다는 자신의 야망을 군말 없이 받들어
줄 만한 인물로 바다위를 택했을 뿐이다."며 바다위의 태생적 한계를 짚
었다.

그렇다면 마하티르는 리콴유 싱가폴 전 총리처럼 막 뒤에서 정치를 주
무르겠다는 꿈을 지녔을까?

마하티르가 물러나던 날부터 많은 이들이 궁금하게 여겨왔다. 그러나 이 물음을 들고 만났던 정치, 경제, 사회 분야 모든 전문가들은 하나같이 '아니오'로 답했다.

쿠케이 교수는 "마하티르로부터 권력을 물려받은 바다위가 갑자기 독립할 수야 없다. 그렇다고 마하티르가 내각에 심어둔 충성파를 움직여 정치를 마름질하진 않을 것이다."며 한번 권력을 떠난 이들이 결코 되돌아온 적 없는 말레이시아 정치 전통을 강조했다.

나는 고향 꺼다 선거운동을 돕겠다고 나섰던 마하티르가 비를 맞는 '배은망덕'한, 그러나 '즐거운' 말레이시아 정치를 엿보았다.

한 방울 비만 떨어져도 온몸을 던져 마하티르를 에워싸던 그 많은 이들이 온데간데없이 사라져버렸다. 출마자고 고위 공직자고 모두 비를 피해 자리를 뜨는 가운데, 오직 꺼다 주 수석장관과 우산 도우미 한 명만이 노인 마하티르를 덮고 쓸쓸히 발길을 옮겼다. 지난 22년 동안 상상도 할 수 없었던 풍경이다.

그렇게 권력의 최후는 비에 젖었다. 그 권력의 추억을 이용하겠다는 이들은 아직 수판을 두들겨대지만.

2004년 4월, 말레이시아 정치판에는 여전히 저버릴 수 없는 마하티리즘이 흐르고 있지만, 그 주인공 마하티르는 비에 젖어 전설로 넘어가고 있다.

바다위 총리 홀로서기
어디까지 왔나?

2005년 11월 7일, 외무부 청사, 뿌뜨라자야

ⓒ정문태

　'11월 7일 12시, 총리 관저'로 잡혀 있던 단독 인터뷰 시간과 장소가 같은 날 10시 느닷없이 '13시 30분, 외무부 청사'로 바뀌었다. 최고 정치가 일정 치고는 흔치 않은 일이었다.

　외무부에는 현지 기자 30여 명이 진 쳤다. 11월 8일부터 동티모르 방문에 이어 부산 에이펙(APEC. 아시아태평양경제협력체) 정상회의까지 줄줄이 해외 일정이 잡힌 바다위 총리는 정해놓았던 기자회견마저 없애고 점심으로 때웠다.

　약속 시간 13시 30분이 지났다. 장기전을 생각하고 소파에서 눈을 붙였다. 14시, 흔들어 깨우는 총리 비서에 끌려 부랴부랴 외무부 접견실로 갔다. 그곳에는 바다위를 중심으로 보좌관 십여 명이 원형으로 둘러앉았고, 뒤쪽에는 공식 기록원, 사진사를 비롯한 총리실 공보관과 외무부 관계자 십여 명이 둘러쌌다. 지금까지 수많은 최고 정치가들을 인터뷰했지만, 이런 인해전술과 마주치기는 처음이었다. 단독 인터뷰란 건 기껏해야 비서나 특보 한 명 정도가 멀찍이 앉고 공식 사진사가 붙는 정도니, 놀랄 수밖에.

바다위가 인터뷰에 들어가기 전 질문거리를 다시 보자고 해서 "모두 14개쯤 된다."고 퉁명스레 내뱉었더니, 곧장 되받아치기가 돌아왔다. "그렇게나 많이! 다 받을 수 없어."

총리나 대통령 단독 인터뷰란 건 미리 차린 자리다. 질문지도 일찌감치 보내고. 뭐, 그렇다고 그 질문지를 따라가진 않지만 큰 틀은 비슷하다고 보면 된다. 근데, 바다위는 그렇게 어정쩡한 분위기를 출발 신호로 삼았다. 딱딱했고, 찡그렸다. 어디서든 누구에게든 활짝 웃는 '스마일맨'이었던 그이가!

:: 먼저, 에이펙 정상회의에 들고 갈 의제부터 말해보자.

에이펙이 잘될 수 있게끔 참석하고 협력하고 책임지는 게 의제다. 무역, 투자 증대와 또 요즘 말썽인 조류독감, 테러리즘, 세계무역기구(WTO)도 의제 삼아야 하고. 문제를 서로 깨달아야 풀 수 있을 테니,

:: 이번 에이펙 정상회의에서 한국과는 특별한 의제가 있는가?

특별한 건 없다. 두 나라 사이의 의제는 머잖아 말레이시아에 올 한국 대통령과 다룰 테니. 에이펙에서는 국경 넘나드는 조류독감 놓고 한국 정부에 도움 얻으려고 한다. 에이펙에서는 주로 다자 간 의제 다룰 계획이다.

:: 말레이시아는 이번 에이펙에서 어떤 이익을 얻을 수 있다고 보는가?

앞서 말했던 의제들 놓고 회원국들과 머리 맞대는 것 자체가 이익이다.

:: 에이펙 마땅찮게 여기는 이들도 많다. 9·11 공격 뒤부턴 에이펙이 미국 연장이라고 욕해왔다. 에이펙 어떻게 보나?

그런 말 못 받아들인다. 에이펙은 누구의 연장도 아니다. 모든 회원국 것이다. 회원국은 자기 뜻 밝힐 권리 있다. 누가 뭐라고 시킬 수 없다. 협력은 협력일 뿐이다.

:: 말레이시아와 국경 맞댄 타이 남부분쟁 놓고 탁신 타이 총리와 에이펙에서 이야기 나눌 생각인가?

알 수 없다. 만약 그이가 바란다면 그럴 수도 있지만, 내가 굳이 나서진 않을 것이다.

:: 그러면 말레이시아에도 영향 끼치는 타이 남부분쟁 어떻게 할 건가?

우리한테도 아주 위험한, (잠시 침묵) 그렇게 위험한 건 아니지만, 중요한 문제다. 그쪽 상황 더 나빠지면, 타이 남부 사람들이 국경 넘을 것이고, 그러면 우리 쪽에도 여러 가지 말썽 생길 수밖에 없을 테니.

:: 남부분쟁 놓고 꾸알라룸뿌르와 방콕이 부딪쳐왔는데, 당신 정부는 처음부터 공격적인 탁신 정부에 밀렸다.

아니다. 방콕과는 사이가 좋다. 탁신은 우리 둘이 외무장관 할 때부터 같이 일해온 친구다. 남부 문제 놓고 서로 이야기도 나눴다. 특별한 조건들 탓에 생각이 다를 수야 있지만, 지금도 그걸 이야기하고 있다.

:: 특별한 조건은 뭔가? 남부분쟁 푸는 길이 거기 있을 텐데?

타이 정부가 알아서 하겠지만, 함께 풀자면 문제될 게 없다. 내가 그쪽에 뭘 어떻게 하라고 말하긴 싫다. 다만 타이 정부가 또렷한 태도 보여야 한 다. 무엇보다 타이 남부 주민들이 개발 열매 맛볼 수 있게끔 해야 한다. 사 람들이 까닭 없이 자기 나라에서 달아나지 않는다(8월 말 타이 남부 분쟁지 역 주민 131명이 말레이시아 국경을 넘어 난민 신청한 일을 가리킨다). 자, (손사 래 치며) 타이 남부 이야기는 이걸로 됐다. 그만하자.

:: 좋다. 말레이시아로 넘어가자. 개각 말이 흘러나오던데?

(두 손을 크게 내저으며) 개각, 누가 그런 말을? 그 이야기는 하지 말자.

:: 당신이 생각해온 새 내각 틀만이라도?

틀? (헛웃음 치며) 개각 말한 적도 없다. 아직 짜보지도 않았다. 너무 앞 서가는 질문인데, 내가 개각 말할 때 이 질문 던져야 되는 것 아닌가?

:: 허가증 공개(무역장관이 관리해온 자동차 수입으로 큰 이문 챙겨왔던 이들 명단)와 엮인 라휘다 아지즈(Rafidah Aziz, 마하티르 전 총리 직계) 무역장관 이 큰 짐 아닌가? 이번 개각에서 그녀 밀어낼 건가?

계속 개각 물고 늘어지는데, 뭐라고 말하든 자유다. 어쨌든, 그런 건 내 가 최종 결정한다.

:: 경제 보자. 국민자동차정책(NAP) 법안 통과와 자동차산업 개혁은 어 떤 연관성 지녔나?

말레이시아를 자동차 산업 허브(hub)로 만들고 싶다. 자동차 부품 개발해 말레이시아 국민차뿐 아니라 국제시장에 내다 파는. 최고급 성능에 싼 값 겨냥해서. 노하우와 숙련공도 있다.

:: 그러면 말레이시아 국민차 지켜온 보호무역도 끝내야 아귀가 맞는데?

영원히 지킬 수 있는 건 아무것도 없다. 민족산업은 반드시 홀로 서야 하지만, 설 때까지만 도울 뿐이다.

:: '국민자동차정책'이 현대나 도요타 같은 외국 자동차 업계에 던진 신호가 뭔가?

한마디로, 말레이시아에 투자하라는 거다. 우리 쪽 투자 환경 아주 좋다. 이미 여러 회사가 들어와 있다.

:: 동남아시아 각국이 자동차 허브 꿈꾸어왔는데, 경쟁국인 타이에 견줘 어떤 장점 있나?

우린 국민차가 있지만, 타이는 없다. 이게 큰 차이다. 세계 자동차업계가 바라는 부품 개발과 서비스에서 우린 경쟁력 갖췄고, 또 자동차 조립하고 만들 수 있는 가장 좋은 곳이다. 국민자동차정책이 그걸 더 잘 돕겠다는 뜻이다. 이미 유럽 자동차 회사들이 말레이시아에서 이익 내는 걸 눈여겨보았으면 한다.

:: 부정부패가 걸림돌 아니겠나? 마하티르 전 총리에게 "바다위가 선거공약으로 내건 부정부패 몰아낼 수 있을까?"라고 물었더니, "그이가 잘해나갈 걸세. 내가 그랬던 것처럼!"이라고 매우 의미심장하게 말하던데?

음, 그래서, 지금 내가 열심히 하고 또 하고 있지 않나(둘러앉은 비서와 특보들이 폭소).

:: 마하티르와 비교해서 당신이 벌여온 부정부패 척결은 어떻게 다른가?

원했던 만큼은 아니지만, 잘 가고 있다. 참 어려운 일이다. 사람들은 법정에 세우는 부정부패 관련자 숫자에만 골똘하지만, 조사와 수사엔 긴 시간이 걸린다. 증거 잡기 쉽지 않고, 충분한 증거 없으면 법정에서도 빠져나간다. 해서 부정부패는 미리 막는 게 중요하다. 아예 꿈도 못 꾸도록 해버릴 생각이다. 정책 결정과 허가 절차 줄여 공무원들이 노릴 수 있는 틈새를 없애는 식으로 법과 시스템 고치고, 정직과 책임 가르치는 중이다.

:: 아시아 정치가들이 정직과 책임이라는 아시아적 가치를 말해왔는데, 현실은 그 반대다. 부정부패가 아시아 전역에 퍼져 있다. 뭐가 잘못된 건가?

나도 그건 알 수 없다. 아마도 사람들이 쉽고 빠르게 부자가 되고 싶어서가 아닐까?

:: 당신 정부에서 말레이시아가 그 전보다 훨씬 자유로워졌다고들 하는데, 뭣보다 당신이 안와르를 풀고 나서부터다. 안와르가 정치적으로 다시 일어날 수 있을 것으로 보는가?

(매우 못마땅한 표정) 그건 내가 알 수 없지. 그이 스스로 하고 싶은 걸 하겠지.

:: 당신이 말해온 성숙한 말레이시아 민주주의란 어떤 것인가?

시민은 헌법과 법치 받들면서 선거로 원하는 정부 뽑고, 정부는 책임과 투명성이라는 원칙 지키면 된다. 이게 민주주의 기본이자 이상이다.

:: '열린 사회' 향해 시민들에게 더 많은 공간을 열어줄 생각은 없는가?

더 열고 말고 할 게 없다. 이미 시민사회에 다 열었다. 그러나 (시민사회가) 법은 지켜야 한다. 법이란 건 제국 칙령 같은 게 아니다. 의회 거친 것이고 그 의회는 시민들이 뽑았다.

그이는 인터뷰 마치기 무섭게, 대뜸 목소리 높여 "왜 당신들, 외신기자들은 늘 그렇게 안와르를 입에 올리는가?"라며 못마땅한 감정을 털어놓았다.

우린 뉴스 좇는 사람들이고, 그이는 뉴스 가치가 커 돈 되는 인물이기 때문이다."고 맞받아치자, 둘러앉았던 모든 이들이 바르집는 웃음으로 분위기를 돌렸다. 찡그렸던 바다위 얼굴도 펴졌다.

바다위는 알려진 대로 매우 반듯한 인물이었다. 그이는 모든 물음에 초등학교 교사 같은 '모범답안'만으로 때웠다. 그이와 인터뷰를 마치면서 하나를 깨달았다. 지루하고 꺼림칙한 말레이시아 신문이 어떻게 나오는지를.

'마하티르 악령'에 시달리는 1인자

2005년 11월 7일, 꾸알라룸뿌르

2003년 10월 31일, 22년 동안 말레이시아를 쥐락펴락했던 마하티르 총리가 눈물로 매달리는 '충신'들을 뿌리치고 집무실을 떠날 때만 해도 시민들은 긴가민가했다.

2004년 3월, '마하티르 신화'에 눌려왔던 압둘라 아흐마드 바다위가 마하티르 대신 연합말레이국민기구 깃발을 들고 총선에 뛰어들자 시민들은 갸우뚱했다.

그러나 마하티르의 호전적인 독설과 달리 부드러운 맵시를 들고 나타난 바다위는 압승을 거뒀다.

총리 바다위는 끊임없이 '마하티르 악령'에 시달리면서도 지난 1년 반 동안 나름대로 영역을 넓혀왔다. 아시아 정치판에서 드물게 '깨끗한 손'으로 불리는 바다위는 부정부패 척결 카드로 마하티르 추종자들을 누르면서 동시에 타이 남부분쟁을 낀 외교전에 뛰어들어 나라 안팎으로 '1인자' 인상을 새기고자 애썼다.

요즘 시민들도 바다위에게 품었던 의심을 서서히 풀고 있다. 게다가, 소문난 잉꼬부부였던 바다위는 10월 20일 아내를 암으로 떠나보내면서 시민들의 감성적인 도움도 받고 있다.

그렇더라도 바다위가 가야할 길은 아직 멀고 험하다. 그이 앞에는 걸어 내야 할 '마하티르 악령' 말고도 시민사회가 닦달해온 개방과 민주화라는 큰 주제가 널려 있기 때문이다.

바다위와 인터뷰한 11월 7일 말레이시아 조간신문들은 "결코 정치판으로 되돌아가지 않는다."는 마하티르 전 총리 성명서를 실어 날랐다. 이건, 물러난 마하티르가 스스로 원건 않건 여전히 정치판에 불심지를 깔고 있다는 뜻이다. 국제사회에서도 마하티르는 아직껏 말레이시아 '대표선수'로 박혀 있다.

이래저래 바다위의 홀로서기는 말레이시아를 비롯해 장기집권 갈무리로 씨름하는 모든 아시아 정치판을 읽는 좋은 밑감으로 떠올랐다.

Thailand

자본,
정치를 삼키다

피 냄새 안 나? 다 어리석은 거야. 진짜 시민이 없어.
모두들 자본싸움에 말려들어서는.
어디 민중이 있고, 민주가 있다는 거야?
왜 혁명을 혼자 못하고 군주나 자본가에 기대서 하겠다는 거야?

-2006년 3월 10일. 와산 싯띠껫(Vasan Sittiket)과 주고받은 이야기 가운데

전국 모든 시위에 어김없이 나타나는 전투주의 예술가 와산과 20년 가까이 인연을 맺었지만 딱 두 번을 빼고는 늘 현장에서 자동으로 만났다. 1992년 방콕민주항쟁을 이끌었던 지도부 가운데 군인들 총질에도 도망치지 않고 유일하게 현장을 지켰던 그이는 쿠데타로 이어진 타이 현대정치사를 자본독재라 쏘아붙였다. 그이 예감마따나 타이 정치는 자본 대리전에 피를 뿌리며 방황하고 있다.

타이 정치 읽기 전초전

2009년 7월 25일, 방콕

어떤 이들은 절망감을 쏟아냈고, 또 어떤 이들은 배신감을 터트리기도 했다. 누구는 정치가 막간다고도 하고, 누구는 정치가 죽었다고도 한다.

그렇게 만나는 이들마다 2006년 쿠데타 뒤부터 정치판 돌아가는 꼴에 질렸다고들 난리다.

근데, 사실은 입헌군주체제에 빌붙은 군인들이 돈줄을 따라 움직이면서 타이 정치를 주무른 게 어제오늘 일이 아니고 보면, 뭐 새삼스레 신물 내고 말고 할 일도 없다.

'자본'과 '군인'에 휘둘려온 타이 현대정치는 유럽 유학생 출신들이 1932년 군인과 관료를 이끌고 무혈쿠데타로 쁘라자디뽁 삭디뎃(Prajad-hipok Sakdidej) 절대왕정을 영국식 입헌군주제로 바꿀 때부터 예고된 역사였다.

흔히 말하는 그 '민주혁명' 주역 가운데 한 명인 쁘리디 빠노명(Pridi Panomyong)이 봉건제 타파를 내걸고 '농지개혁, 농민지원, 세제개혁, 정부주도경제' 계획을 담았던 이른바 '노랑 서류(Yellow Dossier)'가 열 달만에 또 다른 쿠데타에 찢기면서 현대식 민주정치의 꿈은 싹도 피워보지 못한 채 시들어버렸다. 대신 최대 토지 소유자인 왕실과 토호 기득권층을

낀 엘리트들이 군인과 흥정을 통해 '자본'과 '군인'이 서로를 지켜주는 혈
맹 공생관계를 맺었던 탓이다.

그로부터 자본권력을 좇는 군인들이 끝없이 튀어나와 정치판을 어지럽
혔고, 그 자본으로부터 소외당했던 시민은 정치에서도 철저히 밀려났다.
입헌군주제 77년 동안 성공한 쿠데타만 18번이었고 헌법을 뜯어고친 것
만도 17번이었다. 그 사이 총리 27명이 스쳐갔고 그 가운데 군인 출신이
15명이었다. 1932년 혁명 주역이었던 육군 원수 쁠랙 삐분송그람(F. M.
Pleak Pibulsonggram)이 15년 동안 집권한 것을 비롯해 군인 출신들이
56년 5개월 동안 정치판을 주물렀다. 민간인 총리 12명은 무늬만 총리였
지 쿠데타 뒤치다꺼리용이다 보니, 초대 총리 파라야 마노빠꼰 니띠따다
(Pharaya Manopakorn Nititada)가 입헌군주제 도입 열 달 만에 이른바
'소리 없는 쿠데타(Silent Coup)'로 쫓겨난 것을 비롯해 1년을 넘긴 경우
가 흔치 않았다.

이러니 외형적 현대화와 달리 동남아시아에서 가장 봉건적 자본주의체
제를 지닌 타이의 정치를 읽는 핵심어가 군인과 자본 관계일 수밖에 없다.

1932년 입헌군주제 도입 때부터 1940년대 말까지 군인들은 전통 토호
자본에 기댔다. 물론 그사이 군인정권은 제2차 세계대전 기간 동안 경제
지원을 내건 일본과 군사동맹을 맺고 미국에 선전포고까지 하며 전시 자
본을 건드리긴 했다. 그러나 돌아온 건 '점령'과 '허수아비 정권'이라는 오
명에다, 전후 패전국으로 다뤄지며 전쟁 배상금을 토해낸 밑진 장사였다.

제2차 세계대전이 끝나자마자 미국의 동맹국으로 변신한 타이 군인정
권은 1950년대 초 한국전쟁 참전을 통해 '지원금'을 받으면서 비로소 국
제자본을 맛보기 시작했고, 그로부터 타이군은 현대적인 체계와 무장을

갖추게 되었다. 이어 군인정권들은 1960년대 베트남전쟁에서 미국의 인도차이나반도 반공 방파제 노릇을 한 대가로 막대한 서방 '원조금'을 만끽했다.

그렇게 군인들이 두 국제전을 거치는 동안 지원금과 원조금이라는 국제자본을 만나면서 토호자본에 대한 의존도가 낮아지기 시작했다.

권력과 자본을 독식하던 군인들은 1970년대 들어 처음으로 장애물을 만나게 된다. 베트남전쟁 특수와 해외 투자 자본이 들어오면서 타이 사회에 중산층이 싹트기 시작했고 정치적 자유를 바라는 열풍이 몰아쳤던 탓이다.

1973년 9월 14일, 군인들은 자유를 외치는 탐맛삿 대학 학생들을 향해 무차별 발포함으로써 스스로 시민의 적임을 선언했다. 수백 명이(공식 발표 77명 사망, 800여 명 부상) 살해당한 그 '피의 9월'은 타놈 낏띠까촌 장군(F. M. Thanom Kittikachorn) 정권을 쫓아내며 타이 현대정치사에 최초로 시민의 등장을 알리는 중대한 획을 그었다.

3년 뒤인 1976년 9월 6일, 군인들이 독재자 타놈 귀국을 반대하는 탐맛삿 대학 시위를 다시 학살진압하면서 1970년대를 피로 물들였다. 그 무렵 수많은 청년, 학생들이 말레이시아와 라오스 국경 쪽으로 몰려가 '입헌군주제 타도'를 외치며 타이공산당(CPT)의 무장투쟁에 뛰어들어 타이 사회는 걷잡을 수 없는 혼란을 겪었다.

여기서 눈여겨볼 지점이 하나 있다. 입헌군주의 정치적 재등장이다. 1932년 입헌군주제의 뼈대는 '군주의 정치적 초월(불간섭)'이었다. 그 원칙이 1970년대 이전까지는 비교적 온전히 지켜졌다. 군이 군주가 나서지

1932년 입헌군주제 뒤부터 스무 번도 넘는 쿠데타로 타이 현대정치사를 재단해왔던 군인들은 21세기에도 여전히 정치판 목줄을 쥐고 있다. 1996. 2. 5. 코브라골드 군사훈련장. 송클라. ⓒ정문태

않더라도 기득권 세력들이 입헌군주 보호를 내걸고 사회를 주물러온 데다, 비판적인 소수 정치인, 관료, 군인, 학자들마저도 모두 왕당파에서 크게 벗어나지 않았던 까닭이다.

그러던 것이 1970년대 들어 시민이 나서자 위기감을 느낀 군부와 기득권 세력들이 민족주의라는 무기를 뽑아들면서 상징성을 지닌 군주를 전면에 내세우기 시작했다. 그 시절 공산주의 운동에 위기감을 느낀 입헌군주체제와 눈길이 맞은 셈이다.

그 상징적인 사건이 1973년 9월 14일 탐맛삿 대학 학살 뒤 푸미폰 아둔야뎃(Bhumibol Adulyadej) 왕이 직접 산야 달마삭띠(Sanya Dharmasakti) 추밀원 원장을 총리에 임명한 일이었다.

그로부터 입헌군주는 타이 민주주의 '수호신'으로 부활한다. 1992년 민주항쟁 때 보았듯이, 타이 정치가 위기를 겪을 때마다 어김없이 등장하는 구조자로, 또 타이 정치의 도덕적 상징이 되었다. 입헌군주의 정치적 초월 은 이제 '정치 위의 정치'로 입에 오르기 시작한다. 어떤 이들은 그런 입헌 군주를 놓고, 불법(佛法)으로 세상을 다스리는 군주란 뜻을 지닌 담마라 자(Dhammaraja)라 부르기도 했다.

1980년대 들어 타이를 비롯한 아시아 전역이 급격한 경제 발전을 이뤄 냈다. 타이 군인들은 더 이상 자본 독점이 불가능하다는 사실을 깨달으면 서 사회적 안정을 요구하는 자본과 타협하는 새로운 길로 접어들었다.

1980년대 초 육군총장을 지낸 쁘렘 띤수라논 총리(Gen. Prem Tinsu-lanond)는 조건 없는 사면을 내걸고 타이공산당을 투항시켜 자본 안정화 발판을 깔았다.

그렇다고 쿠데타가 사라졌던 건 아니다. 쁘렘 정부는 1981년과 1985년 육군 대령들이 이끄는 두 번에 걸친 쿠데타를 겪었다. 이 불발 비공식 쿠 데타들은 지금까지와 달리 사업가들로부터 지원받으며 군인과 자본이 함 께 정치권력을 도모하는 새로운 유형을 선보였다.

그러나 1980년대를 거치면서 자본이 군인을 대신할 만한 타이 사회의 새로운 권력으로 떠오르자, 소외감을 느낀 군인들이 1991년 2월 쿠데타로 12년 만에 들어섰던 민간정부 찻차이 춘하완 총리(Gen. Chatichai Choonhavan)를 쫓아냈다. 그리고 1년 뒤인 1992년 4월 들어 쿠데타 주역 이었던 수친다 크라쁘라윤 장군(Gen. Suchinda Khraprayoon)이 총리 자리 를 꿰찼다. 5월 들어 불법 군인총리 퇴진을 외치며 시위를 벌이던 수십만 시민을 향해 군인들이 총질을 해 수많은 사상자가 났다. 이른바 '검은 5월 (Black May)'로 불러온 그 5월 민주항쟁을 타이 학계와 언론은 처음으로 중

산층이 이끈 시민운동으로 기록했다. 비록 그 '중산층 주도론'이 논란 여지
가 없진 않지만.

아무튼, 5월 항쟁 끝에 타이 정치가 외형상 민주화를 이뤄가던 1990년
대는 아시아 전역에서도 시민사회가 크게 자라면서 쿠데타와 군인정치가
한물갔다. 대신 자본가들이 정치판에 뛰어들어 권력까지 노리는 현상이
세계적 유행처럼 번져나갔다. 같은 시기, 타이 군인들도 정치권력에서 발
을 빼는 대신 자본에 빌붙어 이윤을 챙기는 기생법에 눈떴다.

해서 1991년 쿠데타를 끝으로 모든 이들이 '이제 타이에서 쿠데타는 더
이상 없다.'고 단정하기에 이르렀다. 그러나 전통적으로 자본을 끼고 온 군
부가 있고, 타이 정치가 여전히 고질적 부패구조에서 벗어나지 못했다는
근본 결함을 눈여겨보지 않은 지나친 낙관이었다.

타이 정치는 아직도 '매표'와 '뇌물'이라는 두 줏대를 통해 돌고 있다.
선거를 돈으로 산 정치인들이 정부 예산과 사업권으로 이문을 챙기고는
그 돈으로 다시 다음 선거를 치르는 구조는 오히려 1980~1990년대 경제
발전과 맞물려 더 악질로 변했다.

'돈줄'과 '부패'가 살아 있는 한 권력을 향한 군인들 의지는 결코 멈추지
않는다는 사실을 역사가 증명해왔다. 그 부패구조를 확대 재생산하는 악
순환에 동력을 제공해왔던 주범인 쿠데타 군인들이 늘 '최후의 선택'이라
며 부패정치 척결을 혁명과업 제1호로 내걸었던 사실을 눈여겨봐둘 필요
가 있다.

1991년 쿠데타 뒤 숨죽였던 군인들이 15년이 지난 2006년, 그것도 세
상이 팽팽 돌아가는 21세기에 다시 튀어나왔다. 근데 이번 쿠데타는 군인

반탁신·친왕실을 내건 민주민중동맹의 사남루앙 시위. 2006. 3. 5. 방콕. ⓒ정문태

반독재·친탁신을 내건 반독재민주국민연합전선의 사남루앙 시위. 2007. 8.15. 방콕. ⓒVoja Miladinovic

들이 자본을 좇아온 본질에선 달라진 게 없지만, 성격은 그 전 것들과 아주 달랐다. 타이 자본주의가 몸집을 불리면서 전통자본과 신흥자본 사이에 충돌이 일어났고, 군인들이 그 둘 가운데 선택을 요구받았다는 점이다.

1990년대를 넘어서면서 타이에서도 '성공신화'를 내건 자본가들이 정치권력을 넘보기 시작했고, 그 결정판이 2001년 최대 재벌 친 그룹(Shin Corp.)*을 거느린 탁신 친나왓(Thaksin Shinawatra) 총리의 등장이었다. 탁신은 민족주의를 덧칠한 포퓰리즘을 퍼트리며 빈곤층을 동지로 끌어들인 뒤 정치, 경제, 군사를 비롯한 사회 모든 분야를 움켜잡고 단기간에 독점적 자본 증식을 해나가면서 전통적으로 자본 정점에 있던 입헌군주체제와 부딪쳤다.

누구와도 공존할 수 없는 속성을 지닌 권력과 자본은 필연적으로 충돌할 수밖에 없었다.

그 충돌 속에서 군인들은 신흥 자본세력 대신 결국 명분과 자본을 함께 쥔 입헌군주를 택했고, 그게 2006년 9월 19일 쿠데타로 터져 나왔다. 그 전 쿠데타 군인들이 모조리 권력을 노렸던 것과 달리, 이번 군인들은 처음부터 '왕실 수호'를 내걸고 판을 뒤엎은 뒤 엄청난 돈줄을 챙기고 사라졌다.

그리고 2년 하고도 10달이 지났다. 여전히 타이 사회는 두 동강난 채 아직도 그 '자본 대리전'을 벌이고 있다. 때로는 '혁명' 흉내를 내기도 하면서 또 '민중'을 팔아먹기도 하면서 경쟁적으로 '민주주의 만세'를 외쳐온 빨강윗도리(반독재민주국민연합전선. National United Front of Democracy

* 친 그룹(Shin Group): 1983년 탁신이 세운 Shinawatra Computer and Communication을 바탕 삼아 AIS(Advanced Info Service. 타이 최대통신 사업자), Shinawatra Satellite, Shinawatra Datacom, Shinawatra Paging Company, SC(SC Asset. 부동산), Thai-Air Asia, iTV, Shinawatra University 같은 11개 기업을 거느린 타이 최대 재벌.

against Dictatorship. 탁신 수호대)와 노랑윗도리(민주민중동맹. People's
Alliance for Democracy. 왕실 수호대)를 걸친 이들이 온 천지에 설치고 다
닌다.

사람들은 저마다 헷갈린다고 했다. 그러나 좌파도 우파도 정치학자도
언론도 빨강윗도리와 노랑윗도리 가운데 '비교 선'을 찾겠다고 난리만 피
울 뿐, 정작 '자본 충돌'과 그 '자본 대리전'이라는 정체를 말하지 않는다.

모두들 시민사회를 향해 가는 21세기에 군인 쿠데타로 뒷걸음치고 만
타이 민주주의는 이제 근본적인 체제의 한계마저 드러내며 심각한 의심
을 받고 있다. 군인들은 또 다른 쿠데타를 꿈꾸고 있다.

Interview
추안 릭빠이(Chuan Leekpai) 총리, 민주당(Democrat Party) 대표

밀리는 민주당을 말하다

2001년 1월 2일, 팡응아(Phang Nga)

ⓒ정문태

　떠나갈 듯 시끄러웠다. 남부는 누가 뭐래도 민주당 텃밭이었다. 흔들리는 방콕, 무너진 북부·북동부와 딴판이었다.

　선거운동 연단에 앉아 있는 추안 총리에게 시계를 가리키며 약속 시간을 알리자, 반갑게 손을 흔들며 내려왔다. 소리를 피해 풀숲에 앉았다. 그이는 "올드 프렌드가 왔다."며 경호원도 의전도 다 물리쳤다.

　누구에게나 깍듯한, 보기 드문 신사지만 연설이나 인터뷰에서만큼은 촌철살인으로 이름난 그이가 오늘은 어쩐 힘이 달려보였다. 맥 빠진 민주당 탓인지, 자연 속에 앉은 탓인지, 아무튼.

:: 탁신의 타이락타이당(Thai Rak Thai Party)과 너무 벌어지는데, 이번 총선 어떻게 보고 있나?

아직 잘라 말하긴 힘들다. 무엇보다 신헌법(1997년 제정)에 따른 첫 선거고 해서 미리 점치기도 어렵다. 지금 우리(민주당)가 타이락타이당한테 밀리는 건 맞지만.

:: 민주당이 손들었다는 뜻이네?

(웃음) 그런 건 아니다. 시민들이 민주당 밀어주리라 본다. 타이락타이당이 엄청난 돈 뿌리며 많은 후보를 채갔고, 그 탓에 민주당이 밀린다는 거지. 타이 정치사 보면, 지금까지 돈 뿌리는 신당이 늘 앞섰지만 오래가지 못했다. 철새들은 철 지나면 사라진다.

:: 이번 선거 알맹이도 결국 경제 문젠데, 시민들이 경제 놓고 당신 정부를 마뜩찮게 여겨왔다. 그 소리들 듣고 있나?

듣고 있다. 그런데 잘못 알고들 있다. 전임 차왈릿 용짜이윳(Gen. Chavalit Yongchaiyudh) 총리 정부가 1997년 경제 위기 맞자 우리 민주당한테 정부 떠넘겼다. 우린 빈손으로 시작해서 고비 넘기고 경제 다잡았으나 한쪽에서는 위기 전과 똑같이 만들라며 트집 부린다. 전처럼 흔전만전 사치 부릴 수 있는 걸 경제 회복이라고 말한다면, 결코 예전처럼 돌아가지 않을 것이고 다시 위기 맞을 거다.

:: 시민들이 당신 정부와 민주당을 나무라는 게 억울하다는 뜻인가?

억울한 게 아니라, 현실을 바로 보자는 뜻이다. 경제 위기는 성장만 좇아온 잘못된 정책 탓이었다. 거품 빼야 했다. 민주당은 경제 위기 극복과 재발 방지를 한꺼번에 밀어붙였지만, 그걸 2년 만에 다잡을 수는 없었다. 위기 뒤에 많은 기업들이 무너졌고 80만 명 넘는 노동자들이 일자리 잃었다. 우리 정부에서 60만이 다시 일터 되찾았고, 경제 안정감도 생겼다.

:: 정치로 가서, 탁신은 반부패위원회(NCCC)의 고발이 정치 탄압이라던데?

지금 타이에서 정치 탄압할 수 있다고 보는가? 그건 반부패위원회의 독립적인 일일 뿐이다. 정부가 개입할 수 있다면, 집권당인 우리 민주당 사무총장이자 내무장관인 사난 까쫀쁘라삿(Sanan Kachornprasart)이 고발당해 옷 벗는 걸 내버려뒀겠나? 게다가, 총리인 나도 탁신과 함께 조사 대상에 올랐는데, 무슨 정치 탄압? 탁신이 더러운 정치 싸움 벌이지 않기 바란다. 엄청난 주식을 다른 사람 이름으로 숨겨놓은 게 어떻게 불법이 아닌가? 모든 이들이 아는 걸 탁신만 모른다고 하는 꼴이니.

:: 말이 난 김에, '깨끗한 손'이라 불려온 당신도 이번에 조사받았는데 어떻게 빠져나왔는가?

트집 잡았던 십만 바트(3백만 원)어치 수랏타니회사 주식은 고향 사람들이 나를 돕겠다며 내게 알리지도 않은 채 샀던 건데, 그 이야기 듣자마자 너무 놀라 오래전에 모두 돌려주었기 때문에 문제될 게 없었다. 평생 지켜온 내 명예를 그깟 십만 바트와 맞바꾸겠는가?

:: 이번 총선에서 패한다면 정치판에서 물러날 생각 있는가? 정치가 너무 낡고 썩었다고 시민들 짜증이 깊어지고 있다. 젊은 세대에게 넘겨줄 때가 되지 않았나?

민주당은 4년마다 대표와 지도부 뽑아왔고 앞으로 2년 뒤에 새 선거 있다. 당원은 당 결정에 따를 뿐이다. 이번 총선 결과와 당 지도부 바꾸는 건 다른 문제다.

:: 민주당이 창당 이래 최대 위기 맞고 있는데, 당 대표로서 경쟁자인 타이락타이당을 어떻게 보나?

그 전에도 많은 정당들이 돈으로 정치해왔다. 타이락타이가 지닌 돈이 지금은 힘이지만 내일은 독이 된다. 돈으로 많은 이들을 끌어들인 타이락타이는 돈에 문제가 생기면 과거 사막끼탐당(Samakkhi Tham Party)처럼 하루아침에 무너진다. 타이락타이는 탁신 돈에 매달린 개인당이다. 그러니 그이가 돈을 쓰는 한 타이락타이는 살아남겠지만, 언제까지 그럴 수 있을지.

Interview
탁신 친나왓 타이락타이당(TRT) 대표, 차기 총리 후보

차기 총리 자리가 보인다

2001년 1월 1일, 방콕

새해 첫날부터 정치판 좇는다는 게 그리 즐거운 일은 아니지만 선거가 코앞에 다가왔으니 마다할 수도 없고.

친 그룹 본사에 닿았을 때, 그이가 왜 굳이 인터뷰 날짜와 장소를 '오늘' '여기'로 우겼는지 답이 나왔다. 일찌감치 다음 총리로 꼽혀온 그이는 수많은 지지자들에 둘러싸인 그림을 보여주고 싶었던 모양이다.

정치가 뭔가? 한마디로, 숫자놀음 아니겠는가. 머릿수로 힘을 보여주는.

그게 여기저기서 큰 말썽을 일으키며 쓰임새에 한계를 드러낸 이른바 민주주의 선거제도다.

아무튼, 두드러지게 그 수에 밝은 이가 있으니, 바로 탁신 친나왓이다.

장사판에서 수를 휘둘러온 타이 최대 갑부인 그이는 머잖아 그 넘치는 수로 정치판마저 쥐락펴락할 것으로 보인다.

탁신은 부드럽게 웃었다. 근데 첫 물음이 아니꼬웠던지 거기서 끝이었다. 그이는 인터뷰 내내 시큰둥했다.

:: 반부패위원회가 당신을 공직자 재산신고 부정 혐의로 고발했는데?
문제될 거 없다. 무죄, 헌법재판소에서 가려줄 것이고.

:: 근데, 왜 고발당했는가?
돈이 너무 많아서. 사업 성공한 사람은 정치하지 말라는 거다. 누군가 내 돈을 뒤졌다. 반부패위원회는 부패 잡아내는 곳인데, 내 돈은 깨끗하다. 나를 고발한 건 그이들 할 일이 아니다.

:: 주식을 운전기사와 가정부 이름으로 숨겼다가 들켰다. 그래서 고발당했다.
반부패위원회 설립 목적과 공직자 재산등록은 다른 거다. 그쪽이 기술적으로 법을 이용했다. 문서 수만 건 들쳐보는 데도 몇 달 걸릴 일을 총선 앞두고 갑자기 고발한 건 정치적 탄압이다. 내가 진실을 밝힐 만한 시간도 주지 않았다.

:: 어쨌든 그 일로 당신은 총선에서 이기더라도 최단기 총리가 될 수도 있는데?
아무것도 두렵지 않다. 법정이 결백함을 밝혀줄 것이고, 나는 오직 사회

문제와 가난한 이들을 걱정할 뿐이다. 내가 총리가 되고 말고는 관심 밖이다. 내가 나선 건 철학도 의지도 없이 나라를 어렵게 만든 이 정부, 썩은 내각을 두고 볼 수 없었기 때문이다.

:: 얼마 전부터 재벌들이 정치판 기웃거리는 게 유행 같다. 해서 나라 밖에서는 당신을 곱잖게들 본다. 당신이 다음 총리 되면 정치, 경제적으로 더 시끄러울 것 같은데?

쓸데없는 말들, 나를 해코지하겠다는 짓들. 선거 앞두고 무슨 말인들 못하겠나. 자연스러운 거다.

:: 만약 당신 부패혐의가 불법 판정 받고 정치적 혼란 온다면, 누군가를 내세워야 하지 않겠나?

나뿐이다. 첫째도, 둘째도, 셋째도 나다.

:: 당신이 경제 위기 끝낼 수 있다고 큰소리쳤지만 정책은 흐릿하다. 뾰족한 수가 있나?

소비 늘리는 길이다. 너무 움츠러들었다. 그러자면 서민 놓고 경제 다뤄야 한다. 재무, 금융 구조조정만으로는 경제 위기 잡기 힘들다. 예컨대 돈 없어 농사 못 짓는 농민에게는 돈 줘서 농사짓도록 하는 게 중요하다.

:: 너무 추상적이다. 이게 당신이 공약한 7만 개 마을에 1백만 바트(3천만 원)씩 주겠다는 건가? 갑자기 그 돈이 어디서 나오나, 당신 주머니 털어 도울 생각이라도 있나?

30년 전 한국을 생각해봐라. 아무것도 없는 맨땅에서 일어서지 않았나? 타이라고 못 할 것 같나?

:: 사업가로서 정치가로서 국제통화기금(IMF)의 타이용 가이드라인을 어떻게 보나?

현실과 너무 멀다. 국제기구가 우릴 구석구석 들여다보는 데 한계가 있다. 정부는 그 가이드라인이 우리한테 어울리지 않는다는 걸 설명할 권리가 있다. 서로 머리 맞대야 한다.

:: 당신은 줄기차게 민초 말해왔는데, 타이 최고 갑부로서 진짜 가난한 이들 마음을 헤아리는지 의심스럽다. 농민이나 노동자들 사정 알고는 있는가?

오해하지 마라. 난 본디부터 부자가 아니었다. 시골 출신이고 어릴 때 아버지 도와 농사도 지었고, 작은 장사부터 해서 없는 이들 마음 누구보다 잘 안다.*

:: 당신이 다음 정부 맡는다면 외교정책 뼈대는?

외교란 건 본디 변화무쌍하다. 이제 국제적으로 외교란 건 경제 지원책과 같은 뜻으로 쓰이고 있다. 바로 그게 뼈대다.

:: 한국과는?

경제다. 외교뿐 아니라 국가운영 모든 초점이 경제다. 한국관계도 거기에 있다.

* 참고로, 그이는 치앙마이에서 손꼽히는 중국계 부잣집 아들로 태어나 농사는 지어본 적 없고, 작은 장사란 건 치앙마이에 하나뿐이던 큰 극장을 운영해본 일이다.

:: 이제 6일 남았다. 지금 기분 어떤가? 총선 결과는 어떻게 보나?

아무것도 미리 말할 순 없지만 모든 게 잘 굴러가고 있다. 우린 이긴다. 압승한다.

돈 정치, 21세기를 열다

2001년 1월 8일, 방콕

"이제 내 돈으로 커피 사도 선거법 위반 아니겠지?"

음, 그렇지. 돈 이야기부터 나온다. 기자들에게 자축 커피 돌리는 탁신 친나왓, 재계와 정계를 모두 움켜쥔 이 사나이는 새천년 '돈정치'를 활짝 열어젖혔다.

2001년 1월 6일 타이 총선, 내 머릿속에는 온통 돈으로 시작해서 돈으로 끝난 돈 기억뿐이다.

2년 전 탁신이 타이락타이당을 만들 때부터 돈이 들썩거렸다. 경제 위기에 빠져 저마다 돈 타령을 하고 있던 그 무렵, 타이 최대 재벌 친 그룹 총수 탁신이 당을 만들자 돈줄을 좇던 정치꾼들이 줄줄이 몰려들었다.

시민들도 재벌신화가 곧 국가경제를 살려낼 것이라는 환상에 빠져들었다. 지식인사회도 맞장구치며 기대를 부풀렸다. 게다가 탁신 진영에 뛰어든 옛 학생운동가나 공산주의 운동가들을 보면서 제법 진보적이라는 이들까지 모조리 자본에 빨려들었다. 하여, 이번 총선은 뚜껑 열기도 전부터 일찌감치 탁신이 다음 총리 자리를 굳혔다.

탁신을 위한 잔치, 1월 6일 총선이 끝났다. 7일 새벽 3시 50분 현재, 하원

500석 가운데 지역구 197석에 전국구 49석을 더해 모두 246석을 얻은 타이락타이가 남부를 뺀 전국을 휩쓸고 있다. 추안 총리가 이끄는 민주당은 텃밭인 남부를 지켜내며 지역구 93석에 전국구 31석을 보태 모두 124석을 얻었지만 이미 판가름은 났다.

싸움은 방콕에서부터 일찌감치 끝장났다. 전통적인 민주당 표밭인 방콕에서마저 타이락타이는 37석 가운데 29석을 휩쓸었다. 민주당은 돈에 눌렸다고 억울해하지만, 정작 입이 열 개라도 할 말이 없게 생겼다.

"이젠 바꿀 때가 됐다. 어차피 썩은 놈들뿐이라면, 차라리 새로운 걸 보고 싶다."

〈네이션*Nation*〉 기자 난띠야 말이 보통 방콕 시민들 것이었으니.

이번 총선은 1992년 민주항쟁 끝에 만들어낸 신헌법(1997년 제정)을 시험하는 첫 번째 무대였지만 달라진 건 아무것도 없었다. 타이 역사에서 가장 민주적이고 민중적인 헌법으로 꼽는 이 신헌법도 역사상 가장 더러운 금권선거로 불릴 만한 이번 선거 부정을 막아내지 못했다.

타이선거민중네트워크(PNET) 대표 사이웃 껏폰(Saiyud Kerdphol)은 현장에서 거둬온 현금, 밥그릇, 쌀 봉투를 내던지며 "저지르는 놈들 있더라도 선거관리위원회가 법을 제대로만 다뤘다면 깨끗한 선거 할 수 있었다."며 선거관리위원회를 타박했다. 선거관리위원회 위원 고톰 아리아(Gothom Arya)는 "지난 어떤 선거보다 더 샅샅이 노려봤지만 정치인들 속임수 개발이 더 앞서갔다."고 비난을 받아들였다. 역사학자 니티 이에오시웡(Nithi Eoseewong)은 "시민사회 근본을 고민했다."며 돈에 미끄러진 타이 정치문화를 크게 걱정했다.

이번 선거는 정당들이 선거운동 판에 돈을 뿌려대며 표를 얻었을 뿐 아니라 후보를 돈으로 사들이는 원천적 부정을 저질렀지만 아무도 그 뿌리를 캐겠다는 마음이 없었다. 모든 정당들이 많고 적은 차이만 있을 뿐 저마다 돈을 뿌려댔기 때문이다.

이처럼 금권선거가 먹힐 수 있었던 바탕은 누가 뭐래도 정치적 무관심이었다. '그 나물에 그 밥'을 놓고 시민들은 이미 물려 있었다.

쭐라롱꼰 대학 정치학 교수 짜이 웅파꼰(Giles Ji Ungpakorn) 같은 이들은 "이념 없는 정당 구조가 타이 정치 근본 문제다. 모조리 같은 정당들뿐이니 시민이 정치에 무관심할 수밖에 없다."며 선거운동 기간 동안 '무효표 만들기 운동'을 펼쳤지만 메아리가 없었다.

민주당은 비록 총리 추안이 '깨끗한 손'으로 불려왔지만 낡아빠진 정당이라는 인상에서 벗어나지 못한 데다 경제 위기 돌파력에 한계를 보여 일찌감치 2선으로 밀려났고, 부정부패 구닥다리로 찍힌 전 총리 반한 실라빠아차(Banhan Silpa-archa)가 이끄는 찻타이당(CTP)이나 경제 위기 원흉으로 몰린 전 총리 차왈릿이 끌어온 신열망당(NAP)은 모두 지역당 수준으로 떨어졌다.

그런 가운데 돈줄을 쥔 탁신의 타이락타이당은 처음부터 '굿이나 보고 떡이나 먹자'는 시민 정서를 쉽사리 파고들 수 있었다. 타이락타이당은 다른 당에 견줘 적어도 '새롭다'는 반대급부와 재벌 총수를 긴 '환상'까지 맞물고 돌아 그 돈 힘이 제대로 표를 물고 나왔다.

21세기판 돈 정치를 열어젖힌 탁신은 집계도 끝나지 않은 7일 오전부터 벌써 내각 명단을 흘리며 군소정당들을 꼬드기고 있다.

그러나 탁신이 축배를 들기엔 아직 이른 감이 든다. 그것도 돈 때문이다. 반부패위원회가 그이를 공직자 재산등록 부정 혐의로 고발해놓은 탓

타이 최대 재벌 친 그룹을 앞세운 탁신은 정치, 경제,
군사, 언론을 모조리 장악하며 '탁신공화국'을 세웠
다. ⓒAsia Network Documentation Center

이다. 탁신은 30일 안에 새 정부를 짜는 일과 두 달 안에 헌법재판소 최종
판결을 받는 일이 남았다. 헌법재판소가 현직 총리를 불법이라 때릴 수 있
을지 의문이지만, 그런 일이 타이에서 벌어진다면 탁신은 앞으로 5년 동
안 공직과 정치판을 기웃거릴 수 없다.

　이번 타이 총선은 돈으로 정치를 살 수 있는 자본주의 '민주선거제도'가
지닌 한계를 한껏 드러내며 어두운 21세기 정치판을 미리 보여주었다.

'탁신 주식회사'가 삼킨 타이

2002년 10월 12일, 방콕

"계획대로다. 일당 독점체제 만들어 가는 중이다."

탁신 족벌을 연구해온 정치경제학 교수 우끄릿 빠타마난(Ukrist Path-manand. 쭐라롱꼰 대학 아시아연구소)은 탁신의 10월 초 개각과 군 인사를 거세게 꼬집었다.

"이제 모조리 끝났다. 탁신이 예산 주무르는 일만 남았다."

솜끼앗 퐁빠이분 교수(Somkiat Pongpaibun. 라꼰랏차시마 대학 사회과학)도 거들었다.

입만 떼면 'CEO 정치'를 외쳐온 탁신은 1년 8개월 만에 정부, 의회, 군사, 경제, 경찰, 언론을 모조리 '탁신 주식회사'에 집어넣었다. 지난해 1월 총선에서 249석을 차지한 뒤 군소정당들을 빨아들여 340석짜리 공룡 여당을 만든 탁신은 거침없이 독주해왔다. 타이 현대정치사를 통틀어 이토록 제왕적 권력을 누린 이는 없었다. 차이왓 사타 아난 교수(Chaiwat Satha-Anand. 탐맛삿 대학 정치학)는 아예 "타이에서 정치는 끝났다."고 선언했다.

그러나 탁신을 나무라는 소리들은 잘 먹히질 않는다. 탁신이 언론부터 조졌기 때문이다.

"탁신 독점체제 전략의 핵심은 선전이었고, 그래서 언론부터 휘어잡았다."

우본랏 시리유와삭 교수(Ubonrat Siriyuvasak. 쭐라롱꼰 대학 언론학) 말마따나, 탁신은 정권을 잡자마자 신문, 방송부터 다잡았고 삐딱하게 구는 이들에게 본때를 보였다.

탁신은 친 그룹을 앞세워 하나뿐인 독립방송 〈*iTV*〉를 사들인 뒤 뉴스 편집 독립권을 외치는 방송인들을 줄줄이 쫓아냈다. 대언론 선전포고였다. 탁신은 법원이 일 년 넘게 끌던 〈*iTV*〉 해직 방송인 복직 판결을 내렸으나 대꾸 한마디 없이 법 위에 앉아 있다.

게다가 군부가 운영하는 〈*Cb5*〉, 군부가 면허권을 쥔 〈*Cb7*〉, 국영방송 〈*Cb9*〉, 총리실 방송 〈*Cb11*〉은 모조리 탁신 나팔수 노릇을 해왔다. 그나마 하나 있는 개인 방송사인 〈*Cb3*〉는 내무차관 쁘라차 말리논(Pracha Malinont)이 사주의 동생이니 더 말할 나위도 없고.

신문 쪽에도 재갈을 물렸다. 탁신 정부는 〈네이션〉 편집장 수티차이 윤(Suthichai Yoon)을 비롯해 비판적인 5개 언론사 14명 언론인들과 그 가족들 개인통장을 쥐도 새도 몰래 뒤졌다. 불법이었다. 근데 간 큰 정부는 그 불법을 스스로 폭로했다. 그게 먹혔다. 그 언론인들은 고소하겠다고 소리쳤지만 그런 일은 결코 벌어지지 않았다. 거꾸로 그 신문들 속에서 탁신을 비판하는 소리가 잦아들었다.

외신도 피해갈 수 없었다. 탁신을 꼬집었던 〈*파 이스턴 이코노믹 리뷰 Far Eastern Economic Review*〉는 특파원이 쫓겨났고, 〈*이코노미스트 Economist*〉는 판매금지당했다.

그로부터 방송은 앞장서 탁신 찬가를 불러댔고 신문은 알아서 기었다.

"한 10년은 더 총리 할 수 있다."

탁신이 얼마 전부터 부쩍 자주 입에 올린 말인데, 그이가 피붙이와 벗들과 동업자들에게 중요한 자리를 안긴 10월 초 개각과 군 인사를 보면 우스개가 아니었다.

우끄릿은 "국가보다 개인 이익에 맞춘 개각과 군 인사로 족벌주의 정체 드러냈다."고 나무랐다.

이번 개각에서 탁신은 친 위성(Shin Satellite) 자회사인 CS인터넷 부사장 쁘롬민 럿수리뎃(Prommin Lertsuridej)을 경제 부총리로 박아 나라 살림을 개인회사처럼 만들었고, 타이락타이당 권력 중매쟁이 노릇을 한 사노 티엔통(Sanoh Thienthong) 고문의 아내 우라이완 티엔통(Uraiwan Thienthong)을 문화장관에 앉혀 내각을 동무들 놀이터로 바꿔놓았다.

또 탁신은 이번 군 인사를 통해 군대를 개인 권력 수호대로 만들었다. 사촌인 차이씻 친나왓 장군(Gen. Chaisit Shinawatra)을 차기(내년) 육군 총장 전 단계인 부총장에 올렸고, 찌라씻 께사꼬몬(Lt. Gen. Jirasit Kesakomol)을 1년 만에 소장에서 중장으로 진급시켜 핵심인 제1군사령 관에 앉힌 것을 비롯해 자신의 군사예비학교 10기 동창들을 주요 보직에 전진 배치했다.

무엇보다 이번 군 인사는 군 내부 명령체계를 흔들어놓아 안팎에서 말들이 많다. 현직 각군 총장들이 후임자와 주요 지휘관을 추천해왔던 관례를 깨고 예정보다 두 달이나 앞서 탁신이 직접 차기 총장들을 매겨버려 신-구 총장파로 갈린 군 내부가 심한 마찰을 빚고 있다. 탁신은 경찰 쪽도 매부인 쁘리에우판 다마퐁(Pol. Lt. Gen. Priewphan Damaphong)을 부총장에 올려 차기 총장을 향한 밑자리를 깔았다.

현재 타이 사회를 주름잡고 있는 이 자본가와 정권이 만난 '탁신 현상'을 짜이 웡파꼰 교수(쭐라롱꼰 대학 정치학)는 "촌스럽게 총 들고 독재하던 시대는 갔다. 이제 돈맛 들인 군인들이 자본가 밑으로 기어드는 시대다."고 풀이했다. 그이는 탁신 현상을 한마디로 딱 잘라 '자본 쌓기'라면서 "포퓰리즘을 바탕에 깔고 민족주의를 외치면서 한쪽으로는 세계화와 신자유주의를 받아들여 겉보기에 균형을 잡아가는 매우 영리한 틀을 지녔다."고 덧붙였다.

좌우 이념이 없는, 또는 좌우를 모두 삼킬 수 있는 이 민족주의 포퓰리즘에 진보 진영마저 얼빠진 채 말려들고 있는 현실이 바로 탁신 현상이란 뜻이다.

모든 권력을 거머쥔 채 영원할 것만 같은 '탁신 주식회사', 그러나 '탁신 주식회사'가 똑똑히 새겨야 할 지점이 하나 있다. 타이 현대사에서 어떤 꼴로든 국왕 권위에 도전한 이는 그 누구도 살아남지 못했다는 사실이다. 현재 거침없이 나아가는 탁신에게 걸림돌은 시민사회가 아니다. 불행하게도, 그건 입헌군주제 이름 아래 버티고 있는 신성불가침이다.

두 최대 자본가 싸움에 시민이 말려들지 않기만을 바랄 뿐이다.

Interview
아피싯 웻차치와(Abhijit Vejjajiva) 민주당 부총재

불만뿐인 제1야당,
앞날이 보이지 않는다

2002년 10월 8일, 하원 민주당 의장실, 방콕

ⓒ정문태

본디 이 인터뷰는 추안 릭빠이 민주당 대표와 잡은 약속이었으나, 그이 가 이제 신세대 지도자가 나서야 할 때라며 아피싯을 소개해 갑자기 바꿔 었다. 올해 서른여덟인 아피싯은 내년 4월 민주당 총회에서 추안 전 총리 가 대표 자리에서 물러나면 당을 이끌어갈 차세대 지도자로 떠올라 있다. 추안은 그런 아피싯을 오래전부터 후계자로 찍어 큰 공을 들여왔다.

어쨌든 구세대 정치가들이 카리스마를 앞세워 적당히 묻어갔다면, 아 피싯은 또랑또랑한 말씨와 자신감 넘치는 태도로 정치를 바꿔보겠다는 의욕이 넘쳤다. 어쩐지 그이 말과 몸짓에서 추안이 묻어나는 기분이 들긴

하지만.

:: 이번 10월 3일 탁신 정부 개각 어떻게 보았나?

탁신이 속셈 잘 드러냈다. 관료집단 개혁하겠다며 친구와 혈족을 모조리 그 자리에 심었으니. 새 헌법 만들어 능률과 투명성 외치며 새 정치 해보자던 게 이제 기껏 5년인데, 거꾸로 돌아갔다.

:: 민주당은 탁신 독주에 어떻게 맞설 건가?

바깥으로는 투명한 민주정치 원칙 내보이고, 안으로는 지나치게 보수로 흘러버린 당 체질 바꾸면서 현실성 있는 개혁 정책 만들어갈 계획이다.

:: 타이락타이당의 포퓰리즘 마케팅 좇아가겠다는 소리처럼 들리는데, 같은 말 아닌가?

(정색하며) 민주당은 그동안 좋은 정책 들고서도 그 본뜻을 마케팅하지 못했던 게 사실이다. 해서 우리가 내놓았던 정책들을 시민이 제대로 이해하지도 못했고. 그렇다고 급하게 서둘러 이익 내는 탁신식 싹쓸이 마케팅은 하지 않을 것이다.

:: 듣기에 별로 새로운 것도 없고, 야당이나 여당이나 노선과 정책이 모두 한통속인데, 민주당과 타이락타이당을 한마디로 어떻게 나눴으면 좋겠나?

타이락타이당은 포퓰리즘이다.

:: 그러면 민주당은?

책임정치.

:: 그런 말 듣기 좀 거북하다. 민주당이나 타이락타이당이나 다 썩었는데, 뭘 책임지고 말고 하나?

다르다. 민주당은 부정부패 불거지면 법을 따랐다. 예컨대 민주당은 집권 때 재산신고로 말썽 일으킨 내무장관 사난 까촌쁘라삿을 쫓아냈다. 타이락타이당은 같은 문제 일으킨 교통차관 삐쳇 사씨라차완을 다시 통신차관에 앉혔다. 그쪽은 부패 걷어낼 의지도 없다. 이게 큰 차이다.

:: 타이락타이당 경제 정책도 뭐라고 대들고 싶을 텐데?

정부가 지나치게 경제에 손대고 있다. 보다 많은 기능을 시장에 맡겨야 한다. 지금처럼 간다면 정부가 이긴 사람과 진 사람을 가르는 극단으로 치달을 수밖에 없고, 결국 족벌체제와 부패구조 키우는 결과만 낳게 된다. 국가경제가 족벌 손에 있으면 반드시 경제 위기로 되돌아온다.

:: 탁신 정책이 자기 사업과 국가경제 사이에 이익분쟁 낳을 수 있다는 뜻인데, 본보기 들어보자.

느려빠진 통신부문 자유화 봐라. 규제 풀어 경쟁시켜야 정보통신 분야 기술개발이 가능하다. 근데 풀려니 현재 탁신이 독점하고 있는 통신사업과 맞물려 있어 풀 수가 없다. 그렇게 분쟁 생길 수밖에.

:: 근데, 야당인 민주당은 어디로 가고 있나? 시민들 사이에 민주당은 아예 없다. 당신들은 다음 선거에서도 반드시 패할 것이고, 그러면 타이락타이당은 장기집권으로 넘어간다.

탁신이 앞으로 10년은 더 총리 하겠다고 큰소리치는 걸 눈여겨보고 있다. 대중 영합주의 정책들을 억지로 펴고 있는 게 다 사전 선거운동이다. 민주당은 원칙대로 간다. 정치는 변한다. 영원함은 없다. 시민들이 결국 원칙으로 되돌아갈 시점이 온다.

:: 당신도 총리 한번 해야지? 야망 있겠지?

난 직업 정치인이다. 그렇게 묻는 게 더 이상하지 않나?

탁신의 마약과 전쟁은 반대자들을 제압하는 대시민 선전포고로 드러났다. 마약과 전쟁 선포식. 2005. 2. 1. 방콕.
ⓒ Asia Network Documentation Center

탁신, 대시민 전쟁 선포하다

2003년 4월 23일, 방콕

"10억 바트(약 3백억 원) 압수, 메탐페타민(methamphetamine. 각성제) 14,065,749정 압수, 49,594명 체포, 2,275명 사망……."

4월 16일, 경찰 대변인 뽕사빳 뽕짜런(Pol. Maj. Gen. Pongsapat Pongcharoen)이 두 달 보름 동안 벌인 '마약전쟁' 보고서를 읽어 내려갔다.

"4월 말까지 전면전 끝낸 뒤, 잔당 소탕전 벌여 올 12월 2일을 '마약 자유의 날'로 선포하겠다."

탁신은 거듭 전의를 불태웠다.

마약, 그야말로 멋들어진 세상이었다. 탁신은 지난 2월 1일 마약전쟁을 선포하고부터 안 되는 일이 없었다. 중앙정부, 지방정부 할 것 없이 모두들 이 마약전쟁에 매달려 불타는 충성심을 보여왔고, 성가시던 언론도, 물어뜯던 비판자들도 모조리 꼬리를 내렸으니.

"마약과 줄 닿은 정치가 3백여 명 정보 갖고 있다."

탁신 한마디에 날 갈던 야당 목소리도 잦아들었다.

마약 관련 부서는 날마다 전투상보를 쏟아내며 탁신을 향한 충성 경쟁을 벌었다.

"마약 관련 자금 20억 바트 압수."

4월 21일, 마약단속위원회(ONCB)는 경찰 대변인 발표 닷새 만에 두 배나 껑충 뛴 수치를 내놨다.

"콘깬을 비롯한 5개 주 100%, 치앙마이를 비롯한 12개 주 75% 마약 퇴치 성공."

같은 날 마약퇴치센터(NCDN) 발표가 뒤따랐다.

"공무원 424명을 마약 관련 혐의로 구속, 해고했다."

내무부도 뒤질세라 승전보를 날렸다.

이런 추세라면, 12월 2일까지 100억 바트 압수와 100% 마약 퇴치를 내건 탁신 목표가 헛물켤 일은 없을 듯싶다. 다만 그런 수치놀음을 마약전쟁 승리로 받아들일 수 있을지는 의문이지만.

"탁신은 사망자 문제부터 답해야 한다. 그에 따라 승리도 패배도 될 수 있다."

인권변호사 솜차이 홈라올(Somchai Homlaor) 말처럼, 두 달 보름 동안 마약전쟁에서 살해당한 2,275명이 문제다.

경찰 대변인 뽕사빳은 "현장 사살한 경우는 51건밖에 없다. 그것도 모두 정당방위였다."고 밝혔다.

그렇다면 나머지 2,224명은 누가 죽였는가?

뽕사빳은 "마약조직들이 서로 정보 막겠다며 자기들끼리 치고받았다."고 했다.

그러면 경찰이 현장에서 사살한 무고한 여성과 젖먹이 아이들은?

이래서 경찰 말을 곧이듣는 이들이 없다.

희생자를 조사해온 시민자유연합은 "경찰이 정당방위라며 현장 사살한

60명 가운데 총기나 무기를 지녔던 이가 14명뿐이었다."고 되받아쳤다. 경찰이 우길 수 있는 정당방위란 무장한 이들이 먼저 공격해올 때뿐이다. 경찰은 말썽이 난 그 정당방위란 것도 4월 5일 현재까지 단 한 건 조사한 바 없다.

시민자유연합은 사후처리도 큰 문제라며 "관련자들이 부검장에 닿기 전 이미 주검들이 망그러진 사례가 많았다."고 밝혔다. 형법 150조는 사체부검 때 주검 관련자 4명이 지켜보고 그 결과를 검사에게 알리도록 박아놓았다.

희생자를 조사해온 변호사 빠이롯 뽄펫(Pairoj Polphet)은 "법도 없는 마약전쟁은 시민사회를 향한 공격이고 학살이다."고 핏대를 높였다.

마약전쟁은 첫발부터 불법이었다. 정부가 20여 개 마약 관련 실정법을 무시한 채 내무부 아래 마약퇴치센터를 새로 설치해 모든 권한을 몰아준 것부터가 불법이었다. 마약퇴치센터는 돈세탁방지위원회와 마약금지예방위원회만 법적 열람권을 지닌 블랙리스트를 마음대로 주물렀고, '신고 않으면 신변안전 보장할 수 없다.'는 강압적인 출두서를 마구잡이 날려 시민을 을러댔다.

그러나 '반전운동'은 없었다. 마약 퇴치에 열광하는 시민들 통에 인권단체들마저 몸을 사렸다.

빠이롯 같은 이들은 "정치성을 띤 이번 마약전쟁은 정치판에서 문제를 다뤄야 옳다."며 경찰 불법성만 따질 수밖에 없는 한계를 털어놓았다.

그러다 보니 오히려 '불법에는 불법으로' 같은 얄궂은 논리가 판친다.

시민 2,275명이 쥐도 새도 모르게 살해당한 전쟁을 놓고 〈타이 포스트 *Thai Post*〉는 2003년 2월 27일치에서 "못된 놈들은 모조리 그들 방식대로 죽어 마땅하다. 즉결처분을 의심할 것도 없다. 너무 겁내거나 흥분하지 말자."며 전선을 부추겼다.

정치, 사회 문제에 입을 열지 않는 전통을 지닌 불교마저 거들고 나섰다. 탁신이 추앙해온 승려 루앙 뽀 쿤(Luang Por Khun)은 "악마는 악마 같은 분위기에서 살아야 한다. 마약전쟁 비판하는 이들은 모두 (마약)관련자들이니 잡아들이고, 정부는 더 열심히 싸우기 바란다. 신도들은 내 말을 따르라."고 내댔다.

날마다 튀어나오는 마약전쟁 승전보 탓에 귀가 따갑지만, 정작 두 달 보름 동안 잔챙이 46,594명을 잡았고 2,275명을 불법으로 죽였을 뿐 아직까지 큰 고기를 낚았다는 소식은 들리지 않는다. 달라진 건 한 알에 50바트 하던 야바(각성제)가 400바트로 올랐을 뿐이다.

보다 못한 상원의원 *끄*라이삭 춘하완(Kraisak Choonhavan)은 "이건 마약전쟁 아니다. 사회적 긴장 일으켜 정치 옭아매겠다는 속셈이다."며 들고 나섰다. 마약 중심지로 백 년도 넘는 역사를 자랑해온 타이를 기껏 세 달 만에 '마약 해방지대'로 만들겠다는 발상이 처음부터 '정치적'이었다는 뜻이다.

4월 말 마약전쟁을 끝내는 탁신, 그이는 5월이 오면 '불법 외국노동자 전쟁'을 벌이겠다고 밝혔다.

전쟁에 재미 들린 탁신, 전쟁으로 정치를 해나가는 탁신 앞에 또 얼마나 많은 이들이 쓰러지고 얼마나 많은 불법이 판칠는지?

|남부 학살|

탁신, 완패한 압승

2005년 2월 16일, 방콕, 빠따니, 나라티왓, 얄라

총선을 2주 앞둔 1월 23일 북부 산사이(San Sai), 선거운동 판에서 만난 탁신 총리에게 어림치를 물었더니 "치앙마이와 북부 싹쓸이한다. 전국 80% 쓸어 담는다."고 거침없이 내뱉었다.

총선 이틀 앞둔 2월 4일 방콕, 탁신은 "이 세상에 단독정부 구성한다고 독재정권이라 부르는 곳이 어디 있나? 사람들이 날 원하는 것도 잘못이냐?"며 엄청난 자신감을 뿜어냈다.

2월 6일 총선이 끝나자마자, 탁신은 "나를 헐뜯어온 야당과 학계가 앞으로 4년 동안 실팍한 나를 깨닫게 될 것이다."며 일찌감치 타이락타이당 압승을 자축했다.

2월 16일 현재, 비공식 집계에 따르면 탁신이 이끄는 타이락타이당은 하원 500석 가운데 375석을 차지해 1932년 입헌군주제 뒤 처음으로 단독정부를 꾸릴 수 있는 기록을 세웠다. 야당과 시민단체들도 이번 총선을 가장 못된 금권·관권선거라고 욕하면서도, 완패만은 받아들이는 분위기다.

그럼에도 탁신이 정치적 완승을 노래하기에는 꺼림칙한 구석이 있다.

'11석의 저주' 탓이다. 타이락타이당은 11석이 걸린 남부 무슬림 분쟁 지역 빠따니, 얄라, 나라티왓 3개 주에서 전멸당했다. 탁신은 남부를 얻겠

타이 정치는 이른바 민주주의 선거제도의 한계를 드러내면서 새로운 시민정치 대안을 심각하게 요구하고 있다. 선거운동에 나선 탁신 친나왓 총리. 2005. 1. 23. 치앙마이. ⓒ정문태

다며 선거전이 벌어지기 전부터 엄청난 돈이 걸린 개발계획을 퍼부었고, 남부 3개 주 민주당 현역 의원 다섯 명 가운데 넷을 타이락타이당으로 빼가면서까지 죽기 살기로 매달렸다. 그러나 탁신은 남부원정에 실패했고 그동안 밀어붙여온 남부 무장강경책도 치명타를 입었다.

현장에서 보면, 탁신이 꿈꾸었던 남부 승리는 처음부터 없었다.

"남부 시민들이 투표로 탁신의 무장강공책을 심판했다."는 민주당 남부 3개 주 선거대책본부장 삐라욧 라힘물라(Pirayot Rahimmula. 송클라 대학 정치학 교수) 말이나, "난 투표로 탁신 공격했다. 그이가 돈다발 내밀었지만 목숨보다 중요한 건 없다."는 얄라 주 농민 모함마드 유숩(Mohammad Yusup) 말이 모두 남부의 마음이었으니.

2001년 총선 때 60%였던 남부 3개 주 투표율이 분쟁 중에 치른 이번 총선에서 오히려 예상을 뒤엎고 70% 웃돌았다는 건 남부 마음을 읽을 만한 좋은 잣대였다.

2월 7일, 탁신은 선거 결과가 드러나자 기자들에게 속마음을 털어놓았다. "너무 안타깝다. 우리(타이락타이당)가 몇 석은 건졌어야 하는 건데……."

2월 8일, 탁신은 내각회의에서 타이락타이당이 전멸한 까닭을 못된 소문 탓으로 돌렸다.

"우리 후보 찍으면 (분리주의자들이) 종교지도자 납치한다는 말들이 나돌아……."

2월 9일, 탁신은 오래전에 잡아두었던 남부 3개 주 방문 계획을 접었다. '아프다'고 핑계 대며.

어쨌든 이번 남부 3개 주 총선 결과로 무장강공책을 손질해야 할 처지가 된 탁신은 "남부 주민들이 보낸 신호를 받았다."고 밝혔으나, 그 말이 무슨 뜻인지는 알 길이 없다. 오직 제왕적 권력을 누려온 탁신 자신만 알 뿐.

남부는 여전히 계엄령에 짓눌린 채 날마다 폭탄과 총알 범벅이 되고 있다.

탁신, 남부 평화를 훔치다

2005년 2월 16일 방콕, 빠따니, 나라티왓, 얄라

2004년 1월 4일 '정체불명' 젊은이들이 나라티왓 주 쪼아이롱(Cho Airong)에 자리 잡은 타이 제4군 개발대대본부에 쳐들어가 군인 넷을 살해하고 무기 413정을 훔쳐갔다.

탁신은 곧장 남부 3개 주에 계엄령을 때린 뒤 2만 명 넘는 중무장 병력을 깔았다. 그러나 '정체불명' 폭탄 공격은 날마다 꼬리 물었고, 지난 1년 동안 550여 명이 목숨을 잃었다. 정부는 '분리주의자들 짓'이라고만 밝혔을 뿐, 아직까지 한 건도 속 시원히 풀지 못했다.

"모두 분리주의자 짓으로 볼 만한 증거가 없다. 정부가 범인 잡아서 정체 밝혀야 음모설 벗어날 수 있다."

타이청년무슬림회 전 회장 만소울 살레(Mansour Salleh)처럼 많은 이들이 되레 정부를 의심해왔다.

"계엄령, 다 쓸데없는 짓이다. 대낮에 군인들이 득실거리는 도심에서 날마다 폭탄 터졌다."

빠따니 변호사 니라만 술라이만(Niraman Sulaiman)처럼 많은 이들이 정부의 강공책을 욕해왔다.

"남부 문제 뿌리는 야만스런 문화 정책과 경제 불평등이다. 계엄령 풀고 군대 걷어내야 한다."

역사학자 니티 이에오시웡 같은 이들은 본질을 들추며 탁신의 무장강
공책을 나무랐다.

남부는 많이 아프다.

무엇보다 교육이 크게 해코지 당했다.

"남부 3개 주는 무슬림이 85~90%인데, 송클라 대학 빠따니 분교에서
무슬림 학생은 기껏 5%다. 무슬림은 좋은 점수 받고도 면접에서 떨어진
다."

며칠 전 경찰이 몰려와 집을 뒤졌다며 인터뷰 내내 조마조마해하던 송
클라 대학 학생회 부회장 압둘라 테라(Abdullah Tehlah)는 입술을 물어뜯
었다.

그러니 '정체불명' 무장들은 교육차별 정책 보복으로 타이 정부가 타이
교과 과정에 맞춰 운영하는 공립학교들을 공격목표 제1호로 삼았다. 학교
들이 줄줄이 불탔고 곳곳에서 교사들이 총 맞아 죽어나갔다.

"치안이 나아질 때까지 2,500여 개 학교들이 모두 문 열지 않는다." 남
부국경주교사회의 의장 분솜 통시프라이(Boonsom Thongsriphrai) 말처
럼 지난해 12월 23일부터 학교들이 모조리 문을 걸어 닫았다. 그사이 교
사들은 호신용 총을 달라고 내댔고 정부는 얼씨구나 받아들였다. 그렇게
해서 선생이 학생들 앞에 총을 차고 나타나는 어처구니없는 일이 벌어지
고 있다.

경제도 말이 아니다. 타이 국민총생산에서 기껏 2% 차지하는 가장 가
난한 지역인 남부 국경 3개 주를 놓고 경제를 들먹이는 것도 딱하지만, 어
쨌든 그나마 말레이시아 관광객에 매달렸던 이 지역 사람들은 분쟁이 터
지고부터 밥줄마저 끊겼다.

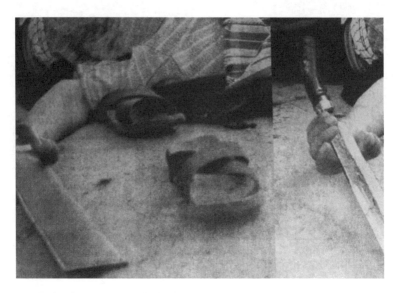

2004년 4월 28일 끄르세 모스끄로 피했던 시위대 23명을 군인들이 로켓포를 쏘아 살해한 이른바 끄르세 모스끄 학살사건을 보도한 4월 29일치 일간 〈끄룽텝 투라깃〉의 사진 조작은 남부분쟁을 악의적으로 왜곡해온 타이 언론을 스스로 폭로했다. 2004. 4. 29. ⓒ정문태

"지역 경제 90%를 쥔 화교들이 두 손 든 마당에 무슬림들이야 오죽 하겠나." 빠따니상업회의소 부소장 수라차이 짠따라니(Surachai Chan-tarany)는 한숨만 쉰다.

이런 남부에다 대고 선거철 표심을 잘못 짚은 탁신은 하루가 멀다 않고 재원 불명 프로젝트들을 마구잡이 쏟아냈다. 탁신은 총선이 코앞에 닥친 1월 중순, 개인사업자를 돕고 시민들 빚 갚는 데 쓰도록 2백억 바트(5천6백억 원)를 풀겠다는 엄청난 공약을 했다. 그러나 분쟁 탓에 사람들이 죽어나가고 밥줄마저 끊긴 남부 사람들에게 그런 환상은 먹히지 않았다.

"그깟 쓸데없는 공약들이 다 뭐냐. 경제 살리려면 분쟁 풀면 된다. 그게 다다."

수라차이 말마따나, 시민들이 다 아는 길을 정부만 몰랐다.

그렇게 탁신 무장강공책에 휘둘린 남부분쟁이 1년째 접어들었다.

학살의 기억은 끝없이 이어지고 삭지 않는 노여움은 커지고만 있다.

지난해 4월 28일, 남부 분리 독립을 외치다 성지인 _끄르세 모스끄_(Krue Se Mosque)로 몸을 피한 젊은이 32명을 군인들이 로켓포로 쏘아 죽였던 그 학살 현장은 지울 수 없는 생채기로 남아 있다.

"그게 절이었더라도 군인들이 로켓포 쏘며 진압했겠는가? 불교도들은 정부가 절에 로켓포를 쏘고 절 안에서 시민을 죽였다면 용서하겠는가?"

나라티왓 이슬람위원회 의장 압둘 로히만 압둘 사마드(Abdul Rohiman Abdul Samad)는 _끄르세_ 말이 나오자 피 토하듯 노여움을 털어놓았다. 그 분함은 남부 무슬림 모두들 가슴에 박혀 있다.

방콕은 남부를 거들떠보지도 않았다. _끄르세 모스끄_ 학살 뒤부터 오히려 방콕 시민들 입에서는 "못된 무슬림"이란 말이 자연스레 나돌았고, 탁신 강공책은 더 힘을 받았다.

"언론자유 없이 남부 문제 풀 수 없다. 탁신 무력강공책은 시민 눈 가리고 날뛴다."

우본랏 시리유와삭 교수(쫄라롱꼰 대학 언론학) 말대로, _끄르세 모스끄_ 학살 다음 날 타이 언론은 하나같이 '방콕 시민 90%가 무력진압 인정한다.'는 긴급 여론조사 결과를 내보내며 무슬림 젊은이 32명을 폭도로 몰아붙였다.

4월 29일치 〈_끄룽텝 투라낏Krungthep Thurakij_〉은 살해당한 무슬림 젊은이 손에 들려 있던 칼집을 지우고 그 자리에 칼을 올린 사진을 내보냈다. 그 신문은 말썽이 나자 하루 뒤, '기술적인 실수'라는 괘꽝스런 사과문을 걸었다. 어떤 기술을 실수해야 사진에 찍힌 칼집이 칼로 둔갑할 수 있을까?

그렇게 언론이 정부 나팔수 짓을 하는 동안 끄르세 모스끄 학살은 타이 불교도와 무슬림을 갈라놓는 칼날로 돌아왔다.

5월 들어서자마자, '정체불명' 무장들이 나라티왓의 절을 불태우고 승려 2명을 살해했다. 겁에 질린 승려들이 다투어 떠나면서 남부지역 절들은 텅텅 비어나갔다. 정부는 기다렸다는 듯 남부분쟁을 불교와 이슬람 다툼으로 몰아갔다. 탁신은 '불교민족주의'를 목청껏 외치며 무슬림을 언저리 시민으로 내쳤다.

니라만 변호사는 "수백 년 동안 불교와 이슬람이 남부에서 아무 탈 없이 함께 잘 살아왔다."며 종교분쟁으로 몰아가는 정부를 거세게 나무랐다.

불가에서 드물게 정치판을 비판해온 승려 낏띠삭 낏띠소파노(Kittisak Kittisophano)는 "누가 승려를 살해했건, 누가 절을 공격했건, 모두 탁신이 광적 불교민족주의를 외친 탓이다."며 다수 불교도 중심 타이 민족주의를 범인으로 꼽았다. 그이는 "탁신이 국가운영 실패를 종교분쟁으로 덮어간다."며 불교민족주의 앞에 주눅 든 진보 진영에서조차 쉬쉬해온 '국민투표'를 해결책으로 꺼내 들었다.

"(정부가 안전을 지켜주지 못한다면) 시민이 스스로를 지킬 권리가 있다고 헌법에 박혀 있는 만큼, 그게 독립이든 자치든 남부 무슬림 시민들이 자결권을 행사할 수 있다."

타이 중심주의와 불교를 교배시킨 탁신식 민족주의를 앞세운 무장강경책은 끄르세 모스끄 학살 여섯 달 만인 10월 25일 다시 딱바이 학살을 낳았다. 이날 군인들은 딱바이(Tak Bai)에서 반정부 시위를 벌이던 비무장

탁신의 불교중심 민족주의는 남부 무슬림들에게 강한 반감을 일으켜 분쟁에 기름을 부었다. 불교와 무슬림이 수백 년 동안 조화롭게 살아왔던 타이 남부에서 이제는 승려들이 탁발을 나설 때도 군인들 경호가 필요하게 되었다. 2004. 12. 29. 빠따니. ⓒ정문태

무슬림 시민들에게 마구잡이 총질해 7명을 살해한 뒤 1,200여 명을 빠따니 군부대로 잡아갔다. 그리고 빠따니에 닿은 그 군용트럭에서 주검 78구가 쏟아졌다.

"실어가던 중 78명이 숨 막혀 죽었다."

정부 발표는 그렇게 단출했다.

"거짓말이다. 트럭에 싣기 전부터 목뼈가 부러지고 얼굴과 머리가 피투성이인 주검들도 봤다." 딱바이 취재에서 만난 운전기사 와합 같은 목격자들 말이다.

시민 85명을 죽여놓고 총리 탁신은 "현장 군인들 실수다."는 말 한마디로 입을 닦았다. 군 지휘관들도 모조리 사병들에게 책임을 뒤집어씌웠다.

끄르세 모스끄 학살에 이어 딱바이 학살은 다시 한 번 탁신의 '책임지지 않는 정치', '책임자 없는 정치'를 온 세상에 들춰냈다.

탁신은 딱바이 학살로 비난이 터져 나오자 뜬금없이 온 나라에 '종이학 접기 운동'을 벌였다. 공무원과 학생을 부추겨 종이학 수천만 마리를 접어 남부 하늘에서 평화의 상징으로 떨어뜨리겠다는 발상이었다.

무슬림들은 노발대발했다. 빠따니이슬람위원회 의장 와에디 알라매 마멩지(Waedee-alamae Mamengji)를 비롯한 이슬람 지도자들은 "이슬람을 몰라도 한참 모르는 짓이다. 무슬림들은 어떤 형상도 상징도 받아들이지 않는다."며 거세게 대들었다.

그러나 탁신은 12월 5일 푸미폰 임금 생일에 맞춰 군용기로 실어간 종이학을 기어이 남부 하늘에다 뿌렸다. 탁신은 자기 사인이 든 종이학을 줍는 사람에게 학비를 대주고 일자리를 주겠다고 내걸었다. 지폐로 만든 종이학과 선물을 약속한 종이학까지 날아다니며 남부를 노름판으로 만들었다. 남부 사람들은 그렇게 놀림거리가 되었다.

아무도 책임지는 이 없는 남부분쟁은 지난 1년 동안 수많은 시민과 군인, 경찰, 공무원 목숨을 앗아갔다. 그러나 그 모든 죽음들은 아직껏 '정체불명'일 뿐이다. 정부는 단 한 건도 속 시원히 풀어내지 못했다. 그렇게 남부 학살과 비극은 음모에 실려 어둠 속 신화로 넘어가고 있다.

제2기 탁신 정부가 무장강공책을 거두지 않는 한, 남부에서 결코 평화를 볼 수 없을 것이다.

불타는 전선, 방콕-꾸알라룸뿌르

2005년 2월 15일, 타이-말레이시아 국경, 성가이꼴록 강(Sungai Kolok River)

이자우(Ijau. 풀빛), 비루(Biru. 하늘빛), 웅구(Ungu. 보랏빛), 꾸닝(Kuning. 금빛), 네 여왕이 이룩했던 빠따니 왕국의 황금기(1584~1635년)는 사라지고 피로 물든 성가이꼴록 강만 숨죽여 흐른다.

한날 한곳에서 태어나 한 핏줄로 한 세월을 살아온 이들을 '국경'이 갈라놓던 날부터, 그 강은 전선이 되고 말았다. 가족을 찾아 넘는 이들, 날품을 팔고자 건너는 이들, 보따리장수로 오가는 이들, 혁명을 꿈꾸며 넘나드는 이들이 타이 깃발과 말레이시아 깃발을 휘날리는 국경수비대 눈총을 받으며 죄인처럼 강을 탄다.

지난해부터 타이와 말레이시아는 그 강을 끼고 말 전쟁을 벌여왔다. 1년 전 이맘때만 해도 국경을 끼고 서로 곰살갑던 둘은 10월 25일 딱바이 학살로 틀어져버렸다.

"타이 정부는 딱바이 학살에 똑똑히 답해야 한다." 말레이시아 총리 압둘라 바다위가 성명서를 날리고 일주일 뒤, 여전히 말레이시아 안팎에 영향력을 지닌 마하티르 모하마드 전 총리가 "타이 남부는 팔레스타인과 같다. 문제 풀려면 남부에 자치권 줘야 한다."며 공격수로 나섰다.

발끈한 탁신이 맞받아쳤다. "그이들 말은 아무짝에 쓸모없다. 남부를 더 공부하라고 해라." 탁신은 한술 더 떠 아세안(ASEAN) 정상회의가 열리기 바로 전인 11월 25일, "아세안에서 딱바이를 의제로 올리면, 곧장 집으로 돌아와 버릴 것이다."고 엄포를 놓았다.

그 무렵, 국제사회는 아세안정상회의에서 딱바이 학살을 다루라며 세계 최대 무슬림 국가인 인도네시아와 이슬람회의기구(OIC) 의장국인 말레이시아를 닦달했다.

탁신은 외교 관례를 깬 그 선제공격 탓에 국제사회로부터 몰매를 맞았으나, 대신 아세안정상회의에서 딱바이 학살을 건너뛰는 대성공을 거뒀다. '국내 문제 상호불간섭'이라는 전통을 지닌 아세안이 싱겁게 끝나자, 기가 산 탁신은 12월 중순 "타이 분리주의자들이 말레이시아 북부 껄란딴(Kelantan) 밀림에서 훈련받아왔다."고 다시 포문을 열었다.

말레이시아 총리 바다위는 "탁신이 그런 정보 가졌다면 외교 경로로 말레이시아에 알려야지. 뭘 하겠다는 건가?"며 들썽댔다.

타이 내무부는 정체불명 사진 몇 장을 보여주며 게릴라 훈련장이 말레이시아라고 거듭 우겼다. 말레이시아에서는 외교와 무관한 교육장관 히샴뭇딘 뚠 후세인(Hishammuddin Tun Hussein)이 나서 "탁신이 남부분쟁에 쏠린 국제사회 눈길을 깨고자 말레이시아를 욕보인다."며 대들었다.

아시아를 몰아친 쓰나미로 한동안 가라앉았던 방콕-꾸알라룸뿌르 전선은 2005년 1월 26일 탁신이 "말레이시아 정부가 제꾸매 꾸떼(Jehkumae Kuteh. GMIP 지도자)를 체포했다. 곧 타이로 압송하겠다."고 밝히면서 다시 불붙었다. 말레이시아 외무부는 "타이 정부가 국제법 따른다면 돕겠지만, 관례 깨고 언론플레이를 한다면 아무것도 확인해줄 수 없다."고 되받아쳤다. 그로부터 방콕과 꾸알라룸뿌르는 이중국적을 지닌 것으로 알려진 제꾸매를 놓고 총리와 외무부가 나서 날마다 치고받았다.

탁신이 "제꾸매가 타이에서 나고 자랐으니 마땅히 타이로 넘겨야 한다."고 내대자, 말레이시아 외무부는 "제꾸매가 말레이시아 국적 지녔다. 그이가 타이 국적 지녔더라도 두 나라 사이에 범인인도 협정이 없다."고 맞받아쳤다. 그러자 타이 외무장관은 20세기 초 말레이시아 식민종주국이었던 영국과 시암(Siam) 정부가 맺은 협정을 디밀고 합법성을 외쳤다.

전선은 바야흐로 진흙탕으로 빠져들고 있다.

근데 속살을 들여다보면, 타이 남부분쟁을 낀 방콕-꾸알라룸뿌르 설전은 두 나라 모두 한마디로 국내 정치용 꿍꿍이다. 탁신은 총선을 앞두고 가장 큰 약점인 남부분쟁을 '말레이시아 치기'로 넘겠다는 전략이고, 바다위는 '대외강경책'으로 마하티르 그늘을 벗어나 정치적 발판을 다지겠다는 포석이다.

두 나라가 으르렁대는 지점을 보면 정치용임이 잘 드러난다. 이미 1980년대부터 타이 남부 무슬림 분리주의자들이 말레이시아 국경을 무장투쟁 발판으로 삼아왔던 사실도, 말레이시아를 정치투쟁 공간으로 삼아왔던 사실도 모두 잘 알려진 비밀일 뿐이다. 새삼스레 이런 걸 놓고 두 정부가 치고받는다는 건 타격 목표가 달리 있다는 뜻이다.

이렇게 국경을 맞댄 두 정부가 벌여온 잇속 다툼에 남부 문제 뿌리는 늘 비틀렸고, 그 해결책을 찾기도 힘들었다. 그 등살에 지금, 국경은 울부짖고 있다.

천년왕국 빠따니의 눈물

2005년 2월 16일, 빠따니

"내가 살아 있는 한, 단 1인치 땅도 (독립을) 용납하지 않을 것이다."
전국시대 군주를 떠오르게 하는 이 장엄한 말이 탁신 입에서 터져 나왔다.

그러나 역사는 탁신 말을 거북하게 여긴다.
타이가 자신들 왕조사의 출발점으로 삼는 수코타이 왕국(Sukhothai Kingdom) 전부터 빠따니 왕국(Pattani Kingdom)이 있었다. 게다가 타이인 뿌리를 중국 남부에서 내려온 이른바 '북-남 라인'으로 본다면, 바다를 낀 빠따니 사람들은 인종적으로도 아주 다르다.
일찍이 말레이 반도와 수마뜨라를 잇는 힌두-불교왕국 스리위자야(Srivijaya)의 줏대 노릇을 했던 빠따니 왕국은 13세기 무렵 동남아시아에서 가장 먼저 이슬람을 받아들이며 17세기까지 남중국해를 끼고 빛나는 해양무역 문화를 세웠다.
1563년 빠따니 왕국은 버마에게 공격당하던 시암(Siam. 현 타이) 왕국 수도 아웃타야(Ayutthaya)를 한때 점령하면서 세력을 과시하기도 했다. 그러다가 17세기로 접어들면서 빠따니 왕국은 서서히 기울었다. 그 무렵 시암은 버마를 몰아낸 뒤 라마 1세(Rama I)가 짜끄리 왕조(Chakri Dynasty. 현 타이 왕실)를 열어 지역 강국으로 떠올랐다. 이어 라마 1세 아들 수라시

(Surasi) 왕자가 빠따니 왕국을 침략해 술탄 무함마드(Sultan Muhammad)를 죽이면서부터 두 왕국은 조공을 받고 주는 사이가 되었다.

타이 학계는 그 조공을 정치적 복속관계라며 빠따니 왕국을 타이 역사에 집어넣고 오늘날까지 빠따니 지배의 정당성을 외쳐왔다. 그러나 이름난 타이 역사학자 통차이 위니차꾼 교수(Thongchai Winichakul. 위스콘신-메디슨 대학 역사학)는 "빠따니 왕국이 정치적으로 타이에 복속된 적 없다. 근대까지 인도차이나-말레이반도에는 많은 군주국들이 있었고, 조공은 서로 협력을 상징하는 장치일 뿐이었다."며 천박한 민족주의 사관을 나무랐다.

그 뒤 1902년 시암은 빠따니 왕국을 무력 합병했다. 이어 말레이반도의 식민종주국인 영국과 시암 사이에 맺은 1909년 방콕조약(Bangkok Treaty)이 그 합병을 추인했다. 식민지 나눠먹기였던 그 조약에 따라 오늘날 타이-말레이시아 국경선이 그어졌고, 빠따니 왕국은 역사에서 사라졌다.

그렇게 시암에 합병당한 빠따니 왕국은 제2차 세계대전을 통해 다시 독립 기회를 얻었다. 뚠 마무드 마흐윳딘(Tun Mahmud Mahyuddin)이 '대빠따니말레이운동(Greater Pattani Malay Movement)'을 이끌고 일본 동맹국이었던 타이에 맞서면서 영국으로부터 전후 독립을 약속 받았다.

1945년 8월 15일 전쟁이 끝나자 빠따니에는 대말레이빠따니국(Negara Melayu Patani Raya) 국기가 휘날렸다. 그러나 영국이 독립 약속을 깨고 떠나면서 빠따니는 다시 타이에 무력합병 당하고 말았다. 그로부터 빠따니 독립을 외쳐온 투쟁단체들이 타이 정부에 맞서 오늘에 이르고 있다.

>> 타이 남부 무슬림 분리주의 무장투쟁 조직

빠따니이슬람무자히딘운동: GMIP(Gerakan Mujahideen Islamic Pattani)

1995년 아프가니스탄에서 돌아온 현 사령관 나소리 새셍(Nasori Saeseng)이 창설. 지도자 제꾸매 꾸떼(Jehkumae Kuteh) 아래 나소리와 까림 까루방(Karim Karubang)이 150여 명 무장조직을 이끌고 현재 나라티왓의 성까이 빠디(Sungkai Paddi)와 시사꼰(Sisakon)을 중심으로 가장 적극적인 투쟁 벌이고 있다. 타이군 정보부는 알카에다(al-Qaeda)와 제마아 이슬라미아(Jemaah Islamiah)와 연결된 꿈뿔란 무자히딘 말레이시아(Kumpulan Mujahideen Malaysia)가 이들을 돕는 것으로 여기지만, 그 실체는 밝혀진 바 없다.

빠따니연합해방기구: PULO(Pattani United Liberation Organization)

1968년 뚜안꾸 비요 꼬도니요(Tuanku Biyo Kodoniyo)가 창설한 PULO는 무장조직원 3백여 명으로 분리독립 투쟁을 이끌었으나, 1992년 아롱 물렝(Dr. A-rong Muleng)이 '빠따니연합해방기구지도자회의'로, 하이하디 민도살리(Hayihadi Mindosali)가 '빠따니연합해방기구군지도회의'로 각각 나눠지면서 무장조직도 차단아미(Caddan Army)와 아부다반(Abudaban) 둘로 쪼개져 힘을 잃었다. 다시 1995년 지도부 사이에 'New PULO 운동'이 일어나 혼선을 빚었고, 1998년 몇몇 지도자가 타이 정부에 체포당하면서 많은 조직원들이 투항했다. 그 뒤 PULO 지도부는 스웨덴으로 망명했고, 일부 New PULO 조직원들이 빠따니에서 무장투쟁을 벌여왔다.

민족혁명전선: BRN(Barasi Revolusi Nasional)

마새 우셍(Masae Useng)이 소규모 투쟁조직을 이끄는 BRN은 1960년 창설 뒤, 노선투쟁 끝에 세 정파로 나눠졌다. BRN Coordinate는 말레이시아에서 제한적인 정치운동을 해왔고, BRN Uram은 주로 종교를 대변해왔다. 로사 부라꼬(Rosa Burako)가 이끄는 BRN Congress가 현재 무장투쟁을 이끌고 있다. 10여 년 전까지 무장투쟁을 이끌었던 BRN은 요즘 이념투쟁에 매달리고 있다.

빠따니해방민족전선: BNPP(Barisan National Pember-Basan Pattani)

1959년 창설한 BNPP는 2002년부터 타이 무슬림 지역 활동을 멈춘 채 말레이시아에서 정치투쟁을 벌여왔으나, 최근 다시 남부지역 무장투쟁을 돕는 것으로 알려지고 있다.

무자히딘빠따니운동: BNP(Mujahideen Pattani Movement)

1985년 BNPP 출신자들이 다양한 무장투쟁조직의 통합을 외치며 창설했으나 성공하지 못한 채 현재 말레이시아에서 정치투쟁을 벌이고 있다.

빠따니무슬림위원회: Bersatu

1989년 투쟁노선 통일을 내걸고 PULO, New PULO, BRN, BNPP, BNP를 비롯한 남부 투쟁단체들이 모여 결성한 연합체인 빠용기구(Payong Organization)를 1991년 Bersatu로 바꿔 오늘에 이르고 있다. 현재 Bersatu는 말레이시아에 망명 중인 완 압둘 까디르 체 만(Dr. Wan Abdul Kadir Che Man)이 이끌고 있으나, 무장투쟁 통일전선을 꾸리지는 못한 상태다. 지난해 타이 군부와 완 압둘 사이에 회담설이 나돌자, 각 무장투쟁 조직들은 그 대표성을 부정함으로써 Bersatu는 한계를 드러냈다.

탁신의 무장강공책은 평화 시위에 나섰던 시민 85명을 살해한 딱바이 학살로 이어졌다. 2004. 10. 25. 딱바이.
ⓒAsia Network Documentation Center

| 자본주의 만세 |

막 오른 정치극, '탁신 주식회사 현금 2조 원 행방'

2006년 2월 2일, 방콕

'마이 헨 로옹숍 마이 랑 남따아(관을 보기 전에는 울지 않는다).'라는 타이 속담이 있다. 요즘 타이 사회 분위기가 딱 그 짝이다. 볼 장 다 봤지만 조금만 더 기다려보자는 투다.

여기 한 사나이가 있다. 입만 떼면 도덕을 외쳤고 말끝마다 민족과 국가를 달고 다녔던, 그리하여 '미스터 성인군자'로 '미스터 민족주의자'로 '미스터 애국자'로 불러 마땅할 사나이, 바로 타이 최고 갑부로 제왕적 권력을 휘둘러온 총리 미스터 탁신 친나왓(Mr. Thaksin Shinawatra)이다.

참, 더 늦기 전에 군말을 하나 해야겠다. 꼬박꼬박 미스터(Mr.)를 붙인 건 오금이 저려서다. 총리에게 버릇없이 군 이들이 수백억 원짜리 고발을 당해왔고, 외신기자들도 쫓겨나는 판이니.

아무튼, 그이가 지난 1월 23일 타이 역사에서 가장 큰 거래라는 733억 바트(약 2조 원)어치 주식을 싱가폴 회사에 팔아넘기면서부터 정치극 막이 올랐다.

2005년 11월 말이었다.

"탁신이 싱가폴 쪽에서 엄청난 흥정을 하고 있다는데, 그쪽 경제 기자 소개해줄 수 있나?"

그렇게 타이 기자 친구를 통해 처음 냄새를 맡았다.

그러나 탁신과 흥정한다는 테마섹(Temasek Holdings)을 파고들기가 만만찮았다. 싱텔(SingTel)과 싱가폴 항공(Singapore Airline) 같은 알짜배기를 줄줄이 거느리고 1천억 달러 넘는 자본을 밑천 삼아 온 세상을 주름잡는 테마섹이 국영 투자회사인 데다 총리 리센룽(Lee Hsein Loong) 아내 호칭(Ho Ching)이 총수였기 때문이다.

여기서부터 맛 뵈기인 제1장 '거짓말'이 시작된다.

"누가 그 따위 말을! 나는 친(Shin Corp.)과 아무 관계없어. 대주주인 내 아이들에게 물어봐."

그동안 '착한 국민이 되자'며 도덕장려운동을 펴온 '미스터 성인군자'에게 그 소문을 들이댔던 기자들은 보기 좋게 헛물을 켰다. 그이가 하도 거세게 딱 잡아떼 소문은 수그러들었다. 그러다가 올 1월 초, 탁신이 가족과 싱가폴로 휴가 갔다는 말이 나돌면서 다시 그 소문이 살아났다. 기자들이 달라붙자, 그는 "쇼핑하며 가족과 지냈을 뿐이다."고 얼버무렸다.

1월 23일, 마침내 2조 원짜리 초대형 현금 거래 뉴스가 터졌다. "내 아이들이 결정했다. 내가 사업에 신경 쓰지 말고 정치만 하라고, 아이들이 헤아려……."

거짓말이 들통 난 순간, 총리란 자는 눈 하나 깜빡 않고 말을 뒤집었다. 20대 아이들이 아버지 정치 잘하라고 2조 원을 주물렀다는 '효도정치'에 시민들은 부글부글 끓었다.

이제 이야기는 제2장 '으름장'으로 넘어간다.

"(세금) 한 푼도 안 낸다. 법적으로 문제없다."

20대 아들딸에게 2조 원 흥정을 떠넘긴 총리는 세금 캐묻는 기자들을 쏘아붙였다. '미스터 애국자'가 들이댄 그 '법'이란 건, 30년 전쯤 증권시장을 돋우고자 작은 회사나 투자자들이 증권거래소(SET) 안에서 주고받은 건 세금을 물리지 않는다는 조항이었다.

총리가 세금을 한 푼도 내지 않겠다고 버티는 통에 올해 1천6백억 바트(43조 원)를 거두겠다며 난리 피우던 국세청도 갑자기 수그러들었다. 세금 당국은 한마디 말도 없었다.

긴가민가했던 시민들 입에서 "빡 와아 따아 카입(자신이 한 말과 거꾸로 가는 이)"이 쏟아졌다.

분위기가 심상찮게 돌아가자, '미스터 애국자'는 "(세금 대신) 자선사업 하겠다."며 전선을 흩트렸다. 정신 나간 언론과 쓸개 빠진 이들이 말려들어 '기부는 세금 다음'이라는 상식마저 흔들어놓았다. 〈방콕 포스트〉는 1월 27일치 '총리가 빈곤퇴치를 도울 수 있는 길'이란 칼럼에서 제발 기부 좀 해달라고 애달게 읊조렸다. 방콕 전 시장이며 탁신을 정치판에 끌어들인 짬롱 시무앙(Chamlong Srimuang)은 "천 번 죽었다 깨나도 다 쓸 수 없으니, 1/3을 내놔라."며 액수까지 디밀었다.

기부를 놓고 온갖 말들이 날뛰는 판에 난데없이 변호사회가 나서 "정부 한테 독점 면허를 얻어 자란 친 그룹이 국가 전략산업을 외국에 팔아넘겨 안보를 해쳤다."며 임금이 친 위성에 내린 이름 타이콤(ThaiCom)을 내세워 시민 감성을 찔렀다. 실제로 테마섹에 팔아넘긴 친 그룹 지분에는 타이 최대 통신회사 AIS와 친 위성을 비롯해 〈iTV〉라는 방송사까지 들어 있긴 했지만, 합법이냐 불법이냐를 따져야 할 변호사회가 민족을 내걸고 하소연하면서 오히려 전선을 찢어발겼다. 해서 2조 원 흥정은 세금 문제에다 기부와 민족주의까지 덧붙어 잡동사니 논쟁으로 치달았다.

그러다보니 정작 중요한 대목을 지나쳤다. 그동안 외국인의 통신사업 참여 지분율을 25%로 묶어왔던 법을 탁신 정부가 올 1월 들어 부랴부랴 49%로 높인 지점이다. 그로부터 며칠 만에 탁신 일가는 친 그룹 지분 49.61%를 테마섹에 팔아넘겼다. 탁신 일가 소유 지분과 정부가 높인 외국인 지분율, 그리고 법을 바꾼 시점과 거래 날짜가 꼭 맞아떨어졌다.

"이번 친 그룹 거래와 외국인 지분율을 49%로 높인 건 아무 상관없다." '미스터 민족주의자'는 새 법 통과와 친 그룹 흥정 시점이 우연히 맞아떨어졌을 뿐이라고 우겼다.

사람들 입에서 "헨 꽁짜악 뺀 독부아(둥근 칼을 보고 연꽃이라 여겼다)."란 말이 터져 나왔다. '미스터 애국자', '미스터 민족주의자'를 그제야 잘못 봤다고들.

1월 29일 유령회사가 나타나면서 전선은 거짓말을 넘어 사업부정 쪽으로 넓혀졌다. '미스터 민족주의자'가 세금 천국인 영국령 버진아일랜드(Virgin Island)에 세운 앰플 리치(Ample Rich Investment)라는 회사가 세상에 드러났다.

그렇게 해서 이야기는 제3장 '야바위'로 넘어간다. 제3장은 옛날이야기가 좀 필요할 듯.

1999년 4월, 친 그룹 총수였던 탁신은 버진아일랜드에 앰플 리치를 만들었다. 두 달 뒤인 6월, 탁신은 그 유령회사에 자신이 지닌 친 그룹 지분 반인 3억 2,920만 주(총지분의 11.875%)를 팔았다. 세금은 어디에도 한 푼 낸 적 없다. 이번에 문제가 불거지자, 탁신은 "그해 11월 앰플 리치 지분 100%를 제3자에게 되팔았다."고 밝혔다. 그때도 세금은 단 한 푼도 안

냈다.

　그즈음, 탁신은 1998년 타이락타이당을 만들어 이미 정치판에 뛰어든 상태였다. 그리고 2000년 말 반부패위원회가 탁신을 공직자 재산신고 부정 혐의로 고발했다. 그러나 탁신은 2001년 1월 6일 총선에서 압승을 거뒀고 총리가 되었다. 탁신이 법관을 매수했다는 소문이 끊임없이 나도는 가운데 두어 달 뒤 헌법재판소가 6 : 5로 그이 손을 들어주었다. 탁신은 재산 거짓 신고를 'honest mistake'라며 뜻도 통하지 않는 괴상한 영어로 둘러댔다. 그 총리 입에서 '애국', '애족', '도덕', '개혁'이 터져 나왔다. 틈만 나면 영어를 섞어가며.

　그 '미스터 민족주의자'와 앰플 리치 관계가 2조 원 흥정에서 불법으로 드러나고 있다. 2조 원 흥정 발표가 나기 3일 전인 올 1월 20일 금요일, 앰플 리치는 친 그룹 주식을 주당 1바트(약 27원)에 '미스터 민족주의자'의 아들 판통때(Panthongtae)와 딸 핀통따(Pinthongta)에게 팔아넘겼다.

　1월 23일 월요일, 친 그룹 대주주인 '미스터 민족주의자'의 아들딸과 처남은 테마섹에 주당 49.25바트(약 1,300원)로 49.61%의 지분을 되팔아 3일 만에 적어도 150억 바트(4천억 원) 이문을 챙겼다. 그러나 '미스터 민족주의자'는 끝끝내 앰플 리치 정체와 흥정 내용을 밝히지 않았다.

　시민들 노여움이 터져 나오자, 1월 말 증권거래소는 마지못해 판통때와 핀통따에게 1주일 안에 앰플 리치와 관계를 밝히라고 요구했다. 결국 그 둘은 앰플 리치가 테마섹에 팔아넘긴 주식이 자신들 것이라고 불었다.

　2월 2일 현재, 시민의 상식과 탁신용 법이 충돌하고 있다. 탁신은 유령 회사 앰플 리치를 세워 주식을 빼돌리면서 금융당국에 신고하지 않았다. 탁신은 공직자 재산신고 때 앰플 리치를 밝히지 않았다. 2000년 탁신은

친 그룹 지분을 '선물'이라며 아들과 딸에게 세금 한 푼 내지 않고 고스란
히 넘겼다. 그게 올 1월 23일 2조 원 현금으로 돌아 나왔지만 탁신은 또
세금 한 푼 내지 않았다. 탁신은 유령회사 앰플 리치를 통해 친 그룹 주식
을 사들인 뒤 다시 테마섹에 되팔면서 내부자거래와 내부정보를 불법으
로 규정한 증권거래법을 무시했다. 탁신은 장관의 주식 소유와 회사 경영
개입을 금지한 헌법 제209조를 어겼다.

그러나 금융법, 증권거래법, 외환관리법, 세무법, 공직자재산신고법, 공
무원법을 깡그리 위반한 총리를 다룰 법이 살아 있는지 또렷치 않다. 총리
가 시민을 속이고 으르고 깔본 건 또 어떻게 할 것인지?

하여 대궐을 짓는다며 뜻밖에도 자기 무덤을 한 삽 한 삽 파온 한 사나
이의 최후가 얼핏 스쳐간다.

머잖아 다가올 제4장 '법정'과 제5장 '절규', 제6장 '전설'이 기다려진
다. 제4장 '법정'이 탈 없이 이어지지 않는다면, 시민들 노여움 앞에 바로
'파멸'로 넘어갈 수도 있다.

지금 방콕 기운은 그 가운데쯤에 와 있다.

다시, 사남루앙에서

2006년 3월 10일, 방콕

땡볕이 쪼아댄다. 14년 전, 그날도 그랬다.

스스럽다. 낯익은 얼굴들, 14년 전 그 '용사'들이 다시 뭉쳤지만.

1992년 5월 방콕 민주항쟁을 낳았던 그 사남루앙(Sanam Luang)에 14년 터울 새 아기가 들어섰다.

1932년 입헌군주제로 바꾼 뒤 스무 번도 넘는 크고 작은 쿠데타로 얼룩진 타이 현대정치사에서 늘 벋장댔던 그 사남루앙이 다시 입덧을 하고 있다.

시민들은 1973년 10월, 1976년 10월, 1992년 5월, 그 피로 물들었던 사남루앙을 떠올린다.

3월 5일 늘쩍지근한 일요일 오후, 사남루앙 '정족수' 10만 명이 채워졌다. 타이 현대사에서 의회 500석과 맞먹는 상징적인 숫자다.

지난 2월 11일과 2월 26일에 이어 다시 10만 명을 훌쩍 넘어선 반탁신 시위에는 14년 전 '실패의 기억'을 안고 돌아섰던 이들이 하나둘씩 고개를 내민다. 1992년 5월 방콕 민주항쟁을 이끌었던 지도부와 그 현장을 취재했던 기자들이 지난 세월을 주고받았다. 그해 5월 17일 군인들 총질과 체포령 속에서도 지도부 가운데 혼자 현장을 지켰던 전투주의 예술가 와산(Vasan Sittiket)이 빠질 리 없다. 시민운동판 큰어른인 술락 시와락 (Sulak Sivaraksa)과 감초 노릇해온 인권운동가 분텐 딴수텝위라웅(Boon-tan Tansuthepveeravong)도 한 자리했다. 열아홉 살짜리 신문학과 학생이었던 펜나파 홍통(Pennapa Hongthong)은 그날 꿈처럼 〈네이션〉 기자가 되어 현장을 누비고 있다.

다 좋은데, 십만 대군 외침이 예전 같지가 않다. 힘이 느껴지지 않는다. 이 기운으로 탁신에게 뻗댈 수 있을는지?

"탁신이 물러날 때까지 결코 사남루앙 떠나지 않는다. 지켜봐라."

6개월 전 반탁신 시위를 끌어냈고 현재 5인 지도부를 이끄는 언론재벌 푸짜깐 그룹(Phuchakarn) 총수 손티 림통꾼(Sondhi Limthongkul)은 전략을 물었더니 의지만 쏟아낸다. 탁신 친구였던 손티가 대담 프로그램 방송을 금지당하자 재빨리 반탁신 앞잡이로 돌아선 까닭이 또렷치 않듯이, 사남루앙 3월도 딱 그 짝이다.

한때 탁신의 정신적 지주였고 5인 지도부 얼굴마담 노릇 해온 짬롱 시무앙 전 방콕 시장은 인터뷰를 하자니까 손가락을 입에 대며 묵언 중이란다. 십만 대군을 이끌어야 할 지도자가 말문을 닫았다.

이 마땅찮은 짬롱 모습에서 1992년 5월 군인들 총질로 쓰러졌던 주검들이 스쳐지나간다. 그날 수십만 명이 모인 사남루앙에서 시민항쟁 지도부는 군부를 긁지 말자며 행진을 막았으나 짬롱은 기어이 시위대를 끌고 정부청사로 향했다. 곧장 총알이 날아들었다. 수많은 시민들이 쓰러졌다. 그러나 짬롱은 학살자 수친다장군과 함께 임금 앞에 무릎을 꿇고 화합을 선언했다. 누구도 그이에게 그런 권리를 맡긴 적 없었다. 그 순간 시민들은 짬롱을 버렸다.

현재 사남루앙 반탁신 시위는 손티, 짬롱을 비롯해 노동운동 대표 솜삭 꼬사이숙(Somsak Kosaisuk), 민중민주운동 대표 삐폽 동차이(Pibhop Dhongchai), 그리고 교사 대표 솜끼앗 퐁빠이분(Somkiat Phongphaibul) 이 민주민중동맹(PAD) 이름 아래 22개 시민단체를 이끌고 있다.

그러나 사남루앙은 처음부터 사람을 끌어 모았던 손티와 불교단체 달마 아미(Dharma Army) 조직원 2천여 명을 데리고 나타난 짬롱이 주인 노릇을 해왔다. 사람 불러 모을 힘이 모자라는 시민단체들은 들러리 신세였다. 민주민중동맹 대변인 수리야사이 까따실라(Suriyasai Katasila)는 "탁신 쫓아내려니 어쩔 수 없다. 누구든 함께할 수밖에."라며 울며 겨자 먹기 연대를 털어놨다.

2006년 사남루앙은 손티가 자리를 깔자 짬롱이 와서 앉았고 그 둘레에 시민단체들이 모여든 태생적 한계를 안고 출발한 꼴이다.

그러니, 5인 지도부도 따로 도는 물레다. 손티와 짬롱은 논란거리인 헌법 제7조 '헌법으로 적용할 수 없는 모든 규정은 국가수반인 왕이 민주정부 합헌 관습에 따라 결정할 수 있다.'를 디밀고 일찌감치 임금에게 "탁신을 쫓아내고 새 총리를 지명해 과도내각을 만들어 달라."고 애타게 외쳐왔다.

솜삭을 비롯한 다른 셋은 "시민으로부터 나온 권력을 시민에게 되돌려주어야 한다. 권력을 왕에게 되돌린다는 건 시대에 맞지 않다."며 대들었다.

탁신 추방에만 뜻을 모았을 뿐 서로 갈 길 다른 지도부의 찢어진 꼴은 현장에서도 그대로 드러났다.

일요일 밤 10시, 사남루앙에서 정부청사로 가던 시위대가 경찰 저지선과 부딪쳤다. 경찰은 처음부터 십만 대군을 막을 뜻이 없었다. 정부청사로 향하는 길목에 저지선을 쳤지만 기껏 250명이 다였다. 앞쪽 시위대와 경찰이 말을 주고받는 사이, 난데없이 손티와 짬롱이 백여 명을 이끌고 '적진'을 돌파했다. 그 '적진'이란, 경찰이 자동차와 시민이 지날 수 있게끔 저지선을 치지 않은 공간이었다.

아무도 막지 않는 그 '적진'을 마구 달린 손티와 짬롱은 경찰 저지선을 뒤쪽에서 밀고 다시 시위대 앞쪽으로 돌아 나오는 장난을 쳤다. 이어 묵언한다던 짬롱이 선도차에 뛰어올라 마이크를 잡고 "경찰은 우리를 막으면 후회하게 될 것이다."며 갑자기 장수로 둔갑해 열변을 토했다. 경찰 책임자는 "막을 생각 없다. 우린 저 사람들 보호하는 중이다."며 기자들 앞에서 멋쩍게 웃었다. 솜삭과 나머지 지도부는 "저 둘이 마구잡이 날뛰니 무슨 계획을 세울 수가 없다."고 언짢아했다. 학생 3백 명을 이끌고 시위대 뒤쪽을 맡았던 타이학생연합(SFT) 대표 꼬차완 차이와붓(Kochawan Chaivabutr)은 "1선에서 함성이 올랐지만 우린 뭘 해야 할지 몰라 황당했다."며 지도부를 나무랐다.

그로부터 정부청사에 이르는 행진은 고삐 풀린 망아지 꼴이 되었다. 선도차는 앞서가는 시위대를 멈추고자 갖은 애를 썼지만 통하지 않았다. 지도부가 시위대를 다잡을 수 없다는 사실이 드러났다. 경찰이 맞서지 않았던 게 천만다행이었다.

언론과 시민들은 사남루앙 2006년을 '피플 파워(People Power)'라 부르고 싶어 한다. 근데 사남루앙에는 손티와 짬롱만 있을 뿐, '피플'이 없다. 사남루앙이 어떤 아기를 낳을지는 좀 더 기다려보는 수밖에 없다.

그러나 사남루앙이 두 사람 손에 휘둘리는 한, 사남루앙이 시민들 손으로 넘어오지 않는 한 2006년 아기는 세상에 태어나기 힘들 것으로 보인다.

모두들 민주와 민중을 외쳤지만 그 어디에도 진정 민주와 민중은 없었다. 타이 정치의 비극이다. 2006. 3. 5. 방콕.
ⓒ정문태

자본가들의 대리전쟁

2006년 4월 5일, 방콕

'눈물'이 빠질 리 없었다. '눈물정치' 전통은 도도했다. 박정희, 마르코스, 수하르또로 이어지며 아시아 정치판을 놀려댔던 그 축축한 눈두덩은 폭정을 가렸고 시민을 속였다.

그 눈물이 탁신으로 대물림했다.

4월 4일, 정치판이 숨차게 돌아갔다.

아침나절, "탁신이 푸미폰 임금을 만나러 간다."는 말이 퍼지면서 기자들에겐 비상이 걸렸다. 오후 들어, 임금을 만나고 온 탁신은 기자들 앞에서 말없이 눈시울을 붉혔다. 올 것이 왔다는 신호였다. 그날 밤, 탁신은 텔레비전으로 생중계한 성명을 통해 헌법 제215조를 들이대며 "30일 안에 새 정부를 만들 때까지만 임시총리를 하고 다음 정부에서는 총리를 하지 않겠다."고 밝혔다. 그이는 "임금 즉위 60주년이 두 달밖에 남지 않았는데 정치 혼란을 보일 수 없다."며 불타는 충성심을 내세우더니, "지난 5년 동안 오직 국가와 국민 앞에 온 정열을 바쳤다."고 스스로를 추켜세웠다.

하루 뒤, 탁신은 경찰 출신 법무장관 칫차이 와나사팃(Pol. Gen. Chidchai Wanasathit)에게 임시총리 자리를 맡기고는 휴가 간다며 사라졌다.

탁신은 타이락타이당을 이끌고 2001년 총선에서 하원 의석 500석 가운데 249석을 차지한 뒤 타이 정치사에서 처음으로 총리 임기 4년을 다채웠고, 이어 2005년 총선에서는 375석을 휩쓸어 처음으로 단독정부 구성 기록을 세우며 거침없이 달려왔다. 탁신은 '영원한' 집권을 노래했다.

그러나 1월 23일 탁신이 친 그룹 주식 733억 바트(약 2조 원)어치를 테마섹에 팔아넘기면서부터 터져나온 "옥 빠이 탁신(탁신 물러가라)."에 밀려 결국 2월 24일 의회를 해산하고 임시선거를 내걸었다.

탁신은 "50% 이상 유권자가 나를 택하지 않는다면 선거에서 이겨도 다음 정부에서 총리 하지 않겠다."고 대차게 소리쳤지만, 이미 정치적으로 한풀 꺾인 뒤였다. 게다가 2월 27일 민주당을 비롯한 세 야당이 모두 선거 불참을 선언해 탁신에게 치명타를 입혔다.

탁신은 그렇게 두 번째 임기 1년을 겨우 넘긴 날 판을 접었다.

4월 2일, 주요 야당이 다 빠진 선거에서 탁신의 타이락타이당은 남부 1석을 뺀 모든 선거구를 먹었다. 4월 3일 현재 타이락타이당은 지역구 400석 가운데 360석과 비례대표 100석 가운데 99석을 보태 459석을 따놓았고, 나머지 채워지지 않은 40석도 '단독 입후보 선거구는 유권자 수 20%를 얻어야 한다.'는 선거법에 따라 재선거, 재재선거, 재재재선거를 통해 모두 쓸어갈 것으로 보인다. 사람들은 곧 이른바 민주제도 아래 치른 선거에서 역사상 최대 승리를 구경하게 될 것이다.

4월 3일 탁신은 "반이 넘는 시민들이 나를 원했다. 이제 물러날 까닭이 없다."며 잽싸게 승전보를 울렸다. 그 반이란 숫자는 타이락타이당이 얻은 57%를 뜻한다. 타이락타이당이 하원 500석 가운데 현재까지 459석을 얻었음에도 그 득표율이 57%에 머물렀다는 대목을 눈여겨볼 만하다.

유권자 43%가 타이락타이당을 마다했고, 그 가운데 10%가 투표용지에 '옥 빠이 탁신' 같은 노여움을 적어 무효표를 만들었다. 무효표 10%도 역사상 최대 기록이다.

하루 뒤인 4월 4일, 탁신은 그 43% 뜻을 읽고 다시 차기 총리 포기를 선언했다.

친 그룹 흥정 건이 불거지면서 막이 올랐던 정치극 제1막 '옥 빠이 탁신'이 끝났다.

이제 시민 관객들은 걸쭉한 제2막을 보기 전, 제1막이 남긴 의문을 짚어봐야 할 때다.

지난 1월 말부터 터져 나온 반탁신 시위는 십만 명을 끌어들였지만 피플 파워(People Power)란 이름을 얻지 못한 채 제1막을 내리고 말았다. 야당이 아무 노릇 못 하는 현실 속에서 그 십만 군중이 정치 대안으로 떠오른 건 틀림없지만, 불행히도 처음부터 시민은 없었다. 그 시위에는 임금에게 정치 개입을 닦달하며 민주주의를 뿌리부터 짓밟아버린 언론재벌 손티와 방콕 전 시장 짬롱만 도드라졌다.

손티와 짬롱은 논란거리인 헌법 제7조 하나를 디밀고 임금에게 "총리 탁신을 쫓아내고 임시총리를 임명해달라."고 보챘다. 그이들 외침은 입헌군주제 사회를 단박에 절대군주제로 옮겨놓았다.

탁신 지지자들은 헌법 제7조를 '총리 유고 시에만 왕이 임시 총리를 임명할 수 있다.'고 풀이하며 거세게 대들었다. 그리하여 헌법 제7조는 타이 사회를 패꽝스런 꼴로 두 동강냈다. 방콕 중심 중산층과 지식인 사회가 반탁신 전선에 서서 왕실 수호를 외쳐댔고, 북부·북동부 빈곤층과 보수 자본가들이 탁신 사수를 외쳐대며 정치도 이념도 목표도 없는 잡동사니 다툼을 벌여왔다.

그야말로, 자본은 위대했다. 타이 최고 자본가와 빈곤층이 열혈동지가 될 수 있다는 사실을 보여주었다. 수구 보수들이 군주를 마다할 수 있다는 사실도 보여주었다. 모두가 자본의 힘이었다.

그러나 "보수 자본가 혁명 가능성을 엿보았다."는 농담까지 흘러 다니는 판에 진보 진영은 친탁신과 반탁신으로 갈려 오히려 세상을 어지럽혔다. 탁신을 미는 이들은 '단계혁명론', '비교우위론' 같은 온갖 괴상한 논리들을 끌어댔다. '적의 적은 동지'가 또 어이 빠지랴! 그럼에도 정작 군주를 입에 담는 이들은 아무도 없었다. 단 한 명도 없었다.

이런 가운데 스스로 마르크스주의자라 외쳐온 짜이 웅파꼰 교수나 내로라하는 진보사학자 통차이 위니차꾼 같은 이들은 "왕의 정치 개입보다는 차라리 부패한 탁신을 택하겠다."며 '양자택일론'을 들고 나와 전선을 더 헷갈리게 만들었다.

이들 진보 진영은 '탁신 추방'과 '왕의 정치개입 반대' 외침이 모두 본질적으로 자본가를 돕는 다툼거리에 지나지 않는다는 사실도, 탁신과 왕은 서로 다른 체제를 지닌 채 자본의 꼭대기에 서 있는 두 최대 자본가일 뿐이라는 사실도 거들떠보지 않았다.

그렇게 진보 진영마저 뒤틀려버린 현실 속에서 결국 시민은 한쪽 자본을 다른 한쪽으로 몰아주는 싸움, 공격 목표도 전략도 없는 자본 대리전에서 둘 중 하나를 택하도록 강요당하고 말았다. 이 전쟁의 속살은 처음부터 자본가의 승리만 있었을 뿐, 시민에게는 어떤 승리도 없는 대리전이었다.

타이 정치극 제2막이 서서히 올라가고 있다. 그러나 아직 그 내용을 또렷이 아는 이는 아무도 없다.

다만, 제1막을 통해 임금님의 권위는 신성(神性)을 더했고, 탁신은 살아남고자 제1막에서보다 더 뜨거운 '애국주의자'로 거듭날 것이라는 것쯤을 떠올려볼 뿐이다.

시민 앞에는 더 고달픈 제2막이 기다리고 있다.

기어이, 쿠데타!

2006년 9월 21일, 방콕

나른한 금요일 오후, 달라진 건 없다. 길은 여전히 막히고, 사람들은 늘 그렇듯이 어디론가 바삐 가고 있다. 시장도, 백화점도, 은행도, 관공서도 모두 잘 돌아간다.

탱크 몇 대가 정부청사 들머리에 앉아 있고 군인들이 주요 길목에 버텨 있지만 쫴치는 기운은 없다. 시민들은 탱크에 장미를 꽂아주며 군인들과 기념사진을 찍어댄다.

군인들이 쏟아내는 포고령이란 것들도 그저 그렇다. '5명 이상 정치 집회 금지', '언론사 자율 검열' 같은 것들이 눈에 거슬릴 뿐, 그 전 쿠데타군들에 견줘보면 만만한 느낌마저 든다. 포고령 제5호는 '학생들의 정치 참여를 인정하며 정치 개혁에 대한 의견을 환영한다.'고까지 했으니.

쿠데타 3일 뒤 방콕 풍경이다.

한동안 고요하더니 15년 만에 다시 터졌다. 1932년 서양식 교육을 받은 청년 장교와 관료들이 쿠데타로 왕정을 뒤엎고 입헌군주제를 세운 뒤, 공식적으로 18번째 쿠데타다.

근데, 이번엔 그 전 쿠데타와 달리 사람들이 별로 맞서질 않는다.

"서양식 선거 민주주의가 다는 아니다. 민주주의는 색깔, 모습, 성격이 저마다 다르다."

에둘러 쿠데타를 지지한 티띠난 뽕수티락 교수(Thitinan Pongsudhirak, 쫄라롱꼰 대학 정치학) 말을 되받아치는 이들도 별로 없다. 입바른 소리로 사회운동 판을 도와온 전 상원의원 끄라이삭 춘하완 같은 이들마저 "탁신의 권력 남용, 인권 유린, 부정부패가 쿠데타 뿌리다."며 군인 등을 두드렸다.

제1야당 민주당 대표 아피씻 웻차치와와 전 외무장관 수린 삣수완(Surin Pitsuwan)은 입이라도 맞춘 듯 '민주당은 쿠데타 인정하지도 용서하지도 않는다."면서도 "탁신이 휘두르는 권력구조를 해체할 길이 없었다."고 털어놓아 쿠데타를 받아들인 셈이고.

사회적 발언을 해온 이들 가운데는 쫄라롱꼰 대학 정치학 교수 짜이 웅파꼰 정도만 "어떤 경우에도 쿠데타 인정할 수 없다."고 핏대 올렸을 뿐, 쿠데타 터지고 3일 동안 만났던 정계, 학계, 사회운동 판 사람들은 그렇게 저마다 쿠데타를 현실로 받아들였다.

탁신에 치여왔던 언론도 거들고 나섰다. 모든 언론사들이 '방콕 81.6%, 전국 83.98% 시민이 이번 쿠데타 지지'라는 여론조사 결과를 대문짝만 하게 올렸다. 기껏 2,091명 표본을 추린 전화 여론조사가 탁신에게 열광해온 시민 1천3백만 명 속마음을 담았다고 보기 힘들지만, 어쨌든.

〈네이션〉 기자 프라윗 로자나프럭(Pravit Rojanaphruk)은 "검열은 없지만 알아서 기는 상태."라고 언론사들 분위기를 전했다.

그런 가운데, 푸미폰 왕은 쿠데타 48시간도 지나지 않은 시점에 육군총장 손티 분야랏깔린 장군(Gen. Sonthi Boonyaratglin)이 이끄는 민주개혁평의회(Council for Democratic Reform under Constitutional Monarchy)를 추인했다. 쿠데타가 성공했다는 뜻이다.

그러나 아직 이번 쿠데타를 완성편으로 보기 힘들다고 여기는 이들도
많다. 카운터쿠데타 가능성 때문이다. 실제로 타이 현대사에서 푸미폰 왕
은 18번 쿠데타를 모두 추인했고, 카운터쿠데타는 낯선 일도 아니었다.

게다가 이번 쿠데타로 쫓겨난 탁신은 최대 인구를 지닌 북부와 북동부
에서 90% 넘는 열광적 지지를 받아온 데다, 군사예비학교 10기 동창들을
군단장과 사단장 그리고 경찰 요직에까지 깊이 박아두었다. 하여 뉴욕 유
엔총회장에 가 있던 탁신은 9월 19일 밤 쿠데타가 터지고도 10기가 자신
을 지켜줄 것으로 믿어 오히려 쿠데타 주역인 손티 장군을 육군총장에서
해임한다고 발표했다. 이런저런 조건들을 보면 카운터쿠데타설이 나돌
만도 하다.

그러나 군 내부를 깊이 들여다보면 카운터쿠데타 가능성은 별로 없어
보인다. 탁신이 믿었던 10기는 이미 손발이 모두 잘렸고 그 가운데 일부
는 쿠데타 주력군으로 돌아서버린 상태다. 특히 10기 가운데 자타가 공인
해온 탁신 수호대였던 제2기갑 사단장 사닛 쁘롬마스 소장(Maj. Gen.
Sanit Prommas)과 보병 제1사단장 프린 수와나닷 소장(Maj. Gen. Bhrinnt
Suvanadat) 그리고 대공사단장 루앙삭 통디 소장(Maj. Gen. Ruangsak
Thongdee)이 9월 19일 오전 쿠데타군 이동을 일상훈련으로 여겼다가 제
4기갑대대 병력에 갇혀 손끝 하나 움직이지 못하는 형편이다.

10기 가운데 탁신을 못마땅히 여겨온 제1군사령관 아누뽕 빠오친다 중
장(Lt. Gen. Anupong Paochinda)은 주력군을 이끌고 손티 장군을 도왔
다. 나머지 10기들도 거의 모두 쿠데타군에 한몫했다. 탁신 고향이자 정
치적 요새인 북부 관할 제3군사령관 사쁘랑 깔라야나밋 중장(Lt. Gen.
Saprang Kalayanamitr)은 방콕 둘레를 막아 쿠데타군에 힘을 보탰고, 탁신
에게 제2고향인 북동부 관할 제2군과 남부 무슬림 분리주의 분쟁지역을

군인들이 탱크와 총구에 왕실을 상징하는 노란 리본을 단 것도, 시민들이 탱크와 군인들에게 꽃을 꽂아주는 풍경도 모두 이전 쿠데타에서는 볼 수 없었던 풍경이다. 그렇게 타이에서 정치는 죽었다. 2006. 9. 20. 방콕. ⓒ정문태

맡아온 제3군도 쿠데타군을 도왔다. 공군총장 찰릿 뿍파숙(ACM. Chalit Pookpasuk)은 손티 장군과 함께 쿠데타를 기획했고, 탁신과 가까웠던 해군총장 사티라판 께야논(Adm. Sathiraphan Keyanon)과 경찰총장 꼬윗 왓따나(Pol. Lt. Gen. Kowit Watana)도 마지막 순간 쿠데타군에 합류한 것으로 알려지고 있다.

전군이 사전 동의한 냄새를 풍기는 이번 쿠데타는 탁신의 10기에 눌렸던 6기 출신 육해공 3군 총장들 연대감이 중요한 뒷심이었던 것으로 볼 만하다. 그동안 군부 안에서는 탁신의 특별대우를 받아온 10기와 무슬림으로는 처음 육군총장이 된 손티 사이에 말들이 많았다. 특히 남부 무슬림 분쟁 해결책으로 대화를 외쳐온 손티는 무력강공책을 써온 탁신과 부딪치기도 했다.

이런 군 내부 사정을 놓고 보면 현재 10기들은 카운터쿠데타는커녕 살아남기마저 흐릿한 상태로 보인다. 게다가 병력을 동원할 수 있는 영관급 장교들은 지난 6월 인사에서 모두 손티 손을 거친 인물들이라 카운터쿠데타 가능성은 현실적으로 사라진 상태다.

그러나 아직껏 이번 쿠데타 정체를 또렷이 말하기는 이른 감이 든다.

'사회, 정치적 혼란'을 쿠데타 명분으로 삼은 손티는 가능한 빨리 '시민 정부로 넘기겠다.'고 밝혔지만, 그건 지금껏 모든 쿠데타꾼들이 했던 말과 같다. 다만, 예전 쿠데타들이 모두 정치적 야망을 깔았다면 이번 것은 그 성격이 좀 달라 보인다.

손티가 민주개혁위원회(Council for Democratic Reform under Constitutional Monarchy)를 'CDR'로 줄여 써온 외신기자들에게 반드시 'CDRM' 으로 불러달라고 거듭 부탁한 사실을 눈여겨볼 만하다. 'M'은 임금님을 뜻한다. 이번 쿠데타가 손티 개인의 정치적 욕망보다는 왕실 보호를 내건 친위쿠데타임을 비친 대목이다.

뒤돌아보면, 왕실을 대변해온 추밀원(Privy Council) 원장 쁘렘 띤수라논(Gen. Prem Tinsulanonda) 전 총리 문지방은 쿠데타설이 나돌던 몇 달 전부터 군인들로 북적거렸다. 그동안 정치판과 군부가 두루 존경해온 쁘렘이 반탁신 진영과 왕 사이에 다리 노릇을 해온 건 익히 알려진 사실이다.

반탁신 시위가 한창 달아오르던 2월부터 탁신 저격수로 기꺼이 나섰던 쁘렘이 두어 달 전 느닷없이 베레모에 군복을 걸치고 사관학교 연설대에 서서 '군의 왕실보호 의무'를 내대자 기자들 사이에 '이제 시간문제다.'는 말이 나돌기도 했다.

그런 판에 손티와 제1군사령관 아누뽕 그리고 공군총장 찰릿이 9월 19일 쿠데타 바로 전 쁘렘을 만났다는 건 친위쿠데타 가능성을 뒤받치는 좋은 밑감이다. 쁘렘이 신성(神性)을 지닌 왕의 속세 대리인이란 사실을 놓고 보면, 군인들이 쁘렘에게 쿠데타 기획을 알렸든 쁘렘이 군인들을 꼬드겼든, 그 결과는 마찬가지다. 왕을 위한 쿠데타, 친위쿠데타가 되는 셈이다.

9월 19일 밤, 시민 앞에 나타난 군인들은 왕실 상징인 노란 머플러를 목에 휘감고 총구에도 탱크에도 노란 리본을 달아 충성심을 과시했다. 예전 쿠데타에선 결코 볼 수 없는 일이었다.

언론도 학자도 시민도 '친위쿠데타'라는 불경스런 말을 입에 올리지 못할 뿐, 수군대고들은 있다. 과학적으로 이번 쿠데타를 들여다보는 일은 좀 더 많은 시간이 걸릴 것으로 보인다. 임금님이 살아계시는 한, 타이에서 그런 일은 결코 벌어지지도, 벌이지도 않을 테니.

이번 쿠데타는 타이에서 민주주의란 왕실이 마음껏 주무르는 연장일 뿐이라는 사실을 보여주었다. 군은 그 '왕실민주주의'를 들락거리며 속세를 어지럽혔고, 시민은 그 군인들에게 장미를 꽂아주었다.

'타이에서 왕 권위에 도전한 이들은, 그게 정치가든 군인이든 승려든 그 누구도 살아남지 못했다.'

타이 최고 갑부로서 정부, 의회, 군, 경찰, 경제, 언론까지 모조리 쥐고 절대권력을 휘두르며 환상을 키운 탁신, 그러나 그이는 그 환상이 임금님에게 누를 끼친다는 홑진 사실을 깨닫지 못했던 모양이다.

방콕에는 다시 불법 쿠데타 군인들이 길바닥을 휘젓고 다닌다. 방콕에는 도둑 잡겠다며 도둑질하는 불법이 판치고 있다. 그리하여 방콕 시민들은 누가 진짜 도둑인지를 알지 못한다.

기자회견:
손티 분야랏깔린 육군총장, 민주개혁평의회 의장

쿠데타 주역들
얼굴 내밀다

2006년 9월 20일, 방콕 육군본부

쿠데타 다음 날인 9월 20일 육군본부 강당에 별들이 떴다. 민주개혁평
의회 의장 손티 육군총장, 제1부의장 사티라판 께야논 해군총장, 제2부의
장 찰릿 뿍빠숙 공군총장, 제3부의장 꼬윗 왓따나 경찰총장, 사무총장 위
나이 파티야쿤 장군(Gen. Vinai Patthiyakul), 그리고 르응롯 마하사라논
(Gen. Ruengroj Mahasaranond) 합참의장이 2백여 명 내외신 기자들 앞에
스스러운 웃음을 흘리며 앉았다.

흔히 쿠데타꾼들이 다부지게 입술을 깨물고 나타났던 것과 영 딴판이
다. 어리숭한 느낌마저 든다. 이자들이 진짜 쿠데타를 일으킨 군인인지 믿
기지 않을 만큼.

:: 얼마 동안 임시총리 할 생각인가?

2주다. 그사이 임시헌법 초안 다듬을 것이고, 그다음엔 물러난다.

:: 누가 그 초안 만드는가?

전문가 추리는 중인데, 먼저 위원회 의장부터 뽑을 거다.

:: 누가 과도정부 총리 하는가?

왕을 국가수반으로 여기는 민주주의 존중해온 중립 인사 찾고 있다.

:: 누가 이번 쿠데타 뒷심이었나?

상황이 나설 수밖에 없도록 했다. 아무도 뒤 밀지 않았다. 시민 소리에 귀 기울였을 뿐.

:: 탁신 재산 묶을 것인가?

범법자는 법에 따라 다루겠지만, 아직 그걸 다룰 위원회를 만들지는 않았다.

:: 탁신이 망명정부 세운다면 어떻게 할 건가?

그런 건 (일이 벌어진다면) 다음에 결정할 일이다.

:: 민주개혁평의회는 외국에 나가 있는 탁신 정부 장관들 어떻게 할 건가?

귀국 권했다. 돌아오면 아무 문제 삼지 않을 것이다.

:: 민주개혁평의회는 과도정부 임기를 얼마나 생각하고 있나?

되도록 줄일 것이다. 길어야 1년쯤.

:: 당신은 언제 쿠데타 기획했나?

이틀 전이다.

:: (육본에 잡아둔) 부총리 찻차이는 구속한 건가?

구속 아니다. 그이를 만나자고 불렀을 뿐이다.

:: 다음 총선은 언제쯤으로 치를 수 있나?

새 헌법 초안 만드는 데 1년 걸리지 않을 것이다.

'그 나물에 그 밥이다.' 쿠데타 주역들과 기자들은 첫 만남이라 낯을 가린 탓인지, 우물우물대다 25분 만에 끝났다. 군인들 허파를 찌르는 송곳 질문은 없었다. 쿠데타 주역 손티가 만든 민주개혁평의회를 놓고 "왜 당신이 의장 맡았는가?", "신공항은 언제 열 것인가?" 같은 황당한 질문들로 시간을 죽였다.

부활한 탁신?

2007년 12월 28일, 방콕

방콕, 잔치는 끝났다.

2006년 9월 19일, 탱크를 몰고 나온 군인들을 꽃으로 맞이했던 그 시민들은 온데간데없다. 15개월이 지난 2007년 12월 23일 선거에서 탱크몰이 군인들은 나가떨어졌다.

대신 탁신이 부활했다. 타이락타이당에서 이름만 바꾼 팔랑쁘라차촌당(PPP. 피플파워당)이 12월 26일 현재 하원 의석 480석 가운데 233석을 차지해 다시 제1당으로 떠올랐다. 지난 5월 군부가 탁신의 타이락타이당을 폐쇄하고 중앙집행의원 115명을 5년짜리 정치규제로 묶어버리자 당에서 살아남은 이들이 팔랑쁘라차촌당을 만들어 런던에 망명한 '탁신 복귀'를 내걸고 선거전에 뛰어들었다.

팔랑쁘라차촌당은 모두가 점친 대로 탁신 요새인 북부와 북동부를 휩쓸었다. 민주당은 추안 전 총리와 쁘렘 추밀원장의 고향인 남부 몰표와 방콕 압승을 묶어 165석을 얻었지만 이번에도 탁신을 제치지 못해 군부의 기대를 저버렸다.

9·19 쿠데타 심판 성격을 띤 이번 선거는 타이 사회를 더 깊이 갈라놓았다.

북부–남부전선은 친탁신과 반탁신(친군부 포함)으로 나눠 '지역 대리전'을 벌인 꼴이다.

여기다 가장 가난한 지역으로 2001년부터 탁신이 뿌려댄 포퓰리즘에 빨려들어 타이락타이당 요새가 된 북동부는 이번에도 '탁신 부활'을 외치며 팔랑쁘라차촌당에 몰표를 던졌다. 한편 탁신을 마다해온 중산층이 모인 방콕은 전통대로 이번에도 민주당에 압승을 안겨주었다. 북동부-방콕 전선은 '계층 대리전'처럼 비쳤다.

9·19 쿠데타 세력들은 지난 1년 동안 탁신 요새인 북부와 북동부를 빼앗고자 엄청난 정열과 돈을 퍼부었지만, 이번 선거가 탁신(북부·북동부-빈곤층-반군부)과 반탁신(남부·방콕-중산층-친군부)으로 갈리면서 헛다리 짚고 말았다.

12월 말 현재, 단독정부를 만들 수 없는 제1당 팔랑쁘라차촌당과 제2당 민주당은 서로 다음 정부를 맡겠다며 37석을 건진 찻타이당(Chart Thai Party)과 25석을 얻은 프아판딘당(Puea Pandin Party)을 놓고 뜨거운 흥정을 벌이고 있다. 팔랑쁘라차촌당이 정부 구성에 필요한 과반 의석을 넘겨줄 수 있는 9석짜리 루암짜이타이찻빠따나당(Ruam Jai Thai Chart Pattana Party)과 7석짜리 맛치마티빠따이당(Matchima Thipataya Party)도 몸값을 크게 올리는 중이다.

12월 28일 팔랑쁘라차촌당은 이미 중소 정당들과 정부 구성에 뜻을 모았다고 밝혔다. 그러나 팔랑쁘라촌당이 아직 승리를 외치기는 좀 이르다. 내년 1월 3일로 잡힌 선거관리위원회의 공식 결과 발표에 이어 줄줄이 걸린 선거무효 심판이 남아 있기 때문이다. 이미 선거관리위원회는 동북부 팔랑쁘라촌당 당선자 3명에게 부정 판정을 내렸다.

또 탁신이 2월 귀국설을 흘리며 혼란을 부추기는 가운데 군인들 움직임도 예사롭지 않다.

2008년에도 타이 정치는 그리 즐겁지 않을 것 같다. 선거 결과와 상관
없이, 탁신과 반탁신 진영의 충돌이 눈앞에 어른거리는 것이.

별들의 전쟁

2007년 12월 28일, 방콕

별들이 얄궂다. 움직임이 유난스럽다.

선거 결과가 '엉뚱하게' 나온 까닭이다. 뒤를 밀었던 민주당이 맥없이 무너졌고, 대신 타이락타이당에서 깃발을 바꿔 단 팔랑쁘라차촌당이 압승을 거두면서 탁신이 부활한 탓이다.

'별 중 별' 추밀원장 쁘렘이 다시 나섰다. 지난해 9·19 쿠데타 뒷심으로 눈총을 받아왔던 쁘렘은 12월 23일 밤, 선거가 끝나기 무섭게 반한 실라빠아차찻타이당 총재와 수윗 쿤낏띠(Suwit Khunkitti) 프아판딘당 대표를 집으로 불렀다. 두 당대표는 단독정부를 꾸밀 수 없는 팔랑쁘라차촌당과 민주당 사이에서 정부 선택권을 쥐고 있다. 비밀스런 만남이었고, 무슨 말이 오갔는지 아는 이가 없다.

그날 밤, 9·19 쿠데타를 이끌었던 현 과도정부 부총리 손티 장군도 쁘렘 집을 찾았다. 3일 뒤인 12월 26일, 총리 수라윳 출라논 장군(Gen. Surayut Chulanont), 손티 장군, 합참의장 분스랑 니엠쁘라딧 장군(Gen. Boonsrang Niempradit)이 다시 쁘렘 집에 모였다. 쁘렘은 그저 '화합'을 강조했다고만 한다.

같은 날 저녁, 육군본부에서는 별들이 왕창 모였다. 손티와 그 후임 육군총장 아누뽕 빠오친다 장군이 군 지휘관들을 불러 모았다. 쫄라쫌끌라오 왕립사관학교(Chulachomklao Royal Military Academy) 동창 모임이라고 했다. 공식적으로는.

그리고 해마다 벌이는 신년하례식이 잡힌 12월 28일, 쁘렘 집에 몰려들 군 최고지휘관들은 시절이 시절인 만큼 충성과 단결을 내대며 정치판을 향해 '경고장' 같은 걸 날릴 것으로 보인다.

벌써부터 군부와 새 정부를 짤 팔랑쁘라차촌낭은 삐걱거리고 있다.

12월 23일 밤 선거 결과가 드러나자마자 팔랑쁘라차촌당 대표며 다음 총리를 맡을 것으로 보이는 사막 순톤웻(Samak Sundaravej)이 "쿠데타는 죽었다."고 치고 나왔다.

군도 맞받아쳤다. 국방장관 분룻 솜따스 장군(Gen. Boonrawd Somtas)은 "새 정부가 군대 일에 끼어들지 않겠지만, 군은 팔랑쁘라차촌당이 권력 잡더라도 보복을 두려워하지 않는다."고 가슴에 담긴 말을 내뱉었다. 여차하면 다시 뒤엎을 수도 있다는 뜻이었다.

육군총장 아누뽕은 "새 정부가 나를 쫓아낸다면 받아들인다. 나만을 지키겠다고 군을 움직이지는 않을 것이다."며 좀 더 기술적인 엄포를 놓았다.

합참의장 분상은 "팔랑쁘라차촌당이 새 정부를 맡을 좋은 기회 맞았지만, 군은 민주당이 아직 기회 잃었다고 보지는 않는다."며 거침없이 속내를 드러냈다. 쁘렘이 군 지도자들과 정당 대표들을 만나는 가운데 나온 분상 말은 군부 바람을 읽을 만한 좋은 밑감이었다.

그러나 군이 기획해온 '민주당 승리 전략'은 비록 실패로 끝났지만, 아직까지 별들이 정치판을 손수 쥐겠다는 꿍꿍이는 보이지 않는다. 새로운 쿠데타 낌새도 없다. 오히려 9·19 쿠데타 주역들은 이번 선거를 끝으로 사라질 가능성이 커 보인다. 더 이상 정치판에 버틸 명분이 없는 탓이다.

그동안 전문가들은 9·19 쿠데타를 정치성 없는 군인들의 상황—왕실 입장—에 밀린 도발로 봐왔다. 실제로 그 주동자들은 1년이 넘도록 권력을 쥐고 있으면서도 정치적 입장과 의제마저 못 내놨다. 한마디로 쿠데타 주역들이 정치적 야망도 전망도 없었다는 증거다. 한술 더 떠, 이 9·19 쿠데타 군인들은 '야망 없음'을 줄기차게 외쳐왔다.

특히 손티는 처음부터 "내가 총리감도 아니고 뜻도 없다."고 하더니, 지난 9월 말 육군총장에서 정년퇴임한 뒤 현 과도정부에서 부총리나 하면서 내일 없는 길을 가고 있다. 손티는 올 여름 정년을 앞두고 잠깐 흔들리는 모습을 보이기도 했지만, 결국 혁명기구인 국가안보평의회(CNS) 의장 자리까지 공군총장 찰릿에게 물려주면서 '빠지는' 길을 택했다. 또 손티는 다음 육군총장 자리에 반탁신 최고 강경파 사쁘랑 장군 대신 예상을 뒤엎고 온건파로 알려져온 아누뽕 장군을 앉혀 되레 쿠데타 주역들의 힘을 빼놓았다. 그렇게 손티는 원죄로부터 빠져나갈 궁리만 열심히 해온 셈이다.

지난 15개월을 돌아보면 별들의 정체가 집힌다. 그동안 군인들은 오직 북부와 북동부에서 물 쓰듯 돈을 뿌려대며 반탁신 기운을 일으키고자 애썼던 것 말고는 아무것도 한 일이 없다. 그마저도 이번 선거에서 대실패로 드러나고 말았지만.

군인들은 혁명과업으로 내걸었던 부정부패 척결과 사회통합은 건드리다 말았다. 부정부패 몸통으로 꼽은 탁신과 그 가족은 말할 것도 없고, 단 한 명 공직자나 정치가도 법정에 세우지 못했다. 허구한 날 조사하고 있다는 변죽만 울렸다. 그사이 사회통합도 물 건너갔다. 반탁신 대 친탁신으로 갈린 정치는 더 악질로 바뀌었고, 북부·북동부와 남부로 쪼개진 사회는 더 깊은 골이 파였고, 남부분쟁은 더 풀기 힘든 상태로 빠져들었다.

대신, 그 군인들은 자신들 안전과 이문 챙기기에 온 정열을 다 바쳤다.

군은 국가보안법(ISA)과 재산조사위원회(ASC)를 만들어 안전판을 다졌다. 군은 국가보안법을 통해 사회를 마음껏 주무를 수 있는 권한과 언제든 정치를 손볼 수 있는 길을 열어놓았다. 이 국가보안법으로 군은 이제 촌스럽게 탱크를 몰고 나오는 불편한 쿠데타를 일으킬 필요가 없게 되었다. 군사 전문가 수라찻 밤룽숙 교수(Surachart Bamrungsuk, 쫄라롱꼰 대학)가 "국가보안법으로 군은 국가 안의 국가가 되었다."고 말했듯이.

군은 또 재산조사위원회로 모든 정치인들 뒤를 샅샅이 캐 '자료'를 챙김으로써 정치판을 옴짝달싹할 수 없게 옭아맸고 한편으로는 탁신의 부활에 따른 보복을 피할 수 있는 안전장치를 마련한 셈이다. 정치판에서 돈줄을 움직일 수 없는 탁신을 상상할 수 없기 때문이다. 해서 팔랑쁘라차촌당 대표 사막은 "다음 정부를 맡으면 재산조사위원회부터 없애겠다."고 소리쳤고, 군은 "어떤 일이 있어도 반드시 재산조사위원회를 지킬 것이다."고 맞받아쳐 왔다. 앞으로 군과 정치권이 맞부딪칠 가능성이 가장 큰 지점도 바로 이 재산조사위원회가 될 것으로 보인다.

군은 그렇게 안전장치를 다지면서 지난 15개월 동안 엄청난 돈줄을 끌어대 배를 불렸다.

9·19 쿠데타를 일으킨 뒤 영수증 없는 비상자금 1억 5천3백만 바트(약 460만 달러)를 당겨쓰며 돈맛을 들인 군인들은 2006년 860억 바트(26억 달러)였던 군 예산을 쿠데타 뒤인 2007년 33%나 올린 1,150억 바트(34억 달러)로 다시 2008년 예산에서 24.33% 올린 1,430억 바트(43억 달러)로 키웠다.

쿠데타군은 지난 15개월 동안 군 예산을 60% 넘게 끌어올린 셈이다. 게

다가 군부는 현재 국내총생산에서 1.5%를 차지하는 군 예산을 2008~2018 회계연도의 첫 5년 동안 국내총생산 1.8% 그리고 나머지 5년 동안 2%로 올리도록 만들어놓았다.

그렇게 군은 9·19 쿠데타로 1997년 경제 위기 때부터 막혔던 군 예산을 마음껏 늘려 돈줄을 쥐었고, 국가보안법과 재산조사위원회로 정치판을 손볼 수 있는 길을 텄다. 또 1992년 방콕 민주항쟁 뒤부터 쿠데타 종말을 믿었던 모든 이들에게 다시 '본때'를 보여줌으로써 군이 언제든 다시 나설 수 있다는 경고장까지 날려놓았다. 이쯤 되면 정권을 잡지 않은 9·19 쿠데타 군인들을 별나게 볼 까닭도 없어지고 만다. 총리 자리만 쥐지 않았을 뿐, 군이 필요한 모든 것들을 다 채웠다는 뜻이다.

결국, 한동안 잠잠했던 군인들은 이번 9·19 쿠데타를 통해 '권력'을 넘어선 '금력'의 정체, 그 자본주의 무장철학에 다시 눈떴다. 이제부터 그 군인들은 돈줄이 넘치는 정치판을 결코 떠나지 않을 것이다. 70년 넘는 입헌군주제를 통틀어 선배 군인들이 해왔던 것처럼.

정치판에 어른거리는 군인들, 돈맛을 들인 군인들, 타이 정치가 넘어야 할 21세기 걸림돌이다.

왕실과 현실 정치판을 조율해온 쁘렘 띤수라논 추밀원장의 일거수일투족은 여전히 타이 정치를 읽는 나침반 노릇을 하고 있다. 군과 경찰 지휘관들로부터 정기적인 인사를 받아온 쁘렘 추밀원장. ⓒ Asia Network Documentation Center

쿠데타 2년 10개월 뒤

2009년 7월 25일, 방콕

그렇게 쿠데타 뒤 오늘까지 2년 10개월이 흘렀다.

그 사이 총리만 다섯 명째다. 그것도 2008년 1월 29일까지 쿠데타를 뒤치다꺼리 한 기간을 빼고 나면, 민간으로 정부가 넘어오고는 1년 6개월 만에 총리가 4번 바뀐 셈이다.

이러니 새삼스레 정치적 혼란을 입에 올리고 말고 할 일도 없다.

달라진 건 아무것도 없다. 군복들이 눈앞에선 사라졌지만 정치는 아직껏 군인들 판이다.

쿠데타 주역 손티 장군은 루암짜이타이당을 움직이며 다음 선거를 노린다는 소문이 나돈다. 이 당은 쿠데타 군인 출신들이 정치판으로 들어가는 길목 노릇을 할 것으로 보인다.

쿠데타 주력군을 이끈 뒤 손티로부터 육군총장 자리를 물려받은 아누뽕 빠오친다 장군은 군부 입김이 강하게 서린 현 민주당 연립정부를 주물러왔다. 새 쿠데타설이 터질 때마다 이름이 오르내린 그이는 타이 사회 최고 명예인 '추밀원행'을 꿈꾸며 정치와 거리를 두는 모습을 보였지만, 판을 뒤엎을 가능성은 언제나 열려 있다.

쿠데타 치다꺼리 총리에서 물러나 현재 추밀원 위원으로 왕실을 보좌

하는 수라윳 출라논 장군은 유력한 차기 원장으로 꼽히고 있다.

모든 정치 군인들의 우상이자 모델인 현 추밀원 원장 쁘렘 띤술라논 장군은 여전히 왕실과 군부 사이를 오가며 정치판을 조율하고 있다. 그이 집은 무슨 일이 터질 때마다 변함없이 별들로 북적거린다.

노병들은 사라졌을 뿐, 결코 죽지 않았다.

말끔한 민간정부를 기대했던 시민들 꿈도 깨셨다. 2008년 1월 29일 탁신의 대리인이라 외치며 팔랑쁘라차촌당을 업고 총리가 된 사막 순다라웻은 분탕질만 치다 일곱 달 남짓 만에 물러났다. 1976년 10월 6일 탐맛삿대학 학살을 부추긴 주범이었던 사막은 총리가 되자마자 외신 인터뷰를 통해 "책임질 일 없다. 당시 오직 1명이 사망했을 뿐이다."고 주절거리며 역사부터 뒤엎었다. 공식 사망자 숫자만도 46명에 이르는 그 학살을 책임져야 할 극우 정치가를 총리에 심었다는 것부터가 정신도 원칙도 없는 탁신식 정치를 보여준 사건이었다.

타이 현대사에서 민주화투쟁의 상징인 '1973년 10월'과 '1976년 10월' 두 항쟁을 이끌었던 주역들이 그동안 탁신을 에워쌌던 이들이고, 바로 그 이들이 민중과 민주주의를 팔아온 이들이고 보면 반역도 이런 반역이 없다. 동지의 피를 팔아 '자본'과 '학살'을 뒤받쳤으니.

5월 들어 왕실수호대를 자임해온 노랑윗도리(민주민중동맹)가 다시 길바닥으로 튀어나와 '사막 퇴진'을 외치며 온 천지를 뒤덮었고, 8월에는 총리 집무실을 비롯해 정부청사 곳곳을 점거했다. 이들에 맞서 탁신 수호를 내건 반독재민주국민연합전선이 빨강윗도리를 걸치고 나와 서로 으르렁대더니 기어이, 9월 2일 충돌해 1명이 숨지고 많은 이들이 다쳤다.

그날 사막은 비상사태를 선포하며 강경책으로 맞섰지만, 9월 9일 헌법재판소가 텔레비전 요리 프로그램에서 사례비를 받은 그이에게 불법 판정을 내리면서 벼랑 끝에 몰렸다.

9월 10일, 팔랑쁘라차촌당과 연립한 다섯 개 정당들이 의회에서 사막 재신임을 준비했으나 탁신 요새인 북동부 지역에 큰 영향력을 지닌 네윈 칫춥(Newin Chidchob)이 30여 명 의원을 빼내면서 물거품이 되었다. 탁신의 팔랑쁘라차촌당 분열은 군부가 오랫동안 공들여온 일이었고, 육군 총장 아누뿡이 국민내각 결성을 바란다고 밝힐 때부터 가시권에 들었다.

어쨌든 탁신 지지자들은 '사법 쿠데타'라 부르며 강하게 반발했다. 실제로 쿠데타 군인들 의지가 담긴 2007년 헌법과 현실 법정은 탁신을 겨냥해왔고, 사막에 앞서 7월부터 팔랑쁘라차촌당 부총재 용윳 띠야빠이랏(Yongyut Tiyapairat)이 부정선거로, 보건장관 차이야 사솜숩(Chaiya Sasomsub)이 재산신고 부정으로 각각 대법원에서 철퇴를 맞았다. 또 외무장관 놉빠돈 빳따마(Noppadon Pattama)는 캄보디아 정부가 추진한 쁘리아 위히아(Preah Vihear) 사원의 세계문화유산 등재 협조를 의회 승인 없이 서명했다며 헌법재판소로부터 줄줄이 불법 판정을 받았다. 그즈음, '총대신 법전'이라는 말이 나돌면서 타이 사회에서는 '불법'과 '원칙'을 놓고 큰 논쟁이 벌어졌다.

사막이 물러나고, 9월 18일 팔랑쁘라차촌당은 탁신 매제인 솜차이 웡사왓(Somchai Wongsawat)을 총리로 지명했다. 곧장 노랑윗도리들은 '탁신 대리인 솜차이 퇴진'을 외쳤다.

10월 7일 경찰이 의회를 막은 노랑윗도리들을 무력 진압하는 과정에서 사망자 1명과 부상자 수백 명이 생기자 사태는 걷잡을 수 없이 번져나갔다. 11월 25일 노랑윗도리들이 수와나품 국제공항을 점거해 나라 안팎에 큰 파문을 일으켰다.

이어 12월 2일 헌법재판소가 연립정부를 꾸려왔던 팔랑쁘라차촌당, 찻타이당, 맛치마티빠따야당에게 불법 선거운동 확정 판결을 내려 세 당이 한꺼번에 해체당하면서 솜차이는 두 달 보름 만에 총리직에서 물러났다.

팔랑쁘라차촌당 의원들은 프아타이당(PTP. Phuea Thai Party)으로 옮겨 차오와랏 찬위라쿤(Chaovarat Chanweerakul) 총리서리 아래 연립정부 구성을 시도했으나, 보름 뒤인 12월 7일 민주당이 군부의 보이지 않는 지원 아래 군소정당들을 묶어 새 정부를 띄웠다.

군부는 자신들 뜻대로 '탁신당'을 밀어내고 쿠데타 2년 3개월 만에 아피싯 웻차치와를 총리로 내세워 민주당 정부를 세우는 데 성공했다.

그러자 이번에는 빨강윗도리 세상이 왔다. 노랑윗도리와 색깔만 바뀌었지 전략, 전술, 구호까지 모조리 똑같은 이들이 '아피싯 퇴진'을 외치며 정부청사와 의회를 에워쌌다.

빨강윗도리는 2009년 4월 11일 빳따야에서 열린 동아시아정상회담(East Asia Summit) 회의장을 덮쳤다. 놀란 각국 정상들이 헬리콥터로 자동차로 빠져나가는 소동이 벌어졌고, 아피싯은 비상사태를 선포했지만 이미 국제사회에서 남우세를 톡톡히 당한 뒤였다.

이날 네원을 따르는 북동부 출신들이 반탁신을 외치며 파랑윗도리를 입고 빳따야에 몰려들어 일찌감치 빨강윗도리와 충돌이 예상되었으나 군과 경찰이 나서지 않아 사태를 키웠다. 아피싯이 군과 경찰에게 내린 철통경비 명령이 작동하지 않음으로써 민주당 정부가 군부에 휘둘려왔다는 소문이 사실로 드러났다.

4월 13일, 비상사태가 떨어진 가운데 중무장 군인들이 방콕 도심에서 시위를 벌여온 빨강윗도리 진압작전에 나섰다. 실탄과 최루탄을 쏘아대는 군인들에 맞서 10여만 명에 이르는 시위대는 버스를 불태우고 LPG 탱크를 앞세워 격렬하게 맞섰다. 120여 명이 부상당한 그날 빨강윗도리는 6명 사망을 주장했지만 군은 부정했다. 한편 노랑윗도리는 빨강윗도리가 쏜 총에 1명이 죽고 2명이 부상당했다고 밝혔다.

4월 17일, 이번에는 노랑윗도리 지도자 손디 림퉁꾼이 정체불명 군인들로부터 총격을 받아 중상을 입었다. 탁신을 따르는 군부 내 인물들이 범인이라는 소문만 돌 뿐, 정부는 3달이 지난 아직껏 아무런 단서도 잡지 못한 상태다.

그렇게 2년 넘도록 노랑윗도리와 빨강윗도리는 똑같은 꼴로 총리 퇴진을 외치는 시위를 되풀이했고, 민간정부 총리라는 사막도 솜차이도 아피싯도 똑같은 꼴 비상사태를 선포했고, 똑같은 꼴 무력진압으로 맞서 희생자를 냈다. 그 2년 동안 민간정부는 군인과 경찰을 다스리지 못했다. 그 모든 과정들은 거꾸로 군부가 정부를 주물러왔다는 증거다.

휘청대며 일곱 달째 접어든 아피싯 정부도 머잖아 손을 들 것으로 보인다. 아피싯은 군부가 연립정부 구성에 개입하면서 처음부터 한계를 안고 출발했던 터라 기댈 곳은 입헌군주뿐이었다. 아니나 다를까, 그이는 총리가 되자마자 첫 소리로 외쳐댔던 '입헌군주 보호'를 날마다 되풀이하는 것으로 정치를 대신했다. 그사이 나라 안팎 언론인, 정치인, 학자 할 것 없이 많은 이들이 입헌군주에 대한 불경죄(lése májesty)로 철퇴를 맞았고, 수많은 인터넷 사이트들이 폐쇄당하면서 타이 사회는 19세기 절대왕정으로 되돌아갔다. 게다가 군부에 휘둘리는 모습만 보여온 아피싯 정부는 시민들이 기대했던 경제 회복도 정치적 안정도 이뤄내지 못하면서 연립정부 안에서는 다른 당들과 손발이 맞지 않아 끊임없이 잡음을 흘려냈다. 뿐만 아니라 아피싯 정부는 자신들이 부정해온 탁신의 포퓰리즘보다 더 난삽한 정책들을 마구잡이 날리면서 엄청난 돈줄을 뿌려대고 있다. 차기를 향해 합법을 가장한 사전 선거운동임은 말할 나위도 없다.

한편, 스스로 해외 망명을 택한 탁신은 현재 두바이를 거점 삼아 때로는 민주화 투사처럼 때로는 혁명가 흉내를 내면서 끊임없이 방콕을 뒤흔들고 있다.

쿠데타 뒤 프리미어 리그 축구팀 맨체스터 시티(Manchester City)를 사들여 영국을 망명지 삼았던 탁신은 17개월 만인 2008년 2월 사막 정부 아래 '영웅 귀환'했다. 탁신은 총리 시절 아내 포짜만의 불법 부동산 거래를 도와 권력 남용 혐의로 기소당해 있었으나 대법원에 8백만 바트(약 2억 4천만 원) 보석금을 내고 즉각 자유인이 되었다. 돈이란 건 참으로 놀라웠다. 앞서 1월 말 포짜만은 탈세 혐의로 3년형을 받았지만 마찬가지로 보석금을 내고 풀려났다.

그러더니 8월 12일, 베이징올림픽 개회식을 구경한다면서 중국으로 떠났던 탁신 부부는 "공정한 재판을 기대할 수 없다."는 한마디를 남기고 영국으로 도망쳤다. 그 무렵은 탁신이 조종하는 사막 총리와 팔랑쁘라차촌당이 정부를 쥐고 있던 때였다.

총리 시절 저질렀던 10여 개에 이르는 부정과 불법 혐의로 기소당했던 탁신은 쿠데타 뒤 "군인 정권 아래서는 재판받을 수 없다."고 망명 이유를 밝혔으니, 이제 어떤 정부 아래서 어떤 재판도 받지 않겠다는 뜻을 분명히 한 셈이다.

그즈음 이미 도주설이 나도는 가운데 보석금을 내고 풀려났던 탁신에

게 대법원이 해외여행을 특별 허가한 대목을 놓고 군부와 밀약설이 강하
게 나돌았다.

어쨌든 대법원은 10월 28일 궐석재판에서 탁신에게 2년 형을 때렸고,
12월 들어 민주당이 정권을 잡자 돌아올 길이 멀어진 탁신은 본격적으로
빨강윗도리 지도자로 나섰다. 그이는 두바이, 홍콩, 캄보디아, 니카라과,
몬테네그로, 피지, 괌을 자가용 비행기로 오가며 화상전화와 컴퓨터 통신
을 이용해 빨강윗도리를 수족처럼 움직였다.

2009년 4월 12일 탁신은 빨강윗도리들이 시위를 벌이던 방콕을 향해
"당신들 아이들도 불러 모아 민주주의 현장을 보여주라."고 외쳤다. 그날
탁신은 자기 아이들을 모조리 해외로 빼돌렸다. 탁신 정체를 보여주는 가
장 극적인 날이었다. 바로 다음날, 방콕에서는 빨강윗도리, 노랑윗도리에
다 진압 군인들이 뒤엉켜 폭동판이 벌어졌고 수많은 이들이 죽고 다쳤다.

그렇게 정치를 사물화한 탁신을 놓고 빨강윗도리들은 7월 들어 임금에
게 탁신 사면을 호소하는 연판장을 돌리고 있다. 8월 17일을 목표일로 잡
아 이미 5백만 명이 서명했다는 소문도 흘리면서.

그러나 이 연판장 돌리기는 일부나마 형을 살지 않은 이들을 사면할 수
없다는 법적 조건 말고도, 왕실과 군부와 정치판과 시민들 속에 번진 반탁
신 기운에 부딪쳐 가능성이 없는 일이다.

모를 리 없는 탁신은 이 '연판장 카드'로 현 민주당 정부와 입헌군주 체
제에 도전하고 있는 셈이다. 이건 탁신이 그동안 줄기차게 "나를 귀국시
킬 수 있는 이는 임금님뿐이다."고 했던 말이나, 또 지난 4월 시위 때 "정
치 혼란을 임금님이 나서 주저앉혀 달라."고 했던 말과 같은 선상에 있는
전략이다. 입헌군주에 대한 충성처럼 비칠 수 있는 말을 통해 거꾸로 입헌
군주를 압박하는 방식이다.

현재까지 타이 정치판 흐름을 보면, 앞으로도 오랫동안 헛바퀴를 돌릴 것 같다. 내년 초쯤 치를 다음 선거에서도 탁신이 조종하는 프아타이당이 승리할 것으로 보이지만, 군부는 다시 그 프아타이당을 깨트리고자 온갖 수작을 부릴 것이고, 노랑윗도리와 빨강윗도리는 다시 거리로 튀어나와 정부 퇴진을 외칠 것이다.

입헌군주 체제와 탁신이 살아 있는 한 이 정치적 혼란은 끝나기 힘들 것으로 보인다. 타이 시민사회가 지금저럼 진정한 변혁을 원치 않는다면.

"우린 탁신에 놀아나는 게 아니다. 탁신 위해 일하는 것도 아니다. 탁신 이용해 새로운 세상 만들자는 거지."

현재 빨강윗도리를 이끄는 인물 가운데 한 명으로 한때 공산주의 무장투쟁을 했고 국가인권위원회 위원을 지내기도 했던 짤란 딧타삐차이(Charan Ditthapichai)가 시위 현장에서 내게 했던 말이다.

탁신이 조종해온 빨강윗도리를 통해 변혁을 꿈꾸는 타이 진보 세력의 정체다. 자본 독재자, 범법자에 빌붙어 사회 변혁을 꿈꾸는 무늬만 진보인 그 사람들이 시민의 눈을 가려왔다. 역사를 왜곡하고, 민중을 팔아먹고, 민주주의를 농락하고, 부도덕한 자본가를 돕고, 봉건 군주체제에 충성을 맹세하는 이들을 우리는 진보라 부른 적이 없다. 그런 행위들을 변혁운동이라 부른 적도 결코, 없다.

타이 진보세력이 진정한 변혁을 원한다면, 지금이 최고 기회다. 빨강윗도리에도 노랑윗도리에도 질린 수많은 시민이 있다. 정치에 신물 난 시민들에게 도덕성을 앞세워 새로운 깃발을 올린다면 입헌군주 체제의 전통 자본과 탁신의 신흥 자본이 벌이는 자본 대리전을 끝낼 수 있을 뿐 아니라, 개혁을 통해 새로운 정치사를 열어젖힐 수 있는 시간이다.

'왜 극우 반동 자본가 탁신에 목매단 채 변혁을 말하고 있는가?'

이 자문을 통해 진보 세력이, 만약 아직도 그런 게 있다면, 다시 태어나야 타이 정치의 앞날이 있다. 그게 유일한 길이기 때문이다.

현장은 역사다

첫판 1쇄 펴낸날 2010년 2월 20일

지은이 정문태
펴낸이 김수진
편 집 이정규

펴낸곳 아시아네트워크
출판등록 2007년 10월 2일 제 406-2007-000093호
주 소 경기도 파주시 교하읍 문발리
　　　　파주출판도시 529-3 푸른숲빌딩, 우편번호 413-756
전 화 031)955-1441~3(편집부)　031)955-1400(마케팅부)
팩 스 031)955-1445

이 도서의 국립중앙도서관 출판시도서목록 (CIP)은 e-CIP 홈페이지(http://www.nl.go.kr/cip.php)에서 이용하실 수 있습니다. (CIP제어번호: CIP2010000446)